◉诉讼法学文库 2010（9）
总主编　樊崇义

检察监督与公诉职能关系论

A Discussion on the Relationship between Prosecutorial Supervision and the Function of Public Prosecution

徐　军　著

中国人民公安大学出版社
·北　京·

图书在版编目（CIP）数据

检察监督与公诉职能关系论/徐军著．—北京：中国人民公安大学出版社，2010.7

（诉讼法学文库）

ISBN 978-7-5653-0114-8

Ⅰ.①检… Ⅱ.①徐… Ⅲ.①检察机关—监督管理—研究②公诉—研究 Ⅳ.①D916.3②D915.1

中国版本图书馆CIP数据核字（2010）第130972号

诉讼法学文库

检察监督与公诉职能关系论

A Discussion on the Relationship between Prosecutorial Supervision and the Function of Public Prosecution

徐　军　著

出版发行：中国人民公安大学出版社
地　　址：北京市西城区木樨地南里
邮政编码：100038
经　　销：新华书店
印　　刷：北京市泰锐印刷厂

版　　次：2010年8月第1版
印　　次：2010年8月第1次
印　　张：17.25
开　　本：787毫米×1092毫米　1/16
字　　数：310千字
印　　数：1~2000册

书　　号：ISBN 978-7-5653-0114-8/D·0076
定　　价：50.00元

网　　址：www.cppsup.com.cn　www.porclub.com.cn
电子邮箱：zbs@cppsup.com　zbs@cppsu.edu.cn

营销中心电话：（010）83903254
读者服务部电话（门市）：（010）83903257
警官读者俱乐部：（010）83903253
教材分社电话：（010）83903259
公安图书分社电话：（010）83905672
法律图书分社电话：（010）83905745
公安文艺分社电话：（010）83903973
杂志分社电话：（010）83903239
电子音像分社电话：（010）83905727

“诉讼法学文库”总序

诉讼法制是现代法治的重要内容和标志之一，也是依法治国的重要保障。我国法制建设的历程已经证明，诉讼制度是否健全与完善，直接决定着实体法律的实际效力：没有相应的诉讼制度作为依托，实体权利只能是“镜中花、水中月”；没有完善的诉讼制度予以保障，实体法律将无法如其所愿地实现其追求的立法目的。更为重要的是，诉讼法制的完善程度如何，还直接反映和体现着一个国家、一个民族进步、文明、民主和法治的程度，是区分进步与落后、民主与专制、法治与人治、文明与野蛮的标志。在现代法治国家，诉讼制度作为法治的一个重要环节，受到了前所未有的重视。美国联邦最高法院法官威廉·道格拉斯曾谈到：“权利法案的大多数规定都是程序性条款，这一事实绝不是无意义的。正是程序决定了法治与恣意的人治之间的基本区别。”①

我国1999年宪法修正案正式确立了“依法治国，建设社会主义法治国家”的治国方略，为推进我国社会主义民主、法制建设，完善我国司法体制，提出了新的纲领和目标。而社会主义市场经济的初步发展则培育了公众的权利观念，并由此对司法公正提出了更高的要求。在此大背景下，通过增设新的诉讼制度以充实公民实体权利的实现途径，通过完善现行诉讼制度以保障实体法律的公正实施，从而推进依法治国，加快社会主义民主与法制建设的步伐，已经成为我国法治建设的关键所在。

诉讼制度的构建，与人们对诉讼原理的认识和把握有着密切的关系。诉讼原理是人类在长期的诉讼实践中，在大量经验教训的基础上总结出来的、对有关诉讼活动的规律性认识。诉讼原理在诉讼制度的构建及运作中发挥着高屋建瓴的作用。只有正确认识和准确把握诉讼原理，才能构建较为完善的诉讼制度，才能推动诉讼活动向良性运作的状态发展。我国在改革与完善诉讼法律制度时，对于人类经过长期理论与实践探索获得的原理性认识，不能不予以重视，也不能不认真加以借鉴、吸收。

我国诉讼的立法和实践曾十分严重地受到“左”倾思潮和法律虚无主义的影响，诉讼规律和诉讼原理长期被忽视、被冷落。由此造成的后果之一是司法机关和诉讼制度的功能被狭隘化。例如，刑事司法机关和刑事诉讼法律

① 转引自季卫东：《法律程序的意义》，载《比较法研究》总第25期。

仅仅被视为镇压敌人、惩罚犯罪并通过镇压敌人、惩罚犯罪来维护社会秩序的功能单一的工具，忽视了司法机关和诉讼法制所具有的制约国家权力使之不被滥用和保护包括犯罪嫌疑人、被告人在内的公民基本人权的作用，忽视了刑事诉讼所具有的独立品格和价值。对诉讼原理、诉讼规律认识的片面和浅陋，已经严重地制约了我国诉讼法制发展的步伐，而且直接对公正、文明地进行诉讼活动产生了非常消极的影响。要扭转这一局面，必须在宏观法律观念上作一个大的转变，同时大力借鉴、吸收法治发达国家丰富的研究成果和宝贵的实践经验，加强对诉讼原理、诉讼规律的研究。

对诉讼原理的正确认识是诉讼立法科学化的前提条件。正确把握诉讼原理，可以帮助我们全面地认识司法机关的功能，并对各种不同的诉讼模式、规则进行正确的取舍，从而在一定的诉讼原理的指导下构建更为科学和更适合“本土资源”的诉讼模式、规则。由此制定的法律，将具有更强的民主性、文明性和科学性。反之，如果不能正确把握诉讼原理，对于存在着内在价值冲突的各种可供选择的立法方案就可能难以作出正确的选择，立法活动就可能要多走许多弯路，甚至要付出沉重的代价。

对诉讼原理的正确认识对于司法活动同样具有重要的积极价值。对诉讼原理的正确把握可以在一定程度上弥补立法的不足。法律永远是抽象的。要将抽象的法律适用于具体的案件，就必须有科学的观念作为指导。对基本诉讼原理的正确认识，将有利于指导人们对司法活动中必然存在的种种法律适用问题作出科学的解释，从而使法律文本本身存在的不足得到补救。在现代社会，由于法律的稳定性与现实生活千变万化之间的落差只能通过赋予司法人员自由裁量权的途径予以调和，所以对基本诉讼原理的认识，还直接决定着司法人员在行使法律赋予的自由裁量权时，能否作出符合公正标准的决定或者裁判。

要贯彻“依法治国，建设社会主义法治国家”的治国方略，保障诉讼活动的公正进行，也必须认真研究诉讼原理，把握诉讼规律。当前，我国已有不少学者开始探索一些诉讼原理性的问题，如诉讼法律观、诉讼法哲学、诉讼目的、诉讼职能、诉讼价值、诉讼法律关系等，并已取得了一定的研究成果，这有力地推动了人们法律观念的变化，并对立法和司法活动发挥着积极的影响作用。但总的看来，我国诉讼法学界对诉讼原理问题的研究距离立法、司法实践的需求还有很大差距，还需要继续深人。尤其是现有的研究成果一般只是就诉讼的某一方面进行探讨，缺乏对一般性诉讼原理的全面、系统的探讨。因此，随着我国法治进程的推进，探讨一般性诉讼原理已经成为我国诉讼法学界必须研究的课题。

为吸引更多的诉讼法学者致力于诉讼原理的研究，同时也为了能够促使诉讼原理研究及时对立法、司法、学理研究等多个领域产生积极的影响，并对司法实际工作有所帮助，中国政法大学诉讼法学研究中心特意组织力量进行此项题为"诉讼法学文库"的大型丛书的编辑出版工作。"诉讼法学文库"是中心的一项长期出版项目，面向国内外专家、学者开放，凡以诉讼原理、诉讼规律为内容且有新意、有深度、有分量的专著、译著，以及对公安、司法工作有指导意义，对立法工作有参考价值的其他诉讼法学著作均可入选。

"诉讼法学文库"自2001年面世以来，得到了诉讼法学界专家、学者、实务工作者的热情支持，现已出版发行专著60多部。这些成果深受广大读者的青睐，已有多部著作获省部级以上的奖励。在这里特向广大读者和作者致以诚恳的谢意！由于编辑工作的需要，该文库从2006年起，每年以入选先后另行排序。特此说明。

中国政法大学诉讼法学研究中心名誉主任

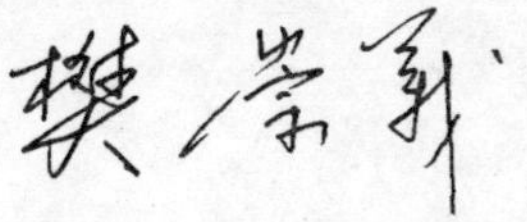

2007年元月于北京

目　录

绪　论

一、检察监督与公诉职能关系问题

司法改革是一个世界性的话题，更是中国社会近年来颇受关注的热点问题。十五大报告中首次出现了“司法改革”一词，在“加强法制建设”一节中提出“推进司法改革，从制度上保证司法机关依法独立公正地行使审判权和检察权”，司法改革由此迈开步伐；党的十六大报告明确，司法改革的任务就是完善司法机构设置、职权划分和管理制度。其中“推进司法改革”演变成“推进司法体制改革”；十七大报告强调：“深化司法体制改革，优化司法职权配置，规范司法行为，建设公正高效权威的社会主义司法制度，保证审判机关、检察机关依法独立公正地行使审判权、检察权。”从“推进司法改革”到“推进司法体制改革”，再到“深化司法体制改革”，我国的司法改革发展的脉络逐渐清晰：从单纯在制度层面保证司法机关依法独立公正地行使审判权、检察权，向如何科学配置司法职权——触及体制的层面逐步深入，也同时表明我国的司法改革进入了关键阶段。在十字路口，我们面临抉择：是完全照搬西方的司法体制，实现与西方某些国家司法体制的接轨，还是从我国的实际国情出发，秉承司法文化传统、借鉴和吸收先进的法治理念，兼收并蓄，构建有中国特色的社会主义司法制度，选择的结果将决定着司法改革的发展方向。

在司法体制改革中，检察制度改革尤为引人注目，实现期标，可谓困难重重，举步维艰，众说纷纭，存在的分歧也最大。为了实现司法改革的目标，保证检察改革的正确方向，众多法学界的专家学者、实务界人士投身到检察理论研究之中，百家争鸣，使检察理论研究空前繁荣，然而，同时也在理论上也形成了较多的争议焦点：（一）关于检察机关的定位。主要观点有：一是根据宪法的规定，检察机关是国家的法律监督机关，并且是国家司法机关；二是以英美法系国家的体制为参照，认为检察机关具有“上命下从”的非司法性特点，应是行政机关；三是根据检察权具有行政权和司法权的双重属性，采取折中说，认为检察机关是“准司法机关”。（二）检察监督职能与公诉职能能否共存于检察权之中。主要观点有：一是认为检察监督与公诉职能不能共存于检察机关，检察机关应是纯粹的公诉机关，不应具有监督职能，检察监督是一种权力监督，而权力监督意味着监督者有高于被监督者的政治地位，赋予公诉机关法律监督职能，冲击了审判机关的中立地位，打破了控辩审之间的三角平衡诉讼关系，不符合现代刑事诉讼规律；二是认为公诉权带有法律监督的性质，公诉职能是法律监督的一种具体方式，从属于法律监督；三是认为检察机关的主要职能是公诉，检察监督从属于公诉职能。（三）在具体检察权的拓展与约减上。有的主张检察权应进一步拓展，应赋予检察机关行政案件和民事案件的公诉权；为了增强检察机关的法律监督效果，除了职务犯罪侦查权、刑事案件自行补充侦查权以外，还应赋予检察机关刑事案件特别侦查权，也就是检察机关认为公安机关对某些刑事案件怠于或不便于行使侦查权时可直接立案侦查。与此针锋相对，有的主张检察权作为一种法律监督权不应过于膨胀，不仅不应当拓展，反而应当进行“瘦身”，特别是缺少外部监督与制约的职务犯罪侦查权，应由其他的机关或部门行使，还有就是带有司法审查性质的批准逮捕权，应由法院设立预审法官来行使等。当然除此以外，理论界在检察机关的领导体制、经费保障、检察官的管理模式及职业化等问题上均存在较大争议。

综观上述争议的焦点问题，其实最重要的是第（二）项，即检察监督与公诉职能能否共存于检察权之中，两者究竟是什么关系，应是检察理论研究中的基础性核心问题，在理论上如果能恰当地处理二者之间的关系，其他问题则可迎刃而解。

关于检察监督与公诉职能的关系，在理论上需要解决两个重要的问题，一是检察监督与公诉职能能否共存于检察权之中，二是检察监督与公诉职能是否存在包含与被包含的关系。为了能够在理论上和实践中有效地解决上述两个问题，本文没有囿于我国理论界关于检察权的行政性、司法性、双重属性和法律监督属性等争论的束缚，而是通过论证检察权的另外重要属性——控权性与诉讼性，来分析检察监督与公诉职能的关系。

检察制度的产生与诉权的历史发展演化密切相关，国家权力在刑事诉讼领域中不断渗透和增强，即公力救济的强化，推动了诉权由私诉向公诉的转化。在弹劾式诉讼中，诉权表现为私诉，公力救济体现为国家承担裁判职能。在纠问式诉讼中，诉权由私诉向公诉转变，出现了公诉权的初始形态——国家追诉，这是公力救济进一步强化的结果。对犯罪行为实现国家追诉，克服了私人追诉的主观性、任意性和某些情况下不能有效行使诉权的诸多弊端，加大了对犯罪行为的打击力度，不仅是对私诉的公力救济，而且强化了对国家和社会公共利益的保护，使国家更好地实现了对社会的控制。在纠问式诉讼中，国家拥有追诉权的主要目的是为了高效及时地打击犯罪行为。被告人是诉讼的客体，刑讯的对象，毫无权利可言。纠问式诉讼中的国家追诉权与裁判权合为一体，不具有权力制约、保障被告人人权的功能。针对犯罪分子而增强的保护国家的要求，导致国家追诉权的产生，并和审判权结合在一起，形成了纠问式诉讼程序；针对国家而增加的保护无辜人的要求，促使国家追诉权与审判权发生了分离，纠问式诉讼程序开始向现代刑事诉讼程序转变。这一转变过程也是现代公诉制度和现代检察制度产生的过程。

现代检察制度，是随着现代公诉制度的产生而建立和发展起来的，控审分离、专门的国家追诉机关的建立，是现代公诉制度和检察制度形成的两个必要条件。现代检察制度建立的重要目的，是通过刑事司法内部的分权，强化检察权对审判权的制约和对侦查权的控制，克服纠问式诉讼的弊端，防止因法官的权力过分集中而导致的恣意和专断，防止"警察国家"的出现，以加强人权保障，特别是对被追诉人的人权保障。

在人类历史上，政治一开始就是围绕着国家权力而展开的，表现在人们夺取、维护、建设、行使、制约国家权力的全部活动和关系中。英国阿克顿勋爵曾说过："权力导致腐败，绝对权力绝对导致腐败。"因此，防止权力的腐败和滥用、控制权力就成了人类政治生活的一项重要内容。伴随着人类政治生活的发展，权力控制经历了从野蛮、简单到文明、复杂的发展过程。权力控制的法治化是这一发展过程的显著特征。法律是客观的、稳定的、可预期的规则，它不仅为权力的行使提供了一个基本的轨道，还为权力的控制规定了程序、边界和限度。程序性是诉讼的基本特点，即诉讼必须按照预先确立的法律程序进行。检察权作为国家权力控制体系的重要组成部分，是权力控制法治化的体现，是权力控制与诉讼的结合。诉讼不仅规范了检察权控制权力的范围和过程，而且保障了检察权控制权力的权威和效力。

权力控制的基本方式是权力监督和权力制约。监督、制约、制衡三个概念之间的关系，是研究检察制度的理论基石。监督与制约既有联系，又有区别，制衡属于制约的一种，体现为权力主体间的相互制约。监督与制约的联系在于，两者都是权力控制的方式，目的都是确保国家权力的正确行使。监督与制约的主要区别是，权力制约主体是以自身的行为直接纠正其他权力错误行使的行为，而权力监督是监督主体督促被监督主体或其主管部门，纠正被监督主体错误行使权力行为，体现的是间接纠正；权力制约体现为对权力行使的事前和事中控制，而权力监督体现为对错误行使权力的事后纠正，前者有利于提高权力行使的公正性和准确性，后者有利于实现权力行使的效率，在控制权力中，两者各有不同的价值和功能，在理论上不能相互混淆和替代。

从诉讼的角度看，检察权是一种诉讼行为，能够引起诉讼法上的效力，具有诉讼性。检察权的各项权能的诉讼性存在着差异。首先，检察监督的诉讼性和公诉职能的诉讼性不同。检察监督不具有直接的求刑性，其诉讼性主要表现为程序性，而公诉职能的行使不仅强调程序性，而且还具有明显的求刑性。其次，检察监督中的各项权能在诉讼性上也存在着差异。以检察监督是否与裁判机制（审判权）相连为标准，可以把检察监督划分为完整诉讼方式的监督和非完整诉讼方式的监督，前者如抗诉，后者如纠正意见、纠正违法通知书等。检察监督的诉讼性表明，检察监督不能脱离诉讼而存在。苏联、新中国成立初期的检察权中含有一般监督职能，但不久便脱离了检察权，其原因不仅在于一般监督职能在实践中缺乏可操作性，更重要的是一般监督职能不具有诉讼性。

从控权的角度看，我国检察权可以划分为制约性检察权和监督性检察权。制约性检察权包括公诉权、批准逮捕权；监督性检察权包括诉讼监督权和职务犯罪监督权，诉讼监督权又可分为侦查监督权、审判监督权、刑罚执行监督权和民事审判、行政诉讼监督权。公诉权是一系列权力的复合体，兼具制约性与监督性，但公诉权的本质属性应是制约性，其核心职能提起公诉、不起诉权是制约性检察权，同时它又包含了部分监督权，如抗诉权、部分侦查监督权和审判监督权。检察监督权与公诉权在共存于检察权之中的同时，两者又形成了交叉关系。

检察监督与公诉职能之所以能够共存于检察权之中，其合理性在于检察监督与公诉职能都具有控权性和诉讼性。检察监督与公诉职能共存于检察权之中，表明检察权是一种复合性权力，是我国检察权作为一项独立的国家基本权力的基础。

检察监督与公诉职能具有不同的控权性和诉讼性，表明：（1）检察监督不能包含公诉职能，公诉职能也不能包含检察监督，两者也不是以并列关系共存于检察权之中，而是相互之间有着职能交叉。例如，抗诉权既是一种公诉职能，也是一种检察监督职能。（2）检察权不等同于法律监督权，而是检察权中包含了一部分法律监督权（检察监督权，意即已有法律规定由检察机关行使的监督权），因为还有许多法律监督权没有纳入检察职能之中，如人大的监督、行政监督等，但不排除在检察权发展的过程中，还有一些法律监督权将被纳入检察权之中。检察监督权也不等同于法律监督权，法律监督权包含了检察监督权。（3）检察权也不等同于公诉权，检察权包含了公诉权，因为检察权中的其他权力，如民事审判、行政诉讼监督权，并不能包含于公诉权之内，但公诉权无疑是检察权中的基本职能。

西方国家把检察机关定位于公诉机关，是从检察机关的主要职权的角度出发的，我国将检察机关定位于法律监督机关，是从检察权的共同属性的角度出发的，两者的角度不同，内容也存在着差异，都各有道理，但绝不能据此认为西方的检察权等同于公诉权，而我国的检察权等同于法律监督权。

我国当代检察权的控权性与世界各国检察权相比，凸显了检察监督特色。首先，在刑事诉讼领域中，对侦查权、审判权的控制上，我国是以检察机关为主体的，并且主要采取的控权方式是检察监督。在西方国家，对刑事诉讼中的国家权力控制是以制约方式为主的，并且检察机关不是唯一的权力控制主体。如通过司法令状制度，对强制性侦查行为进行制约；通过陪审团制度，对审判权进行分割，实现制约；通过赋予被追诉人沉默权和较充分的辩护权，使公民权利对相关国家权力予以制约。当然，世界各国的检察权中的公诉权都体现出了制约性，对审判权的制约，使审判受不告不理原则的拘束。其次，表现在检察权对其他国家权力的控制上，我国职务犯罪侦查权专属于检察机关，而西方国家职务犯罪侦查权并非专属于检察机关。上述不同说明，我国检察权的控权性要强于西方国家，并且是以检察监督为主，我国检察权是国家权力控制体系中的重要组成部分，检察制度在我国不仅仅是诉讼制度，而且是一项基本的政治制度，我国检察机关的法律地位要高于西方国家的检察机关，在宪法中有独立的地位。我国检察权之所以呈现出法律监督特色，并且检察机关具有较高的法律地位，是由人民代表大会制度所决定的。在西方三权分立的政体下，检察机关没有独立的法律地位，或是依附于行政机关，或是依附于审判机关。

检察权的控权性和诉讼性，要求在科学配置检察权时，要使每项检察权都符合控权规律和诉讼规律，控权规律又包括权力制约规律和权力监督规律。在我国检察制度的发展完善中，要在坚持法律监督特色的基础上，重视权力制约的价值和功能，特别是在对侦查权的控制上，要增加一些制约性检察权。检察监督要符合诉讼规律，就是要把一些行政化色彩较浓的不完整诉讼方式的检察监督，转换为完整诉讼方式的检察监督。

二、研究检察监督与公诉职能关系问题的方法

研究检察监督与公诉职能关系问题必须坚持正确的方法。

在现代汉语里，“方法”一词，是指规定为了实现一定的目的，必须按

一定的顺序采取步骤。“无论是自然科学还是人文科学，都离不开正确的方法，方法是一切科学研究获得成功的必要前提，如果没有方法论上的突破，科学研究就不会有理论的建树和创新。方法是人类获得新知识的途径和手段，是人类认识世界和改造世界能动性的表现，是认识通向真理的桥梁，是一切理论和实践的开拓、改造、成功、发展的最基本的前提条件。”①

检察监督与公诉职能关系问题是检察制度和检察理论研究的一个核心问题。“检察制度是国家制度的重要组成部分，是通过国家的宪法和法律加以规定的关于检察机关的性质、任务、机构、职能、工作程序与活动原则的一系列法律规范的总和。”② 因此，检察制度是国家的法律制度，研究检察制度中的检察监督与公诉职能关系问题，需要运用法学研究的方法。

马克思主义法学研究方法具有科学性和实践性的特点，是我们研究检察监督与公诉职能关系问题的指导性方法。同时，在此基础上，还应该分析和借鉴其他的法学研究方法，对于检察监督与公诉职能关系问题乃至检察制度展开多方面、多层次和多途径的研究。

马克思主义法学研究的方法具体可以分为，历史分析方法、经济分析方法、阶级分析方法和利益分析方法。

马克思主义法学研究的历史分析方法。历史分析方法要求我们把法律现象看做是一个历史的范畴。首先，要把检察监督与公诉职能关系问题放到特定的历史范围和背景中去加以考察和研究，考虑具体时间、具体环境里检察监督与公诉职能关系的客观内容和历史发展过程。其次，马克思主义法学研究的历史分析方法还要求从历史的因果关系中去把握法律现象的本质特征及其发展规律。一方面，需要分析检察监督与公诉职能关系与特定历史条件下其他社会现象的本质联系，另一方面，需要考察不同历史条件下的检察制度之间的承继和移植关系，这就是说“要看某种现象在历史上怎样产生、在发展中经过了哪些主要阶段，并根据它这种发展去考察这一事物现在是怎样的。”③

马克思主义法学研究的经济分析方法。马克思主义经济分析的方法的着眼点是人们社会关系中的经济关系，而这种经济关系，实际上是由生产力发展水平决定的人们在社会生产中的法权关系，包含生产资料的所有权、生产过程中的地位和生产成果的分配权。马克思主义经济分析方法内含着唯物辩证法思想，它把社会划分为经济基础和上层建筑两大部分，从它们之间的辩

---

① 李其瑞著：《法学研究与方法论》，山东人民出版社2005年版，第7页。
② 刘方著：《检察制度史纲要》，法律出版社2007年版，第1页。
③ 《列宁全集》第26卷，人民出版社1988年版，第140~141页。

证关系中把握法律现象。法律现象是社会上层建筑的重要组成部分，上层建筑，是指建立在一定经济基础之上的社会意识形态以及相应的政治法律制度、组织和设施的总和，法律现象包括法律制度及相应的法律设施。经济基础决定上层建筑，也决定着建立在相应经济基础之上的法律制度，包括检察制度。“这些生产关系的总和构成社会的经济结构，即有法律的和政治的上层建筑树立其上并有一定的社会意识形态与之相适应的现实基础。物质生活方式制约着整个社会生活、政治生活和精神生活的过程。”① 同时，包括法律制度在内的上层建筑对经济具有很大的反作用，“在一定条件之下，又转过来表现其为主要的决定的作用”。②

马克思主义法学研究的阶级分析方法。阶级分析方法是以阶级的观点和阶级分析的方法来考察纷繁复杂的法律现象，从而揭示了法律与阶级之间的内在联系。马克思主义阶级分析方法把阶级看做是“经济范畴的人格化”,③ 是经济关系的社会承担者。从这个意义上讲，马克思主义阶级分析方法，实际是其经济分析方法在社会群体划分和社会力量意义上的延伸。因此，马克思主义认为，阶级首先是一个经济范畴，在此基础下形成的阶级力量构成了阶级社会中政治生活的基本主体，阶级力量之间围绕着统治地位形成的相互关系和相互斗争，构成了阶级社会政治的基本格局和内容。不同历史时期取得国家政权的统治阶级，通过权力控制，实现统治阶级的内部自律，是其维护统治实现长治久安的基本做法。检察制度既是实现阶级统治的工具，也是国家权力控制体系的重要组成部分，是实现统治阶级自律的重要方式。由于阶级分析方法在唯物史观中具有特殊性，对它的运用要与社会实际发展的状况相适应，而且阶级斗争不像“物质存在”那样具有普遍性，阶级斗争随着社会的发展变化而呈现出复杂的状态。所以，如果不能“特殊”地对待阶级分析方法，就会使其成为一种教条。在我国法学界曾经长期流行着“以阶级斗争为纲”的错误观点，这种观点把法律等同于阶级压迫的工具，法律的唯一属性就是阶级性。这种观点不仅没有发挥阶级分析方法的认识价值和实践价值，反而给实现法治带来了阻力和灾难，也把法学研究引入了歧途。这一切都是脱离了阶级分析方法必须以唯物史观为基础、脱离了生产力标准是检验一切方法和学说的根本标准的表现。因此，只有把阶级分析方法纳入马克思主义法学方法论体系，把阶级分析方法与唯物史观结合起来，才能保证法学研究中运用阶级分析方法的有效性和科学性。

---

① 《马克思恩格斯选集》第2卷，人民出版社1995年版，第2~3页。

② 《毛泽东选集》第1卷，人民出版社1991年版，第325页。

③ 马克思著：《资本论》第1卷，人民出版社1975年版，第12页。

马克思主义法学研究的利益分析方法。马克思主义法学研究的利益分析方法从利益角度分析法律关系的动因和现实体现，分析法律关系的内容和特性，分析不同社会背景，不同社会阶级、社会群体、社会集团乃至个人之间的法律关系及其发展变化，它是马克思主义唯物辩证法、经济分析方法、阶级分析方法的进一步具体化和现实化。就其本质内容而言，经济分析方法和阶级分析方法本质上都是利益分析方法，因为“每一个既定社会的经济关系首先表现为利益”[①]，“利益关系是公共权力和公民权利形成的基础和条件。利益的矛盾运动使公共权力的产生成为必要。当特定社会群体中的成员的利益实现与全体成员的共同利益和根本利益发生矛盾时，当该群体成员的利益实现与其他群体社会群体的利益实现之间发生矛盾时，当这种利益的实现和利益矛盾需要由整个社会范围内形成的强制性权威力量加以解决时，公共权力就形成了。”[②] 掌握和行使公共权力的主体，是个人或多人构成的组织、阶层、阶级。马克思曾经说过，“人们奋斗所争取的一切，都同他们的利益有关。”[③] 利益是人们社会活动的根本动因，人们对利益的追逐导致犯罪现象的出现，也使公共权力存在被滥用的可能。检察制度是各种社会主体利益冲突的调解器，检察权通过对犯罪行为的追诉，调整人们之间的利益矛盾；通过权力控制，调整统治阶级内部的利益冲突。

马克思主义的法学研究方法本身是一个开放和发展的体系，但由于种种历史原因，在法学研究中，尤其是在检察制度研究中，出现了简单化、教条化、模式化的倾向，这些倾向导致检察理论研究中出现了相对僵化、滞后的现象。因此，我们运用马克思主义法学研究方法，既要实事求是、全面系统，又要解放思想、与时俱进，并在此基础上借鉴和吸纳西方法学研究方法取得的成果和经验，发展、完善和丰富马克思主义的法学研究方法。

西方法学研究方法主要包括：价值分析方法、实证分析方法和社会分析方法。

“所谓价值分析方法，是一种从价值入手，对法律进行分析、评价的研究方法，其追问的基本问题是‘法律应当是怎么样的’。也就是说这种分析方法以超越现行制定法的姿态，用哲人的眼光和终极关怀的理念，分析法律为何存在以及应当如何存在的问题。”[④] “‘价值’这个普遍的概念是从人们对

---

① 《马克思恩格斯全集》第3卷，人民出版社1995年版，第209页。

② 俞静尧著：《检察权利益分析》，中国人民公安大学出版社2007年1月版，第37页。

③ 《马克思恩格斯全集》第1卷，人民出版社1956年版，第82页。

④ 胡玉鸿著：《法学方法论导论》，山东人民出版社2002年2月版，第140页。

待满足他们需要的外界物的关系中产生的”,① 是“人们所利用的并表现了对人的需要的关系物的属性。”② 价值，“它属于人的理想的范畴，是人的思想与行为的目标，在指导人类的同时，又评价着人类关注的外在物与自己之间的关系，以及人类相关的思想与行为。”③ 价值分析方法对于检察制度研究的意义在于：首先，价值研究的方法是从善恶区分及伦理道德视界认识检察制度问题的，也就是说，什么样的检察制度能够更好地满足人们的需要。其次，价值方法是解决“诸善权衡”和价值选择问题的学术向导。由于个体的人和复杂的社会对检察制度的期待和需要呈现出多层次、多元化的状态，从而导致检察制度法律价值之间的矛盾和对立，如打击犯罪与保障人权，效率与公平，自由与秩序。既然冲突不可避免，就只有寻求“诸善权衡”和解决价值冲突的合理方案。

实证分析方法是一种通过对经验事实的观察和分析来建立和检验各种理论命题的科学研究方法，“它把法律视为一个独立的、自治的系统，致力于维护法律体系内部的逻辑一致性。由于这种研究方法不追究法律规则本身的基础，而径自研究规则与规则之间的关系，所以又被称为法律教条学或教条论法学。”④ 如果说价值分析是在“应然”的层面研究检察制度，实证分析就是在“实然”层面研究检察制度，它要回答的是“检察制度是什么”，而不是回答“检察制度应该怎样”；是对现实检察制度的认识，而不是对应有检察制度的理解。

社会分析方法是随着社会学，特别是随着社会法学的兴起而产生的法律分析方法。“社会法学派是把法学的传统方法与社会学的概念、观念、理论和方法结合起来研究法律现象，注重法律的社会目的、作用和效果，强调不同利益的整合，推进资本主义法律改良的资产阶级法学流派。”⑤ “对法律现象进行社会学研究的基本方法包括：角色分析、组织分析、系统分析和比较分析。”⑥ 可见，法学研究的社会学方法具有综合性、系统性和多维性的特征。运用社会学方法研究检察监督与公诉职能的关系，对我们多角度、多层次认识检察制度和检察权性质具有积极意义。

俄国著名生物学家巴甫洛夫曾经说过：“科学是随着研究法所获得的成

---

① 《马克思恩格斯全集》第19卷，人民出版社1963年版，第406页。

② 《马克思恩格斯全集》第26卷，人民出版社1974年版，第139页。

③ 卓泽渊著：《法的价值总论》，人民出版社2001年9月版，第20页。

④ 郑戈：《韦伯论西方法律的独特性》，载李猛编：《韦伯：法律与价值》（《思想与社会》第一辑），上海人民出版社2001年版，第51页。

⑤ 张文显著：《二十世纪西方法哲学思潮研究》，法律出版社1996年12月版，第107页。

⑥ 李其瑞著：《法学研究与方法论》，山东人民出版社2005年版，第212~214页。

就而前进的。研究法每前进一步，我们就更提高一步，随之在我们面前也就开拓了一个充满着种种新鲜事物的、更辽阔的远景。因此，我们头等重要的任务乃是制定研究法。”① 所以，我们在研究检察监督与公诉职能关系问题中，既要坚持马克思唯物主义辩证法和马克思主义的法学研究方法，又要借鉴世界范围内法学研究的新方法。

① 巴甫洛夫著：《巴甫洛夫选集》，引自卓泽渊主编：《法学导论》，法律出版社 1988 年版，第 298 页。

第一章　检察监督与公诉职能概述

第一节　检察监督与公诉职能的概念及内容

一、检察监督的概念和内容

（一）检察监督的概念

要准确界定检察监督的概念，就必须要明确检察、监督、法律监督的含义。根据《辞源》的考证，检察一词最早出现于《后汉书·百官志》五："里魁掌一里百家。什主十家，伍主五家，以相检察。"《晋书·曹摅传》："时天大雨雪，宫门夜失行马，群官检察，莫知所在。"① 检察一词的本源意义是稽查、考察，与监督的词意有相近之处。汉语中原无现代法律意义上的"检察"一词，检察一语为舶来之词，应为清末修律移植日本检察制度而来。据日本平凡社出版的《世界大百科事典》解释，"检察"为"执行刑事案件的公诉事务及其附带的工作"。有学者指出，"在汉语中，'检'字作为动词的意义是'考查、查验'和'约束、制止'。'察'字与其相近，即'细看、详审'及'考察、调查'。"②《辞海》引李贤的话称："检，犹察也。"可见，"检察"一词，既指检视查验，又指检举制止。在现代司法制度语境中的检察概念，特指一种司法职能，即由特定官员和机关代表国家向法院提起诉讼及执行相关业务的职能。而这种职能正是具有检视查验违法行为以及就此向有处置权的机关检举以求约束制止的双重功能。而且，汉语中的"检"作为名词还有"法制"的意义，如"规检、检式"，更与"检察"作为一项法律制度相宜。

在汉语中，监督的本意是"自上而下的察看并督促纠正"。监督之"监"

---

① 参见《辞源》（二），商务印书馆1981年修订版，第1642页。

② 龙宗智著：《检察制度教程》，法律出版社2002年版，第1页。

意味着监视、察看、临下。如《说文》中解释：“监，临下也。”监督之“督”，意味着督导、督促、纠正。在英语中，监督一词“supervision”，由super和vision两部分组成，前者指位居上方，后者指观察、视察，联为一词，即为居上方察看督导，与汉语同义。

监督一词在中国现实社会中被广泛而大量地应用，涉及社会生活中的所有领域，并形成了监督体系。按监督主体的不同可分为：人大监督、政协监督、纪检监察监督、检察监督、舆论监督、人民群众监督；按监督主体地位的不同可分为：上级对下级的监督，平级之间的监督，下级对上级的监督；按监督权的属性可分为：权力监督和权利监督。按监督主体与被监督者是否有隶属关系可分为：内部监督与外部监督。上述所指的监督是指在公共权力领域的权力控制形式，实际上，监督一词还被大量运用在非权力领域，如老师对学生的管理，体育竞赛领域中裁判员对运动员的裁判行为等。也正因为监督一词被广泛应用于社会的各个领域，使得监督在不同领域、不同时期所表现出的特征不尽相同，在对监督概念的内涵与外延等的认识上，可谓仁者见仁，智者见智，分歧较大。

在政治生活领域，监督是作为一种权力控制方式出现的，意味着对权力行使者进行提示督促、纠正错误和保持秩序。监督作为一种权力控制方式与国家权力相伴而生，由来已久。随着民主政治的确立与法治观念的兴起，监督在主体、形式等方面都发生了较大的变迁，古今中外，对监督的理解和应用领域存在着较大差异。在中国封建专制时期，行政是国家事务的全部，尽管有吏、户、礼、兵、刑、工等行政权力的分工和相对独立的司法系统和监察体制，但它们都是依附于专制皇权之下的行政权力的一个部分，没有真正完全的独立可言。监督的形式就是上对下，没有平等权力主体之间的监督和民众监督，监督的目的只是为了维护君主的神圣权威。在权力监督中，强调的是权力本位，监督的效果最终取决于最高统治者——封建君主。而在民主政治时期，监督的形式不仅有上对下，而且出现了平等权力主体之间的监督和社会团体与公民的权利监督，监督的权威来自于法律的规定，强调法律至上，监督的最终目的是维护国家法律的统一正确实施。由于民主政治形式的不同，中西方在权力监督制度的设计和选择上有所侧重。我国在人民代表大会制的一元政体下，监督制度被精心设计，并形成了监督体系，而西方国家在三权分立的政体下，强调权力主体地位的平等性，所以在控权方式的选择上强调的是平等权力主体之间的相互制约，即制衡。还有一个重要因素，就是西方国家在语言习惯上始终认为监督一词含有上对下的意味，而比较忌讳使用权力监督。

目前，学界关于法律监督的概念有广义和狭义之分。

“广义的法律监督应是指监督主体在法律上获得了监督权，采用法律规定的手段和方法，对立法、法的遵守、执行和司法行为的监督，监督的主体包括国家机关、社团组织、企事业单位、公民等社会主体，监督的对象是国家机关及其工作人员，监督的客体是国家机关及其工作人员行使国家权力的行为，监督的方式是监督主体依据法律规定的手段、方法，对国家机关及其工作人员行使国家权力的行为进行合宪性、合法性、合理性评价，并对违法行为加以纠正。监督的主要目的是为了制约国家机关权力的越轨，维护法律的统一正确实施，保障人民享有的宪法权利。易言之，实施法律监督是宪法的保障系统，是法治的保障系统，是民主的保障系统，是权力制约的保障系统。”①

“狭义的法律监督仅指人民检察院所行使的，与检察权相一致的专门法律监督。”②

无论是广义的法律监督概念，还是狭义的法律监督概念，都有其不严密之处，广义的概念在监督主体上有扩大之嫌，而狭义的概念在监督主体上又限制过窄。从语义上分析，法律监督应是依法监督法律实施，程序性、规范性和国家强制性是其主要特征。作为权力控制方式，监督的基本分类是：一是权力监督，二是权利监督。两者存在重要区别：前者的主体是法律赋予监督权的国家机关，监督是其一种职责，不能放弃，存在“必为性”，监督权力的享有者在应当行使权力的时候不行使就是失职，监督的手段和效果由国家强制力作保障，具有高度的权威性，即监督对象必须接受监督、纠正违法行为；而后者的主体是不具有国家权力属性的社会团体、组织和公民，监督是其一种权利，是否行使权利存在“或然性”，监督主体可以行使监督权利也可以放弃，监督的效果体现在引起权力监督主体对相关违法行为的注意，启动一定的纠正程序，监督对象是否接受监督、纠正违法行为存在一定的不确定性。法律监督应属于权力监督。因此，所谓法律监督，是指由法定机关为维护国家法律的统一正确实施，对立法、执法、司法活动的监督。

从字面来理解，检察监督意味着检察机关的法律监督职能。法律监督与检察监督相比较，法律监督是属概念，而检察监督是种概念。人大监督、上级法院对下级法院审判行为的监督、检察监督等构成了法律监督的不同侧面。理论界一直有人持这样的观点：“法律监督权专属于检察机关，法律监督权

---

① 汤唯、孙季萍著：《法律监督论纲》，北京大学出版社2001年版，第4页。

② 汤唯、孙季萍著：《法律监督论纲》，北京大学出版社2001年版，第4~5页。

与检察权，是一个事物的两种命题，或者说是从不同的角度表述同一事物。”① 法律监督权等同于检察权，这实际上混淆了法律监督与检察监督之间的关系，法律监督应包含检察监督，尤其是我国的检察监督不是一般监督，而是一种特殊监督，最明显的例证就是检察机关并没有立法监督权，其监督的范围是有限的，主要针对的是诉讼行为、国家工作人员的职务犯罪行为等。

根据以上具体分析，可以对检察监督作出以下定义：检察监督，是指人民检察院依据法律授权，对职务犯罪行为予以查处、对诉讼及劳动教养活动中的国家机关及其工作人员的违法行为予以督促纠正的专门性国家活动。

（二）检察监督的内容

主流的观点认为，“从广义上讲，我国检察机关法律监督的内容就是检察权行使的内容。”② 将检察监督权等同于检察权，在理论上存在简单性和片面性的问题，陷于了难以自圆其说的尴尬境地。以检察权中的刑事追诉权为例，它针对的是公民的犯罪行为，所针对的客体并非是权力行使行为（当然职务犯罪的追诉除外），它体现的是社会管理职能，采用最严厉的法律维护手段——刑事制裁，来稳定法律秩序，它不应是法律监督的内容。“就如公安机关的刑事侦查，法院的刑事审判并不具有法律监督的当然属性一样，而且国外多数国家检察机关行使刑事追诉权的行为也不被视为法律监督。”③ 以我国检察机关在宪法和法律上被定位于法律监督机关为理由，而将刑事追诉权、批准逮捕权等都认定为是法律监督权，有形而上学之嫌，混淆了权力监督与权力制约的区别，如果不走出这种理论上的窠臼，将阻碍检察理论的发展，并且难以与各国进行理论上的对话，最大的困惑是，相同的检察职能，世界各国都不认为是法律监督权，而唯独我们却一直在坚守。“过去的检察理论习惯于不加区分地将检察机关的办案职权与诉讼监督职权混合，将检察机关法律监督划分为职务犯罪监督、侦查监督、刑事审判监督、民事审判监督、行政诉讼监督。这种做法一是对检察机关公诉权与诉讼监督权两种不同性质的职权有所混淆，二是分类不准确。”④ 科学地界定检察监督的内容，应把握两条标准：一是要看某项权力是否已由法律赋予检察机关来行使；二是要看某项检察权的客体是否针对的是权力行使行为。依据以上标准，我国检察监督的内容应当包括三类：一是职务犯罪监督权；二是诉讼监督权；三是对劳动教养机关的监督权。在检察实践中，检察机关结合办案，常常以检察

---

① 参见张智辉：《论检察权的性质》，载《检察日报》2000年3月9日。

② 龙宗智著：《检察制度教程》，中国检察出版社2006年版，第94页。

③ 龙宗智著：《检察制度教程》，中国检察出版社2006年版，第95页。

④ 龙宗智著：《检察制度教程》，中国检察出版社2006年版，第94页。

建议的形式，对某些机关、单位在管理中出现的漏洞，提出整改意见，这也应视为一种检察监督。

在西方国家的检察制度中没有“检察监督”的概念，只是我们在实证分析中，参照我国的“检察监督”的概念，得出西方国家检察权中依然存在着检察监督的职能。“虽然明确赋予检察机关享有法律监督权的国家为数不多，但大多数国家的检察机关实际上都或多或少地负有监督法律特别是刑事法律实施的职权。”① 系统地考察检察监督的内容需要以我国的检察制度为蓝本。

1. 立案监督

在我国刑事诉讼中，刑事立案是一个独立的诉讼阶段，也是刑事诉讼的开始。刑事立案活动对有效追诉犯罪、落实国家刑罚权、保障人权有着至关重要的影响。检察机关对公安机关的立案活动进行监督，一是要纠正公安机关在立案活动中所存在的有案不立、有罪不究、以罚代刑等问题；二是要防止无辜的人受到刑事追究。根据《刑事诉讼法》第87条的规定，检察机关对于公安机关不依法立案侦查的案件，可以要求公安机关说明不立案理由、通知公安机关立案侦查。《人民检察院刑事诉讼规则》对刑事诉讼法的规定作了扩大性解释。第378条规定，对于公安机关不应当立案侦查而立案侦查的，检察机关有权向公安机关提出纠正意见。第379条规定，人民检察院审查逮捕部门或者审查起诉部门发现本院侦查部门对应当立案侦查的案件不报请立案侦查的，应当建议侦查部门报请立案侦查；建议不被采纳的，应当报请检察长决定。

2. 侦查监督

侦查监督，是指人民检察院对公安等侦查机关的侦查活动是否合法所进行的专门的法律监督。检察机关对侦查活动进行监督，对于及时发现并纠正侦查活动中的违法行为，保护当事人的合法权益，保障人权，准确及时地惩罚犯罪，保证刑事诉讼活动的顺利进行，促进侦查人员严格执法，具有重要意义。侦查监督的主体是人民检察院，监督的客体是侦查机关实施的侦查活动。侦查活动监督的方法主要有：（1）口头纠正违法。口头纠正违法，是指履行监督职能的检察人员发现侦查机关的侦查活动存在情节较轻的违法行为时，以言词的方式要求侦查人员予以纠正的一种监督方法。（2）纠正违法通知书。纠正违法通知书，是指人民检察院对于侦查机关侦查活动中情节比较严重的违法行为，以法律规定的书面形式要求纠正的一种监督方式。（3）查处侦查机关工作人员的职务犯罪。检察机关发现侦查人员在侦查活动中的违

① 石少侠著：《检察权要论》，中国检察出版社2006年版，第9页。

法行为情节严重，已经构成犯罪的，应当立案侦查，追究侦查机关有关人员的刑事责任。

3. 刑事审判监督

刑事审判监督，就是人民检察院对人民法院的法庭审判活动是否符合程序，所作的刑事判决、裁定是否正确，进行的法律监督。检察机关对刑事审判活动的监督主要集中在两个方面：一是通过行使抗诉权，监督法院是否依法作出裁判，包括第二审程序的抗诉和审判监督程序的抗诉。二是对审判过程进行监督，监督审判活动中是否有违反法律规定和法定程序的行为。最高人民检察院《人民检察院刑事诉讼规则》将前者界定为“刑事判决、裁定监督”，把后者界定为“审判监督”。笔者以为，这样区分有失科学性。刑事判决、裁定监督是一种对结果的监督，审判活动监督是一种对过程的监督，两者应合称为刑事审判监督。抗诉，即人民检察院依法通过诉讼程序要求人民法院对确有错误的刑事判决和裁定予以重新审理的一种诉讼活动。检察机关提出抗诉的理由，是要求审判机关对案件进行二审和再审的依据。根据法律规定，无论第二审程序的抗诉，还是审判监督程序的抗诉，都是以人民法院的判决、裁定确有错误为前提的。最高人民检察院《人民检察院刑事诉讼规则》规定了法院判决、裁定确有错误的具体情形。《刑事诉讼法》第169条规定：“人民检察院发现人民法院审理案件违反法律规定的诉讼程序，有权向人民法院提出纠正意见。”《人民检察院组织法》第5条第4项规定：“对于人民法院审判活动是否合法，实行监督”。《人民检察院组织法》第15条规定：“人民检察院提起公诉的案件，由检察长或者检察员以国家公诉人的身份出席法庭，支持公诉，并且监督审判活动是否合法。”我国检察机关，既是公诉权的行使者，对犯罪进行追诉，又是法律监督机关，对法院的审判实行监督。刑事审判活动监督的主要内容包括：人民法院的刑事案件的受理活动是否合法；人民法院的刑事案件的管辖是否合法；人民法院审理刑事案件是否违反了法定的审理和送达期限；人民法院审判组织组成是否合法；在法庭审理时是否违反法定程序；是否存在侵犯当事人和其他诉讼参与人诉讼权利或者其他合法权利的行为；法庭审理中对有关回避、强制措施、调查、延期审理等程序问题所作的决定是否符合法律规定；审判人员是否存在徇私枉法行为；是否存在其他违反法律规定的行为。人民检察院对审判活动进行监督，主要通过以下途径了解、发现审判活动中的违法行为：出席法庭和庭外调查。包括受理诉讼参与人及其他相关人员的申诉、控告、检举，处理人民群众来信来访，讯问被告人，询问证人，列席审判委员会等。对于人民法院审判活动中的违法行为，人民检察院根据不同情况，可以采取以下几种方式予以监督纠正：对违法审判行为发出“纠正违法意见书”；对人民法院审判活动中出现的一般不规范行为，可以通过检察建议的方式予以监督纠正；对审判人员在审判活动中徇私舞弊、枉法裁判，情节严重，构成犯罪的，移交检察机关的侦查部门追究刑事责任。

4. 职务犯罪监督

国家工作人员职务犯罪，是指国家工作人员利用职务上的便利，以贪污受贿等手段非法获取经济利益，或者滥用职权，玩忽职守，侵犯公民人身权利和民主权利，破坏国家对公务活动的管理职能，依照刑法规定应当受到刑罚处罚的犯罪行为的总称。职务犯罪具有极强的社会危害性，其侵犯的客体是国家对职务活动的管理行为。在我国，职务犯罪监督是检察监督的重要内容。我国《刑事诉讼法》第 18 条第 2 款规定：“贪污贿赂犯罪，国家工作人员的渎职犯罪，国家机关工作人员利用职权实施的非法拘禁、刑讯逼供、报复陷害、非法搜查的侵犯公民人身权利的犯罪以及侵犯公民民主权利的犯罪，由人民检察院立案侦查。对于国家机关工作人员利用职权实施的其他重大的犯罪案件，需要由人民检察院直接受理的时候，经省级以上人民检察院决定，可以由人民检察院立案侦查。”

5. 刑罚执行监督

刑罚执行监督，是指人民检察院对刑罚执行机关执行人民法院已经发生法律效力的刑事判决、裁定的活动是否合法，实行的法律监督。我国《刑事诉讼法》第 224 条规定：“人民检察院对执行机关执行刑罚的活动是否合法实行监督。如果发现有违法的情况，应当通知执行机关纠正。”刑罚执行的主体在我国是人民法院、公安机关和监狱等。依据有关法律的规定，三机关分别行使不同的刑罚执行权。人民法院负责死刑、罚金刑、没收财产刑、无罪判决和免除刑罚判决等的执行。公安机关负责管制、拘役、缓刑、假释、监外执行等的执行。有期徒刑、无期徒刑、死缓则由看守所、监狱等执行。刑罚执行监督的具体内容包括：（1）对死刑执行的监督，包括对死刑立即执行的临场监督和对死刑缓期 2 年执行的监督。（2）对监管改造场所执行刑罚的监督。（3）对刑罚变更执行的监督。根据我国刑法、刑事诉讼法等有关法律的规定，刑罚变更执行有三种情形，即减刑、假释和暂予监外执行。减刑、假释是对人民法院原判决、裁定的变更执行。暂予监外执行是对刑罚执行场所的变更。对减刑、假释和暂予监外执行活动的监督，包括监督这些刑罚变更活动是否符合法定条件和是否符合法定程序。（4）对在社会上执行刑罚的监督。人民检察院对社会上执行刑罚活动的监督，是指人民检察院对公安机关执行人民法院已发生法律效力的管制、剥夺政治权利、宣告缓刑、假释的判决、裁定和暂予监外执行的活动是否合法，实行的监督。检察机关如果发现违法情况，应通知执行机关予以纠正。

6. 民事审判及行政诉讼监督

检察机关对民事审判及行政诉讼进行法律监督，其目的是为了保证民事与行政司法的公正。我国检察机关进行民事审判、行政诉讼法律监督的法律依据主要有：宪法和人民检察院组织法对人民检察院法律地位、职责范围的原则规定。有关程序法对此也作了专门规定，如《中华人民共和国民事诉讼法》第 14 条规定："人民检察院有权对民事审判活动实行法律监督。"第 185 ~ 188条，对人民检察院实施法律监督的手段、条件、法律效力等监督程序问题作了具体规定。《中华人民共和国行政诉讼法》第 10 条规定："人民检察院有权对行政诉讼实行法律监督。"第 64 条规定："人民检察院对人民法院已经发生法律效力的判决、裁定，发现违反法律、法规规定的，有权按照审判监督程序提出抗诉。"这些规定，是人民检察院行使民事审判、行政诉讼监督权的法律基础，同时使这种监督得以规范化。

二、公诉职能的概念和内容

（一）公诉职能的概念

公诉职能是各国检察机关共有的基本职能。世界各国对什么是公诉权、公诉权的性质、公诉权的内容以及公诉权的主体、在公诉中是否实行法定主义等方面的规定都有较大的差别。在我国，对于公诉权的概念也一直处在争论之中，难有定论，大体有以下几种观点：

第一种观点认为，公诉权即代表国家提请法院追究被告人刑事责任的权力。①

第二种观点认为，公诉权是国家主动对犯罪进行追诉的一种刑罚请求权。②

第三种观点认为，公诉权是法律赋予检察机关在刑事诉讼中代表国家提起公诉、追究犯罪的专有权力，包括审查起诉、提起公诉、不起诉、撤诉、出庭支持公诉等一系列权力。③

第四种观点认为，"公诉权是指法律规定承担公诉职能的国家专门机关，为维护公共利益，依法决定是否将特定的犯罪嫌疑人交付审判、支持提起的

---

① 徐静村主编：《刑事诉讼法学》（上），法律出版社 1997 年版，第 220 页。

② 赵永红：《公诉权制约研究》，载《中央政法管理干部学院学报》1999 年第 4 期，第 5 页。

③ 谢鹏程：《论检察权的性质》，载《法学》2000 年第 2 期，第 16 页。

公诉以及提请法院改变错误刑事判决的一种权力。"①

上述观点都从不同的侧面揭示了公诉权概念的属性特征，但都不够全面。在我国的检察制度中，界定公诉权的概念至少要包含两个方面的属性要求：一是公诉权主体的专门性；二是公诉权是一系列权力的复合体，并非是单纯的刑罚请求权。据此，本文认为，公诉权，是指法律赋予检察机关在刑事诉讼中代表国家，依法决定是否将犯罪嫌疑人交付审判、出庭支持诉讼并对侦查活动、审判活动的合法性进行监督等一系列权力的复合体。职能，是指机构、部门应有的职责、功能。因此，所谓公诉职能，是指检察机关在刑事诉讼中，依法承担的决定是否将犯罪嫌疑人交付审判、出庭支持诉讼并对侦查活动、审判活动的合法性进行监督的职责和功能。

(二) 公诉职能的内容

在我国，检察机关的公诉职能的内容包括审查起诉权、自行补充侦查权、不起诉权、提起公诉权、公诉变更权、出庭支持公诉权、抗诉权及部分侦查监督权等。其中，抗诉权、侦查监督权与检察监督职能存在着交叉。

1. 审查起诉权

审查起诉，是指有关国家机关，根据法律规定，对侦查终结的刑事案件的犯罪事实和证据、犯罪性质和罪名进行审查核实，以决定是否起诉的一项诉讼活动。我国《刑事诉讼法》第136条规定，凡需要提起公诉的案件，一律由人民检察院审查决定。由此，我国的审查起诉权由检察机关独立行使，其他机构无权决定。人民检察院审查案件的时候，主要查明以下内容：犯罪事实、情节是否清楚，证据是否确实、充分，犯罪性质和罪名的认定是否正确；有无遗漏罪行和其他应当追究刑事责任的人；是否属于不应追究刑事责任的；有无附带民事诉讼；侦查活动是否合法。

2. 自行补充侦查权

补充侦查是对原有侦查工作的一种补充调查的诉讼活动。它不是每一个刑事案件都必须经过的程序，它是在原有侦查工作没有完成侦查任务，就案件的部分情况、事实进行的侦查活动，是对原侦查工作的一种补救措施。检察机关决定补充侦查的原因是，认为主要事实不清、证据不足，目的是为了准确、及时地查明犯罪事实、惩罚犯罪分子，保证无罪的人不受刑事追究。补充侦查有两种方式，一种是退回补充侦查，一种是自行补充侦查。我国《刑事诉讼法》第140条第2款规定："人民检察院审查案件，对于需要补充侦查的，可以退回公安机关补充侦查，也可以自行侦查。"

---

① 张穹主编：《公诉问题研究》，中国人民公安大学出版社2000年版，第77页。

3．提起公诉权

提起公诉，是指公诉主体对案件进行审查后，认为符合法定起诉条件且需要追究行为人刑事责任时，将案件提交法院请求审判的诉讼活动。我国《刑事诉讼法》第141条规定：“人民检察院认为犯罪嫌疑人的犯罪事实已经查清，证据确实、充分，依法应当追究刑事责任的，应当作出起诉决定，按照审判管辖的规定，向人民法院提起公诉。”在我国，提起公诉权专属检察机关。

4．不起诉权

不起诉，是指公诉机关对案件进行审查后，认为不具备起诉条件或者不适宜提起公诉时，作出不将案件移送法院进行审判而终止诉讼的诉讼活动。不起诉权是检察机关起诉裁量权的表现。近年来，诉讼经济原则、诉讼效率原则被普遍重视，当代世界各国都在起诉法定主义的前提下，增设了贯彻起诉便宜主义的制度。所谓起诉便宜主义，是指对确认没有追诉必要的案件，赋予检察机关根据案件实际情况灵活处理便宜行事的刑事司法理念。不起诉权成为检察官的重要权力。我国1996年修改《刑事诉讼法》时，充分注意了起诉法定主义和起诉便宜主义二者兼顾的国际化趋势，对原审查起诉制度作了重大修改，在取消免予起诉制度的同时，扩大了不起诉的范围。现行刑事诉讼法规定的不起诉，包括三种情形，即绝对不起诉、相对不起诉和存疑不起诉。

5．出庭支持公诉权

出庭支持公诉，是指公诉机关对被告人提起公诉后，指派人员出席法庭审判，参加法庭调查、法庭辩论等活动，以证明控诉主张的诉讼活动。检察官出席法庭，承担着控诉犯罪并提供证据的责任，既是法定的权力，也是法定的义务。根据我国《刑事诉讼法》第153条的规定，除简易程序审理的案件外，其他公诉案件，人民检察院均要派员出席法庭支持公诉。

6．公诉变更权

公诉变更，是指公诉机关对已经提起公诉的案件，在庭审结束以前，发现指控的犯罪人、犯罪事实、证据、犯罪的性质、罪名以及刑事责任等事项有错漏，而依法予以改变、追加或撤回的诉讼活动。公诉变更权与起诉权、不起诉权等相并列，是一项独立的权能。检察官变更公诉，包括撤销起诉、追加或改变指控。我国主要是在《人民检察院刑事诉讼规则》中对公诉变更权予以了规定。

第二节　检察监督与公诉职能的历史演变

一、检察监督的历史考证

检察监督是一个非常中国化的概念。自20世纪90年代以来，国内学者围绕检察监督存在的合理性、检察权的性质、检察机关的定位等问题，展开了异常激烈的学术争论。一些学者认为，“公诉职能从其开始产生时起就是与法律监督职能密切联系，不能分割的。从公诉制度的实质来看，即从实施刑法的意义上来看，就不难看出它实质上是国家对公民是否遵守刑法实行监督的一种法律形式。古今中外各种类型的检察制度在不同的范围内和不同的程度上以不同的形式具有法律监督的性质，因而法律监督是检察制度的本质属性。”① 而有学者则认为，“经过对检察权的考察，检察权在本质属性上应是行政权。检察机关从诞生之日起便是一种新型的代表国家追诉犯罪的专门机关，设立检察机关的目的就是行使公诉权，检察机关是应国家公诉的需要而产生发展起来的。从现代各国司法制度的设计来看，检察机关基本上都是作为公诉机关而存在的，莫不以代表国家对犯罪提起公诉为首要任务。不论从检察机关产生发展的过程来看，还是从现代法治国家的实践以及我国建设法治国家的要求和发展趋势来看，公诉职能都应当是检察机关的当然定位，检察权在本质上主要表现为公诉权。我国检察权中的侦查权、公诉权以及侦查活动监督权，都是诉讼中应有的制约机制，这在没有什么法律监督机关的其他国家的刑事诉讼活动中同样存在。对于检察机关对审判机关的所谓监督，比如请求法院正确定罪量刑、对法庭的违法行为提出意见、对判决裁定提出抗诉等，都是公诉权中的必然含义，没有必要将正常的诉讼权力也装进法律监督这个袋子。在刑事诉讼中，法律监督论者所称的侦查权、公诉权及诉讼监督权与他们所津津乐道地看似地位很高的法律监督权实际上并没有必然的联系，不论检察机关是否拥有法律监督者这样的桂冠，法律都应当赋予其上述诸项权力。”② 造成上述理论纷争的主要原因是对监督概念理解上的差异，上述观点都有可取之处，但也都存在缺陷。不能因为检察机关被定位于法律监督机关，而把如刑事追诉权等检察权牵强地理解为法律监督权，这难以回答侦查活动、审判活动是否是对犯罪者违反刑事法律的监督？也不能由于西方国家将检察机关定位于公诉机关，而认为所有的检察权都仅具有诉讼属性，

---

① 王桂五主编：《中华人民共和国检察制度研究》，法律出版社1991年版，第250～251页。

② 参见陈卫东著：《程序正义之路》（第一卷），法律出版社2005年版，第210～217页。

而不具有监督属性，甚至否认法律监督权的存在。实际上两种权力可以合二为一，或者说检察权的某一项职能可以同时兼具两种属性。有一个结论是确定无疑的，即检察制度是为了适应公诉制度的需要而建立起来的，我们需要搞清的问题是，在检察制度发端之际，也即公诉制度逐步确立时，检察监督是否与之相伴随呢？只有回溯历史，才能更清晰准确地认识和把握现实。

国内外大多数学者均认为，大陆法系检察制度起源于中世纪的法国，并且是由其国王的诉讼代理制度演变而来的。1302 年，法王腓力四世颁布敕令规定，对地方官员不愿意起诉的关系到王室收入的罚金和没收财产之类的诉讼，由国王代理人负责提起诉讼；涉及危害社会治安的违法犯罪行为，亦被视为对王室利益的侵害，国王代理人均可提起诉讼。这一时期法国的代理人制度可以视为检察制度的萌芽阶段。国王派遣代理人的目的不仅仅是为了告发犯罪，还有一个目的就是控制地方司法权、监督法庭的审判行为，这种司法监督职能在现代法国检察制度中依然保留着。一般认为，现代检察制度诞生于法国 1789 年的大革命，正式建立于 1808 年的拿破仑治罪法典，并随拿破仑的武力征讨而得以传播。现代检察制度乃“革命之子”和“启蒙的遗产”。我国台湾地区学者林钰雄认为，欧洲大陆建立现代检察制度目的有三，“创设检察官制度的最重要目的之一，在于透过诉讼分权模式，以法官与检察官彼此监督节制的方法，保障刑事司法权限行使的客观性与正确性；创设检察官制度的另外一个重要功能，在于以受严格法律训练和法律拘束的公正的官署，控制警察活动的合法性，摆脱警察国家的梦魇；创设检察官制度还有一个重要的法治国功能是：守护法律，使客观的法意旨贯通整个刑事诉讼程序，而所谓的客观法意旨，除了追诉犯罪以外，更重要的是保障民权。”① 从检察制度的起源和现代检察制度的建立上看，都体现出检察权的权力控制性。当然国王代理人提起诉讼，主要是以权力监督的方式对法官的审判权予以控制，因为国王代理人代表的是国王，这种监督显然是一种上对下式的监督，并且主要是为了维护国王的个人财产利益和统治秩序。而现代检察制度是建立在平等、自由、民主观念基础上，通过诉讼分权、控审分离，使公诉权取得了与审判权平等的法律地位。公诉权不仅实现了对审判权的制约，而且也实现了对警察权的控制，控权的方式也从单一的上对下的权力监督走向了平等主体之间的权力制约和权力监督。

法国检察制度对大陆法系国家检察制度的形成产生了根本性的影响，如德国、意大利、比利时、荷兰、日本等国，基本上都是对这种检察制度的效

---

① 林钰雄著：《检察官论》，台湾学林文化事业有限公司 1999 年版，第 16 ~ 17 页。

仿、继承和发展。但各国在吸纳法国检察制度的同时，也都根据各国的法律文化传统、政治制度和具体国情的不同，有所取舍和变化。

一般认为，西方各国现代检察制度是建立在三权分立、权力制衡理论基础上的。分权制衡理论是西方国家普遍运用在政治体制和其他国家管理活动中的重要原则。资产阶级在掌握政权之前，为了反对封建专制，便提出了分权制衡学说，主张国家的立法、行政、司法三项权力应当分别由三个不同的国家机关行使，形成三项权力间的相互牵制和相互约束的格局，以保持国家权力间的平衡状态，防止某个机关或某个人的独断专行。权力制衡在分权的基础上，强调权力主体地位的平等。“在英美法律中，很少使用‘监督’的用语，因为无论是‘superintend’还是‘supervise’，都具有上对下进行控制的含义，这些词既指监督，也指指挥、主管、控制。特别是在‘三权分立’的理念支撑下，人们比较忌讳这种作为上位权力的监督，而习惯使用‘checks and balances’，即制衡，认为制衡体现了分权、制约的原理。”① 据此，中国有学者认为，在西方司法体制中检察权的存在，体现的是制衡性而非监督性，“检察权应该是检察机关代表国家或政府所执行的国家权力，是行政权与司法权分权制约的产物。”② 然而实际情况并非如此，现代大陆法系的法国、德国、日本（也有学者认为日本是混合法系的代表）等代表性国家，在其检察权中依然存在监督职能，主要体现为对侦查、审判行为的监督。在德国，基于客观公正义务，检察官对警察的侦查活动有监督权，对判决的合法、公正性负有监督义务，对一审判决，检察官认为不当的，有权提出上诉。“在法国，检察长负责监督在上诉法院整个辖区范围内适用刑事法律，如果检察官认为法院的裁判不当或具有明显的错误，则可以以上诉的方式声明不服，检察官可以为国家利益上诉，也可以为被告人利益上诉。针对已经具有既判力的裁判决定，总检察长有权为法律利益向最高法院上诉。为法律的利益提出上诉的目的是：对基层法官所做裁判中发生的法律上的错误进行审查、纠正，保证法院判决的统一，保证对法律的尊重。”③ 日本吸收和借鉴德国的经验，检察官在审判程序、上诉审程序和再审程序中的监督职能与德国基本相近，有权监督法庭审判的程序活动，并运用声明异议和控告的方式行使监督权。

英美法系的检察机关被认为是纯正的公诉机关，是以权利为主线的检察

---

① 张智辉著：《检察权研究》，中国检察出版社2007年版，第57页。

② 洪浩著：《检察权论》，武汉大学出版社2001年版，第17页。

③ ［法］卡斯东·斯特法尼等著：《法国刑事诉讼法精义》，罗结珍译，中国政法大学出版社1999年版，第862页。

制度，强调以权利制约权力，在诉讼中实行当事人主义。一般认为，英美法系国家的检察机关对侦查、审判仅具有有限的监督职责。以我国对监督概念的理解，其检察权中依然包含了一定的监督职能。在实行对抗制诉讼的国家，控辩双方在法庭上都有权随时对法官的决定提出抗议，这事实上就是对审判活动的一种监督。随着英美法系和大陆法系的相互融合、借鉴，英美法系国家检察制度中，逐渐增加了监督职能。“在美国，对犯有可诉罪行的被告人被宣告无罪释放时，总检察长有权提请联邦参议院就该案的法律问题进行复议；同样地，地方检察官有权要求地方复审法院复议判决中的法律错误。”① 美国刑事诉讼从总体上看是实行的“侦控分离”，检察机关对侦查不具有领导、指挥职责，但这不是绝对的，检察机关对部分犯罪案件具有侦查权，如对官员犯罪的侦查，就由检察机关行使。这实际上和我国的职务犯罪侦查一样，具有监督的性质。“1988 年《英国刑事审判法》颁布后，总检察长具有对被告量刑过轻的上诉权。”②

理论界比较一致的观点是，检察监督制度是苏联检察制度的重要特点。1922 年全俄中央执行委员会第三次会议通过的《检察监督条例》规定，检察机关的任务是“监督是否遵守法律和正确进行同犯罪所作的斗争。”“以对犯罪人追究刑事责任及对违法决议提出抗诉的方法，代表国家对一切政权机关、经济机构、社会团体、私人组织以及私人的行为是否合法，实行监督。”1923 年苏联成立以后，苏联检察机关的领导体制和职责权限经历了多次变化，1936 年苏联《宪法》最终确立了检察机关的地位。苏联《宪法》第 113 条规定：“对于各部委及其所属机关、个别公务员以及苏联公民是否严守法律的最高检察权，均由苏联检察长行使之。”从苏联宪法和法律的规定看，苏联检察机关的主要职责是实行法律监督，其职权范围既包括对各部委及其所属机关、公务员、公民是否守法实行一般监督，也包括对违法犯罪行为进行侦查、公诉，对侦查机关的侦查活动和审判机关的审判活动，执行机关的执行活动是否合法实行监督等。

我国的检察制度是根据列宁的法律监督思想，借鉴苏联检察制度立法，总结我国法制建设的经验，结合我国社会的实际情况建立起来的。新中国成立初期的检察机关领导体制和工作职责基本模仿苏联的检察制度，规定检察机关行使一般监督权。经过 1951—1956 年的实践，逐步发现一般监督不适合我国的社会实际。1956 年经中央决定，检察机关不搞一般监督。1959 年以

---

① 刘兆兴：《两大法系国家检察机关在刑事诉讼中的职权比较》，载《外国法议评》1995 年第 3 期。

② 金明焕主编：《比较检察制度概论》，中国检察出版社 1991 年版，第 224 页。

后，针对社会上存在的一些基层干部随意打人，贪污腐化严重等现象，检察机关开始在全国范围内开展以侦查国家工作人员严重违法犯罪为重点的法律监督工作。法律监督概念就是在总结这一阶段检察工作实践经验的基础上提出来的。1962 年 10 月完成的《1958 年以来检察工作基本总结》指出："我国检察机关是人民民主专政的法律监督机关。"并且指出："法律监督职能概括起来有两个方面：一方面是进行侦查、批捕、起诉、出庭支持公诉；另一方面是对国家机关和国家机关工作人员的违法行为实行监督。"1979 年《人民检察院组织法》第一次以法律的形式明确规定："中华人民共和国人民检察院是国家的法律监督机关。"对检察机关性质的这一定位被 1982 年《宪法》所采纳。

新中国成立初期和苏联的检察制度，对大陆法系国家检察权的控权性进行了扩展，使其不仅在刑事诉讼领域发挥控权作用，而且使其在国家权力行使的几乎所有方面发挥控权作用，实行的是专门监督，主要体现在检察监督的具体职能内容当中。

二、公诉职能的历史演变

公诉职能是各国检察机关主要的、基本的职能之一。公诉制度是人类社会解决矛盾纠纷从简单野蛮走向文明理性的产物。人类社会最早对纠纷的解决是私人间的同态复仇、血亲报复，由于这一解决纠纷的方式所带来的巨大代价和对社会秩序的严重破坏，导致了弹劾式诉讼的形成。弹劾式诉讼是一种私人起诉，导致大量的犯罪不受惩罚，随着人类对犯罪本质的认识以及对公平和正义的追求，人们认识到，犯罪不仅是对受害人的侵害，更是对国家的侵害，追究犯罪是国家的责任。针对犯罪分子而增强的保护国家的要求，导致中世纪刑事程序向纠问主义程序转化。纠问式诉讼是一种国家追诉，是人类社会解决纠纷迈向文明的又一重大进步，但其存在的严重缺陷在于将追究犯罪的责任完全交给法官，法官集控、审于一身，被告人完全成为诉讼的客体，刑讯逼供合法化，国家权力在司法领域的膨胀和专横使公民权利没有保障。18 世纪启蒙思想家对司法专横进行了猛烈的抨击，伴随着资产阶级革命的胜利，以加强人权保障为核心，推动诉讼程序由纠问式主义向现代诉讼程序转变，最终形成了以控审分离为重要标志的现代公诉制度。同其他法律制度一样，公诉制度在不同的国家、不同的历史发展阶段，表现出不同的特点。法国和英国公诉制度的形成，对其他国家具有重要的影响，笔者将重点考察两国公诉制度的形成和历史沿革。

（一）法国公诉制度的演变

理论界一般认为，现代公诉制度和检察官制度发端于中世纪法国的纠问式诉讼时期。“法国从弹劾主义诉讼向纠问式诉讼转变的过程中，教会法有着重要的影响。到12世纪，教会法庭的法官纠问制度全面确立，法官不仅可以传唤或逮捕犯罪嫌疑人，并可依职权传讯证人，法官身兼追诉者及裁判者的双重身份，其纠问程序的开始，仍需有一定的社会反映等‘相当于外来控诉的情况’。教会法庭又衍生出另一角色，即‘告发官’的职务，告发官的职责，在于向教会法庭检举犯罪，以使教会法庭能发动其调查追究犯罪的职权，这一角色就其作为法庭官员向法庭检举犯罪而言，已经具有某些检察官（公诉人）职能成分。”① 告发官介于现在举报人与公诉人之间，在诉讼中，告发官不仅充当检举、揭发犯罪行为的角色，且具有一定的公共身份，但却不具有完全追诉的含义。为了加强王室的司法权，法国的世俗审判模仿教会法庭的纠问式审判程序，在13世纪前后，法国弹劾主义的诉讼方式转变为纠问式，在纠问式诉讼中，国王代理人发挥了重要作用，承担了部分国家追诉的职能。检察官的称谓是由国王代理人转化而来的，国王代理人制度始于13世纪末期，当时国王与各封建庄园之间存在着复杂的财产、租金等纠纷，国王不可能自己出面解决与庄园主之间的纠纷，就委托代理人替自己处理与庄园主之间的财产租税等方面的事宜，并兼理执行可以科处罚金或没收财产之罪的追诉，这时期的国王代理人实际上属于私人诉讼代理，并不具有国家官员的身份。“国王代理人这一角色，曾是弹劾主义诉讼程序中的一个特例，因为弹劾主义诉讼，均需原、被告双方到庭诉讼，唯有国王和封建领主除外，因此法国古谚称：‘在法国，除国王外，无人得以代理人进行诉讼。’”② 到14世纪，随着王权的扩张，国王的利益从财产上的利益逐步扩张至治安上的利益，国家加强了对地方司法权的干预，刑事诉讼程序逐渐由私人追诉演变为国家职权追诉。“国王代理人”正式取得官吏资格，以类似教会法庭“告发官”的身份提起刑事诉讼程序，检举、追诉涉及国家利益、社会公共利益的部分犯罪行为，承担了追诉犯罪的职责，开始从执行私权追诉的地位逐步转变为对犯罪行为执行公诉的地位。“特于有关刑事案件等，得不由被害人之起诉，于一定之情形（如命盗案件之情形，被害人不出而起诉，代理人则起诉之是也），使为国家机关，行后世检察官类似之职务，遂成惯例。”③ “在司法制度史上，作为公诉行为主体的‘检察官’一词出现在法律书上，始见于13世纪的法国。检察官作为公诉主体参与刑事诉讼，则端倪于14世纪的

---

① 龙宗智著：《检察制度教程》，中国检察出版社2006年版，第20～21页。

② 龙宗智著：《检察制度教程》，中国检察出版社2006年版，第21页。

③［日］冈田朝太郎口授，郑言笔述，蒋士宜编纂：《检察制度》，中国政法大学出版社2003年版，第7页。

法国。”[①] 这一时期的国王代理人制度，是现代公诉制度和检察制度的萌芽阶段。但是，鉴于当时实行法官依职权调查犯罪的纠问制度，很多案件的控诉和审判都由法官一人承担，控、审没有完全实现分离，国王代理人主要是代表国王而非公共利益，加之缺乏维护法治与公民权利这种现代公诉制度和检察制度基本的价值取向，国王代理人制度与现代公诉制度和检察制度仍然有本质的不同。1355 年，法国国王颁布敕令，将公诉的职责赋予检察官，以独立于任何私人控诉。根据该法令，检察官拥有了听取私人控告，进行侦查，提起诉讼，支持公诉以及抗议法庭判决并代表国王监督地方行政当局的职权。原先的以当事人自诉为主的弹劾主义诉讼方式转变为国家主动追究的纠问式诉讼方式。从此，原先仅仅代表国王私人处理与各封建领主之间的涉及财产、税务和领地纠纷的国王律师或代理人转变为代表国家进行诉讼的、作为国家专职官员的检察官，现代公诉制度由此萌芽。到了 15 世纪，对一般的犯罪案件，国王代理官既拥有了追诉权，也拥有了执行判决和监督裁判官的职权。“17 世纪，路易十四时代，定名为总检察官，下设检察官于各级法院”。[②] 这种处于萌芽状态的检察制度在法国封建社会存续了很长时间。

法国现代的检察制度是法国大革命的产物。1789 年革命胜利之初，立法上曾经引进了英国的陪审制和弹劾制。1790 年，法国制宪会议决定设立由人民选举产生的公诉官，专门掌管在刑事法院进行追诉辩论。“至此，现代刑事诉讼程序的控审分离原则最终确立下来，以检察官为主体的现代公诉制度随之诞生。”[③] 其后，以拿破仑为代表的法国资产阶级，认为英国弹劾式诉讼不适应维持新的统治秩序的需要，不适合原来实行纠问式的法国国情，因此采取了职权主义诉讼模式，注重发挥侦查机关、检察机关和法院等公共权力机关在刑事诉讼中的职权作用，特别是法官在审判中的调查事实真相和主动指挥的作用，而不强调当事人在诉讼中的积极性。1808 年刑事诉讼法典明确规定了控审分离原则和职权主义诉讼模式。1811 年 1 月 1 日生效的法国重罪审理法典，继承了 1808 年法典的内容，既批判地改造了旧的纠问式，又吸收了英国的弹劾式，形成了刑事诉讼中预审、追诉和审判三大诉讼职能的构造。至此，检察官在刑事案件的审理中独占公诉权，处于原告的地位，并且具有监督预审裁判官和执行判决的权限，法国的现代检察制度完全确立下来。法国的检察官在民事案件中，有监督裁判之当否与陈述意见的权力。此外，在司法行政方面，还有指挥和监督警察，监督律师和裁判所辅助官吏的广泛权

---

① 黄东熊著：《中外检察制度之比较》，中央文物供应社 1986 年版，第 1 页。

② 王桂五主编：《中华人民共和国检察制度研究》，法律出版社 1991 年版，第 9 页。

③ 郝银钟著：《刑事公诉权原理》，人民法院出版社 2004 年版，第 33 页。

限。总之，法国的检察官不仅是追诉官，也是公益代表人，拥有广泛的职权。

（二）英国公诉制度的演变

私人起诉主义是英国刑事诉讼传统最突出的特色。私人起诉主义是英国历史上长期形成的一种观念，即犯罪在法律上被认为是对个人（包括国王）法益的侵害，而不是对国家法益的侵害。对犯罪的起诉，主要被认为是私人的权利，而非国家的责任，一切起诉均属于私诉性质，而无公诉观念。“公务人员履行职责的起诉活动也被视为私诉，如警察发动的追诉，也被认为与私人发动诉追无异，系‘一名穿制服的公民将案件诉诸法庭。’”① 因此，公务员的追诉并不因其公务员身份而享有任何优于私人的权力，私人起诉权具有公众性与普遍性。对犯罪的起诉，不仅被害人可以提出，而且其他公民也可以提出。

英国起诉制度的发展与陪审制度的存在与发展有着密切的联系。1066年，随着威廉的征服，诺曼人将陪审团制度带进了英国。这在英国法律史上具有极其重大的意义。起初，陪审团只是为了王室利益起诉，在与王室相关的案件中作证，有时也处理私人之间的纠纷。后来，陪审团制度适用到几乎所有的普通法律程序中。国王亨利二世时期（1154—1189年在位），增加了王室法院的司法管辖权。国王认为，严重性质的犯罪不仅侵犯了私人的权益，需要对私人进行救济，而且这些严重罪行也威胁和破坏了国王和平，需要国王法院更改古老的仅由私人证明的方式，无论何时只要可能，就以国王的司法制度进行处理。1166年，英王亨利二世发布了“克拉灵顿”诏令，规定对于重大刑事案件，如暗杀、强盗、抢劫、纵火、窝藏罪犯、伪造货币和文件等犯罪，都应当由当地骑士和从自由民中挑选12人组成的陪审团向法院控告，他们不仅要证明犯罪事实的存在，而且要呈请法院将被告人逮捕、审判，从而形成了陪审团行使刑事起诉权的先例。1176年，北安普顿法令进一步扩大了陪审团的检举权，规定陪审团的控告适用于叛国罪、放火罪和伪造货币罪等，同时规定了法官和陪审团的不同权限，陪审团检举制度得以发展和完善。

1275年，国王爱德华一世颁布了《威斯敏斯特条例》，肯定了亨利二世的司法改革，用法律的形式将陪审团制度固定下来。在14世纪前，由12人组成的陪审团，不仅承担刑事案件的侦查、起诉职责，同时还承担案件事实的审理职责。只有陪审团的12名成员的意见一致时，法官才能对案件作出裁决，否则就得重新挑选陪审员，直到他们的意见达成一致。

---

① 龙宗智著：《检察制度教程》，中国检察出版社2006年版，第23页。

1305年，爱德华女王以及后来的爱德华二世，都曾经以朋友的身份，为被指控犯有谋杀罪的被告人，要求法官提供一个没有起诉陪审团参加的审判团，这使英国的陪审团制度发生了重要的转折，被视为控审分离发展史上的一个重要事件。1352年，爱德华三世颁布法令，规定起诉陪审团成员不得参加审判，另设一个由12人组成的审判陪审团，参与法庭审判，负责案件事实认定，这就是小陪审团。负责起诉的陪审团，被称为大陪审团。由此，不仅审判职能与控诉职能脱离开来，而且审判职能内部也确立了分权与制衡的制度，审判陪审团负责认定事实，法官负责适用法律，在法官和小陪审团之间形成了分权制衡。大、小陪审团功能的调整，标志着控告职能与审判职能的分离。大陪审团起诉，意味着不告不理、无原告即无法官原则逐渐得以确立。但是，大陪审团的起诉，不受被害人意志的影响，即使被害人未提出惩罚的要求，它也有权依法提出起诉。

大陪审团制度在英国近现代法制的发展中并没有继续演进。19世纪，英国建立起了强大的警察机构，警察不仅成为犯罪的侦查者，而且还成为公诉的提出者。大陪审团渐渐丧失了提起公诉的职能，只起审查起诉的作用，到了1933年，作为陪审制度发源地的英国基本上放弃了大陪审团制度，1948年则正式废除了这一制度。现在，大多数国家已不再实行陪审团起诉制度，只有美国联邦地区法院和部分州的初审法院，在处理重大刑事案件时，仍然沿用大陪审团制度。

与法国检察制度的起源类似，英国的检察制度也是起源于为国王办理财产诉讼的律师活动。在当时，审判和检察的分工处于萌芽状态，国王律师与法官的工作有时可以互相代替。“英国检察总长”的称谓首次出现于1461年，英王将“国王律师”改为“总检察长”。1515年，英王将“国王辩护人”改为“副检察总长”。他们都担负着在皇家法庭上维护君主利益的职责，主要从事政府法律顾问方面的工作，这可以被认为是英国检察官制度的雏形。除苏格兰外，英国在相当长的时期，原则上仍采取全民控诉制度，人人均得控诉犯罪，没有设置检察机关专司控诉职能。因此，英国并没有像大陆法系国家那样设置检察机关。1879年的《犯罪起诉法》设立了公诉官。公诉官最初的主要任务是作为警察机关或者其他行政机关在刑事司法方面的法律顾问，同时拥有指挥警察侦查依法可处死刑的案件和内政部长交办的其他重大刑事案件的职权。1908年，公诉官获得起诉权，名义上可以起诉所有的严重犯罪。但是，由于公诉官编制不大，人力有限，实际上只负责起诉几种特定的犯罪，大部分刑事案件仍由警察独自负责侦查和控诉。“据统计，在可起诉犯罪中，公诉指导官起诉的只占8%，4%的刑事起诉由邮政部和私人提起，其余的88%是由警察起诉的。”①

警察起诉在英国拥有很长的历史。中世纪的英国，地方警察在刑事诉讼中就发挥着重要作用，治安法官有时会要求一名警察来起诉警察机关侦查的刑事案件。1829年英国的新式警察制度建立后，警察更固定、系统地行使了刑事起诉职能。警察起诉，最初同私人起诉一样，是委托事务律师和出庭律师进行的。1935年，警察机关开始在内部设立律师部，负责刑事案件的起诉工作。世界各国的警察机关的主要职能都是负责对犯罪的侦查，由其担负刑事案件的起诉有明显的缺陷。因此，到19世纪，为了改进犯罪追诉工作，英国开始借鉴大陆法系检察制度的做法，于1879年在《犯罪起诉法》中规定总检察长代表国家对重要案件提起公诉，刑事诉讼中比较严重的犯罪案件，先由治安法官进行预审，以便决定是否对被告人起诉。20世纪末，英国进行了重大的司法改革，建立了检察机关统一负责公诉的制度。在1985年，英国颁布刑事起诉法，规定从1986年1月1日起，改变过去侦查和起诉均由警察负责的局面，在英格兰和威尔士普遍建立独立的刑事检察机关，统一行使公诉权，从而使刑事案件的侦查和起诉分别由警察机关和检察机关负责。“2002年7月英国内政部、上议院大法官、总检察长呈交议会的司法改革报告《Justice For All》（所有人的正义），进一步明确检察机关是独立的公诉机关。”② 英国检察机关主要是公诉机关，其主要职能是代表政府进行公诉，同时也参与部分的民事、行政诉讼，以及充当政府的法律顾问。

三、检察制度历史发展的几点启示

通过考察检察监督与公诉职能的发展历史，可以得出以下结论：

一是公诉制度是检察制度产生和发展的基本线索。14世纪，法国国王代理人转换为检察官，开始从执行私权追诉的地位逐步转变为对犯罪行为执行公诉的地位，这是大陆法系国家检察制度的萌芽。英国于1166年在刑事诉讼中建立了大陪审团起诉制度，虽然大陪审团起诉在理念上被认为是一种私诉性质，但其与被害人及其近亲属行使起诉权仍然有着重要的区别，大陪审团起诉，是起诉权发生转移的重要标志，是从私诉向公诉演进的过渡形式，诉权由被害人及其近亲属行使转而由一定的社会公众行使。1352年，设立大陪审团和小陪审团分别行使起诉权和参与法庭审判权，实现了控审分离，为英国现代公诉制度的建立奠定了重要基础。英国于1461年和1515年先后设置

---

① 张穹主编：《公诉问题研究》，中国人民公安大学出版社2000年版，第42页。

② 《Justice For All》，最高人民检察院法律政策研究室编译，中国检察出版社2003年6月版，第217页。

了总检察长和副总检察长，这可以视为英美法系国家检察制度的萌芽阶段。

二是早期的英国和法国的检察制度，都具有权力控制的特征。法国的检察官是从国王代理人演化而来的，国王代理人不仅具有追诉犯罪的职能，还具有监督审判的职能。从一定意义上说，从国王代理人制度转化而来的法国检察官制度表明，检察监督与公诉职能具有同宗同源性。因此，法国早期检察制度的权力控制的特点是以权力监督权力，并且这一特点一直保留至今。英国的早期检察制度中的控审分离，实际上是司法内部的一种分权制约，即以大小陪审团分别行使控诉权和审判参与权实现控诉权与审判权、陪审权与审判权之间的相互制约。因此，英国早期检察制度的权力控制的特点是强调公民权利对国家权力的制约，这一特点对英国检察制度的发展产生了深远的影响。

三是控审分离和专门的国家机关承担追诉职能是构成现代检察制度的两个基本条件。法国国王代理人制度之所以不能称其为现代意义上的检察制度，是因为没有完全实现控审分离；英国的起诉陪审制之所以不能称其为现代意义上的检察制度，是因为起诉陪审是一种“同辈陪审”，仍然是以“诉权在民”为其基本理念，属于私诉的范畴，追诉职能不是由专门的国家机关来承担的，没有形成现代意义上的公诉制度。法国资产阶级大革命以后，在国家追诉的基础上，真正实现了控审分离，标志着现代检察制度的确立；英国在1985年后，在控审分离的基础上，建立了全国统一的刑事检察机构，结束了“私人起诉传统”，建立了现代意义上的公诉制度，标志着现代检察制度的确立。

第三节　比较法视野下的检察监督与公诉职能

检察制度是伴随着人类社会政治制度的不断发展和变化而形成的，作为上层建筑的组成部分，世界各国的检察制度具有共同属性，不仅都体现了统治阶级的意志和政治目的，是维护统治阶级利益的工具，而且均具有控制警察，制约审判的功能。马克思主义哲学认为，世界上所存在的一切事物都具有矛盾着的两个方面：一个是它的普遍性，即事物所具有的共性；另一个是它的特殊性，即事物的个性。“个别一定与一般相联而存在。任何一般只是大致地包括一切个别事物。任何个别都不能完全地包括在一般之中。”① 世界各国检察制度在具有共性的同时，又与各国的具体社会实践紧密相连，表现

---

① 《列宁全集》第38卷，人民出版社1959年版，第409页。

出丰富的、具体的、特定的个性特征。不同的经济基础、价值观念、政治体制、历史文化传统、地域特征等因素，决定了世界各国的检察制度各不相同。尽管从历史的角度看，各国检察职能的发展具有某种共通性。但是，通过考察域外不同法系、不同政体、不同法律文化传统的当今各国检察制度，可看出在检察权中都同时存在检察监督与公诉职能，但在检察监督与公诉职能的内容、范围及两者关系上均存在差异。

一、各国检察监督与公诉职能概述

（一）法国检察监督与公诉职能

法国现行检察制度中的检察监督职能。（1）侦查监督权。法国在刑事诉讼中实行“检警一体化”，检察官享有侦查权和指挥侦查权。检察官接受告诉和告发，对确认触犯刑法的犯罪行为可以自行侦查，但一般情况下，直接侦查行为主要由警察完成。虽然法国实行的是“检警一体化”，但检察机关与警察机构在组织体系上不存在隶属关系，检察机关归司法部管辖，警察机构由内政部领导，检察官在具体的侦查业务中指挥警察，在指挥之中蕴涵了对侦查行为的监督、控制和约束。《法国刑事诉讼法典》第41条规定：“共和国检察官领导其所在法院管辖区内的司法警察警官与司法警察警员的活动。”[①] 检察官享有法律授予司法警官的一切权力，有权决定采取拘留等措施。《法国刑事诉讼法典》第38条规定：“司法警察警官与司法警察警员受检察长监视。检察长得派遣司法警察警官与司法警察警员搜集其认为有利于正确司法的一切情况。”[②] 检察机关有权对司法警察警官和司法警察警员的行为实施监督。对于司法警察警官和司法警察警员在刑事侦查过程中的违法行为，检察机关有权予以纪律处分，对于情节严重构成犯罪的行为，检察官可以代表国家提起刑事公诉。当然，在一般的侦查过程中，预审法官的侦查权力高于检察官和警察，当预审法官亲临犯罪现场时，检察官和司法警察即失去其全部权力，正式逮捕人犯须由预审法官签发逮捕证。《法国刑事诉讼法典》第122条规定：“预审法官可以根据案情签发传票、拘票、拘留证或逮捕证。”[③] 但根据法国刑事诉讼法的规定，预审法官只能在收到共和国检察官的相关法律文书后，方能实施调查。共和国检察官通过直接行使侦查权和行使侦查指挥权，控制警察的侦查行为，并决定是否将案件移交给预审法官。在检察官的决定与预审法官的意见不一致的情况下，检察官可以对预审法官

---

① 《法国刑事诉讼法典》，罗结珍译，中国法制出版社2006年版，第34页。

② 《法国刑事诉讼法典》，罗结珍译，中国法制出版社2006年版，第33页。

③ 程味秋主编：《外国刑事诉讼法概论》，中国政法大学出版社2006年版，第118页。

的裁决提起上诉。这表明，在法国刑事诉讼中，对侦查行为实施的是多重控制。检察机关对侦查行为的监督处于中间环节，不可或缺。（2）审判监督权。“总检察长根据司法部长的正式命令，可以撤销违法的司法文件、裁定和判决；检察官有权参加法院为解决某些案件而专门召开的会议，对某些初级法院审理的案件有审核权；检察官具有会同法院院长向司法部长呈送对于法官的考语等。”① 在法国，检察官对法院适用法律不当的裁判有权提起上诉，申请复审。上诉分普通上诉和非常上诉。根据法国刑事诉讼法的规定，检察官可以对轻罪案件和任何违警罪案件判决提出上诉，此类上诉属于普通上诉。检察官对刑事审查庭的裁定、重罪法庭、轻罪法庭和违警罪法庭的终审判决和裁定，如果认为违反法律可以向最高法院提起非常上诉，它包括两种不同的诉讼程序，其一是向最高司法法院提出的要求撤销之诉，其二是向最高司法法院提出的再审申请之诉。（3）民事、行政诉讼监督权。法国民事诉讼法和刑事诉讼法规定，检察机关可以建议法院传唤民事诉讼各方当事人到庭；检察官有权以国家代表的身份参加涉及国家利益和社会公共利益的民事诉讼；检察官有权参加法国行政法院和审计法院审理案件，并可以对这些法院审理的案件提起诉讼及出庭发表辩论意见；对法院受理的民事案件，可以调阅案卷材料，提出申请，又可以“附属当事人”的身份参加诉讼，并以书面形式向法院说明自己的意见。法国检察机关以“保民官”的身份参与民事、行政诉讼，维护司法公正，监督法庭裁判，体现了民事、行政诉讼的国家干预原则。4．刑罚执行监督权。《法国刑事诉讼法典》第32条规定：“检察院确保司法判决的执行。”第709条规定：“共和国检察官与检察长有权直接要求公共力量协助，以确保判决的执行。”第708条规定：“中止执行刑罚的决定分别由检察院做出，或者依检察院的建议，由轻罪法院或违警法院在评议室做出。”第709—2条规定：“（2004年3月9日第2004—204号法律第160条，自2005年1月1日起实行）共和国检察官制定一份有关刑罚执行状况与期限的年度报告。”除上述监督权外，法国检察机关还拥有其他较为广泛的监督权，如：“①监督司法辅助人员；②监督检查书记官；③监视司法救济制度的营运；④监督户政官员；⑤对私立教育机构的监督；⑥对无谋生能力者，及无保护人者之保护；⑦对盈余分配程序，及破产与审判上清算之监督；⑧对公立精神病院的监督；⑨对开设咖啡店、酒店等特种营业的资格审查；⑩对新闻、杂志等定期刊物之审查等等。”②

现行法国检察制度中的公诉职能。《法国刑事诉讼法典》第31条规定：

---

① 俞静尧著：《检察权的利益分析》，中国人民公安大学出版社2007年版，第80页。
② 黄东熊著：《中外检察制度之比较》，中央文物供应社1986年版，第151页。

“检察院行使公诉权，要求适用法律。”法国检察机关垄断刑事案件的起诉权，法国没有刑事自诉案件，追诉犯罪都是国家的责任，由代表国家的检察机关提起公诉。从整体上看，法国检察机关坚守的是法定起诉原则，但为保证检察官起诉权的正当合理行使，法国法律规定检察官享有一定的起诉裁量权，主要体现的是检察官拥有刑事调解权和刑事和解权。对于一些轻微的犯罪行为，共和国检察官可以通过在被指控人与刑事被害人之间进行调解沟通，以双方所达成的协议作为案件的处理方式，诉讼就此终结。1999 年，法国通过法律建立了刑事和解制度，刑事和解在很多情况下取代了刑事调解，它是真正地由检察官提出的和解机制，是一种国家权力干预下的和解。

（二）德国检察监督与公诉职能

德国现行检察制度中的检察监督职能。（1）侦查监督权。与法国检察机关一样，德国检察机关依法享有对刑事案件的侦查权和指挥侦查权。检察机关实际上对所有刑事案件都有侦查权，它既可以自行侦查，也可以指挥和委托警察机关进行侦查。警察机关在接受检察机关的委托和命令后，必须及时把所收集的所有证据移送检察机关，由检察机关办理侦查终结程序。同时，检察机关对警察机关的刑事侦查享有直接指挥的权力，即使是涉及高度技术性、宜由警察机关侦查的案件，侦查结果也必须及时移送检察机关，并由后者审查后决定是否提起公诉。可见，在德国，刑事案件侦查权是由检察机关和警察机关共同行使的，但检察机关在整个刑事侦查活动中居于支配地位，并且对警察机关的侦查工作有权进行监督。检察官经申请侦查法官决定，可以采取搜查、监视、逮捕、扣押、查封等强制措施，检察官对侦查法官的决定和命令可以提出抗告。（2）审判监督权。检察机关派出检察官担任国家公诉人，同时对刑事审判活动进行监督。这种监督主要通过申明异议、抗告和上诉的方式进行。抗告，是指针对法庭的决定和命令要求上级法院进行纠正的申请。检察官如果对法院的裁判不服，可以提出上诉。上诉包括第二审上诉程序和第三审上诉程序。如果检察官不服地方法院及陪审庭的判决，可以上诉到州法院，如果不服第二审法院的判决，由州高级法院进行第三审上诉程序的审理。按照客观追诉原则的要求，检察机关可以为被告人的利益提出上诉。对于已发生法律效力的判决，检察机关还可以提出再审。德国刑事诉讼法理论认为，检察机关具有中立性质，有义务维护法律权威，因此，不论对被判决人有利还是不利，只要裁判不正确，都会造成检察机关的不利，即增加其负担。基于这种认识，检察机关可以提出不利于被告人的再审。法院在对已经发生法律效力的判决进行再审时，必须取得检察官的同意才能宣告无罪。（3）刑罚执行监督权。德国的检察机关同时也是刑罚的执行机关，负责执行刑事判决。《德国刑事诉讼法》第 451 条规定，刑罚的执行，由检察机关依据法院书记处书记员发放的、附有可执行性证书和经过核实的判决副本实施。检察官负责确定适合被判处自由刑的犯人服刑场所，监督犯人到达服刑地，处理因身体原因不宜立即关押的被告人申请延缓服刑，收取罚金，送达判决通知书等事项。对于刑罚执行的变更，法院在裁定时必须听取检察官的意见。检察机关也是刑罚赦免机关，具有这方面相应的职责和权力。（4）民事、行政诉讼监督权。德国检察机关作为国家利益和社会公共利益的代表，可以参与一些法律规定的民事诉讼和行政诉讼。为了寻求民事诉讼中当事人自由处分原则与国家干预原则之间的平衡，检察机关在介入民事诉讼的范围和种类上，都受到限制。在民事诉讼方面，检察机关参与的主要限于那些涉及国家和社会公众利益的重大案件，如因企业疏忽造成的重大环境污染案件、重大侵犯消费者权益的案件等。对于传统民事领域案件，检察机关参与诉讼权力有限，通常仅限于有关婚姻效力的确认、婚姻关系存续与否以及禁治产案件等。德国检察官参与民事诉讼案件的方式有两种，一是作为公益代表人直接提起诉讼，将某些侵害国家、社会公益或者公民重要权益的民事案件，直接提交法院请求裁决。二是参与诉讼，但检察机关不是案件的提起者，而是作为诉讼活动的参与者介入。检察机关参与民事诉讼，享有调查取证权、起诉权、上诉权、抗诉（抗告）权以及对裁决执行的监督权。在行政诉讼中，检察机关可以参加一切涉及社会公益和公民权益的诉讼。检察官有权参加所在行政法院管辖的任何行政诉讼案件。德国的《行政法院法》明确规定了公益代表人制度，各级检察官作为该地方公共利益的代表人，参与各级行政法院的行政诉讼。

德国检察机关的公诉职能。在德国，检察机关垄断刑事案件起诉权，实行国家职权主义原则，并且有强制起诉义务，刑事案件是否要提起公诉，与被害人的意志无关。刑事案件的提起主要由检察机关承担，公民个人只在十分有限的范围内，对少量轻微刑事犯罪享有自诉权。检察官提起公诉的条件是必须对案情进行充分调查，在调查中所采集的证据必须已经足以证明某种犯罪行为确已实施。检察官不仅要考虑不利于被告的证据，还必须考虑到有利于被告的证据。《德国刑事诉讼法》第 170 条第 1 款规定，在侦查结束后，如果检察官认为有“充分理由”来进行指控，就有权向刑事法院正式提起公诉。如认为确定不能起诉时，便决定中止诉讼。20 世纪末，德国在刑事诉讼中的法定起诉主义原则逐步被自由裁量原则所突破，采纳了起诉便宜主义，在考虑刑罚经济性和其他刑事政策的前提下，检察官可适当考虑不予以起诉。

（三）日本检察监督与公诉职能

日本检察制度中的检察监督权。（1）侦查监督权。《日本检察厅法》第

6条规定："检察官对任何犯罪都可以进行侦查。"日本检察官拥有广泛的侦查权，在侦查过程中可以采取与侦查活动相关的强制措施，可以自行调查犯罪嫌疑人和案情关系人，并可以直接收集证据。日本对刑事案件的侦查，实行的是警察机关与检察机关配合进行、以警察侦查为主的原则。检察官在刑事诉讼中具有指挥、监督、调度司法警察的权力。《日本刑事诉讼法》第193条规定："检察官在管辖区域内，可以就侦查对司法警察职员作出必要的一般指示；检察官在管辖区域内，可以为要求协助侦查而对司法警察职员进行必要的一般指挥；检察官在进行自行侦查的场合有必要时，可以指挥司法警察职员，使其辅助侦查；在前三款场合，司法警察职员应当服从检察官的指示或者指挥。"尽管多数案件的首次侦查行为由司法警察进行，但检察官在认为必要时，可以自行侦查。检察官对任何案件都可以决定自行侦查，即使警察机关对同一案件已经开始侦查。一般情况下，国家公职人员的贪污受贿案件以及重大偷漏税等经济犯罪案件由检察官进行侦查。（2）审判监督权。检察官对于法院的裁判，可以依职权提出上诉、要求再审和非常上告。检察官只有认为原裁判有客观的错误时，作为公益的代表才有权上诉。对判决的上诉包括控诉和上告，对其他裁判的上诉分为一般抗告和特别抗告。控诉是针对地方法院、家庭法院或简易法院所作的第一审判决向高等法院提出上诉。"控诉理由一般有以下几种：①诉讼程序违法。②适用实体法令错误。③错误认定事实影响判决的。④量刑不当。⑤再审事由及判决后刑罚的废止、变更或大赦。上告是指对高等法院作出的第一审判决或第二审判决不服，请求最高法院撤销该第一审或第二审判决的一种上诉形式。法律规定的上诉理由是：①违反宪法或对宪法的解释有错误的；②作出与最高法院判例相反的判断的；③在没有最高法院的判例时，作出了与大审院或作为上告法院的高等法院的判例或与现行法实施后作为控诉法院的高等法院的判例相反的判断的。"[①] 抗告是请求上级法院改变原审法院裁定或命令的一种上诉形式，分为一般抗告和特别抗告。一般抗告又分为即时抗告和通常抗告。特别抗告是将最高法院作为抗告法院的抗告。对已发生法律效力的判决，检察机关可以通过请求再审和非常上告，对确有错误的判决实施监督。非常上告是判决确定后，认为判决违背法令而采取的非常补救程序。按照日本刑事诉讼法的规定，有权提起非常上告申请的只有检察总长，而且非常上告的管辖法院只能是最高法院。再审是对宣告有罪的确定判决，为了被告人的利益，主要对事实认定不当进行补救的非常补救程序。（3）民事诉讼监督权。检察官除了刑事方

① 宋世杰等著：《外国刑事诉讼法比较研究》，中国法制出版社2006年版，第668页。

面的职责外，还可以以公益代表人的身份参与民事公益诉讼和其他公益事务。日本检察官参加民事诉讼的职权范围相当广泛，比法国、德国的检察机关职权范围要更加具体、详细，主要包括："①禁治产宣告请求权及其撤销请求权；②准禁治产宣告请求权及其撤销请求权；③关于不在人财产管理的处分权及其撤销请求权；④不在人财产管理人改任请求权；⑤不在人财产的管理人制作财产目录请求权；⑥财团法人捐助行为的补正请求权；⑦法人临时理事选任请求权；⑧法人的特别代理人选任请求权；⑨法人的清算人选任请求权；⑩法人的清算人解任请求权；⑪不合法婚姻的撤销请求权；⑫亲权丧失的宣告请求权；⑬由亲权获得的财产管理权丧失的宣告请求权；⑭监护人解任请求权；⑮遗产管理处分请求权或遗产管理人制作财产目录请求权；⑯继承的承认和放弃期间的延长请求权；⑰继承财产的保存处分请求权和制作财产目录请求权；⑱限定承认继承财产的保存处分请求权和向继承财产管理人制作财产目录请求权；⑲对有财产分割请求的继承财产的管理人制作财产目录请求权；⑳继承法人财产的继承财产管理人选任请求权，对该管理人制作财产目录请求权；㉑寻找继承人的公告请求权等。"① （4）执行监督权。与法国、德国一样，日本的检察机关同时也是刑罚的执行机关。《日本刑事诉讼法》第472条规定："裁判的执行，由作出该项裁判的法院相对应的检察厅的检察官指挥。"日本的检察官享有指挥监督刑事判决、裁定执行的权力，监督和指挥羁押证、拘提证的执行；指挥一般有罪判决和死刑的执行；巡视监管场所等。

日本检察制度中的公诉职能。日本是典型的法律移植国家，其刑事司法制度相继在法国法、德国法、美国法的影响下，对两大法系的不同特点借鉴融合、兼收并蓄，在刑事诉讼法上形成了现在的当事人主义为主、职权主义为辅的典型的混合式诉讼模式，日本检察制度中的公诉职能对两大法系中的国家追诉、公诉垄断、起诉便宜、起诉书一本主义等制度和原则都有所体现。《日本刑事诉讼法》第247条规定："公诉由检察官提起。"这表明国家完全享有对刑事犯罪的追诉权，因为只有国家机关能够进行追诉，表明日本实行的是国家追诉主义；而在国家机关中，只有检察官承担这一追诉任务，又说明其刑事起诉的垄断主义。其他任何机关和个人都没有提起刑事诉讼的权力。由检察机关独占刑事起诉，可以避免因私人起诉所造成的滥诉和报复现象。日本的起诉便宜主义，准许检察官对是否起诉拥有一定的自由裁量权。对可以提起公诉的案件，检察官斟酌有关情况后认为无起诉必要而作出的不起诉、

---

① 转引自日本法务省刑事局编：《日本检察讲义》，中国检察出版社1990年12月版，第15～16页。

暂缓起诉决定，也可以说是起诉犹豫主义，与此相对应的，是起诉法定主义。现今国际上，很多国家将起诉法定主义作为基本原则，而在一定程度上加入了一些起诉便宜主义的内容。但是日本的起诉便宜主义未加任何限制条件。如《日本刑事诉讼法》第248条规定："根据犯人的性格、年龄及境遇、犯罪的轻重及犯罪后的情况，没有必要追诉时，可以不提起诉讼。"为了对检察官的不起诉处分决定形成制约与监督，根据日本刑事诉讼法的规定，实行了检察审查委员会和准起诉程序。在日本全国每个地方法院的管辖区域内至少设立1个检察审查委员会，从国民中选出11名检察审查员，检察审查委员会根据申诉人申请或审查会自行决定，可以复查检察官不起诉的案件是否正确。准起诉程序又称为请求交付审判，是指对检察官滥用职权等作出不起诉处分时，告诉人或告发人如果不服，可以向有管辖权的地方法院提出开始案件审判的请求。法院认为请求有理由，则交付审判，该案件视为已经提起公诉。准起诉程序是起诉垄断主义的唯一例外。检察官提起公诉时，实行起诉书一本主义，只向法院提交一份记载被告人姓名、公诉事实的罪名的起诉状，而不移送案卷和证据材料，以防法官对案件产生预断。《日本刑事诉讼法》第256条第6款规定："起诉书不得添附可能使审判官就案件产生预先判断的文书及其他物件，或引用该文书等的内容。"

（四）英国检察制度中的公诉职能与有限的检察监督

当代英国检察制度中的检察监督职能。（1）侦查监督权。英国的侦查权基本上由警察机构所垄断，检察机关可以把案件退回警察部门或者直接撤销案件并作出不起诉决定，但不享有自行补充侦查的权力。检察机关与侦查机关相互独立，不实行"检警一体化"，严格意义上讲不存在对侦查机关的指挥、监督的权力。"1998年，为了强化皇家检察官在刑事侦查中的作用，加强皇家检控署与警察机关之间的联系，提高刑事司法效率，英国议会决定皇家检控署应在警察局中派驻他们的律师，向警察提供建议。"① 这种指导和建议中也同样包含有监督的因素。所以，从广义的角度看，不能完全说英国检察机关没有侦查监督权。（2）审判监督权。英国检察机关对审判活动的监督主要体现在上诉制度中。英国的刑事上诉制度是迟于刑事诉讼制度产生的。上诉制度的相对滞后性主要基于以下两个原因：一是"一事不再理"原则。古罗马人奉行"一事不再理"原则，对法院判决的真实性和权威性坚信不疑，这是因为在当时采取的神示证据制度下，"裁判的意志代表了神的意志，其真实性不容怀疑。"② 英国继承了"一事不再理"原则，并将"禁止双重危

---

① 宋世杰等著：《外国刑事诉讼法比较研究》，中国法制出版社2006年版，第369页。

② 陈卫东著：《刑事审判监督程序研究》，法律出版社2001年版，第65页。

险”原则作为被告人的一项基本权利，进而上升为宪法原则。显然这样的理念是排斥上诉制度的。二是“当事人主义”诉讼模式的应用。“在‘当事人主义’诉讼模式下，首先能确保的是程序公正，在公正的程序下得出的判决被推定是正确的。所有的程序是当然正确的，是无须检讨的。”① 基于这样的理念，法律禁止控方对已作出的裁判提出上诉，以避免控方滥用追诉权导致对被告人权利的侵犯。但是片面追求形式公正，必然欠缺对实体公正的关怀，诱发实践中许多司法不公的现象，于是英国不得不对“一事不再理”和“禁止双重危险”原则进行一些限制，建立了刑事上诉制度。20 世纪 70 年代以来，英国的上诉制度在一定程度上向大陆法系的刑事上诉制度靠拢。检察机关对治安法院的裁判通常有两种上诉途径：一是以案件报核的方式向高等法院上诉，所谓案件报核的方式，是指经治安法院初审的案件或刑事法院上诉审之后，检察机关或被告人如果认为判决“在法律上有错误”或者“超越权限”，可以申请原审法院把该案件报核给高等法院以提起上诉。二是申请高等法院对治安法官的裁判进行司法审查，签发撤销令、强制令或禁制令。对于上诉法院和高等法院作出的判决，检察机关可以继续向最高的司法机构——上议院提出上诉，但这种上诉受到了非常严格的法律限制。新的最高法院成立后，上议院的司法职能被取消，对上诉法院所作判决不服的当事人不再向上议院提出上诉，而改为向最高法院提出上诉。“在《2003 年刑事审判法》颁布前，英国的司法制度对于控诉方的上诉权是给予严格限制的。一般情况下，控诉方对刑事法院的定罪或者判刑，没有权利向上诉法院提出上诉。但是，如果法官在审判中有错误适用法律情况时，英国总检察长有权将这一法律问题提交上诉法院，以便在对问题审查后加以纠正，但在实践中总检察长很少运用这一权力。”② “根据《1988 年刑事审判法》第 36 条的规定，如果总检察长认为刑事法院对有罪的被告人判处的刑罚有不适当的从轻情况的，可以在取得上诉法院的同意之后，将案件提请上诉法院对量刑加以审查。”③ “《2003 年刑事审判法》在立法上扩大了控诉方的上诉权。新扩张的控诉方上诉范围包括以下两类：一是在法官作总结性提示之前任何时候，包括在审理过程中或者审前听证中作出的导致审理终结的裁定；二是关于适格的证据裁定，或者在附表四中列明的某些适格罪的审理中作出的一系列裁定。”④ 根据该法第 75 条的规定，对在一审或上诉审中被认定无罪的重罪嫌

---

① 齐树洁著：《程序正义与司法改革》，厦门大学出版社 2004 年版，第 330 页。

② 孙长永：《英国的刑事上诉制度研究》，载《湘潭大学社会科学学报》2002 年第 5 期。

③ 齐树洁主编：《英国司法制度》，厦门大学出版社 2007 年版，第 590 页。

④ 齐树洁主编：《英国司法制度》，厦门大学出版社 2007 年版，第 600 页。

疑人，检察机关可以提起再审，这可以看做是禁止双重危险原则的例外。

当代英国检察制度中的公诉职能。在1985年英国议会通过《犯罪起诉法》之前，检察官在刑事诉讼中的公诉职能十分有限。“在英国历史上，参与刑事起诉活动的主体有个人、大陪审团、警察、律师和检察官、当地政府、税务部门及社会保障部门等。19世纪之前，不存在任何被指定为行使公诉职能的机构，将犯罪嫌疑人提交审判是公民个人的权利，即私人起诉。1879年负责处理王室之外的案件的检察机构——公诉处建立，但它只负责对重大、疑难案件提起公诉，而绝大多数刑事案件是由警察当局提起公诉的。1829年英国警察机关正式成立后，大多数案件的侦查、起诉均由警察机关负责，警察机关成为事实上的公诉人。英格兰和威尔士的43个警察机关构成了各自独立的起诉机构，警察在执法方面通常的权力，决定了起诉实际上是带有私人性质，以及地方性和自由裁量性。”① 随后，律师也参与了起诉活动，越来越多的警察管区指定了起诉律师协助作出起诉决定，一般是由警察作出起诉决定，律师搞一些案头工作并代替警察出庭。在现代社会，侦查和公诉是两种性质不同的专门性工作，侦查和公诉工作对其承担者有不同的知识和能力方面的要求，一般情况下，侦查工作由警察承担，公诉工作由检察官承担。警察既行使侦查权又行使公诉权，使得公诉质量难以保证。1981年，皇家刑事程序委员会对英国起诉制度进行考察后发表报告，对刑事司法制度提出了3点批评意见：（1）警察局不能既侦查刑事犯罪又决定是否起诉，负责侦查工作的警官作出是否起诉的决定是无法让人信服其为公正的；（2）全国范围内不同的警察局决定是否起诉时采用的标准不同；（3）警察局将太多不大有把握的案件起诉至法院，导致了法官作出无罪宣判的比率攀升。该报告提出应该使侦查从起诉功能中分离出来。在其影响下，1985年英国议会通过了《犯罪起诉法》，成立了皇家检控署取代旧有的公诉处，从而形成了统一领导的从中央到地方的独立行使公诉权的检察系统。警察机关侦查的案件起诉，由检察机关负责，英国检察机关的公诉权得到了立法上的确认。警察机关一旦决定对犯罪提出起诉，案件卷宗就要移交到皇家检控署，由检察官来最终决定是提起还是放弃起诉，对于法律规定由其他部门（金融服务管理局、内陆税务局、海关署）起诉或个人起诉的案件，如果检察机关认为有必要，也可以中止其诉讼，而代为提起公诉。《皇家检察官守则》第3条第1款规定：“警察机关向皇家检控署移送的每一起案件，均由皇家检察官进行审查，以保证其符合本准则所列出的审查标准。皇家检察官可以决定维持原指控、变

① 中国政法大学刑事法律研究中心组织编译：《英国刑事诉讼法选编》，中国政法大学出版社2001年版，第43页。

更指控或者决定终止诉讼。”皇家检察官是否决定提起公诉，根据的是《皇家检控官执法守则》中的两个标准，即充足证据标准和是否符合公共利益标准。英国检察官在公诉中享有较大的自由裁量权，无论是轻罪还是重罪，只要检察官认为追诉不符合公共利益，都可以裁量不起诉，对于已经决定起诉的案件，检察官享有以何种罪名提出指控的选择权。检察官具有改变指控或停止诉讼的最终决定权，法律没有赋予警察机构要求复议的权力。但是，英国刑事起诉主体多样性的历史传统在一定程度上得到了保留。即使在新的《犯罪起诉法》颁布实施后，英国原始的刑事起诉方式仍然没有杜绝，从刑事自诉的角度上讲，任何人都有权起诉他人。除了检察机关可以起诉外，其他法定机构对特定类型的案件也有起诉权。由此也可以看出，英国在刑事诉讼中没有实行公诉垄断原则和国家追诉原则，而是在一定范围内保留了刑事起诉主体多样化的历史传统。

（五）美国检察制度中的公诉职能与有限的检察监督

当代美国检察制度中的检察监督职能。（1）侦查监督权。“美国检察机关与侦查机关实行‘侦控分离’，但这种分离也不是绝对的，美国检察官也有权对部分犯罪案件行使侦查权，如对官员犯罪的侦查权，就由检察官行使。”① 美国检察官与大陆法系检察官在实施侦查职能方面比较接近，美国检察官出于公诉的需要，可以要求或指挥警察予以配合。“负责案件起诉准备的检察官有权对侦查案件的警察进行指挥与发布命令。”② 同时，检察机关对在全国、全州范围内有影响的、公众特别敏感的刑事案件，具有立案决定权。（2）审判监督权。“在美国，一般地说，检察官不具有大陆法系国家检察官那样广泛的上诉职权。美国的一些法律规定，在刑事案件中，包括检察官在内的控告一方不具有上诉权，即使有的法律规定了检察官的上诉权，也是很有限的。如果被告人被判无罪或者罪轻之后，即使发现证明这一犯罪的新的证据时，检察官也不能提出上诉，不得再重新审判被告人，因为美国联邦法律与判例均不允许检察官对无罪和罪轻判决提出上诉。对犯有可诉罪恶的被告人被宣告无罪释放时，总检察长有权提请联邦参议院就该案的法律问题进行复议；同样地，地方检察官有权要求地方复审法院复议判决中的法律错误。”③ 因此，美国的检察官具有有限的审判监督权。

当代美国检察制度中的公诉职能。美国联邦检察机关的重要职责是对犯

---

① 刘方著：《检察制度史纲要》，法律出版社2007年版，第72页。

② 王以真著：《外国刑事诉讼法学》，北京大学出版社1994年版，第199页。

③ 参见刘兆兴：《两大法系国家检察机关在刑事诉讼中的职权比较》，载《外国法译评》1995年第3期。

罪实行追诉。不过，在美国，刑事公诉权是分散的，并不由检察机关所专有，它分别由大陪审团、检察官以及检察官的委托人行使。其中，重大刑事案件必须由依法组成的陪审团决定是否批准检察官的公诉书，实际上是大陪审团行使了审查起诉人职权，或者说是由大陪审团和检察官共同承担了重罪案件的公诉职能。现在，由于大陪审团审查案件的烦琐和形式主义，其使用越来越有限，在刑事诉讼中的地位越来越低，检察官承担了真正的刑事起诉权。法律规定，联邦检察机构有权对一切联邦法院管辖的案件进行追诉，有权决定是否提起公诉，并决定公诉后是否亲自参加庭审。此外，在司法实践中，联邦检察官通常将一些涉嫌轻罪的案件交给警察或律师起诉，自己只起指挥和监督的作用。与联邦检察机关的权限相类似，在各州的检察系统中，对刑事犯罪进行追诉的方式及权力也主要由大陪审团与州检察官共同行使，不过在有些州，检察官的权力更大一些。辩诉交易是美国起诉制度的重要特点。美国检察官在刑事诉讼中具有较大的自由裁量权，其突出的表现就是在接受控告、检举以后所进行的审查起诉中，检察官有权决定是否提起公诉，并且在提起公诉以后，检察官还可以以国家或政府的名义同辩方律师进行谈判，以期用罪行相对较轻的指控换取被告人对所犯罪行的承认，即辩诉交易。根据这一规则，辩诉交易如果达成一致意见，则由主审法官不经开庭而直接依辩诉双方确认的事实进行裁判。

（六）苏联检察监督与公诉职能

历史上，俄国的检察制度建立于18世纪沙皇时期，基本上是仿效法国建立的。当时检察机关的主要职责是担当监督法制运行的任务，后来沦为沙皇的镇压工具。

苏联检察制度建立于十月革命胜利之后，苏联检察机关创立的直接动因在于维护全国法制的统一。十月革命后，迫于当时的国内外形势，急切要求克服当时严重存在的官僚主义、地方主义和法制不统一现象，解决实行全国统一的法制问题，解决各地习以为常的多种多样的法制问题。为此，列宁在《论双重领导和法制》一文中强调，“法制不应该卡卢加省是一套，喀山省又是一套，而应该全俄罗斯统一，甚至应该全苏维埃共和国联邦统一。”“为了维护法制的统一，必须有专门的法律监督机关。”“检察院和任何行政机关不同，它丝毫没有行政权，对任何行政问题都没有表决权。检察长的唯一职权和必须做的事情只有一件：监视整个共和国对法制有真正一致的了解，不管任何地方的差别，不受任何地方的影响。”“检察长的责任是使任何地方政权的任何决定都与法律不发生抵触，检察长必须仅仅从这一观点出发，对一切非法的决定提出抗议，但是他无权停止决定的执行。”① 根据上述论述，可以看出，列宁所论述的法律监督权是一种由专门机关行使的国家基本权力，它无法归入资本主义“三权分立”体制下的任何一权，而是在社会主义国家的最高国家权力机关领导下的一种独立的国家基本权力。苏联的检察机关是一个维护法制统一的机关，法律监督的目的是为了克服地域差异、实现国家法制的统一，而不是追求个案的诉讼利益甚至法律监督机关自身的利益。法律监督权是一种程序上的权力，不是实体决定权。此外，列宁还集中批判了对法律监督机关实行“双重领导”的观点，提出了“中央检察权”的思想，以敦促全共和国、全联邦真正统一地实行法制。

1922 年 5 月 28 日，苏联通过了《检察机关条例》，规定检察机关监视整个共和国，“代表国家对一切政权机关、经济机关、社会团体、私人组织以及私人的行为是否合法实行监督。”这一规定赋予苏联检察机关对一切组织和个人实行监督的权力，甚至在理论上包括对当时的最高权力机关苏维埃代表大会实行监督的权力。检察机关的职权是法律监督权与犯罪追诉权的结合，具有一般监督与追诉职能相结合的性质。

十月革命胜利之初，虽然建立了社会主义的检察制度，但是仍沿用了旧的司法体制，检察机关隶属于司法行政部门。1924 年 1 月，第二次苏联苏维埃代表大会通过了批准《苏联宪法》的决议。《苏联宪法》第 7 章对检察机关作出了规定，联盟检察机关由苏联最高法院检察长及其助手组成。这是历史上第一个在宪法中规定检察制度的宪法，也是苏联历史上第一个规定检察制度的宪法。1929 年 7 月，《苏联最高法院及最高法院检察院条例》对苏联检察长的职权和苏联最高法院检察院的组织和职能作出了规定。1933 年 6 月，苏联撤销最高法院检察署，在联盟法院之外设立独立的苏联检察院。1936 年 7 月，各加盟共和国检察院均从该共和国司法系统中分离出来，直接隶属于苏联最高检察长。1955 年和 1979 年，苏联先后颁布了新的《苏联检察监督条例》和《苏联检察院组织法》，对苏联检察机关的组织体系作了部分调整和完善。

苏联检察机关的监督职能。(1) 一般监督职能。苏联检察机关具有权力十分广泛的一般监督职能。根据 1933 年《苏联检察院条例》的规定，检察机关的监督职能包括：监督苏联、各加盟共和国各主管机关及各地方政权机关的命令和决议是否与苏联宪法、政府的决议和命令相抵触；监督苏联及加盟共和国审判机关适用法律是否与苏联一致；依据特别法令监督联合国家政

---

① 《列宁全集》第 33 卷，人民出版社 1959 年版，第 326 ~ 327 页。

治保卫局、民警局及劳动改造机关的活动是否符合宪法和法律。检察机关实行一般监督的手段主要是“抗议书”和“提请书”。对于公职人员的违法行为，由检察机关以检察长的名义通过“抗议书”向相关单位提出抗议；对于与法律和决议相抵触的文件，也由检察机关以检察长的名义通过“抗议书”向发布该项文件的机关或其上级机关提出抗议。对于应当予以消除的违法现象，检察机关也负有监督的权力。检察机关可以向有消除违法现象权力的部门、机关或人员发出提请书。（2）诉讼监督职能。“苏联检察机关的诉讼监督职能通过以下4个方面表现出来：一是对侦查活动的监督，苏联各级检察长对调查、侦查机关在侦查活动中的违法行为，有权采取措施直接加以纠正，有权撤销、变更侦查员、预审员的违法决定；二是对审判活动的监督，检察机关有权对法院的违法和无根据的刑事判决、裁定、决定，按照审判监督程序进行控诉；三是对拘留所、羁押场所、剥夺自由场所和其他依法强制执行过程中的违法行为，有权作出补救的决定，并对相关部门提出抗议，要求有权处理的机关作出处理；四是参与民事审判并进行监督，检察机关可以参与法庭审理民事案件，以监督整个诉讼过程严格依法进行，检察机关还有权依照上诉程序和审判监督程序，对法院民事判决提出抗诉，目的是为了纠正法院的违法判决。”①

苏联检察机关的公诉职能。“苏联检察机关负有对刑事案件提起公诉的权力。苏联检察院对应当由苏联最高法院审理的案件，负责提起公诉；共和国检察院和地区检察院分别承担向共和国法院和地方法院提起刑事公诉的职责。各级法院在审判案件过程中，检察机关可以作为国家公诉人出席法庭支持公诉；对法院作出的违法的和没有根据的刑事判决、裁定和审判员命令，有权提出抗诉。”②

（七）俄罗斯检察监督与公诉职能

苏联解体后，俄罗斯进行了重大的社会变革。对于构建何种模式的检察制度，在俄罗斯国内，改革派和保守派产生了严重分歧。“激进的改革派认为，现行的检察体制形成于30年代中期，是斯大林时期高度集权的产物。这种体制不利于公民人权的优先保护，不能实现法治国家中法院的决定性作用，同时容易助长非法专横，因此主张摧毁这种体制，按照西方法治国家的模式重建检察体制。保守派则认为，统一集中的检察体系植根于俄罗斯大地，已为人们普遍接受，实践证明这种体制是成功的，有效的。这不仅表现在保护公民的权利、自由和同犯罪作斗争等方面，而且也体现在检察监督方面。在

---

① 参见刘方著：《检察制度史纲要》，法律出版社2007年版，第96页。

② 参见刘方著：《检察制度史纲要》，法律出版社2007年版，第97页。

地方闹分裂的历史条件下，保持统一集中的检察体系及对统一适用联邦法律实行有效的监督，将有助于俄罗斯保持国家统一。”①

1993年的俄罗斯新宪法，改变了议行合一的苏维埃国家权力体系，在俄罗斯建立了西方式三权分立的总统制国家权力体制，同时确立了“人和人的权利与自由具有至高无上的价值”的宗旨。在检察制度上，一方面，新宪法继续肯定“检察机关是统一的、下级检察长服从上级检察长和联邦总检察长的集中体系”，另一方面又将检察权作为司法权的组成部分规定在司法机关一章中。特别在“司法改革概念框架”的法律文件被批准后，检察官的职能发生了重要的改变，从一个初步侦查和法律监督的机关变成了一个单纯的起诉机关。这样检察机关不再具有那么广泛的权力。

“根据1995年制定的《关于俄罗斯联邦起诉的法律》，检察机关的职权包括：（1）监督所有政府部门、机关及其官员对法律的实施；（2）监督所有组织，包括商事组织对公民权利和自由的保护；（3）监督刑事侦查的进行；（4）监督拘留场所和教养机构；（5）对刑事案件起诉和代表国家对法院裁决上诉；（6）提起民事诉讼，针对民事裁决上诉并且代表国家请求仲裁裁决；（7）在打击犯罪方面进行合作；（8）调查民事控诉。这样，检察机关保留了过去的大多数的权力和职责，其失去的唯一权力是对法院的监督权，改由司法部和最高法院负责。监督私人商事组织的行为被限制在‘侵犯公民权利的行为’。1995年的法律还保留了检察监督刑事侦查的权力，不论侦查是由警察、安全警察还是检察官自己进行。根据1999年修订后的《俄罗斯联邦检察机关法》，检察机关被赋予新的监督职能，其中包括宪法监督职能。根据俄罗斯联邦新《刑事诉讼法典》，检察机关不再享有抗诉权，只是被赋予其上诉权。新《刑事诉讼法典》对检察官地位进行了重新的定位。法典第37条规定，检察长是有权在本法典规定的职权范围内，以国家名义在刑事诉讼程序中实施刑事追诉，以及对侦查机关和预审机关的诉讼活动实施监督的公职人员。”②

二、各国检察监督与公诉职能关系比较分析

在介绍世界主要国家的检察监督与公诉职能内容的基础上，我们可以对世界各主要国家的检察监督与公诉职能进行比较分析。

检察监督职能的比较分析。从整体上看，中国、苏联、俄罗斯和大陆法

---

① 宋远升、闵银龙著：《最新国外刑事司法制度研究》，东南大学出版社2007年版，第404页。

② 参见宋远升、闵银龙著：《最新国外刑事司法制度研究》，东南大学出版社2007年版，第405页。

系国家的检察权中具有较多的监督职能，而英美法系国家的检察权中的监督职能较少。在对侦查活动的监督上，法国、德国、日本等实行检警一体化，检察监督蕴涵于检察机关对侦查活动的领导、指挥之中，这种监督具有上对下的意味，而我国的侦查监督是一种并列主体之间的监督，检察机关没有对侦查活动的领导、指挥权，与大陆法系国家相比，对侦查权的控制要弱一些，而英美法系国家检察权对侦查活动的监督主要是检察机关对侦查机关提出咨询意见，显然这种监督方式对侦查权的控制要更弱一些。在对审判活动的监督上，在德国、日本等国家，检察官对审判过程是否合法的监督，主要是采取声明异议或抗告的方式进行。我国的相关法律规定，检察机关在庭审后就法庭审理中的违法情形向法院提出纠正意见。在刑罚执行监督上，法国、德国、日本、美国等国家的检察机关具有执行权，执行权当然包含执行监督权。而我国检察机关不具有刑罚执行权，仅具有刑罚执行的监督权。在民事、行政诉讼中，法国、德国、日本、美国等国家检察机关具有民事、行政诉讼的参与权，可以提起相关的诉讼，或是向法院提出相关的意见，而我国检察机关具有的是对法院错误的民事行政案件的裁判提出抗诉的权力。在职务犯罪监督上，与其他国家相比，我国的职务犯罪侦查权具有专属性，即专属于检察机关。其他国家的检察机关对职务犯罪不具有专属的侦查权，而是和其他机关共同行使职务犯罪侦查权。

公诉职能的比较分析。一是公诉权的行使主体方面的差异。从世界范围看，审查起诉分为两种情形：一类是检察官对侦查终结的案件进行审查，自行决定是否提起公诉。此类国家比较多，如中国、日本、德国等。另外一类是由特定的机构审查后，由检察官提起公诉。根据美国法律规定，在联邦法院起诉的重罪，必须有大陪审团的起诉书，也就是说对重罪案件是否起诉，是由大陪审团审查决定的，这类案件的起诉权实际上控制在大陪审团手中。法国公诉权是由检察机关和预审法官共同行使的，一般来说，检察官有权对违警罪和轻罪案件作出起诉决定，但对重罪案件的起诉是由预审法官审查决定的。在英国，根据 1985 年《刑事起诉法》的规定，检察官是行使公诉权的主要主体，但却没有垄断公诉权，根据《验尸官法》，验尸官有权将勘验结论和证据一并移送刑事法院，要求对有犯罪嫌疑的人进行审判，因而英国验尸官也行使部分国家公诉权，同时英国还保留着私诉传统，从刑事自诉的角度上讲，任何人都有权起诉别人。世界上大多数国家都是由检察官出庭支持公诉，但英美法系国家出席法庭的人员并非全是检察官。按照英国传统做法，检察官不能出席刑事法院支持公诉，必须要由检察长另外任命大律师（或称出庭律师），被任命的大律师享有检察官的全部权力，但要服从检察官的指导。美国在联邦司法实践中，对于一些轻罪案件，通常由检察官委托警察或者律师起诉，但检察官仍然负有监督和指挥的职责。二是在公诉权中是否包含侦查权方面的差异。在大陆法系国家，实行检警一体化，检察机关不仅有完整的侦查权，而且还有指挥警察机构进行侦查的权力，对于补充侦查，当然可以指挥警察机构进行，也可以自行补充侦查。而在英美法系国家实行检警分立，其公诉权中，仅包含对特殊案件的侦查权。在英国，总检察长领导下的反严重欺诈局可以直接立案侦查涉嫌500万英镑以上的重大复杂欺诈案件。美国检察官负责侦查的案件主要是政府官员涉嫌犯罪的案件，如特别重大的贪污、行贿、受贿、警察腐败、白领犯罪等，同时，检察机关对在全国、全州范围内有影响、公众特别敏感的案件，具有立案决定权。在英国，如果检察官认为案件事实不清或证据不足，可以把案件退回侦查机关或者直接撤销案件并作出不起诉决定，但不享有自行补充侦查的权力，而我国的公诉权中含有自行补充侦查权。三是公诉权行使范围不同。这分两种情况，一种是公诉权适用于全部刑事案件，一切刑事案件都必须经过国家公诉机关起诉后，法院才能受理，即刑事案件的追诉实行国家垄断主义，如美国、法国、日本等国家。一种是公诉权适用于绝大部分刑事案件，允许少部分刑事案件可以自诉，即公诉和自诉并存，如英国、德国、中国等国家。四是公诉自由裁量权行使的条件、内容和形式不同。现代世界各国的公诉权都采取了法定主义和便宜主义相结合的原则。在法国，检察机关基于“追诉适当原则”，可以在三种情况下作出不提起追诉的决定：“第一，检察官认为追诉不能得到受理；第二，检察官认为并不具备犯罪的各项构成要件或者认为要举出证据证明犯罪有不可克服的困难；第三，检察官认为提起追诉不适当。共和国检察官还可以依据犯罪人的性格来判断追诉的适当性从而作出不予追诉的决定。”[①] 即使是在像德国那样明确规定起诉法定原则的国家，刑事诉讼法也规定了检察机关可以作出不起诉决定。在英美法系国家，基于当事人处分主义的诉讼理念，检察官对案件享有广泛的不起诉裁量权，并基本不受限制。在英国，公众利益是检察官考虑起诉或不起诉的首要问题，只要检察官认为追诉不符合公众利益，就可以裁量不起诉，不受犯罪性质轻重的限制。在美国，不起诉的决定是根据以下情况作出的：（1）被害人表示犯罪不必起诉。（2）考虑到违法的性质，起诉的代价将会很大。（3）检察官认为，起诉本身将会对犯罪造成过度的伤害。（4）如果不起诉，罪犯将会帮助达到其他执行目的。（5）犯罪所带来的危害能够不经起诉而得到纠正。美国检察官的公诉

---

① 张智辉著：《检察权研究》，中国检察出版社2007年版，第154页。

自由裁量权还体现在辩诉交易上，英国在法律制度上倾向否认辩诉交易，但在刑事诉讼中依然存在辩诉交易，“在英国，为被告辩护的律师经常答应以就某些控告劝其当事人认罪作为交换条件而使起诉方同意不再追究其他更严重的控告。”① 在大陆法系国家，法律一般不承认检察官拥有辩诉交易权，但德国是例外，德国于20世纪80年代引入了辩诉交易制度。在日本，体现起诉便宜主义的是“起诉犹豫”制度，日本刑事诉讼法第248条规定：“根据犯罪人的性格、年龄、境遇和犯罪的轻重、情节以及犯罪后的情况，认为没有必要提起诉讼时，可以不提起公诉。”我国现行刑事诉讼法规定的不起诉，包括3种情形，即绝对不起诉、相对不起诉和存疑不起诉，当然更能体现自由裁量权的是相对不起诉，其他两种形式的不起诉是法定的不起诉。由于不起诉权是一种自由裁量权，如果行使不当，就会放纵犯罪，损害公众利益，为防止其滥用，各国都规定了相应的制约机制。因为各国都实行检察一体制，上级检察机关对下级检察机关错误的不起诉决定予以纠正，是普遍做法。“在法国，如果检察官作出不起诉的决定违背社会利益，检察长就可以向其提出意见，甚至总检察长也可以向其提出应当遵守的意见，在某些情况下，甚至可以命令检察官发动公诉。”② 日本建立了检察审查会，对检察官的不起诉决定是否正确进行审查。我国对检察机关的不起诉决定，也规定了周密的救济措施：公安机关有权申请复议、复核；被害人有权申诉；被害人有权向法院提起自诉。五是上诉权的不同。世界各国关于检察机关上诉权的范围、理由等规定有较大差异，英美法系国家遵循“一事不再理”、“禁止双重危险”原则，对检察官的上诉权作出了严格限制，而我国和大陆法系国家公诉权中则有较宽泛的上诉权。“在法国，对轻罪法院的判决，检察官和驻上诉法院的检察长有权向上诉法院上诉（刑事诉讼法第497条）；对违警罪法院的判决，如果罚金数额超过法定的第四级违警罪的法定数额，检察官、驻违警罪法院的公诉人和驻上诉法院的检察长有权向上诉法院上诉，如属水利和森林管理机关起诉的案件，不论有罪判决的性质和轻重，控诉机关和驻上诉法院的检察长都有权提出上诉（刑事诉讼法第546条）。重罪法院的判决是一审终审，对其不能提出上诉。”③ 驻最高法院的总检察长为了维护法律利益，有权对上诉法院审查庭的裁定，重罪法院、轻罪法院和违警罪法院的违法终审判决和裁定，向最高法院提出非常上诉。在德国，根据刑事诉讼法规

---

① 转引自张穹主编：《公诉问题研究》，中国人民公安大学出版社2000年版，第112页。

② 张穹主编：《公诉问题研究》，中国人民公安大学出版社2000年版，第107页。

③ 参见王以真主编：《外国刑事诉讼法学》，北京大学出版社1990年版，第310页；［法］卡斯东·斯特法尼等著：《法国刑事诉讼法精义》，罗结珍译，中国政法大学出版社1999年版，第819页。

定，检察机关对法院的判决享有广泛的上诉权。检察官上诉时既可针对判决的事实方面提出，也可针对法律方面提出。上诉审法院对案件作出判决后，如果检察机关不服，还有权提出二次上诉，但它只能对判决中的法律问题提出。检察机关提出上诉后，在上诉期限届满之前，有权撤回上诉。但是为被告人的利益而提出的上诉，只有经过被告人同意后，才能撤回。在日本，检察官是“请求正确适用法律”的人，他可以对他认为不当的所有第一审判决和决定提出上诉，也可以对高级法院和最高法院的判决提出上诉。“就一审判决提出上诉的理由包括：第一，诉讼程序违反法令。作出判决的法院在组成合议庭上违法，法官在作出判决时有违法行为，在审判公开方面违反有关规定，管辖错误，受理公诉错误，判决有遗漏，判决的理由不充分或者理由相互矛盾，构成绝对的上诉理由。其他诉讼程序违反法令并‘明显给判决带来影响’的情形，则构成相对的上诉理由。第二，判决内容有错误。其中包括：适用法律有错误（适用法律有错误只有在‘明显给判决带来影响’时才能成为上诉理由）量刑不当，事实认定有错误。第三，其他上诉理由。例如，刑罚法规在作出判决后被废止或法定刑变更时，只要判决尚未生效，就可以上诉。”① 六是再审申请权的不同。我国检察机关行使申请再审权的实质要件是“原法院裁判确有错误”，对再审是否有利于原有罪判决人，没有作出区分，但其他国家的再审制度对此要求比较严格。在德国，有利于受有罪判决人的再审请求，可以由受有罪判决人提出，也可以由检察院提出，但是对被告人不利的再审，只能由检察院提出。而在日本，只能提出对受有罪判决人有利的再审请求，而不能提出对其不利的再审请求。

通过比较分析世界各国的检察监督与公诉职能，我们可以得出以下几点结论：

1．从我们对检察监督与公诉职能的理解来看，世界各国的检察权中都包含检察监督与公诉职能，这说明在当今世界，检察权是一项复合性权力。

2．从检察监督与公诉职能的关系来看，在西方国家，检察监督基本包含于公诉职能之中，而在我国两者既有不同，又有交叉。在公诉职能中，某些权能属于检察监督权，如侦查监督权、抗诉权（包括再审的抗诉）、死刑临场监督权等，而更多的检察监督职能没有包含于公诉职能之内，如职务犯罪监督、立案监督、民事行政审判监督等。比较研究大陆法系、英美法系和苏联及俄罗斯的检察制度，我们发现，各国不同的宪政体制和历史传统，决定了其检察机关的监督职能与公诉职能的关系并不完全相同。通过比较研究，

---

① ［日］松尾浩也著：《日本刑事诉讼法》上卷，丁相顺译，金光旭校，中国人民大学出版社2005年版，第216页。

可以看出，无论是大陆法系还是英美法系国家，其检察权中都或多或少地具有检察监督职能，也使检察监督与公诉职能的关系呈现出不同的类型，主要有公诉权中包含检察监督，以法国、德国为代表；检察监督包含公诉职能，以苏联等社会主义国家为代表；公诉权中包含很少的检察监督职能，检察权基本等同公诉权，以英国和美国为代表。

第二章　从新的视角看检察权的属性：控权性与诉讼性

由于西方国家和中国对于监督概念的理解不同，这种不同的理解使中国与西方国家对检察监督与公诉职能的内容和范围的理解和法律规定也不同。以我国法律文化中所使用的“监督”一词的含义为尺度，考察世界各国检察制度的历史和实践，我们发现世界各国检察权中都包含有检察监督与公诉职能。只是在不同的国家和不同的历史时期，检察监督与公诉职能的内容及其关系不同，这种不同主要是由各国不同的法律文化传统和政治制度决定的。检察监督与公诉职能的内容及其关系的不同，使得世界各国的检察权呈现出不同的特点，这种不同特点反映在人们对检察权属性的认识上，就出现了对检察权属性的不同认识。

第一节　检察权属性之争

检察监督与公诉职能关系问题是关于检察权属性争论中的一个焦点问题，研究检察监督与公诉职能关系问题，是认识检察权属性的一个基本的视角。20世纪60年代，在经历了100余年的争论后，对检察权和检察机关属性的认识，在欧洲大陆法系国家，双重属性和中介司法官署说成为多数学者的共识。然而在我国，时至今日，人们对检察权的属性、检察机关的性质和地位仍然是众说纷纭，没有达成共识。随着检察权属性争论的不断深入，学者们从不同的视角对检察权属性涉及的相关问题进行了广泛而深刻的探讨，这其中包括检察监督与公诉职能的关系，检警关系，检法关系，检察权的结构、运行规律、历史演变、宪法定位等。

一、我国关于检察权的不同观点

新中国成立以后，1954年《宪法》第81条规定：“中华人民共和国最高人民检察院对于国务院所属各部门、地方各级国家机关、国家机关工作人员和公民是否遵守法律行使检察权。地方各级人民检察院和专门人民检察院，依照法律规定的范围行使检察权”。1979年《人民检察院组织法》第1条规定：“中华人民共和国人民检察院是国家的法律监督机关。”随后1982年《宪法》对此予以确认，从而在宪法上确立了检察机关的法律监督地位和检察权的法律监督属性。因而检察机关是国家的法律监督机关，检察权就是法律监督权的这种认识作为人们的共识而成为传统观点，但近年来，在我国司法改革研讨中，有一些学者对检察机关的法律地位和检察权的性质提出了不同的看法，引起了广泛的争论，并形成了许多观点，概括起来主要有行政权说、司法权说、双重属性说、法律监督权说。

（一）行政权说

所谓行政权说，从检察机关的组织体系和领导体制出发，认为检察权具有某些行政权的特征，主张检察权在本质上应归属于行政权。有的学者认为，“就检察权的性质而言，它实质上是行政权的一部分。因为，与司法权的被动性不同，检察权是主动性权力，检察权如果不主动地行使职权去侦查、控诉违法犯罪行为就是失职；与司法权的中立性不同，检察机关行使权力是以国家名义出现的，也就是说它是站在国家立场上行使权力的；与司法权的判断性不同，检察权具有命令执行性，上下级检察机关之间，检察机关与其组成人员之间均是命令与服从关系；与司法权的终极性不同，检察权属执行性权力，它最终要接受司法权的裁判。”① 有的学者认为，“检察权是行政权中的侦控权，按照西方法治的原则，政府行为必须接受司法审查，作为行政权一部分的检察权，也应当接受司法审查，因而不能由检察机关来监督法院的审判活动。”②“检察机关的权力特征和机构设置，与国家司法权的内在属性是完全背离的：司法权具有终结性、独立性、中立性、消极性和被动性、个别性、专属性，而检察机关的公诉权不具有终结性、检察一体化的管理体系是非司法性的、代表国家追诉犯罪不具有中立性。因此，检察机关的权力特征与国家司法权不存在任何内在的、必然的联系，而与国家行政权的基本特征相吻合。”③

（二）司法权说

该学说认为检察权具有与司法权相似的属性，从本质上说，检察权应归属于司法权。持有此说的学者认为，“根据宪法和人民检察院组织法，我国的检察机关是法律监督机关，履行侦查、控诉和诉讼监督职能，与西方任何

---

① 徐显明：《司法改革二十题》，载《法学》1999年第9期。
② 李德海：《论司法独立》，载《法律科学》2001年第1期。
③ 郝银钟：《检察权质疑》，载《中国人民大学学报》1999年第3期。

国家的检察职能都不相同。在我国，检察机关是一个完整独立的机构体系；它权力来源于宪法和权力机关的授权，就下级机关而言，其上级机关也是其权力来源；检察机关与审判机关和行政机关都有着各自独立地位；检察机关与审判机关和行政机关是平行设置的，它们是我国两大司法机关，检察官的地位和职责近似于法官，所以检察官也应归类于司法官员。"①

（三）双重属性说

双重属性说，即认为检察权兼具司法和行政的双重属性，可称为"准司法权"或"特殊的行政权"。该说认为，检察权的司法性主要体现在以下两点：一是以适用法律为目的；二是独立判断和裁决。检察权的行政性则主要体现在上命下从的纵向关系和追求行为本身的目的上。将检察权归于司法权，则有利于加强检察官的身份保障和独立性，防止行政干预，贯彻法制原则；同时也有利于确认其法律维护者的地位，防止其"当事人化"，以促进检察活动的客观公正。而将检察权确定为行政权，则有利于贯彻"检察一体制"，提高组织性，保证检察工作的效率；同时也可以防止检察官的妄自尊大，防止破坏控辩平衡，损害审判权的权威。检察权的双重属性说比较全面地概括了检察权的特征。双重属性说认为，"我国检察权在本质上是法律监督权，在国家体制上属于司法权，在行使方式上具有双重属性。"②

（四）法律监督权说

持有此说的学者认为，关于检察权究竟是司法权还是行政权的争论，很大程度上是基于"三权分立"的理念提出来的。"我国的政权组织形式根本不同于'三权分立'的国家结构。诚然，检察权具有浓厚的司法权色彩，但检察权并不具有司法权的本质特征，即中立性和终局性。检察权有一定的行政权特征，但也不是本来意义上的行政权。例如，检察官在履行职责的过程中要严格依法办事，而不能完全上命下从，故而检察权具有双重属性。但在国家权力分类中，不能认为这项权力既属于司法权又属于行政权，它只能归属于一种权力。在人民代表大会统一行使国家权力的国家结构中，检察权既不是一种行政权，也不是一种单纯的、狭义的司法权，而是一种具有独立存在价值的法律监督权。"③

---

① 陈光中、徐静村主编：《刑事诉讼法学》，中国政法大学出版社 1999 年 8 月版，第 61 页；周士敏：《论我国检察制度的法律定位》，载《人民检察》1999 年第 1 期。

② 参见龙宗智著：《检察制度教程》，中国检察出版社 2006 年版，第 79 ~ 83 页。

③ 张智辉：《论检察权的性质》，载《检察日报》2000 年 3 月 9 日第 3 版。

二、关于检察权属性的域外考察

关于检察权的属性问题的争论，自从检察制度在近代欧洲大陆创始以来，人们对于检察官和检察制度理解上的分歧就一直存在着。欧洲大陆法系国家关于检察权属性的争论，主要发生在德国，集中围绕着三种观点展开：一是一般行政官说，该学说把检察官地位定位为一般行政官。二是等同司法官说，该学说从检察官职务与法官职务的等同性出发，将宪法上的第三权力机关解释为同时包括检察官与法官。三是双重属性说，认为检察机关是中介的司法官署，检察官是居于法官与警察、行政权与司法权两者之间的枢纽。我国学者孙谦在其所著的《检察：理念、制度与改革》一书中对这三种观点作了详细介绍。

（一）一般行政官说

该学说把检察官的地位定位为一般行政官。支持检察官是行政官的论据，首要的是法院组织法中上命下从的规定。行政官说的第二个理由，是从国家法（宪法）上的权力归属推论而来。认为检察官的权力在宪法中不可能是立法权，也不是法官行使的司法权，只能是行政权。行政官说的第三个理由是，援引国家法上政府对国会负责的原则作为论据。当时有人认为，在国会民主之下，政府为除立法、司法以外的一切国家权力活动负责。检察机关的追诉活动，是行政事项，为第二权的职责，也是第二权对第一权负责的项目。因此，负责追诉活动的检察官当然是行政官。

（二）等同法官说

在检察官定位问题上，与行政官说截然对立的，是德国的“等同法官说”。该学说以检察官职务与法官职务的等同性出发，将宪法上的第三权力机关解释为同时包括检察官与法官，同时受宪法人身和事务独立性的保障。

“等同法官说”的最根本理由是为了防范行政不当干预司法。早在19世纪建立现代刑事诉讼制度时，海德堡法学家米特迈尔就曾经指出：“排除政治势力对于刑事诉讼程序的影响，乃良好立法与公正行政的基本条件。”为防范有“革命之子”良好声誉的检察官变成为当权者镇压异己的工具是建立检察制度以来的基本要求。如果检察官是行政官，执行刑事诉讼任务时要受到上级指挥，上级又受上上级指挥，最终受制于主管行政当局，那么刑事诉讼活动就会成为行政权力的附庸，司法就会沦为内阁司法。德国联邦法院也曾表示：如果检察官在职务活动中一味屈从于行政指令的话，那么可罚性与刑事追诉将不再取决于法官的裁判，而取决于行政权的操纵。

（三）双重定位——中介的司法官署

大陆法系所创设的检察官制度，当初既没有采纳政府代言人的一般行政官的模式，也没有采纳完全独立自主的双法官模式：因此，从一开始就有居间的双重性质。从创设的目的来看，检察官向来是居于法官与警察、行政权与司法权两者之间的枢纽。检察官作为法律的守护人，既要追诉犯罪，更须保护被告免于法官恣意和警察滥权，担当国家权力双重控制的任务。检察官不是法官，但要监督法官裁判，共同追求客观正确的裁判结果；检察官也不是警察，但要以司法的属性控制警察的侦查活动，确保侦查追诉活动的合法性。学理上以居间角色、媒介地位、中介功能或者双重特性等用语来形容检察官居于行政与司法之间的双重地位。

为说明这种双重性，史密特等学者提出：司法官署或者自主的刑事司法机关来定位检察官。该提法获得广泛的认同，学术界和实务界都认为这是最能描述检察官属性的称谓。这里说的司法官署，是自成一格的官署，既是广义司法，又是官署，因此在执行职务趋近刑事司法范围时，如检察官在审判日期的出庭活动时，应按照自我负责和自主办案的司法准则行事。反之，在其执行职务趋近一般行政政策的范畴时，则依上命下从的行政原理处理，如便宜主义案件是否适用不起诉处分。[①]

上述三种观点与我国近年来关于检察权属性争论的情况非常相似，为我们从多角度认识检察权的属性提供了一个基本思路。双重属性说之所以能够在欧洲大陆的检察权属性争论中获得广泛认同，说明检察权具有多重的属性，不是单一的行政权或司法权。

三、有关检察权属性争论的评析

根据《辞海》对“属性”一词的解释，该词有两种用法：其一，“在西方哲学中，一般指实体的本性，即属于实体的本质方面的特性。”其二，“在逻辑学上，指对象的性质和对象间的关系，包括状态，动作等。”[②] 根据《辞海》的解释，我们应该从以下几个方面把握“属性”的概念。首先，要分析事物本身的内在结构。按照系统论的观点，任何事物都是一个相对独立的系统，系统的功能和性质是由系统的内部结构决定的，构成系统的各要素并不是静止不变的，而是处于矛盾运动中的。一个事物的属性指的是该事物在运动中通常情况下所显示出的特点，是该事物内部矛盾斗争的结果。其次，要分析事物与其他事物的关系。任何事物都是处于普遍的联系之中的，事物的属性是该事物与它事物之间的关系的反映。事物的属性是因环境的变化而变化的，所以同一事物在不同的环境下会显示出不同的属性，甚至是截然不同

---

① 参见孙谦著：《检察：理念、制度与改革》，法律出版社 2004 年版，第 207 ~ 216 页。

② 《辞海》，上海辞书出版社 1999 年版，第 3054 页。

的两种属性。正如生活、成长在不同的环境中的人的特性不同一样，事物的存在环境往往决定了事物的属性。再次，要分析认识主体对事物属性的认识能力和角度。不同主体的认识能力不同，源于不同主体的知识结构、概念体系和价值取向不同，不同的认识主体在对同一事物的属性进行认识时，因其所使用的概念和认识方法不同，会对同一事物的属性产生不同的认识，甚至对相同的属性认识使用不同的名称。不同认识主体对同一事物的观察、分析角度不同，也会使不同的认识主体对同一事物的属性得出不同的认识结论。一个事物的属性往往是与其他事物的属性相比较而言的，一般情况下，某种事物有某一属性，意味着其他事物没有这一属性，或者说是该事物所特有的属性，即特殊性。但这也是相对的，在客观事物中一种属性往往为许多事物所共有。

从欧洲大陆法系国家对检察权属性的争论和我国近年来对检察权属性的争论来看，围绕检察权属性问题争论的过程，实质上是学者们对检察权属性的认识过程，这一过程总体上看呈现出三个主要特点：一是视角从片面到全面；二是过程从粗浅到深刻；三是方法从简单到系统。

（一）视角从片面到全面

视角是人们观察、认识研究对象的切入点和角度。对于人们的认识活动来说，从不同的角度观察、分析研究对象，会看到同一对象的不同特征，从而得出不同的结论。中国和德国、法国的一些学者正是从检察机关组织上的阶层结构和一体化特点以及检察权行使中“上命下从”和主动性的特点，得出了检察权是行政权，检察官是一般行政官的结论；而另一些学者，则从检察权行使中必须遵循客观公正义务，严格依法的特点以及检察官和法官都需要适用法律进行判断的特点，得出检察权具有司法权的属性和检察官等同于法官的结论；而我国学者提出的检察权的双重属性说和德国学者提出的中介司法官署说，是从检察权的行政和司法特点两个角度分析检察权得出的结论，相对于单一的行政权说和司法权说，双重属性说和中介司法官署说，比较全面地揭示了检察权的属性。“平心而论，司法官署说与其说是理论上解决了争论百余年的行政官——司法官之争，不如说是跳出争论的思考窠臼，因为司法官署说并没有真正回答传统的提问方式，也不认为此提问方式有何重大意义或者可以解决何种问题，司法官署说批评一般行政官说和等同法官说后，承认欧陆检察官的固有属性，以中介地位或双重性质为蓝本，以检察官具体的任务与义务出发。探究“上命下从”的界限和身份保障的必要，这是该学说提出后获得通说地位的原因。”①

（二）过程从粗浅到深刻

从人类的认识活动发展规律来看，人们对认识对象的认识必然要经历一个从粗浅到深刻的过程。所谓粗浅和深刻是相对的，人的认识活动是随着对认识对象的背景和相关领域的不断扩大而逐步深入的，对检察权属性的认识也是随着人们对检察权属性问题的相关领域和背景研究的范围的不断扩大，而不断深入的。不可否认，行政权说和司法权说在检察权的特定领域内，对检察权的认识是深入细致的，并在人们认识这一问题的过程中，取得了重要的成果，发挥了积极的作用，但是随着对检察权属性问题研究的相关领域的扩大，这些已经取得的成果就变得相对粗浅了。从单一属性说，到双重属性说、司法官署说，再到作为一种新型国家权力的法律监督权说，人们对检察权属性的认识经历了从粗浅到深刻的过程。德国学者史密特等人认为，检察官既不是一般行政官，也不等同于法官，从一开始就有居间的双重性质。我国有些学者认为，我国检察制度建立的政治和文化背景与西方国家在“三权分立”理念指导下的国家政权结构和文化传统不同，“我国的检察权既不是行政权或司法权，也不具有什么双重属性，而是在人民代表大会政治制度下的一种新型的国家权力，即具有法律监督属性的第四权。”②

（三）方法从简单到系统

对于检察权的认识，不同的学者之所以得出不同的结论，这和他们运用不同的研究方法有关。总体上来说，认为检察权是单一的行政权或司法权的学者，多是运用实证分析的方法来研究检察权的；而认为检察权具有双重属性或是中介司法官署的学者，多是运用了实证分析、价值分析和社会分析多种方法来研究检察权的。正是运用价值分析的方法，从检察权设立的目的入手，双重属性说和中介司法官署说的学者，得出了检察官作为法律的守护人，既要追诉犯罪，更须保护被告免于法官恣意和警察滥权，担当国家权力双重控制的任务的结论。中国之所以有一部分学者认为检察权是一种新型的国家权力，具有法律监督的属性，那是因为他们在这一问题的研究中主要运用马克思主义唯物辩证法从历史、经济、阶级和利益的角度分析检察权的结果。

其实，围绕检察权属性的这场争论，正是人们不断深入地认识检察权属性问题的科学认识过程，这一过程无论对检察实践还是检察理论研究来说都具有重大的意义。在我国，这场争论还在继续，并不断地从多维的视角向人们揭示了检察权的属性。属性是事物本身所具有的特征，属性总是在比较和

① 孙谦著：《检察：理念、制度与改革》，法律出版社2004年版，第225页。

② 孙谦著：《检察：理念、制度与改革》，法律出版社2004年版，第225页。

运动中体现出来的，不同的认识主体从不同的角度出发，对同一事物的属性会有不同的认识。我国关于检察权属性争论的四种观点，实质上是围绕一个核心问题展开的，即检察机关是否是法律监督机关，检察权是否具有法律监督的属性？

行政权说认为，检察权是行政权，是将检察权与行政权作比较的结果。行政权说，之所以认为检察机关不是法律监督机关，检察权具有行政属性，是因为检察机关的核心职能是公诉，公诉权的本质是国家追诉权，属于行政权，所以检察权的属性应该是行政性。法律监督是一种单向的、绝对的国家行为，具有绝对的国家性、权威性、专门性和超然性等特征，它不应该成为检察权的组成部分。公诉权与法律监督权是异质的权力，两者是不相容的，检察机关不应该拥有法律监督职能。

司法权说认为，检察权是司法权，是将检察权与司法权作比较的结果。司法权说在肯定检察权具有司法权属性的同时，认为检察监督职能具有明显的“法律守护人”的性质，并不否认我国检察机关是法律监督机关，检察权具有法律监督的属性，认为我国是双司法机关的体制，检察机关是国家的法律监督机关。

双重属性说认为，检察权具有双重属性，是从检察权的行使方式的角度认识检察权的结果。在此基础上，双重属性说也认为检察机关是司法机关，检察权具有法律监督的属性。因为公诉具有法律监督的属性，“检察机关进行公诉，追诉犯罪的过程，又是实施法律监督的过程。”①

法律监督权说认为，检察权是法律监督权，是对检察权在运行中所表现出的功能和作用进行的概括。法律监督权说，之所以认为检察机关是法律监督机关，检察权具有法律监督属性，是因为检察机关的所有职能都具有法律监督的属性，公诉也具有法律监督性质。所以，法律监督包含公诉职能。

第二节 检察权属性的文化和政治基础及其影响

根据世界各国检察制度的不同特点，我国学者以不同的标准，对检察制度和检察权进行了分类。孙谦教授将检察制度分为三类，“即以权利为主线的英美法系的检察制度、以权力为主线的大陆法系的检察制度和以监督权为主线的社会主义国家的检察制度。”② 蒋德海教授将检察制度分为两类，“即控权型检察制度和公诉型检察制度。其中，控权型检察制度又分为大陆法系

---

① 龙宗智著：《检察制度教程》，中国检察出版社2006年版，第198页。

② 参见孙谦著：《检察：理念、制度与改革》，法律出版社2004年版，第88～97页。

国家的控权型检察制度和社会主义国家的检察制度。”[①] 石少侠教授将检察权分为3类，“即狭义检察权、中义检察权和广义检察权。”[②] 尽管上述三位学者从不同的角度对检察权的类型进行了划分，但实质上都是依据检察权的内容对检察权进行的分类，其中反映了检察监督与公诉职能的内容及其关系的差别和变化。公诉职能是各种类型检察权的共同具有的核心职能，在不同类型的检察权中，公诉职能的内容差别不大，主要的不同集中在检察监督的内容上。以监督权为主线的社会主义国家的检察权、社会主义国家的控权型检察权和广义的检察权，都是以监督为特点的检察权，检察监督职能范围广泛。以权力为主线的大陆法系的检察权、大陆法系的控权型检察权和中义检察权，其特点是检察权中包含了一部分检察监督职能。以权利为主线的英美法系国家的检察权、英美法系国家公诉型检察权和狭义检察权，检察权都是以公诉职能为主要内容的，包含极少的检察监督职能。

以检察监督与公诉职能的关系为线索，分析不同类型的检察制度和检察权，我们会发现，不同国家和地区、不同的历史时期的检察权的属性、检察机关的地位不同，主要表现为不同国家和地区、不同的历史时期的检察权中的检察监督与公诉职能的内容和关系不同。这种不同主要是由不同国家和地区、不同的历史时期的法律文化传统和政治制度决定的。其中，大陆法系国家的检察制度与英美法系国家检察制度的不同主要是因为这两类国家的法律文化传统不同，社会主义国家与资本主义国家的检察制度的不同，主要是因为这两类国家的政治制度不同。

一、法律文化传统对检察监督与公诉职能关系的影响

同为西方资本主义国家的大陆法系国家的检察制度与英美法系国家的检察制度之间有着很大的差别，主要是由于法律文化传统不同形成的。其中，检察制度的承继状况、成文法和判例法的区别、法律价值观念等法律文化因素对两大法系检察制度不同特点的形成产生了重要影响。

从检察监督与公诉职能的关系来看，大陆法系国家的检察制度与英美法系国家的检察制度相比，大陆法系国家的检察机关不仅享有公诉权，而且还享有广泛的法律监督权。

1. 大陆法系国家与英美法系国家检察制度的承继状况不同。大陆法系国

---

① 参见蒋德海：《论我国法律监督对当代检察制度的贡献》，载《检察制度和检察理论创新发展论坛——纪念检察机关恢复重建30周年》，最高人民检察院检察理论研究所编印（2008年7月），第9页。

② 参见石少侠著：《检察权要论》，中国检察出版社2006年版，第26～35页。

家的检察制度发源于法国，德国、日本、苏联和中国的检察制度都是对它的继承、借鉴和发展。法国检察制度的产生，不仅是为了满足封建国王垄断诉讼权力的需要，也是为了满足封建国王监督封建领主和地方官吏以及裁判官员，从而维护王国内部法制统一的需要。法国大革命后，通过改造纠问式诉讼制度，使控、审分离，使“法官与检察官彼此节制，藉以保障刑事司法权限行使的客观性与正确性。”① 同时，通过莅庭、提起上诉、抗诉、再审等手段，监督法官，防止法官滥用权力恣意裁判。作为“革命之子”和“启蒙的遗产”的现代意义上的法国检察制度由此产生。法国大革命以后，德国从法国引进了检察制度，其最直接目的就是为了防范警察权力，通过检察官来控制警察活动的公正性和合法性，摆脱警察国家的阴影，建立法治国家。

英美国家的检察制度与大陆国家相比，传统上其检察机关均不具有监督职能，主要的职能是公诉。在英国，由于历史上英王始终没有获得像大陆法系国家的国王一样大的王权，因此英王更加注重以司法的公正性，而并非以居高临下的强力监督来树立国王的权威并实现国王的利益和国家的法制统一。在美国，检察制度是公诉权的集中反映，一般认为，检察官不承担对司法审判及司法判决进行监督的职能。美国的检察官认为，裁决不公也可以提出复议，但这只是检察官保证自己指控成功的法律救济手段，而且这一手段的强制力也不明显。在检察权与审判权的关系上，所谓检察官，地位上只相当于刑事诉讼中的原告，仅是诉讼的一方当事人。英文中的“检察”，基本等同于“公诉”，并不包括“法律监督”的特别含义。

2. 大陆法系和英美法系国家的法律价值观念不同。自由主义的国家观念是英美法系宪政国家形成的指导性观念。自由主义的国家观念强调个人的自由和权利，视国家为侵害个人权利的主要渊源。自由主义的原则是个人的自由范围在原则上是无限的，而国家干预的范围在原则上是有限的，自由是不受权力干涉而自主实现的自由，其宪政核心是限制国家权力。作为司法制度之组成的检察制度也渗透着优先保护个人权利，以公民权利制约司法权力的特征。“约翰·亨利·梅利曼教授在《大陆法系》一书中指出，英美法系与大陆法系的一个重要区别是，前者盛行的是极端个人主义观念，而后者盛行的则是国家主义观念。“国家主义”指的是以国家权力为核心，以‘权力至上’为价值基础的一种普遍存在于社会意识形态领域内的观念体系……个人自由、权利是来自国家并通过国家权力而实现的。大陆法系的“国家至上”观念也就为在刑事诉讼中国家权力积极、全面的介入以及各诉讼权力机关之

① 林丽莹：《检察一体与检察官独立性之分析》，载《复旦法学杂志》2005 年第 9 期。

间的协同配合关系奠定了思想资源和正当化根据。职权主义特征是对大陆法系诉讼模式的概括，在检察制度上也深受国家主义观念的影响，形成了以权力为主线的制度模式。”①

3. 大陆法系国家与英美法系国家的法律文化传统不同，其中一个最显著的特点就是大陆法系国家实行的是法典法，而英美法系国家实行的是判例法。“大陆法系国家中法典一直起着主导作用。法国拿破仑时期就制定了民法典、商法典、刑法典、民事诉讼法典和刑事诉讼法典。在德国，由于潘德克特学派对编纂德国民法典的贡献，人们通常把德国法称为‘法学家法’。法律不会自动实施。统一的法典需要相应的保障。德国以催生法治国而建立的检察制度，导入了检察官的‘客观公正义务’，使检察官成了‘法律守护人’，从而有效解决了保障法律完整和统一实施的问题。而后，德国这一制度上的改进又为法国和其他欧陆国家所采纳，从而使‘法律守护人’的角色被广泛接受，成为控权型检察制度最突出的特点之一。由此，控权型检察制度与大陆法法系的法典化传统相联系，肇始于法国，在德国实现了某种转换，最终形成了以对国家权力的双重控制和客观公正义务为特点的检察制度。”②

“由于英国是判例法国家，保障法治统一是通过法官的判例实现的，客观上也没有保障法典统一实施的要求。由于这个原因，英国刑事审判长期采用私人起诉的模式。即使公务人员履行职责的起诉活动也被视为‘私诉’；现代英国公诉制度是受大陆法系影响，直到20世纪80年代后期才建立。美国早期的刑事审判采纳的也是英国的私诉制度，后来受到大陆法系的影响，才改为刑事公诉。但由于判例法的传统，英美法系法官在司法上的权威不能容忍有更高的监督者，这就导致英美等国的检察制度只引进了公诉制度，最终形成英美法系以公诉为核心的检察制度。”③

二、政治制度对检察监督与公诉职能关系的影响

资本主义国家与社会主义国家检察制度不同的主要原因是政治制度的不同。不同政治制度的国家，对国家权力控制的制度安排不同。不同的国家的权力控制机制不同，决定了不同国家的检察权在国家权力控制机制中的地位

---

① 参见孙谦著：《检察：理念、制度与改革》，法律出版社2004年版，第88～93页。

② 蒋德海：《论我国法律监督对当代检察制度的贡献》，载《检察制度和检察理论创新发展论坛——纪念检察机关恢复重建30周年》，最高人民检察院检察理论研究所编印（2008年7月），第11页。

③ 蒋德海：《论我国法律监督对当代检察制度的贡献》，载《检察制度和检察理论创新发展论坛——纪念检察机关恢复重建30周年》，最高人民检察院检察理论研究所编印（2008年7月），第11页。

和作用不同。尽管西方资本主义国家没有在宪法中规定检察机关和检察权的性质，但均在宪法中对国家的权力控制机制作出了规定，宪法在某种意义上说，就是保障人民自由，限制政府权力的基本法。在西方国家，尽管历史传统和具体国情不同，但在权力控制机制上却又有着共同的特点，都是以分权制衡和政党之间的相互监督制约为核心建立的权力控制系统，而社会主义国家的权力控制机制是以人民代表大会制的权力监督和执政党的监督为核心建立的。因此，可以说，权力控制机制不同，是社会主义国家的检察制度和大陆法系的资本主义国家的检察制度具有不同特点的一个主要原因。主要表现是，社会主义国家的检察权强调检察监督的作用，赋予检察机关更多的监督职能，检察权是一项独立的国家基本权力，检察机关具有独立的宪法地位，而大陆法系资本主义国家的检察机关的控权作用一般只限于诉讼领域的控制警察、制约审判。检察机关虽然被认为是“法律守护人”，但没有被赋予像社会主义国家检察机关那样广泛的监督职能，检察机关不具有独立的宪法地位。

依据大陆法系国家和英美法系国家检察制度的不同特点，蒋德海教授把检察权分为：控权型检察权和公诉型检察权。“近代检察制度的产生，与大陆法系和英美法系的特点有直接关系，并由此产生了两种不同类型的检察制度。一是以控权为核心，通过对警察和法官的双重控制，建立了一种控权型的检察制度。二是以公诉为核心，通过控审分离，建立了一种公诉型的检察制度。”① 由此，围绕着不同的核心，两大检察制度滋生出许多不同的特点。“第一，公诉型检察制度的职能狭窄，控权型检察制度的职能宽广。在英美法系国家，检察制度被作为公诉制度，因而英美法系国家的检察机关主要承担了追究犯罪的工作，社会功能和作用比较小。第二，以公诉为核心和以控权为核心，导致两种检察制度的检察官地位不同。在控权型检察制度中，检察官是法律的守护人，对警察和法官具有双重控制作用，因而社会地位较高。而公诉型检察制度中，检察官一般来自律师，只是刑事诉讼中的当事人一方。第三，公诉型检察制度是一种诉讼制度，而控权型检察制度是一种国家政治体制。在公诉型检察制度的国家，检察制度属于刑事诉讼制度的一部分，英美法系国家是作为一种公诉制度来采纳大陆法系的检察制度的，但大陆法系国家的检察制度还有一个重要的或者更本质的功能，这就是控制和约束国家权力，保障公民基本权利。第四，公诉型检察制度中的检察权属于行政权，

① 蒋德海：《论我国法律监督对当代检察制度的贡献》，载《检察制度和检察理论创新发展论坛——纪念检察机关恢复重建30周年》，最高人民检察院检察理论研究所编印（2008年7月），第9页。

控权型检察制度中的检察权更具有独立性。在三权分立的国家权力中，司法权和审判权是同义语，检察权因为不参与不审判故它只能从属于行政权。虽然控权型检察制度中的检察机关一开始也是行政机关，但由于控权的需要，检察权越来越具有一种独立的倾向。第五，公诉型检察制度的主要功能是追究和惩治犯罪，控权型检察制度的主要功能是保障宪法和法律的统一实施。"① 蒋德海教授从国家权力控制的角度，把检察权分为控权型检察权和公诉型检察权，其划分的一个根据就是大陆法系国家和英美法系国家检察权中的检察监督与公诉职能的内容和关系不同，控权型检察权和公诉型检察权相比，在赋予检察机关公诉职能的基础上，还赋予了检察机关检察监督的职能。从国家权力控制的角度去分析检察权，为我们进一步全面认识检察权提供了一个新的思路。按照这一思路，笔者认为，世界各国的检察权均有权力控制的特点，虽然按照蒋德海教授的划分，英美法系国家的检察权属于公诉型检察权，但英美法系国家的检察权也具有控权的特点，因为英美法系国家的检察制度也是在控审分离的基础上建立的，控审分离本身就产生了控审之间的制约关系，而制约也恰恰是权力控制的一种方式。对于检察制度来说，各国宪政制度对权力控制的不同制度安排，决定了各国检察权中检察监督与公诉职能的关系和内容不同，也决定了不同国家的检察权在属性上具有不同的特点。

1. 西方资本主义国家权力控制机制对检察监督与公诉职能关系的影响。从1688年的"光荣革命"起，英国资产阶级逐步从封建贵族和国王手里夺取了政权，并在18—19世纪，形成了议会至上、议会民主、内阁制、议会两院制、两党制、选举和司法改革等重要的政治制度或宪法制度。同时，英国也形成了具有自己特色的权力制约机制，主要包括议会对政府的监督（英国议会对政府的监督权，主要表现为财政监督权、倒阁权、质询权等）和政党之间的相互监督与制约。"英国的熔权制是一种权力集中制，权力结构不是三权分立，立法、行政和司法之间不存在制约与平衡的关系。但是，权力制约并没有被取消，行政权的专横和首相的专制也并没有出现。这是因为，两个政党之间的相互监督与制约在发生作用，强大的反对党对执政党的监督制约成为熔权制政府权力监督制约的重要形式。国家权力的相互监督与制约是通过政党之间的相互监督与制约体现出来的。"② 美国在历史上起源于英国在

---

① 参见蒋德海：《论我国法律监督对当代检察制度的贡献》，载《检察制度和检察理论创新发展论坛——纪念检察机关恢复重建30周年》，最高人民检察院检察理论研究所编印（2008年7月），第12~13页。

② 参见杜力夫著：《权力监督与制约研究》，吉林人民出版社2004年4月版，第230页。

北美的13个殖民地。1781—1789年美国在联邦宪法生效前仅是一个“联邦”，是由13个州组成的一个松散的同盟，全国没有一个统一的、强大的中央政权。1789年的美国通过了世界上第一个全国性的成文宪法，成立了资产阶级共和国。这一宪法的通过带来了一些重要宪法制度和原则，包括联邦与州的分权制，三权分立和相互制衡原则，不同于内阁制的总统制和成文宪法中的权利法案，美国意义上的司法审查，即违宪审查以及对军队的文职控制等。美国的权力制约机制主要体现为三权分立制和政党之间的相互监督和制衡。美国在200多年的发展中，进一步完善了三权分立的权力制约机制，在总统制的框架内，立法、行政、司法相互之间的制约使权力达到了某种平衡。在权力分配中，立法、行政、司法三方相互拥有制约、对抗其他两方的手段。“美国政党之间的相互监督和制约，一是通过在争夺领导权的竞选中展开的；二是在国家机构运行过程中，通过立法、行政、司法各机关之间的权力制约表现出来的。”① 西方其他资本主义国家的宪政制度基本上是在借鉴英美两国的内阁制和总统制的基础上建立起来的，其权力控制机制也具有共同的特点，即分权制衡和政党之间的相互监督和制约。在当代西方国家发达的“分权制衡”体制下，强调的是立法、行政、司法三权的各自独立与相互制约以及政党之间的相互监督与制约，同时以广泛的舆论自由和社会公众作为监督国家权力主要力量。在这种理念之下，法律没有必要创设专门的法律监督机关，赋予检察机关广泛的监督权，也没有必要使检察权成为国家权力控制体系中的特别重要力量。因此，西方国家一般是仅赋予检察机关作为一方当事人的公诉权，或者围绕检察机关的公诉职能，赋予检察机关相应的诉讼监督权。例如，根据德国刑事诉讼法的规定，检察官有权对法院的不公正裁定提出抗告。抗告的理由是程序上的错误与实体上的错误。前者主要指程序违法、管辖错误以及作出判决的法院非依法定条件组成等；后者是指对案件事实的认定明显错误、量刑不当以及出现新的犯罪事实等。

2. 中国的权力控制机制对检察监督与公诉职能关系的影响。“随着现代政府管理模式的不断发展，在传统的国家权力分类之外出现了越来越多的具有新的权力内容的‘国家权力’，如‘监督权’、‘宪法审判权’、‘检察权’等等。另外，随着社会主义国家的产生，近代资产阶级革命中所形成的‘制约’性质的相互独立的国家权力也出现了逐渐集中和混合的趋势，出现了诸如国家最高权力机关所享有的具有集合性质的国家权力，如我国各级人大享有的‘四权’，即‘立法权、决定权、任免权和监督权’。这种国家权力分类

---

① 参见杜力夫著：《权力监督与制约研究》，吉林人民出版社2004年4月版，第227页。

具有独立的意义，它突出了人民代表机关在国家政治生活中的决定性作用。”[①] 我国的国家权力控制机制具有不同于西方国家的特点，检察机关在国家权力控制机制中的地位与西方国家不同，发挥着特殊的作用。我国是工人阶级领导的、以工农联盟为基础的人民民主专政国家，国家的一切权力属于人民，人民行使权力的机关是全国和地方各级人民代表大会，行政、审判、检察机关都由人民代表大会产生，对它负责受它监督，这些国家机构实行民主集中制原则。我国的权力控制机制与西方国家的分权制衡和政党之间的监督制约为主的控权机制不同，我国权力控制机制主要是人民代表大会的权力监督和中国共产党的领导监督。在人民代表大会制度的权力结构中，国家的行政、检察、审判和军事机关的权力是人民通过人民代表大会授予的。人民代表大会有权代表人民监督其他国家机关权力的行使，更换这些国家机关的组成人员，但在我国人民代表大会的监督是宏观上的监督，它不必要也不便于行使具体的监督权。因此将一部分重要的监督权交给检察机关行使，并由国家权力机关监督检察机关行使这部分监督权，检察机关的检察权就成为我国权力监督体系中的重要组成部分。检察监督与国家权力机关监督的不同之处在于，检察监督是权力机关授权的一种具体的监督，而权力机关的监督是一种宏观上的全面监督，由于检察机关与其他国家机关的关系是平等关系，检察监督一般是一种平等主体之间的监督，而人大的监督是一种上对下的监督。中国共产党领导的多党合作和政治协商制度，是具有中国特色的政党制度，是我国的基本政治制度。在我国，中国共产党的领导监督是通过 3 种方式实现的，即党内的民主监督、中共与其他民主党派之间的相互监督及党的纪检监督。我国国家机关的组成人员很多是中共党员，党的纪检部门通过对国家机关内党员干部的监督，来实现党的领导监督，党的领导监督在我国的权力控制机制中发挥着极其重要的作用，检察监督（法律监督）来源于权力机关的授权和宪法、法律的规定，主要是依法对国家工作人员的职务犯罪、诉讼活动中的违法行为进行监督，党的领导监督主要是通过党的组织领导和依照党的纪律对违纪党员干部进行的监督。可以说，党的领导监督和检察机关的法律监督在我国的权力控制体系中共同发挥着非常重要的作用，成为我国权力控制机制的一大特点。“人民代表大会制度作为一种民主制度，也存在分权。人民代表大会制度与西方的代议制度、民主集中制原则与分权制衡原则的根本区别，并不在于是不是要分权，而是在于代表机关的地位是否高于其他国家机关，代表机关与其他国家机关是单向制约与还是双向制约。在

① 莫纪宏：《论检察权的宪法地位》，载《中国检察》第三卷，中国检察出版社 2003 年 7 月版，第 107 页。

人民代表大会制度中，这种制约是单向的，而在西方代议制中，这种制约是双向的。”① 在人民代表大会制度下，由人民代表大会产生的行政机关、军事机关、审判机关、检察机关之间也存在制约，这种制约是在分工配合基础上的权力制约关系。这种权力之间的相互制约也是我国权力控制体系的一个重要组成部分。检察机关在这种国家机关的相互制约中也发挥着重要的作用，尤其是在诉讼领域。因此，我国的检察机关与西方国家的检察机关相比，在国家权力控制体系中的地位和发挥的作用不同，这也决定了我国检察机关的检察监督与公诉职能的关系与西方国家不同。

无论是西方资本主义国家的检察机关，还是社会主义国家的检察机关，无论是控权型检察权，还是公诉型检察权，从权力控制的角度来看，都属于国家权力控制体系的一个组成部分，与国家权力控制体系其他组成部分相比，其不同之处在于，检察权是在诉讼中和以诉讼的方式进行的。因此，从检察监督与公诉职能的关系入手，以国家权力控制的角度来分析检察权，我们可以得出这样的结论，检察权具有控权性和诉讼性。

第三节　检察权属性的新视角

关于我国检察权属性争论的焦点主要集中在一个问题上，即检察权是否具有法律监督的属性。并由此形成了对立的两方观点，即行政权说认为，检察权不具有法律监督属性；而司法权说、双重属性说和法律监督权说认为，检察权具有法律监督的属性。对检察权是否具有法律监督属性问题之所以有不同的认识，一个主要的原因是人们对检察权中检察监督与公诉职能关系的认识不同。正因为行政权说认为，检察监督与公诉职能是不相容的，所以才认为以公诉职能为核心的检察权不应该具有法律监督属性；而司法权说、双重属性说和法律监督属性说，均认为检察监督与公诉职能可以共存于检察权中，所以检察权才具有法律监督属性。从我国关于检察权的属性的争论情况来看，笔者认为，检察监督与公诉职能的关系问题是我们从总体上分析检察权属性的一个基本的视角，从这一基本视角分析检察权，我们可以更科学地把握检察权的属性。

其一，检察权是一种独立的新型国家权力，这种认识无疑是对检察权属性认识的一个历史性的突破，即使检察权具有行政和司法双重属性，也不能就此认为检察权可以归类于司法权或行政权，检察权的双重属性恰恰说明了

---

① 参见杜力夫著：《权力监督与制约研究》，吉林人民出版社 2004 年 4 月版，第 250 ~ 251 页。

检察权既不同于行政权，也不同于司法权，而是一种新型的国家权力。从世界各国检察制度产生和发展的趋势来看，这是国家权力分解整合的结果，即使最接近行政权的英美法系国家的检察权也很难归类于严格意义上的行政权。从检察机关的职能上来看，检察机关具有多种职能，检察权是一种复合性权力，检察监督与公诉职能是检察机关的主要职能，检察机关的职能不是单一的，检察权的属性也不可能是单一的，而是多重的和多维的。从大陆法系国家的学者们关于检察权的属性的争论中，我们可以得出这样的初步结论：检察权应该具有多重属性，不只具有单一的属性，大陆法系国家关于检察权属性的争论中，之所以双重属性说能够为多数学者认可，就说明了这一点。检察官作为法律的守护人，既要追诉犯罪，更须保护被告免于法官恣意和警察滥权，担当国家权力双重控制的任务。这说明检察权既具有追诉犯罪的属性，又具有以权力控制权力的属性。

其二，作为一种新型的国家权力的检察权，是否可以从另外的角度来分析其属性的内容呢？从直观上看，检察监督与公诉职能是检察机关的主要职能，检察监督无疑具有权力控制的属性，公诉是一种诉讼活动，具有诉讼的属性。在此基础上，我们需要进一步思考的是，检察监督除了具有控权性，是否还具有诉讼性，公诉职能除了具有诉讼性外，是否还具有控权性？要想回答这样的问题，需要我们对检察监督和公诉职能作深入、全面的分析。笔者认为，从权力控制的角度分析，公诉职能不仅是一种诉讼职能，而且还是一种权力制约。从现代公诉制度产生的历史来看，从控、审合一的审判权中分离出来的公诉权在司法内部的分权制约中，发挥着重要的制约功能，具有权力制约的属性。从法律诉讼的角度看，检察权中的检察监督也具有不同于其他权力监督的特点——诉讼性。因为检察监督都是在诉讼中进行和以诉讼方式进行的，是一种广义的诉讼行为。所以，从检察监督与公诉职能关系入手，以权力控制和法律诉讼为视角，我们可以初步得出这样的结论：检察权具有权力控制和诉讼的属性，与检察权的行政和司法双重属性相对应，可以说这是检察权的又一双重属性。

第三章 检察监督与公诉职能共同的属性之一

——控权性

检察权是一种特殊的国家权力，检察制度是国家权力控制（控权）体制的重要组成部分，权力控制是统治阶级为保证国家长治久安、实现统治阶级利益最大化的一种自律行为。这种自律行为随着人类政治制度的发展而不断发展、完善，具有其自身的发展变化规律。就权力控制的方式来说，随着人类社会民主法治的发展，可以概括为两种主要方式——权力监督和权力制约。这两种方式有着各自的结构和运行规律，检察权的设置和运行要符合权力控制规律的要求。

第一节 检察权与权力控制

权力是社会关系主体间的一种相互影响和制约的力量。在现代社会，权力一般被理解为公权力，对应的是公民个人的权利。公权力包括政治权力和非政治权力，政治权力包括国家权力和政党的政治权力。国家权力是政治权力，也是一种公权力。公权力既是一种相互的冲突又是配合，既是一种具有积极作用的善，又是一种具有消极作用的恶。因其积极作用而被人类发展所必须，因其消极作用而需要控制。控制权力的方式很多，其中权力本身就可以成为控制权力的手段和方式。控制权力的方式还有法律、道德和社会。控制权力的主体有人大、政党、行政监察部门、法院、检察院等。我们所说的权力控制正是在以权力控制权力的意义上来理解的，是国家权力对公权力的控制。检察权是一种国家权力，从权力控制的角度来说，是国家权力控制体系中的重要组成部分。检察权的控权性与宪政密切相关。宪政的内涵博大精深，它使人联想到自由、民主、平等、人权、和平等美丽的字眼。对国家权力的限制，对法治的遵从，无疑是获得普遍认同的宪政的核心内涵。“宪政的最低限度的标准，是用宪法来划分和限制政治权力，保护个人的自由。这是任何宪政都必须具有的普遍性和绝对性。"① 如果国家权力不受限制，人民的权利就无法保障，社会安宁就会成为泡影。法治精神是宪政的保障，法治精神的实质要件之一是国家权力必须依法行使，没有法治的保障，没有对法治的信仰，那些限制国家权力的规范只能成为具文，毫无实际意义。国家权力的有限性与法治精神之于宪政，有如车之两轮，鸟之双翼，缺一不可。现代检察制度的诞生与宪政精神具有高度的契合性。现代检察制度的诞生遵循了这样的历史脉络：初始时期，国家权力诸权不分，统一于行政权；从行政权中分离出了控审不分的审判权；控审分离，从审判权中分离出了公诉权。可见，检察权是国家权力不断分解整合的产物，权力分解，不仅防止了权力过分集中，并且分解之后的权力之间自然而然地产生一种相互制约关系，这些都体现了国家权力的有限性。建立检察官制度的重要目的不仅仅在于对刑事被告的追诉，还在于对"国家权力的双重控制"，一方面要控制警察活动的合法性，摆脱警察国家的梦魇，保护被告免于警察的恣意；同时透过诉讼分权模式，以法官与检察官彼此监督节制的方法，保护被告免于法官的擅断，保障刑事司法权行使的客观性与正确性。上述目的体现了检察制度的法治功能："守护法律，使客观的法意旨贯通整个刑事诉讼程序，而所谓的客观法意旨，除了追诉犯罪以外，更重要的是保障民权。"② "就一般行政官而言，法，乃行事的框架，只要在框架之内，得依合目的性或公共安全秩序的观点裁量如何行政；然而，就检察官而言，法乃其工作的目标，而贯彻与实现法之意旨，更是其根本任务。"③ 这就是检察官被定位于"法律守护人"的原因。作为法律守护人，使检察官负有了合法性义务与客观性义务，检察官并非也不该是片面追求攻击被告的狂热分子，检察官是客观法律准则和实现真实正义的忠实公仆，既为"不利"，又为"有利"被告的事项而奔命。例如，德国学者彼得所说，"检察官所做的事情，是法的贯彻与实现。"对于检察制度与宪政的关系，我国有学者将其形象地描述为："舟之罗盘，鹏之眼睛，宪法之规定有如大海之航线，宪政犹如舟船必须沿着既定航线前进，检察犹如罗盘，运用国家赋予的法律仪器，规范航程不逾矩，以维护法律的一统和尊严。"④

---

① 程燎原：《关于宪政的几个基本理论问题》，载《现代法学》1999年第4期，第63页。
② 林钰雄著：《检察官论》，台湾学林文化事业有限公司1999年版，第17页。
③ 林钰雄著：《检察官论》，台湾学林文化事业有限公司1999年版，第83页。
④ 刘佑生主编：《中国宪政与检察制度》，中国方正出版社2007年版，前言。

一、权力和权力控制

权力现象表现了人类社会的一种社会关系。这种社会关系既有冲突又有合作。权力现象还表现为一种能力和力量，这种能力和力量对社会和人来说，既有积极的正面作用又有消极的负面作用，既是一种“善”，又是一种“恶”。

检察权是一种国家权力。那么，什么是国家权力呢？对于这一问题，不同的学者从不同的角度有不同的理解。张光博教授认为：“国家权力是统治阶级实现其阶级统治这一社会功能所依靠的物理性强制力的系统，属于政治权力。”① 王惠岩教授认为：“政治权力（亦称国家权力），就是统治阶级强迫被统治阶级服从国家意志的能力。”② 童之伟教授则从法权分析的角度给国家权力下定义：“国家权力是以公共权力机关所有之财产为物质基础、以宪法确认和保护的社会公共利益为本体的国家强制力量。”③ 李景鹏教授认为：“国家是一种社会政治现象，它集中地表现为由各种权力主体的交互作用所形成并普遍地施行于一定领土和人口范围内的公共权力。”④

理解国家权力的实质，有必要指出以下几点：“（1）作为凌驾于社会之上的特殊公共权力，国家权力具有强制性。（2）国家所拥有的这种强制性的公共权力，有两项最重要的职能，一是维护统治，二是管理社会。（3）从政治学的角度看，国家权力作为整体，对内最高，对外独立，具有主权性。（4）国家权力使公民的正当政治经济要求成为‘法定权利’，并对这种法定的公民权利予以保护。（5）国家权力具有正负双重效应。”⑤

检察权是一种控制权力的国家权力，是以国家强制力为保障的特殊的国家权力，其特殊性在于它是控制其他公权力的国家权力。公权力的控制问题，伴随着人类社会公权力的产生一直是人们关注的一个重要问题。至于公权力为什么需要控制？西方有些学者从人性出发，认为公权力是一种必要的“恶”，源于人的私欲。我国学者认为，“权力既有造福社会的倾向，也隐含着被腐败的可能性……只要私有制和私有观念没有消失，就会有私欲的产生，就会使权力腐败的可能性成为现实性。”⑥ 权力本身并无善恶，应该说公权力的产生是人类社会发展的客观需要，同时不同的历史时期公权力在人类的生

---

① 张光博主编：《民主与法制论集》，辽宁人民出版社 1990 年版，第 74 页。

② 王惠岩著：《政治学原理》，吉林大学出版社 1985 年版，第 55 页。

③ 童之伟著：《法权与宪政》，山东人民出版社 2001 年版，第 319 页。

④ 李景鹏著：《权力政治学》，北京大学出版社 2008 年 3 月版，第 40 ~ 41 页。

⑤ 参见杜力夫著：《权力监督与制约研究》，吉林人民出版社 2004 年 4 月版，第 80 ~ 81 页。

⑥ 刘金国：《权力腐败的法律制约》，载《中国法学》2000 年第 1 期。

存与发展以及在人类追求幸福的过程中发挥了不可替代的巨大的积极作用，但任何公权力都是由人来行使的，由于私有制、私有观念的存在，行使公权力的人就有可能和容易为了自己的私利，滥用公权力。所以，孟德斯鸠说："一切有权力的人都容易滥用权力，这是万古不易的一条经验。有权力的人们使用权力一直到遇有界限的地方才休止。"① 党的十七大报告提出："完善制约和监督机制，保证人民赋予的权力始终用来为人民谋利益。确保权力正确行使，必须让权力在阳光下运行。要坚持用制度管权、管事、管人，建立健全决策权、执行权、监督权既相互制约又相互协调的权力结构和运行机制。"说明控制权力问题是我国政治社会生活中一个非常重要的问题。"统治阶级要建立并不断调整适宜自己统治需要的政体形式和政治权力配置体制，在及时有效地行使国家权力的前提下，防止权力的行使者为眼前利益或个人利益滥用权力和恣意妄为，从而损害统治阶级的整体利益和根本利益。为此，统治阶级要以全体公民的名义，对国家权力进行有效监督和制约，设计出对权力监督和制约的机制，这就是分权基础上的权力相互制衡机制。值得重视的是，这种监督和制约，有时是以'人民'或'公民'的名义作出的，即'以公民权利制约国家权力'，'限权政府是为了保障人权'等等。但其实质，只是统治阶级的'自律'。""因为和平时期，对'维护统治，管理社会'最大的威胁与其说来自于被管理者的反抗，不如说是来自于管理者的专横和腐败。"② 权力既有积极的一面，又有消极的一面，控制权力的目的，就是实现权力的有限性与有效性。"我们以为，权力制约的目标又可以提炼为两个方面：其一，促使任何权力都要成为有限的权力，以实现权力的有限性。因为，只有通过权力制约，实现了权力的有限性，才能克服权力的恣意与滥用。其二，促使任何权力都要成为有效的权力，以实现权力的有效性。因为，只有通过权力制约，实现了权力的有效性，才能防范权力的无效与流失。"③

人类在同权力的腐败和滥用作斗争的过程中，进行了多种尝试、探索和努力，并积累了丰富的经验。我国学者俞中把关于权力制约的理论大致分为4种："（1）权力制约的政治学范式——以权力制约权力。'以权力制约权力'的基本思路，就是对国家权力进行横向的分解，使统一的国家权力由不同的分支机构来行使，并在国家权力的不同分支之间，建立起相互牵制的关系。（2）权力制约的伦理学范式——以道德制约权力。作为权力制约的伦理学范式，'以道德制约权力'的主要特点有：首先，它关注的焦点不再是权

---

① ［法］孟德斯鸠著：《论法的精神》上册，张雁深译，商务印书馆2004年版，第184页。

② 杜力夫著：《权力监督与制约研究》，吉林人民出版社2004年4月版，第183页。

③ 俞中著：《权力制约的中国语境》，山东人民出版社2007年版，第23页。

力与权力之间的关系，而是人与权力之间的关系，是掌权者的道德修养与权力之间的关系。其次，它认为能够有效地制约权力的不是另一种权力，而是掌权者自己的道德修养。最后，伦理学取向的权力制约，不仅要制约权力，而且还要造就理想的人格。（3）权力制约的法律学范式——以法律制约权力。在权力制约的法律学范式中，人们普遍认为，各种各样的权力腐败现象根源于权力失约，即缺少法律规则的约束。要保证权力的正当行使，主要的途径是为权力制定规则。无论是权力的授予、权力的运行还是权力的监督，都要通过法律规则的方式来进行。权力既可能‘作恶’也可能‘行善’，而法律规则是保证权力‘行善’的主要依据。(4）权力制约的社会学范式——以社会制约权力。这个命题强调了国家与社会的二元划分，主张社会是制约权力的主要力量，要求把权力制约置于社会关系中进行考察。这种权力制约范式的基本特点包括：首先，它的着眼点在于社会与权力的关系，认为社会力量对于国家权力可以起到有效的制约作用。其次，它以社会与国家之间的适度分离为前提。”① 权力制约的4种理论模式从不同的角度阐述了权力控制的机理，是对整个权力控制体系的理论分析，在实践中某一理论模式并不是作为一种权力控制的机制孤立地存在的，往往是以两种或两种以上的模式结合在一起形成一种权力控制机制。检察权就是以权力控制权力和以法律控制权力的结合，当然，检察制度作为权力控制的一种机制，其主要特点是以权力控制权力。

二、检察权在控权体系中的作用

在我国，以权力控制权力的体系是包括检察权在内的一个相对完整的系统，除检察权外，还包括权力机关的权力控制，行政监察部门的权力控制，党的纪律检查部门的监督和审计部门的权力控制。当然从更广泛的意义上说，也包含国家机关内部上级对下级的权力控制，但这种权力控制蕴涵于领导和管理之中，不是专门的权力控制，所以不在本文探讨范围之内。这些权力控制主体从不同的侧面、在不同的层次上发挥着各自的监督制约功能，并相互作用形成了具有我国特色的权力控制系统，检察机关的权力控制只不过是这一系统的一个子系统。

在这一权力控制系统中，权力机关的权力控制处于最高地位，是一种宏观上的监督制约，它可以监督制约其他国家机关的权力行使情况，但其他国家机关不能反过来监督制约权力机关，权力机关只受产生它的人民的监督和

---

① 参见俞中著：《权力制约的中国语境》，山东人民出版社2007年7月版，第2～11页。

制约，但权力机关的工作人员却可以成为其他权力控制主体制约监督的对象。党的纪检部门和政府的监察部门对于党员和国家工作人员的一般违法和违纪问题实行制约监督，审计部门专门对各国家机关和企事业单位财务、经济违法违纪问题进行制约监督，检察机关对国家工作人员的职务犯罪和诉讼活动中的一般违法问题进行制约监督。在这一权力控制系统各权力控制主体之间除了相互的分工和制约以外，还要相互配合，按照有关规定，纪检监察部门和审计部门要把在工作中发现的职务犯罪案件和线索移送给检察机关查处，检察机关也要把工作中发现的违纪、违法案件和线索交由纪检监察部门和审计部门处理，国家权力机关则可以把工作中发现的违法违纪和犯罪案件及线索交给有管辖权的部门和机关来处理。

从我国权力控制系统各主体的职责和管辖的范围来看，检察机关的权力是一种特殊的权力控制权力。其特殊之处在于：一是它的管辖范围是特定的，限于国家工作人员的职务犯罪和司法活动中的一般违法问题；二是它使用的手段和作用的领域是特殊的，检察权的行使主要采取诉讼的方式进行和在诉讼中进行的。在我国，宪法规定检察机关是国家专门的法律监督机关，在整个国家权力控制体系中具有重要的地位，手段最严厉，发挥着重要的作用。检察制度作为一种权力控制机制，是以权力控制权力和以法律控制权力的结合，是从权力与权力、权力与法律和权力与人的关系三个方面构建的权力控制机制。从权力与权力的关系上看，检察权作为一种国家权力，其作用的客体主要是其他的国家权力或者公权力，检察权的主要职能是检察监督和公诉职能，监督制约的主要是司法领域中的其他国家权力和社会生活领域中的公权力。从权力与法律的关系上看，检察权源于法律的授予和规定，其行使必须依法进行，它所监督的内容主要是法律的实施。从权力与人的关系上看，检察权监督制约的对象主要是行使国家权力的人和机关，是对人的行为的控制，尤其是职务犯罪侦查，更是从控制权力行使者的行为的角度，来控制公权力。我国的检察权作为一种独立的国家权力在国家权力结构中具有重要的地位，发挥着特殊的作用。

虽然在西方国家，以权力控制权力的模式，都是在“分权制衡”的理念指导下建立和发展的。但是，不同的国家，因其政治制度和文化传统不同，也各有不同的特点。以英国和美国为例，二者之间的区别还是很大的。英国实行的是“议会至上”的熔权制，其权力制约体系发挥主要作用的是议会中两党之间的相互制衡。美国实行的是“三权分立”的总统制，其权力制约体系发挥主要作用的是行政、立法和司法三权之间的相互制衡。“在资产阶级革命过程中产生了“限权政府”学说，这一学说为人们广泛接受。但如何限制（制约）政府权力，各个国家因国情不同而采用了不同的体制。英国和其他西欧国家采用了议会制，以议会中强大的反对党限制和制约政府的权力。美国建国初期尚无政党，根据自身的经验，创立了总统制和三权分立制来限制和制约政府的权力。以后美国政党兴起，但美国政党始终未能发展成为欧洲式的权力集中的政党，只不过是一个松散的政治联盟。这样，美国便不能采用议会制，依靠强有力的反对党来限制和制约政府的权力，而是继续实行总统制和以三权分立制来限制、制约政府的权力。"① 尽管在西方国家，不同的国家之间的权力控制机制具有不同的特点，但就整体上来说，西方国家的权力控制主要是通过不同国家机关之间的分权制衡和政党之间的相互监督实现的。检察机关因其不具有独立的国家基本权力机关的地位，不能成为分权制衡的主要主体。因此，在西方国家，检察机关在权力控制体系中的地位不高，相对来说，发挥的作用不大。

第二节 权力控制的方式：监督和制约

从权力控制的角度来看，监督和制约是权力控制的两种基本方式。检察权是权力控制体系的重要组成部分，作为权力控制权的检察权的基本运行方式也可以概括为监督和制约。总结中外权力控制的理论和实践，监督、制衡和制约这三个概念在有关权力监督与制约的研究中经常被用到，但这三个概念甚至比检察权的概念还含混不清。笔者认为，既然检察权是权力控制体系的重要组成部分，研究检察权属性问题，研究检察监督与公诉职能的关系问题，就不能不将这三个概念的内涵和关系厘清。

一、监督、制约和制衡的内涵及相互关系

在我国的"权力控制"理论研究中，监督和制约是两个最常用的概念，很多学者对监督和制约这两个概念的关系做了分析和研究，但不同的学者对这两个概念的内涵及其相互关系的理解不同。归纳起来主要有三种观点：

第一种观点是监督包含制约。"监督的含义比制约的含义要广泛，制约只是监督的一种，是一种相互的监督关系。" "制约与监督的关系是种属关系，制约是监督的一种，也就是'相对独立的主体之间的相互的监督'。"② "综观汉语中'监督'一词的使用，可以发现监督的不同用法：（1）上级对下级的监督；（2）平等主体之间的监督；（3）下级对上级的监督；（4）外界

---

① 李道揆著：《美国政府和美国政治》，中国社会科学出版社 1990 年版，第 49 页。

② 杜力夫著：《权力监督与制约研究》，吉林人民出版社 2004 年 4 月版，第 188 ~ 190 页。

的监督。监督的主体不同，监督的目的和功能也就不同：上级对下级的监督是为了行使管理权，因而具有管理的功能；平等主体之间的监督是为了相互制约，因而具有制衡的功能（平等主体之间的监督有积极的监督与消极的监督之分：积极的监督是主动纠察其他平等主体的行为，以发现和督促纠正对方的不当行为；消极的监督是被动的抗衡，用一种权力制约另一种权力）；下级对上级的监督则是为了提请上级注意自己的行为，具有提示的功能……”① “检察机关有多项监督权，如职务犯罪侦查、公诉、侦查监督、审判监督、刑罚执行和监管活动监督，民事审判、行政诉讼监督等，然而其表现形式主要有两种：一种是制约型监督，即法律监督是诉讼的必经环节，非经检察机关的审查不能进入下一诉讼环节，如审查批捕、审查起诉即属此。另一种是督察型监督，即法律监督并非诉讼的必经环节，检察机关在诉讼之外，对监督对象进行审视督察，一旦发现违法犯罪，即启动监督程序，并进入诉讼之内，如职务犯罪侦查和某些诉讼监督即属此。”②

第二种观点是制约包含监督，监督是制约的一种形式。“制约比监督所包容的范围更宽，内涵更丰富。监督是属于制约的一种典型形式。”③

第三种观点是监督和制约不同，监督是单向的，制约是相互的，也就是制衡。“当然权力监督也是一种制约，但监督却不能等同于制约。我们在生活中经常讲到的权力制约，通常强调的是一种权力之间的抗衡，或通过权力抗衡实现的防止权力滥用的机制。”④ 监督和制约之间有两点不同：“一是制约是以分权为前提的，权力经过分解后由不同的主体来行使，彼此形成一种掣肘、均衡的关系，权力集于一体是不可能形成对权力的制约的。监督则不同，它是权力的拥有者、委托者对权力的受托者、行使者的一种控制。所以权力监督是以授权为前提的，授权并不改变权力从属的主体。二是权力制约不是单向的，而是互向的、多向的。而权力监督则是单向的，是权力的所有者、委托者对权力的受托者的一种控制，后者对前者没有反向的牵制权、控制权。”⑤

笔者认为，监督和制约既不相互包含，也不彼此等同，而且制约并不是也不等于制衡。监督和制约既有区别，又有联系。

---

① 张智辉著：《检察权研究》，中国检察出版社 2007 年版，第 57 ~ 58 页。

② 朱孝清：《中国检察制度的几个问题》，载《检察论坛》2008 年第 2 期。

③ 邓传明：《论法治国家的权力制约》，载《法学评论》1997 年第 2 期。

④ 蒋德海：《权力监督与权力制约不应混同》，载《检察日报》2008 年 4 月 4 日。

⑤ 侯少文：《监督的含义及其与制约的区别》，载《天津日报》2003 年 11 月 3 日专副刊《前沿》第 14 版。

（一）监督和制约的区别和联系

根据《现代汉语词典》第5版的解释，制约的意思是“甲事物的存在和变化以乙事物的存在和变化为条件，则甲事物为乙事物所制约。”而监督的意思是“察看并督促。”“从词源看，监督一般要求监督者的地位要高于被监督者。例如，英语中的“监督”是“supervision”，其中“super”是在上的意思，“vision”是看，所谓监督就是上对下的观察、指导和控制。汉语中的监督有‘督促、监察’的意思。”① 词语的词典意思表明了该词语在社会生活中最广泛的含义和人们使用该词语的习惯用法和范围，因此是准确理解词语含义的基础。从词典的解释来看，制约和监督都是指主体或事物之间的关系，但二者的含义是不同的，区别主要表现在以下几点：

1．监督和制约的主体范围不同、使用的领域不同。监督的主体通常指的是人、人的集合或拟人的组织和机构。而制约的主体却不限于人或组织，它可以包括人或组织以外的事物，不仅可以描述人与人之间、组织与组织之间的关系，还可以描述物质世界客观事物之间的关系，但监督通常却只能描述人或组织之间的关系。监督只能在人文领域使用，而制约使用的范围要广泛的多。

2．监督和制约的行为方式不同。在人文领域，监督和制约都表现为主体有意识、有目的的活动。从二者的行为方式上来看，制约表现为主体对对象的直接的控制，即制约主体本身的权力行为可以直接纠正或改变受制约方的不当行为和决策，不需要受制约方按照制约方的意志作出积极的回应，受制约方可以采取法定的方式进行反制约。监督一般是一种间接的控制，监督对于被监督方的不当决策和行为作用是督促性的，要求被监督方作出积极的回应，但不能直接纠正被监督方的不当决策和行为，也不参与不当决策和行为纠正的执行，不当决策和行为的纠正只能由被监督方自己执行，这是二者之间最根本的区别。

3．监督和制约存在的前提不同。制约是以分权为前提的，权力经过分解后由不同的主体来行使，彼此不能相互替代，只能互相牵制。权力集于一体是不可能形成对权力的制约的。监督则不同，监督主体的权力基于授权或法律规定，前者指权力的拥有者、委托者对权力的行使者、受托者的一种控制，通常体现为上对下的监督。后者一般是指监督者与被监督者互不隶属，监督者依据法律的授权和规定，对被监督者的权力行使行为进行的控制，也就是平等主体和并列主体之间的监督。

---

① 蒋德海：《权力监督与权力制约不应混同》，载《检察日报》2008年4月4日。

4. 监督和制约的作用方式不同。从监督权和制约权本身行使的角度来看，监督是对过程的控制，即对国家权力行使过程中出现的违法或不正当行为的控制，即监察、督促和纠正。而制约是对权力行使意图（分配给不同国家机关的权力行使意图的事前控制）或结果（分配给不同国家机关的权力行使终了后的控制）的控制，即认可或否定。当然我们所说的“过程”和“结果”是相对的，从被监督、制约的权力的行使来看，监督是在被监督权行使过程外，对被监督权的控制，是一种过程外的控制，而且这种控制一般是对被监督权不正当行使行为结果的控制。制约一般是在被制约权力行使过程中，通过权力主体之间的相互制约实现的权力控制，是一种过程中的控制，而且制约既可以是对被制约权力不正当行使结果的控制，即事后的控制，也可以是对被制约权力不正当行使意图的阻却，即事前的控制。

5. 监督和制约的控权与被控权之间的关系不同。从制约权和被制约权的关系来看，制约权和被制约权必然存在着有机联系，因为制约权和被制约权都是直接源于一项国家权力的分立或分工。“制约是由相关权力主体（机关、机构或个人）各自承担特定的执法任务所产生的，这种相关性主要有两种情况：一是各权力主体处于权力运行的不同程序和阶段，有前后之分，前后权力行使的结果形成互相制约；二是各权力主体在同一程序或阶段中扮演不同的角色，通过共同参与和相互辩论对最终结果形成制约。”① 从监督权和被监督权的关系来看，监督权和被监督权不一定存在有机联系，很多情况下相互之间没有什么联系。比如，国家行政监察部门对公务员不正当行使国家权力的监督，行政监察部门的权力和国家某一机关公务员行使的权力之间是没有什么联系的。

在政治领域，监督和制约都是对权力进行控制的一种方式。根据《现代汉语词典》第5版的解释，控制的意思是“掌握住不使任意活动或越出范围；使处于自己的占有、管理或影响之下。”可见，控制一词本身就包含了制约和监督的含义。监督和制约的实质都是对权力不当行使行为的控制。制约含有“掌握住不使任意活动或越出范围”的意思；监督含有“使处于自己的占有、管理和影响之下”的意思。监督和制约作为权力控制体系的两种基本方式，都具有控权的属性。二者之间的联系表现如下：

1. 监督和制约的目的相同，都是为了保证国家权力的依法正确行使。监督是监督主体通过要求被监督主体纠正自己的权力不当行使行为，实现对权力的控制，而不能干涉被监督权力的正当行使，目的是保证权力的依法正确

---

① 参见谢鹏程：《也谈监督、制约和制衡》，载《检察日报》2008年5月29日。

行使。制约是通过不同权力之间的相互约束和修正，实现对权力的控制，保证权力的依法正确行使。

2. 监督和制约的权力及行使根据和方式都必须依据法律的授权和规定。我国党的纪检部门是依照党的纪律规定进行监督的，其他监督主体都是依照法律的授权和规定进行监督的。制约的主体和权力是依照法律的规定设立和授予的，制约的方式和程序都必须由法律作出规定，并且要依照法律规定的程序和方式进行。

3. 监督和制约都可以是单向的控制行为和相互的控制行为。一般来说，权力的拥有者、委托者对权力的行使者、受托者的上对下的监督，通常是一种单向的监督。而平等主体和并列主体之间，监督者依据法律的授权和规定，对被监督者的权力行使行为的监督，既可以形成单向的监督，也可以形成相互的监督。基于权力分工或分立产生的制约，一般情况下，形成的是相互制约，如在刑事诉讼中，公、检、法三机关之间就是一种相互制约的关系；但在某些情况下，制约也可以是单向的制约，如在行政管理中，不同的政府部门在审批某一事项时，就可以形成单向制约的关系。因此，监督包含单向监督和相互监督，制约也包含单向制约和相互制约，不能认为监督仅指单向监督，制约仅指相互制约。

（二）监督和制衡的区别

按照《现代汉语词典》的解释，“制衡”的意思是相互制约，使保持平衡。在政治领域指的是分为不同部分的权力之间应形成彼此制约的关系，任何一部分都不能独占优势。相互制约，就是制衡，制衡不仅是一种权力控制方式，还体现了主体间的关系。某些学者认为制约是相互的，即制约也就是制衡，这实际上混淆了制约和相互制约（制衡）的关系，笔者认为，制约不等同于相互制约，即制约不等同于制衡。制约和制衡的相同点在于，二者均是制约主体对被制约主体的权力行使行为直接以自身的行为予以纠正，不需要被制约主体作出积极的配合和回应。其不同点在于，制衡是制约的一种形式，与制约是种属关系，制约不仅包含相互制约的制衡，还包含单向制约。如果制约仅指相互制约的话，那么刑事诉讼法就可以用“制约”来规定公、检、法三机关的关系了，而没有必要用“相互制约”了。

制衡和监督的区别主要有以下几点：

1. 二者所体现的权力关系主体之间的地位不同。在监督关系中，权力主体之间的关系既可以是上对下，也可以是平等或并列主体之间的关系；而在制衡关系中，权力主体之间的关系只能是平等或并列的关系，即相互隶属的主体之间可以存在监督关系，不能存在制衡关系。

2. 二者的类型不同。监督是一种行为模式，制衡是一种关系模式。监督强调的是监督主体对被监督主体的监督行为，其特点是一种权力行为，具体的监督行为只能发生在监督与被监督两个主体之间，而制衡强调的是制衡主体之间的关系，其特点是一种权力之间的关系，制衡体现的是两个或两个以上的权力主体之间，相互作用的数个权力行为之间的关系。

3. 监督与制衡的行为走向不同。制衡不是单向的，而是相互的、多向的，而监督既可以是单向的，也可以是相互的。单向的监督是指权力的所有者、委托者对权力的受托者的一种控制，后者对前者没有反向的牵制权、控制权。

二、权力控制中的监督和制约

权力控制是政治学、宪法学等社会科学学科的一个经久不衰的课题，它有着源远流长的研究历史和多层面、多角度极为丰富的理论成果和实践经验。它所涉及的内容丰富宏大、复杂具体。本文所讨论的权力控制是和检察权关系密切的权力控制，是狭义的权力控制，即以权力控制权力。其中关于制约、监督和相互制约（制衡）的概念及其相互关系问题是权力控制的基本问题，也是检察学中的基本问题，涉及检察机关的性质、职能和定位。权力控制包含两种基本方式，即权力监督和权力制约。权力监督是指，监督主体通过审视、查看被监督者的权力行使行为，对其不当的权力行使行为，督促被监督者或其主管机关予以纠正，请求、提示有关部门对被监督者进行处罚。权力制约是指，制约主体通过审视、查看被制约者的权力行使行为，对其不当的权力行使行为，直接以自身的行为予以纠正。平等或没有隶属关系权力主体之间的相互制约是制衡，也就是说权力制衡包含于权力制约之内。制约包含单向制约和相互制约（制衡），在权力控制中，因单向制约的功能和作用有限，而很少被人们关注。相互制约，即制衡，是现代社会权力控制的一种主要方式，制衡这一概念既可以表述相互制约的行为，也可以表述相互制约的关系。因此，有必要对权力控制中的监督和制衡做进一步的分析和研究。

（一）权力监督与权力制衡

从以权力控制权力的角度，本文所说的监督具有特定的含义，指的是以权力监督权力。关于这一点，还涉及另外三个问题。

一是权力是否可以监督权利的问题，笔者认为，权力不能监督权利。首先，权利是“人们为满足一定的需要，获求一定的利益而采取一定行为的资格和可能性。"①"只有且唯有'正当'与'正当的'才是权利内在的构成要素，由此可以把权利界定为'正当的事物'或'正当的东西'，即权利就是正当的事物，义务则是应当的事物。"既然权利是资格和可能性，是正当的事物，所以权力不能监督权利，权力监督的是不正当的行为。其次，权利是现代社会民主法治发展的产物，其存在的基础和前提是人民主权。在现代社会，民主即人民主权，一切权力归于人民，来源于人民的权利，人民才是国家权力的所有者，权利和权力是"主仆"关系，所以权力不可能监督权利。在民主政治前提下，国家权力存在的重要目的在于保障和扩大公民的自由和权利，而不是制约公民的权利和自由，换言之，监督有别于国家权力对公民和其他非权力主体的管理行为。在刑事诉讼领域，侦查机关对犯罪行为的侦查、检察机关对犯罪嫌疑人提起公诉、法院对被告人的审判等均体现出国家权力的管理行为，不能划入监督的范畴。

二是权力监督和监督权力的问题。权力监督的对象是行使公权力的人或组织，客体是行使公权力的人或组织的不当权力行使行为，对于组织尤其是国家机关来说，监督的客体不是法律设定的权力，而是不正当行使权力的行为（包括不合目的的行使权力的行为，也包括合目的，但不合法的行为，如没有谋取不正当利益的受贿和没有徇私情节的刑讯逼供），所以所谓监督权力，监督的是行使权力的人或组织及其行为，而不是权力本身，监督权力的主体可以是拥有监督权力的机构，也可以是社会中不特定的人或组织，拥有监督权力的机构对权力的监督，是以权力监督权力。社会中不特定的人或组织对权力的监督是以社会监督权力或以权利监督权力。但法律和道德不能成为监督的主体，只能成为监督的手段和依据。这样，法律监督只能在两个层面上理解，即依据法律进行监督和监督法律的实施。本文所说的权力监督，指的是权力对权力的监督，即拥有监督权的主体对被监督主体的权力行使行为的监督。

三是是否存在并列主体之间的监督问题。按照监督的基本含义，监督是上对下的观察、指导和控制。但监督这一现象及其含义，是随着人类社会的发展而不断丰富和发展变化的，在人类历史的长河中始终处于不断的发展之中，其根基深植于所处社会历史时代的经济、政治、传统、文化和伦理中，而不是某一个静止不变的社会历史的特定时期、阶段。尤其在当今世界和中国，监督不仅完全可以存在于并列主体的关系之中，而且还可以存在于下对上的关系之中。在我国的政治体制中，行政、审判和检察机关的职权，是宪

① 吕世伦、文正邦主编：《法哲学论》，中国人民大学出版社1999年版，第544～545页。

法、法律规定的和权力机关授予的，是人民通过权力机关间接地委托给不同的国家机关来行使的。因此，三机关的法律地位是并列、平等的，检察机关的监督权和行政权、审判权一样，是受人民委托的权力，检察机关行使监督权，并不意味着它的法律地位要比其他国家机关高，也不意味着检察监督是一种上对下的监督，而只能是并列主体之间的监督。

从权力控制的角度看，本文所说的制衡，即相互制约，是指权力和权力之间的相互制约。“制衡”不是中国本土文化中的词语，而是一个外来词语，源于西方资产阶级的“分权制衡”理论。第一个将三权分立原则赋予规范意义的是洛克，他在《政府论》中，将政府的功能区分为立法、行政和结盟。洛克分权的主要目的在于专业分工、效率及防止专权暴政。孟德斯鸠被公认为是分权制衡理论的集大成者，他在研究英国政制的基础上，首次将国家权力划分为立法权、行政权和司法权，与洛克不同的是孟德斯鸠更强调权力间的相互制衡，为了防止暴政，各权力之间除了基本的区分外，更重要的是应相互制衡。梁治平先生也认为：“孟德斯鸠的三权分立赖以建立的前提具有广泛的适用性和包容性，它所关心的主要不是三权或四权分立而是为权力制定界限，与其说孟德斯鸠的理论是三权分立的学说，倒不如说它是权力制衡的学说。至少，孟德斯鸠对近代政治理论最持久、最重要的贡献是在后一面。”① 把这种分权制衡理论作为政治信条运用于宪政实践，最典型的是美国，但美国的宪政实践表明，限制暴政已经不是分权制衡的主要目的了，分权制衡的主要目的和作用在于协调、平衡资产阶级内部不同集团之间的利益冲突。正如龚祥瑞教授指出的那样：“限制王权，保障民权，这是资产阶级反对封建的基本口号，等到资产阶级取得了全部政权以后，就独吞了反封建的胜利果实，美国联邦主义者汉密尔顿等人在制定美国联邦宪法时，也说要限制政府的权力，但这时所要限制的当然不是‘王权’，而是各自独立的州权和独立战争涌现出来的人民民主力量。因此，美国宪法的作用就和17世纪的英国宪法不同，它不要在各集团、各阶级之间确立权力界限，而是要在资产阶级内部各机构之间、领土单位和全国之间，确立权力界限。这说明，资产阶级已经取得了全部政权，从而宪法也就失去了原始公约的性质，而变成统治阶级内部‘以权制权’的最高法律了。”② 为了有效地实现对社会的统治，统治阶级必须协调其内部力量和矛盾，保持行动统一。权力分立制在解决统治阶级内部矛盾，统一统治阶级力量方面，具有卓越作用。在现代社会，

① 转引自樊崇义、王戬：《权力结构模式原理与中国特色检察制度》，载《检察日报》2008年5月19日。

② 龚祥瑞：《比较宪法与行政法》，法律出版社1985年版，第34页。

权力的分立和制约是权力有效运行所必须遵循的规律，在不同的政治体制中，这种规律的表现形式不同。“三权分立是资产阶级国家遵循权力制约规律配置国家权力的有效尝试，是对规律的一种反映形式，但是，规律本身与体现规律的形式不能混同，规律不以人的意志为转移，而形式是客观规律经过人对客观世界认识这一中介而逐渐形成的，它反映了人们的意志，是可以以人的意志为转移的，也就是说，同一规律在不同的条件下可以有不同的表现形式。”①

樊崇义教授和王戬副教授认为，我国是一元多立的权力结构模式。“新中国成立后，没有采取西方国家三权分立的权力架构，而是根据本国的实际情况，建立了自己的宪政制度和国家权力体系，其制度安排是：将权力进行职能分工，并以人民当家做主的制度形式来监督其所分工的各项权力，即在最高国家权力机关人民代表大会下，设有三个机关——行政机关、审判机关和检察机关……人民代表大会制度赖以建立的理论基础即人民民主专政理论是我们研究中国宪政问题的现实合理性的分析工具，这种政治理论决定了中国的政治制度具有权力一元化的价值倾向。正如英国的宪政排斥分权一样，中国的体制也因为本国的特殊国情而排斥分权，但是，对权力进行适度的分离设置和建立制约机制始终是现代法治的共同精神，于是有了人民代表大会之下的分权形式，检察机关作为二级国家权力与国家的行政权、审判权平行设置相互独立，这种体制决定了中国的分权机制特有的禀赋：权力一元之下的分权和受限制的分权……为了加强对权力的制约和监督，这一过程既吸收了权力分配与制约的精髓，又保持了我国的文化传统。”②

可见，在我国一元多立的权力结构模式中，也存在着权力的分立和相互制约，只是这种相互制约是在相互配合的基础上存在的。我国社会主义政体实行的是分工制约，分工制约是在实行民主集中制的政治体制中权力配置和运行的内在要求和基本原则，分工则是各种国家职能（不限于立法、行政和司法）在组织、人员和责任上的相对划分，并不排斥国家机关之间在部分职能上的相互交叉、相互参与和相互配合。因此，在我国人民代表大会的政治体制下，制衡是在相互配合的基础上的相互制约，更为重要的是，在我国的社会主义制度下，制衡的实质只是不同国家机关之间为了依法准确行使权力而互相进行的制约，而不是不同集团之间为了利益的冲突进行的制约和平衡。

---

① 樊崇义、王戬：《权力结构模式原理与中国特色检察制度》，载《检察日报》2008 年 5 月 19 日。

② 参见樊崇义、王戬：《权力结构模式原理与中国特色检察制度》，载《检察日报》2008 年 5 月 19 日。

因为，在我国不同的国家机关行使权力的目的只能是实现人民的利益，不同的国家机关既没有自己的部门利益，也不代表任何利益集团的利益。所以，这种制衡不存在资本主义国家那种为了不同集团的利益而讨价还价、相互扯皮的问题。

综上所述，在我国制衡是在权力分工配合基础上的相互制约，与资本主义国家的制衡在内容和本质上均存在不同，但我国很多学者在使用制约一词的时候，其真实的意思却是指的制衡。笔者认为，制衡是相互制约，制约不能表示制衡，否则，刑事诉讼法中规定的公、检、法三机关分工负责、相互配合、相互制约中的“相互制约”就变成了相互制衡，而制衡本身就是相互制约，相互“相互制约”是不符合语言习惯的，相互制约不仅可以在政治学领域里使用，还可以在许多其他的领域里使用，制衡习惯上是指政治学领域权力和权力之间的相互制约。因此，为了准确地使用制约和相互制约的概念，我们把权力之间的相互制约也称为制衡。

（二）监督和制衡的价值比较

权力控制体系在整个政治制度中占有重要的地位，在维护统治、管理社会中，发挥着重要作用。“政治制度就是权力主体及其相互间制约与监督关系的法律规定。”① 按照不同的标准，我们可以把权力控制的方式作不同的划分，我国学者方世荣、戚建刚以行政权为例，根据权力受制约的内因，把权力制约分为：“（1）权力可在配置上受到控制，行政权力的来源要素决定着权力的授予，或已运用的权力是否具有正当性。（2）权力能在运用者上被制约。主体是指权力拥有和行使的主体，它也是权力的载体，主体要素通常被理解为是组织，即行政机关，但机关实际上是一个结构形式，充填这个结构形式的实际上是人——行政机关公务人员，因而在本质上，这些人才是真正的权力主体要素。（3）权力能在行使过程中受约束。权力的运行要素是权力的运行过程，包括方式、方法，没有方式或方法，权力是不能运行的。最主要是要建构程序制约机制。（4）权力可在实施效果上受节制。对象要素，是行政权力的结果的承受者，特别是对象要素中的行政相对人，对行政权力的行使具有合作与制约两方面的作用。（5）权力可在效率上受调整。由于行政权力的保障要素具有价值与使用价值，权力行使者可以为私人的目的而行使。为抑制它被滥用，在相应的制约机制建构上应当完善权力机关与审计机关的监督。”② 从权力控制的基本方式来看，权力控制的两种基本行为方式是监督

---

① 赵虎吉：《论政治制度安排的逻辑起点》，载《教学与研究》2005 年第 7 期。

② 参见方世荣、戚建刚著：《权力制约机制及其法制化研究》，中国财政出版社 2001 年版，第 29 ~ 35 页。

和制约，对于权力控制来说，单向制约作为具体的单向行为，不具有完整的制衡功能和作用，因此意义不大。制衡这一概念既可以表述为相互制约的行为，也可以表述为相互制约的关系。因此，在对权力监督与权力制约进行比较时，我们重点比较的是监督与制衡，监督和制衡不仅在含义和使用范围上存在着区别，而且二者在功能和价值上也各有利弊，可以在权力控制机制中互相补充，更好地发挥控制权力的作用。

首先，对于国家权力的执行和实现促进社会发展的目的来说，因为监督是一种外部的单向的间接控制，不是把一项权力分解给不同的部门行使，因而有利于提高国家权力执行的效率，有利于高效地实现促进社会发展的目的，而制衡是把一项国家权力分解后，交给不同的主体行使，并使它们之间互相约束，这就降低了国家权力执行的效率。

其次，任何国家权力，包括以权力控制权力的权力，都需要国家投入一定的人力、物力和财力，这是国家权力得以运行的物质基础，也是国家设置公权力需要投入的成本。在这个方面，国家采用监督的方式控制权力和采用制衡的方式控制权力相比，所需投入的成本相对要小，这是因为监督可以用一个监督主体同时监督多个被监督主体，被监督的一项权力不必分给多个主体行使，而制衡则意味着要把需要控制约束的权力进行分解，由原来一个主体行使，交给多个主体行使，使这些不同的主体行使原来由一个主体行使的权力，并相互间形成制约，这就必然使得制衡这种权力控制机制的成本要高于监督方式的成本。而且随着社会的发展，新的国家权力将会不断产生，如果都采用制衡的方式来控制权力，将会由于社会所付出的成本过大，而难以承受。即使是在典型的分权制衡的国家，也不可能，也没必要因为控制权力，而把所有的国家权力都进行分权制衡。

再次，从控制权力不当行使的效果和效率方面来看，制衡的效果好，效率高。监督是对权力不正当行使的间接控制，需要由被监督者作出积极的回应，自己纠正自己的权力不正当行使行为，监督一般是对权力不正当行使行为发生或产生后果后的控制，而纠正需要一个过程，这就使监督的效果处于一种相对不确定的状态，因而效率自然低，而制衡是直接的控制，就国家权力的行使来说，是在过程中的直接纠正，不需要受制约方回应，因此具有确定的效力。监督是一种单向的控制，不允许被监督方进行反制，程序简单，而监督者也不可能永远都正确，难免会出现错误，由于没有被监督者的反制，不利于及时修正监督者的错误，相对来说，监督的准确性不高，自然效果没有制衡好。相比之下，制衡是权力主体间的相互制约，需要比较严密复杂的程序，需要不同的权力主体，通过相互制约的过程达成一致，可以保证控权的准确性，因此制衡的控权效果相对要好。

伴随着人类政治生活的发展，权力控制经历了从野蛮、简单到文明、复杂的发展过程。在专制时代，国家权力集中统一于专制者手中，基于授权关系，控制国家权力的方式主要表现为上对下式的权力监督，即使有一定程度的权力分工，但也难以产生权力制衡。因为不同的权力行使者，最终都要听命于专制统治者，难以直接纠正或阻却其他国家权力行使者的错误行为，在我国封建社会时期，权力控制的代表形式就是监察御史制度，而在民主政治时期，基于人民主权原则，在权力分立或权力分工状态下，控制国家权力的方式不仅仅是上对下式的权力监督，同时也出现了平等主体之间的监督和权力制衡。权力监督与国家权力相伴而生，由来已久，在专制时代和民主政治时期，权力监督表现出了不同的形式和特征，专制时代强调的是权力本位，监督的权威来源于上级和下级地位的差别，最终决定于集权统治者——君主，而在民主政治中，信奉法律至上，监督的权威来源于法律的规定，监督的形式也不仅仅是上对下，也出现了平等主体之间的监督和下对上的监督。在专制时代，民为邦本，而君为邦主，强调主权在君，君为天下父母，君以臣民为其私属，君主集所有的国家权力于一身，一言可以立法，一言又可以废法，权力监督是人治的一种手段，目的是为了维护君主的统治秩序，而不在于限制国家权力，以保障公民权利。在民主政治中，强调主权在民，权力监督是实现法治的方式，目的是为了维护法律的统一正确实施，控制国家权力的滥用和异化，以保障公民权利。权力制衡的出现要晚于权力监督，它产生的基础是民主政治，或说是宪政，在形式上要求对国家权力进行分立或分工，权力集于一身不可能实现权力制约，而权力监督则不然，它既可以在专制的政体下存在，也可以存在于民主政治中，在形式上并不要求对国家权力进行分立或分工。作为控制权力的两种方式权力制约和权力监督各有利弊，所以我们在选择权力控制方式上，要根据具体情况，把二者结合起来，取长补短，发挥各自的优势，实现更好的权力控制效果。

三、监督性检察权与制约性检察权

权力控制的基本方式是监督和制约，作为权力控制系统子系统的检察权，其所拥有的职能也可以分成两类，即监督性检察权和制约性检察权。其中监督性检察权包括：立案监督权、侦查活动监督权、审判监督权、刑罚执行监督权和职务犯罪监督权。具体方式有：口头纠正违法、检察建议、纠正违法通知、纠正违法意见、抗诉等。制约性检察权包括：审查批捕权和公诉权中的不起诉权、起诉权。

（一）监督性检察权的概念及内容

监督性检察权，是指检察机关作为监督主体代表国家，通过审视、察看被监督者的权力行使行为，依法对其不当的权力行使行为，督促被监督者或其主管机关予以纠正，请求、提示有关部门对被监督者进行处罚。

从我国的检察实践来看，监督性检察权可以分为4类，即检察建议、纠正违法、抗诉和职务犯罪侦查。检察建议，是指检察机关对国家机关及有关单位的轻微违法行为和工作中存在的制度缺陷、隐患，提出的纠正和完善建议。纠正违法，是检察机关在诉讼活动中运用纠正违法通知书和口头纠正违法的形式，纠正一般违法行为。《人民检察院组织法》第19条，《刑事诉讼法》第76条、第224条等对此作了明确的规定。抗诉包括上诉程序的抗诉和再审程序（审判监督程序）的抗诉，是指人民检察院对人民法院作出的判决、裁定，认为确有错误时，依法向人民法院提出重新审理要求的诉讼活动。在我国，抗诉是法律授予人民检察院代表国家行使的一项法律监督权。职务犯罪侦查，是指检察机关依照法律规定，对贪污贿赂犯罪，国家工作人员的渎职犯罪，国家机关工作人员利用职权实施的非法拘禁、刑讯逼供、报复陷害、非法搜查的侵犯公民人身权利的犯罪以及侵犯公民民主权利的犯罪，进行的侦查。

对于检察建议、纠正违法和抗诉的监督属性，学界很少有异议，对于职务犯罪侦查的监督属性，学界存有争议。一种观点认为，职务犯罪侦查和普通的刑事犯罪侦查没有什么区别，不具有监督的属性；另外一种观点认为，职务犯罪侦查不同于普通的刑事犯罪侦查，本质上是一种法律监督行为，具有监督的属性。陈卫东教授认为："职务犯罪的侦查权不同于公安机关侦查权，它是对国家权力进行制约和监督的行为，是以权力制约权力，以法治权的过程，带有监督执法和司法弹劾的性质。"①

笔者认为，职务犯罪侦查具有监督的属性，属于监督性检察权。

首先，职务犯罪的主体是国家工作人员，国家工作人员是宪法和法律的执行者和实施者，国家的一切管理活动都是通过他们的职务行为来实现的。当国家工作人员的职务行为违法达到犯罪程度时，就必须予以纠正，而通过职务犯罪侦查剥夺其行使权力的能力和资格就是最直接的纠正。检察机关的职务犯罪侦查不仅是为了追究职务犯罪者的刑事责任，更为重要的是为了保障国家权力的正确行使，防止主权的实际行使者滥用主权的委托者所委托的权力，因而具有监督的属性。

---

① 晏向华：《职务犯罪侦查：由检察机关承担科学而合理》，载《检察日报》2005年1月21日。

其次，职务犯罪侦查是调查、收集涉嫌职务犯罪的国家工作人员的犯罪事实和证据的过程，其结果是为了将职务犯罪嫌疑人通过公诉提交审判机关依法予以制裁和惩处，以达到纠正和制裁职务犯罪的目的。这一权力行使行为符合监督的基本特点，即监督主体通过审视、查看被监督者的权力行使行为，对其不当的权力行使行为，督促被监督者或其主管机关予以纠正，请求、提示有关部门对被监督者进行处罚，因而属于一种权力监督行为。

（二）制约性检察权的概念及内容

制约性检察权，是指检察机关通过审视、查看被制约者的权力行使行为，依法对其不当的权力行使行为，直接以自身的行为和权力予以纠正。

权力制约的基础是分权，在我国的检察制度中，最能体现分权精神的检察权是公诉职能中的起诉权、不起诉权和审查批捕权。起诉权即提起公诉权，是指人民检察院对公安机关等侦查部门侦查终结、移送起诉的案件，进行全面审查，对符合法定起诉条件且应当追究犯罪嫌疑人的刑事责任时，将案件提交人民法院进行审判的一项诉讼权力。不起诉权，是指检察机关依法对侦查终结的刑事案件审查后，确认不应当追究刑事责任，或者犯罪情节轻微，依照刑法规定不需要判处刑罚或免除刑罚的，依法作出不予追究而终止诉讼程序的处分决定权。批捕权，是指检察机关对于侦查机关提请批准逮捕犯罪嫌疑人的案件，经过审查后，对犯罪嫌疑人决定是否批准逮捕的权力。

提起公诉，是指公诉主体对案件进行审查后，认为符合法定起诉条件且需要追究行为人刑事责任时，将案件提交法院请求审判的诉讼活动。我国《刑事诉讼法》第141条规定："人民检察院认为犯罪嫌疑人的犯罪事实已经查清，证据确实、充分，依法应当追究刑事责任的，应当作出起诉决定，按照审判管辖的规定，向人民法院提起公诉。"在我国，提起公诉权专属检察机关，检察机关的提起公诉权本身就源于控、审分离的刑事诉讼分权，其主要目的在于制约审判，防止法官擅权。就国家刑罚权的实施来看，侦查、公诉、审判和执行只不过是对整个刑罚实施权的分割，其意义在于以分权制约的方式来保障刑罚权这种对人最严厉的限制和惩罚措施得以正确有效实施，达到打击犯罪和保障人权的双重目的。不起诉权和起诉权相比，因其既可以控制侦查，又可以约束审判，而更具有制约的价值。所以，起诉权和不起诉权在整个刑事诉讼中具有制衡的功能，属于制约性检察权。

从分权的角度来看，检察机关的批捕权是从逮捕权中分离出来的一项权力，完整的逮捕权应该包括提请逮捕权、批准逮捕权和执行逮捕权。逮捕是在一定的期限内依法剥夺犯罪嫌疑人、被告人的人身自由并进行审查的强制措施，是刑事诉讼强制措施中最为严厉的方法。在我国，一般情况下提请逮捕权和执行逮捕权由公安机关行使，批准逮捕权由检察机关行使。这种分权的目的在于使检察机关的批准逮捕权和公安机关的提请逮捕权及执行逮捕权之间相互制约，以保证逮捕这种强制措施得以准确、有效使用，实现打击犯罪与保障人权的平衡。因此，从本质上说，批捕权是一种制约性权力，属于制约性检察权。

（三）监督性检察权和制约性检察权的互补关系

所谓互补关系就是互相补充的关系，监督性检察权和制约性检察权的互补关系主要表现在以下几个方面：

首先，监督性检察权和制约性检察权是在检察权的产生和演化过程之中，相互联系、相互影响、相互补充地从社会生活中逐渐地、共同地生长出来的。从历史上看，检察制度和检察权在中世纪的法国诞生之日起，就具有监督和制约的属性，尽管在后来的历史发展中，西方国家更重视检察权的制约功能，社会主义国家更强调检察权的监督属性，但监督性检察权和制约性检察权始终相互联系、相互补充地共存于世界多数国家的检察权之中。

其次，监督性检察权和制约性检察权的相互补充关系是检察权在现实社会中发挥功能和作用的客观需要。例如，在我国的检察实践中，批准逮捕作为一项制约性检察权，必须以检察建议和纠正违法等监督性检察权为补充，才能实现其控制侦查、保障人权的功能。同时，要实现检察权对侦查权的有效监督，也必须赋予检察机关必要的制约性检察权。例如，检察机关可以采取不批准逮捕的方式直接纠正和阻却侦查机关不合法的侦查行为和意图，有效地实现检察权对侦查权的控制。

再次，监督性检察权和制约性检察权的相互补充是实现检察权社会效益的必然要求，所谓社会效益就是要以最小的社会投入实现最大的社会效果。我们知道互补可以产生合力，这种合力不是简单的一加一等于二，而是大于二，以我国检察机关的公诉职能为例，如果仅仅赋予公诉部门提起公诉权，而将抗诉等审判监督权从公诉职能中分离出去，交由其他部门或机关行使，不仅会因为增加人员和机构而加大权力行使的成本，还会因为公诉职能中的几项具体权力在行使中，不能互补，无法形成合力，而降低权力行使的效果。世界各国将监督性检察权和制约性检察权以互补的关系设置于检察权之中，其目的在于实现检察权的社会效益最大化。

第三节　检察监督职能的理论依据

一、权力监督理论

国家的产生和发展经历了这样的过程："国家机器由简单、低级到复杂、高级，国家权力也由诸权不分逐渐走向权力分立，逐步形成由各种不同的国家机关分别行使各种不同权力的状况，使国家走向文明进步。"[①] 通过考察古今中外不同社会发展时期、不同社会政治制度下的国家权力的演进过程，不难发现这样的事实：无论是在国家权力高度集中、诸权不分的专制时代，还是在三权分立的资本主义民主政治和人民代表大会制的社会主义民主政治中，加强对国家权力的监督和控制，都是统治者和民主政治的重要选择，可以说，从国家权力诞生之日起，权力监督的思想和做法即已存在，并且权力监督的主体、形式和内容也在随着国家权力的发展分化而处在发展变化之中。权力监督是与国家权力共同寄生于国家组织的"孪生子"，"有了国家组织，便有了公共权力，有了公共权力，便有了对公共权力的监督，在存在国家组织的政治时代里，监督是人类社会的不朽主题"。[②] 孟德斯鸠早已指出："一切有权力的人都容易滥用权力"，"有权力的人们使用权力一直遇有界限的地方才休止"，而"任何一项分权力的滥用，都可能造成权力系统的运转故障"。国家权力过于强大、超越了权力委托人的意志愿望所期待的效果时，需要被监督；国家权力的滥用，导致对统治者或其他国家利益的侵害时，需要被监督。

权力监督，在中国古已有之，西周就有过所谓做诗、诵诗的舆论监督，当时还创造了"三监"制度，并成为以后秦汉时的监察御史和刺史制度的渊源。此后中国各朝代都建有权力监督制度，西汉中期开始建立多重监察制度，如御史的监察、司隶校尉的监察等，唐、宋、元、明、清的监督制度都有不同程度发展，忽必烈曾说过："中书省是我的左手，枢密院是我的右手，御史台是我用来医治左右手的。"在专制时代，行政是国家事务的全部，国家权力自上而下统一于行政权之中，没有立法、行政与司法的独立，尽管那时也设立有相对独立的司法系统和监察体制，但它们最终都是依附于专制皇权之下的行政权力的一个部分，没有真正完全的独立可言。"因此，所谓的权力监督只能来自于行政的内部，如现代时期的基于民主和分权而产生的横向

---

① 石少侠著：《检察权要论》，中国检察出版社2006年版，第3页。

② 荣仕星、钟敏著：《政坛永恒的话题——民主监督》，法律出版社1998年版，第21页。

外部权力制约不可能出现。”① 行政和行政监督的目的都是为了维护君主的专制和权威，监督与被监督者均来自于行政内部，监督只能是一种自上而下的行为，以上制下的监督被精心设计、严格维护。

在专制时期，权力监督总是体现在上对下的领导与被领导、管理与被管理的关系之中，因为行政权力过于庞大，所有的权力统一于行政权之内，监督权力自然也属于行政权，权力监督属于内部监督，也可说是自我监督，监督的内容、效果、形式等完全由最高统治者定夺，权力监督完全可以看做是国家行政管理的方式之一，它存在的最重要的目的在于确保国家权力如何被高效、正确地行使，以巩固专制统治秩序，忽视对公民权利的保障。中国古代的御史制度，从形式上看似乎是独立的权力监督形式，但因为它完全依附于皇权，整体上看还是一种内部监督，正如钦差制度一样，是代表皇权对下的统治和管理行为。

随着社会的发展，权力监督在监督主体、内容、形式等方面均发生了变化，特别是随着人民主权原则的确立，民主政治制度的广泛施行，权力监督也从上对下式的行政管理的内部单一监督形式向平等主体的外部监督转变，出现了相对独立的专门行使监督权力的机关，当然这样论述，并非说现代社会不存在纵向的内部监督，而意在说明，民主政治条件下权力监督的形式表现为纵横结合。产生平等主体的外部监督形式的因素有：（1）生产力的发展变化，使社会关系变得日益复杂，客观上要求国家权力在管理和控制社会中进行更加细致的分工，使国家权力在各自控制领域更具针对性和专业性，为了达到有效控制权力的目的，需要监督主体与被监督对象相对分离，打破两者之间的隶属关系和利益关系，以使权力监督更具客观性、有效性、真实性。（2）在民主政治的进程中，法治、平等、人权观念的兴起是产生平等主体的外部监督形式的源动力，在资本主义启蒙运动中涌现出来的一大批政治思想家和资产阶级革命的实践活动都视平等为新制度的理想目标。孟德斯鸠在《论法的精神》中指出：“在民主政治下，真正的平等是国家的灵魂。”② “在共和国政体之下，人人都是平等的。在专制政体之下，人人也都是平等的。在共和国，人人平等是因为每一个人‘什么都是’；在专制国家，人人平等是因为每一个人‘什么都不是’。”在孟德斯鸠的“法的精神”中，始终包含着平等的价值，确切地说，自由与平等共同构成了孟德斯鸠的“法的精神”。洛克的自然状态和自然权利、社会契约及法治理论也是以自由、平等、人权精神为核心建构的，他指出：“人类天生都是自由、平等和独立的，如不得

---

① 汤唯、孙季萍著：《法律监督论纲》，北京大学出版社2001年版，第187页。

② ［法］孟德斯鸠著：《论法的精神》（上册），张雁深译，商务印书馆2005年版，第54页。

本人的同意，不能把任何人置于这种之外，使受制于另一个人的政治权力。”①法国1793年宪法和《人权宣言》也宣布：“所有人按其本性都是平等的，在法律面前都是平等的”，表面上看西方先哲们是在强调公民权的平等，实际上矛头最终指向的是集权、人治的专制制度，在专制制度下，强调的是公民的义务本位，公民永远是作为一个被统治者的地位存在的，社会建立起严格的等级制度，国家权力的分配亦是如此，专制者集所有国家权力于一身，国家权力的行使目的在于如何使公民更好地服从管理和统治，而不在于对公民权利的保护，在专制制度下是不可能产生这种监督形式的，而在民主政治条件下，国家权力的最重要功能是保障平等实现公民权利，要实现这一功能，首先要摆脱专制集权式的人治，按照人民主权原则和法治原则，对国家权力进行分立或分工，产生平等地位的权力主体，以改变国家权力的线型结构。只有平等权力主体的出现，才使得平等权力主体的外部监督成为可能，平等权力主体的外部监督之所以有权威，并非是由于监督主体与被监督对象之间有隶属或领导关系，而是源自于法律上的规定，因为民主政治强调的是法律至上，实际上，伴随着民主政治制度建立和发展，也使另一种外部监督形式——公民对国家权力的监督成为可能，按照专制时期对监督的理解，这显然是一种“下对上”的监督。在宪政理论中，公民权利构成了国家权力的边界，公民的监督权是宪法赋予的基本权利之一，宪政模式和法治体系对公民权利的保障，就是对国家权力的约束；反之，限制国家权力也就是保障公民权利。公民监督的实质是“主人”对“公仆”的监督，是普通群众对领导干部的监督，是社会公众对国家机关的监督，这种监督在传统观念里被认为是“以下制上”，与自上而下的监督观念背道而驰。在民主政治制度下，限制国家权力，以保障公民权利是立宪的核心目的，宪法又称制权之法，是“一张写着人民权利的纸”，“作为整体出现的人，即人民，宪法将其确认为国家主权的所有者；作为个体出现的人，即公民，宪法赋予其宪法权利享有者和宪法义务承担者的身份，是相对于国家的被统治者。在自然经济条件下，社会中大多数人只有单一的身份，即被统治者。”②“据此，人民与国家权力的关系体现为双重关系，即人民权力与国家权力关系以及公民权利与国家权力关系。前者表明，基于人民主权原则，人民是国家权力的所有者，处于国家主权者的地位，但不可能都亲自行使管理权力，所以以整体的名义通过宪法将管理权力委托给特定机关行使，但人民享有最后决定权。后一种基本关系表明，国家机关一旦成立和被依法赋权之后，公民须服从其管理，但在接受管

---

① ［英］洛克著：《政府论》（下篇），叶启芳、瞿菊农译，商务印书馆2007年版，第59页。

② 周叶中主编：《宪法》，高等教育出版社、北京大学出版社2000年版，第139页。

理过程中，可依宪行使监督制约的权利，大多数国家的宪法都赋予公民对国家机关及其工作人员的监督权，在民主法治时期，强调法律至上，公民的监督权在宪法和法律中予以确认，并且能够产生法律后果。”①

在中国古代，御史监察制度有着悠久的历史，检察监督从某种意义上说是对御史监察制度的继承发扬，任何理论的产生和发展都不能脱离固有的传统文化，都是在传统文化的根基上发展起来的，脱离传统文化，任何理论都会失去存在的基础，也会失去发展的条件。御史监察制度是我国传统监督思想的具体体现，在我国古代，从秦朝开始就建立了御史制度，御史作为“天子之耳目”，其主要职责就是“纠举官吏不法”，以维护封建国家法律、政令的统一，并受理申诉，纠正错案，平反冤狱，监督官吏的断案，因而明显具有监督的职能。从汉朝起，为了制约丞相的权力，以使其恪尽职守，防止其滥用权力，设立了御史大夫，主管监察，直接对天子负责，御史大夫的主要职责为“典正法度，以职相参，总领百官，以职相监临”。② 唐朝时，为了监察各级官吏遵守刑宪典章，防止违法乱制，滥用权力，设立了御史台（下设台院、殿院和督察院），独立行使监察权，具体负责“纠举百僚，巡按州县，纠视刑狱，肃整朝仪”，③ 而且御史的任免不归管理一般官员的吏部掌握，而直接由皇帝任免，并且御史可以参加刑部、大理寺对疑难或重大案件的会审。宋朝时，御史台设台狱，法律规定凡违法失职的官员，在送交大理寺审判前，要先送御史台进行侦查。明朝法律规定，御史的职责是“纠查内外百司之官”，发现问题的，“大事奏裁，小事立决”。元朝设立的御史台，为三大中央机关之一，被称为“天子之耳目”，它的一个机构为“内人道肃政廉访司”，专门负责纠查“百官之善恶”。

由此可见，“御史制度是我国封建社会独立发展起来的一项特殊的权力控制制度，它被控制在皇权之下，备受历代封建统治者的重视，并逐步扩大它的组织，提高它的地位，使之在维护封建纲纪、肃清吏治、整饬风纪，巩固中央集权制度，发挥官僚机构的统治效能方面，起着举足轻重的作用。”④ 检察监督职能与古代御史制度有颇多相似之处，“首先表现在产生的原因相似，都是为了维护统治阶级的统治秩序，社会的稳定，维护国家法律的统一正确实施；其次是职责相似，都有对国家公职人员（或‘官吏’）进行监督纠察、参与审判、监督审判、规谏建议等职责；再次是地位相似，都是由最

① 周叶中主编：《宪法》，高等教育出版社、北京大学出版社2000年版，第147页。

② 《汉书·朱博传》。

③ 《唐六典》卷十三《御史台》。

④ 参见刘树选、王雄飞：《法律监督理论与检察监督权》，载《人民检察》1999年第9期。

高权力机关任免，并且直属于最高权力的直接统辖之下而与行政、审判、军事等国家权力机关并驾齐驱的国家机关；最后是行使职权的独立性相似，都是自成独立的垂直系统，直接对最高权力机关负责，不受地方政府和其他机关或个人干涉。”① 正是由于检察监督与我国古代的御史监察制度有如此多的相似之处，所以有学者认为，我国古代的御史监察制度是广义的检察制度的起源，“如果我们从广义检察制度着眼，视检察制度为法律监督制度的话，就可以肯定中国古代有检察制度，而且，以时间上看，广义上的检察制度，最早形成于我国古代。”②

二、列宁的法律监督理论

列宁的法律监督理论是在“十月革命”后随着法律制度的创建逐步形成的。在《怎样改组工农检察院》、《宁肯少些、但要好些》、《论双重领导和法制》等著作中，列宁从俄国经济文化落后和国内外反动势力猖狂地向苏维埃进攻的实际出发，根据马克思、恩格斯关于无产阶级国家理论和制衡学说，系统阐述了社会主义国家加强法制、建立监督机构、实现对国家权力监督的思想。列宁认为，改变落后的俄国，建立“大机械工业、电气化”的社会主义，法制具有极端的重要性，而“地方影响对于建立法制和文明制度是最严重的障碍之一，甚至是唯一的最严重的障碍”，所以，必须实现统一的法制，为了维护法制的统一，必须建立专门的法律监督机关——检察机关。列宁指出：“检察机关和任何行政机关不同，它丝毫没有行政权，对任何行政问题都没有表决权，检察长的唯一职权和必须做的事情只是一件：监视整个共和国对法制有真正一致的了解，不管任何地方的差别，不受任何地方的影响。”“检察长的责任是使任何地方政权的任何决定都不与法律发生抵触，检察长必须仅仅从这一观点出发，对一切非法的决定提出抗议。”③ 为了保证检察权的行使，列宁主张检察机关实行自上而下的垂直领导，1936年的苏联宪法贯彻了列宁的法律监督思想，肯定了检察系统统一和集中的原则，根据1936年宪法，检察机关成为一个独立的国家机关系统，其活动不受地方当局的干涉，只服从苏联总检察长，而苏联总检察长由苏联最高苏维埃任命并对它负责，在闭会期间向苏联最高苏维埃主席团报告工作。至此，苏联特色的检察制度基本完成，第二次世界大战后相继成立的一些社会主义国家，都借鉴了苏联的模式，建立了自己的检察制度。苏联模式

---

① 参见邓思清著：《检察权研究》，北京大学出版社2007年版，第46页。

② 王桂五主编：《中华人民共和国检察制度研究》，法律出版社1991年版，第20~21页。

③ 《列宁全集》第33卷，人民出版社1972年版，第326页。

的社会主义检察制度，最突出的特点是，在保留公诉权的基础上，赋予检察机关一般监督权，即检察机关对各级政府、地方各级权力机关、企业事业单位及公民，就其所发布的文件和所实施的行为是否合法，实行监督，是一种无所不包的“一般监督”。“列宁的法律监督理论回答了不实行三权分立的国家如何实现对权力的制约问题，对资产阶级公权制衡学说进行了扬弃，批判地继承其中的‘制衡’思想。”① 在苏维埃大会是国家的最高权力机关的政体下，不是通过权力分立而是通过权力分工，实现了权力制衡，通过设立专门的监督机关，强化了权力监督，在对国家权力的约束机制上实现了权力制衡与权力监督的有机结合，与资本主义国家片面强调权力制衡相比，更具有科学性、现实性和有效性。

三、检察监督与监督规律

我国在对权力的监督机制上，除了检察监督以外，还有执政党的监督、人大监督、政协民主监督、行政监督、舆论监督和人民群众监督等，这些不同主体、不同类型的监督构成了我们国家对权力运行的监督体系，在这个监督体系中，检察监督具有特殊的性质、特殊的监督手段、特殊的功能，使其明显区别于其他监督形式，但检察监督和其他类型的监督一样，需要遵循监督的一般规律。

（一）监督规律

1．监督要依法进行

监督是对权力进行控制的一种社会活动，其目的在于检查纠正违法违纪行为，保障法律、法规的正确贯彻实施，这就要求监督本身在合法的前提下进行，也就是说监督主体的资格、权力，监督行为实施的依据、方式、程序，监督对象的范围，监督的效果都要有法律、法规的规定。“在整个监督活动中体现监督主体合法、监督范围合法、监督权能合法、监督方式合法、监督程序合法和监督决定合法等诸方面的要求，这根源于人民意志的完整性、统一性、稳定性和不可违反性，对法律监督起重要的指导作用。”②

2．监督主体与被监督主体适当分离

法律监督表现为监督主体与对象（被监督主体）之间发生的一种法律关系，是按照权力分工形成的固定化的制度体系，它使监督主体对监督对象施加一种外在力量。监督主体必须是监督对象以外的组织或个人，并相对独立于监督对象进行监督活动，如果监督者和被监督者合为一体，则监督不复存

① 孔令望等著：《国家监督论》，浙江人民出版社 1991 年版，第 26 页。

② 汤唯、孙季萍著：《法律监督论纲》，北京大学出版社 2001 年版，第 137 页。

在，这在监督制度中表现为“不能监督自己”的原则，监督主体相对独立于监督对象才能监控监督对象。[①]

3. 对同一客体的监督是一种单向控制

监督主体对被监督对象的监督是一种单向的行为，监督主体和被监督主体不能就同一监督客体（被监督的行为）互相监督，在监督主体监督行为本身违法的情况下，监督对象对监督主体的反监督，通常被称做是相互监督，但在这种情况下，监督的客体不是同一客体。因此，就同一监督客体来说，监督是一种单向的控制，被监督主体不能就同一监督客体对监督主体进行反监督，被监督主体负有落实监督权的内容和启动相应纠错程序的义务。

4. 监督通常是一种事后的纠正和惩处

当监督作为一种外在的控制的时候，监督主体的监督行为不能介入和干扰被监督主体的正常权力行使，只能在被监督主体行使权力过程中出现违法违纪行为时，才能对被监督主体的违法违纪行为进行事后的纠正和惩处。政治权力分工负责、分权制衡，是现代国家权力配置的一般要求，监督权是控制权力的权力，如果监督权越俎代庖，包揽被监督权的职能，那么监督权本身也就失去了存在的意义。在民主法治的国家里，不允许存在任何不受限制的权力，监督权作为限制权力的权力，本身也应该受到限制，监督权不能替代被监督权，监督权在运行过程中，不仅不能替代其他国家权力直接作出某种实体处理决定，而且体现出明显的事后性特征，只有在法律规定的违法、犯罪等情形发生后，监督权才能依照法律的规定得以适用，在其他国家权力正常行使时，排斥监督权的不恰当干涉。

5. 监督是一种间接的权力控制

监督的本义是察看和督促，督促是督促被监督主体对自己的违法违纪行为进行纠正，是对被监督主体的违法违纪行为和犯罪行为的查处，或提请有权纠正被监督主体违法违纪行为的有关机关进行纠正，而不是代替被监督主体去纠正或直接纠正被监督主体的违法违纪行为。监督不仅需要监督主体和被监督主体适当分离，当监督作为一种外在的监督时，还要求监督主体的权力和被监督主体的权力不能同质，也就是说外在的监督要求只有在权力分工或分立的情况下，才能独立存在。在权力合一或集中的情况下，监督主体和被监督主体的权力是同质的，监督只能包含在上对下的管理之中，不能独立存在，因此，外在的独立的监督是一种间接的纠正，是一种间接的权力控制。

---

① 参见汤唯、孙季萍著：《法律监督论纲》，北京大学出版社 2001 年版，第 29～30 页。

（二）检察监督遵循监督规律的表征

1. 检察监督具有权威性、单向性、间接性

检察监督是一项国家权力，是一种法定职权，是以国家的名义进行的法律监督活动，是国家监督权的组成部分。检察监督与政协、民主党派和公民及社会舆论的社会监督是有区别的，政协、民主党派和公民及社会舆论的社会监督不具有国家监督的性质。检察监督作为国家监督，具有极强的严肃性和权威性，检察监督所具有的权威性来自于法律的规定，监督的措施、手段和法律效果，是由国家强制力来保障的。检察机关具有监督职能不意味着政治法律地位高于被监督者（当然，这里所指的被监督者主要是指依照法律规定被纳入检察监督范围的国家机关，当检察监督指向的是国家工作人员的职务犯罪行为时，检察机关的地位当然要高于作为个人的被监督者），总体上看，检察监督相对于被监督者而言是一种平权监督，检察监督主体与被监督主体之间不存在隶属关系。“检察机关的法律监督不是凌驾于被监督者之上的监督，而是在诉讼过程中，通过公、检、法三家的相互配合、相互制约实现的。”① 正如审计机关有权对检察机关的财务状况进行审计，但不意味审计机关的法律地位高于检察机关一样，以我国的刑事诉讼为例，检察机关监督权的存在，绝不意味着检察机关的地位高于侦查机关、审判机关，检察监督权不是对侦查机关、审判机关上对下式的指挥与命令，事实上，按照刑事诉讼法的规定，侦查机关、审判机关都拥有对检察权予以监督的某些权能，如侦查机关对检察机关的不批准逮捕、不起诉决定，如认为不符合法律规定时，可以要求复议或提请复核，检察机关应依法启动相应的程序并予以答复，这很显然是侦查机关对检察权的一种法律监督形式，即使侦查机关存在这项法律监督权，也并不能说明侦查机关的地位高于检察机关。

检察监督的权威性还体现在监督权运行时的单向性上，检察机关针对被监督者的不当权力行使行为采取某项监督措施时，被监督者没有对监督权实施反监督的权力，而是负有了落实监督权的内容或启动相应的程序的法定义务（当然如前所述侦查机关对检察机关不批准逮捕、不起诉决定要求复议的监督权也呈现出了这样的特点），如侦查机关、审判机关在接到检察机关的纠正违法通知书后，要采取相应的措施纠正有关的违法行为，侦查机关在接到检察机关的立案通知书后，要对案件予以立案侦查。

检察监督权对于被监督权来说是一种间接控制形式，其功能在于提示督促被监督者或有关机关纠正不正确的权力行使行为，这需要被监督者或其主

① 罗昌平著：《检察改革理论与实务》，上海科学出版社2002年版，第17页。

管部门的配合，才能实现监督的目的。而制约性检察权可以对违法情形直接纠正或阻却，不需要被制约者的配合，就可以实现制约的目的。

2. 检察监督的对象和范围具有有限性

在我国，检察监督是对法律实施中违法情况所进行的监督，具体而言是对国家机关及其工作人员在执行法律中是否构成职务犯罪进行监督，对刑事、民事、行政三大诉讼活动中确有错误的判决、裁定以及违法情形的监督，不包括对立法活动的监督，也不包括对公民的行为是否构成刑事犯罪的监督，检察监督在对象和范围上的局限性，表明在我国检察监督是一种特殊监督，而不是一般监督，检察机关必须在法律规定的范围内行使监督权，不能任意扩大或者缩小监督的对象和范围。从发生学角度看，“检察官制创设目的一方面乃为废除由法官一手包办侦查的纠问制度，制衡法官权力，另一方面也为防范法治国沦为警察国家，控制警察活动。换言之，检察官扮演国家权力之双重控制的角色，既要保护被告免于法官之恣意，亦要保护其免于警察之恣意。”① 由此可见，检察权关注的重点在于其他国家权力的行使是否符合法律的规定，特别是检察监督权更是强调了这一点，其重点不在于监督公民的行为或权利，监督的目的是约束其他国家权力，确保国家法律的统一正确行使，保障公民的合法权利不受侵犯。这正如在足球比赛中，裁判员监督的是运动员的比赛行为，而临场监督主要监督的是裁判员的裁判行为。

3. 检察监督具有事后性

检察监督权在运行过程中，不仅不能替代其他国家权力直接作出某种实体处理决定，而且体现出明显的事后性特征，只有在法律规定的违法、犯罪等情形发生后，检察监督权才能依照法律的规定得以适用，在其他国家权力正常行使时，排斥检察监督权的不恰当干涉。

4. 检察监督具有独立性

论及司法权的独立性及其行使问题时，学界往往从西方狭义司法权的视角出发，其结果多关注审判权，对检察监督权的独立性问题却未给予应有的重视，其结果多简单地把检察监督权等同于行政权，而对检察监督权自身特有的司法属性未予重视或者重视不够。“独立”词意涉及上下左右的关系，其最基本含义是无上司、无领导，亦无周边势力的驾驭和左右。在法律领域，独立是指法律人执法只考虑与案件有直接关系的证据和事实，而不受与案件无关因素的干扰。检察监督权的相对独立性，泛指主体能够依法独立行使监督职权，不受主体以外的其他国家机关、社会团体和公民个人的非法干预，

① 林钰雄著:《检察官论》，台湾学林文化事业有限公司 1999 年版，第 16 ~ 18 页。

检察监督权的独立性表现为检察监督权具有“专属性”的特征，任何监督关系中，被监督者的权力都是强大的，有时甚至会强大到可以破坏监督机制本身的地步，而如果被监督机关或被监督人员确有违法或不当行为，监督机关却无力制止这种行为，则监督的局限性自然暴露无遗，因此，令监督制度设计者最难以解决的问题是如何预防公共权力对监督权力本身的破坏，只有当监督制度的设计能够使监督权排除任何行政机关、社会团体、个人意志的干预时，才能达到权力控制的目的。反之，如果监督主体缺乏相对的独立性而依附于被监督者，控制权力的基本目的无法实现，因此说，监督必须以权力独立为后盾，检察监督权的独立性是实现检察监督基本职能的必要条件，在我国，宪法明确规定了检察机关依法独立行使检察权。

第四节 制衡规律与公诉职能

现代公诉职能是检察制度建立的基础，其主要职能不仅是代表国家追诉犯罪，正像林钰雄先生总结大陆法系国家检察制度时指出的那样，公诉职能从控、审合一的审判权中分离出来的一个主要目的在于控制警察、制约审判，因此，公诉职能具有制约性，是制约性检察权，公诉职能体现了检察机关在刑事诉讼中与侦查、审判机关的相互制约关系，尤其是控、审之间的制衡关系。“在司法权力系统内部，刑事司法权力的配置也从集中走向分立，国家专门设立检察机关承担控诉职能，让法院专司审判之责；控诉职能由检察院承担，法院不得主动开启审判程序；法院的审判对象必须与检察院起诉指控的对象保持同一性，未被起诉指控的被告人和罪行，法院不得径行审理。由此实现了控诉与审判职能的分离与制衡。”① 因此，公诉权具有权力制约的属性，公诉职能的设置和运行需要符合权力制约的规律。

一、公诉职能与权力制约

权力制约是人类社会政治文明发展到一定阶段的产物，在专制集权时期，也存在某种意义的权力制约，但那种制约是建立在独裁、集权和专制基础上的最高统治者的一种权力控制技术，或称为驾驭权力的“驭权术”，其作用是最高统治者在独裁的情况下，通过一定的权力分配形式，使权力行使者之间形成一定的牵制，从而更好地控制和掌握独裁的权力。在中国的封建专制制度中，也曾出现过中央各部门和地方官员之间的相互牵制的制度安排，中

---

① 孙谦著：《检察：理念、制度与改革》，法律出版社2004年版，第82页。

央各部门和地方的高级官员都由皇帝任命，相互之间没有隶属关系，都有权直接向皇帝汇报，形成相互制约，这是专制皇帝巩固皇权的一种制度安排。现代意义上的权力制约是资产阶级革命的产物，是建立在资产阶级民主和法治基础上的一种权力配置机制，由洛克所倡导，孟德斯鸠加以发展和完成的近代比较完整意义上的分权学说，是资产阶级反对封建制度建立资本主义制度的理论基础之一，在这种分权学说基础上所建立起的三权分立、制衡的政治制度，正好适应了内部充满矛盾冲突的统治阶级（资产阶级）整合其政治主张、提炼其共同意志、消解其极端分子偏激情绪的历史要求。三权分立、制衡的政治制度，没有把分权本身当做目的，而是以保障政治自由为根本目的，是作为防止专制和腐败，保障实现最高价值——政治自由的手段。分权保障法治，法治才能保障政治自由。权力制约权力，是统治阶级内部的一种自律行为，其目的是保障统治阶级利益的最大化，“欧美资产阶级在革命胜利后所颁布的宪法中，确认了‘人民主权’的原则，‘分权’的原则，‘法律面前人人平等’的原则，建立了普选制度、代议制度、审判制度，确定了国家机关之间的分工和管理体制，调整了中央和地方的关系，都是值得我们吸收或借鉴的。”①

公诉职能是现代世界各国检察制度中共有的重要权能，“在司法制度史上，公诉权随着两个基本的变革，即起诉与审判的分离，以及公诉的发展及其与私诉的分离而产生的。”② 公诉职能的产生和发展是检察制度得以确立的重要标志，可以说公诉职能是检察制度存在的基础，无论检察制度如何发展和变迁，公诉职能都在其中扮演着不可或缺的角色。现代意义上的公诉是基于司法内部分权而产生的一项独立的国家职能，是一项制约性检察权，在古罗马，法院审理案件采用“弹劾式诉讼”审理模式，奉行“没有诉讼就没有法官”的诉讼原则，欧洲中世纪时期，“弹劾式诉讼”被“纠问式诉讼”所取代，法官一身包揽侦查、起诉和审判，主动纠问犯罪，不告不理原则被长期废弃，这在程序上相当于取消了司法分工和制约制度，难以避免司法专横，显然与刑事诉讼的发展趋势相悖，也不利于在刑事诉讼中保护人权。资产阶级反对封建制度取得胜利后，确立了“人民主权”的原则，“分权”的原则，“法律面前人人平等”的原则，建立了资本主义国家的政治制度、经济制度和司法制度，在司法内部分权的同时，不告不理原则被重新确定为刑事诉讼的基本原则，产生了现代意义上的公诉制度和公诉权，现代意义上的公诉权是刑事诉讼发展和保障人权的必然要求，是司法内部分权制约的产物，它是

① 《吴家麟自选集》，宁夏人民出版社1996年版，第598页。

② 徐静村主编：《刑事诉讼法学》（上），法律出版社1997年版，第220页。

权力制约在检察权中的具体体现，具有权力制约的性质。

（一）公诉权产生的条件和原因

公诉权属于诉权的范畴，“诉”的基本含义，就是当事人基于矛盾纠纷向国家请求裁决的行为，按照矛盾纠纷的性质，可划分为刑事之诉、民事之诉和行政之诉；按照提起诉的主体不同，可划分为自诉和公诉。公诉权，长期以来是作为刑事诉讼权的专用名词而使用的，“刑事诉讼权，即代表国家提请法院追究被告人刑事责任的权力。”①

1．弹劾式诉讼中有私诉但无公诉

人类社会从诞生之日起，就会有纠纷，相应的也就会有解决纠纷的方式，原始社会解决纠纷的方式就是同态复仇，完全是私力救济，人们解决纠纷的形式主要是靠私人或部落的力量，冲突主体也是解决冲突的主体，没有法官也没有诉讼，正如恩格斯指出的：“在氏族社会里，没有军队、宪兵、警察；没有贵族、国王、总督、地方长官和法官，没有犯罪、诉讼和监狱，没有压迫，没有权利与义务的区别，一切都是有条有理的。一切争论和纠纷都由当事人的全体即氏族部落解决，或者由各个氏族解决，一切问题，都由当事人解决，在大多数情况下，历来的习俗就把一切调整好了。”② 私力救济解决纠纷的弊端在于，解决纠纷的过程又形成了一次新的冲突，在纠纷解决的过程中，没有既定的标准和中立的第三者，使纠纷循环往复，引发了更大的社会矛盾。

在阶级和国家出现以后，统治者认识到私人间的冲突不再是纯粹的个人之间的事情，而是对现行统治秩序的破坏，基于这种认识，国家权力开始介入纠纷的解决过程，由此产生了人类历史上第一种诉讼模式——弹劾式诉讼。弹劾式诉讼是人类废弃原始的血亲复仇制度以后建立的第一个诉讼制度，其典型特征是：控诉方式为自诉，即由被害人或其近亲属直接向有管辖权的国家机关控告侵害人；实行不告不理原则，只有当被害人就被侵害的事实向法庭提出控告时，法庭才能审判，法庭不会主动介入当事人的纠纷之中。按照古罗马时期的“没有诉讼就没有法官”的诉讼原则，原告负责传唤被告人到庭，如果控告人不到，则撤销控诉并惩罚控告人，如果被告人不到，则缺席审判；法官居中裁判，原告、被告双方权利义务平等，法官不会主动协助某一方收集相关证据；对矛盾纠纷的性质不作区分，无论是一般的侵权行为，还是犯罪行为，都被看成是一种私人之间的纠纷，在《十二铜表法中》中，如伤害肢体、盗窃、侮辱、强盗等在今天认为是犯罪的行为，都是作为私人

---

① 徐静村主编：《刑事诉讼法学》（上），法律出版社1997年版，第220页。

② 《马克思恩格斯全集》第21卷，人民出版社1965年版，第111页。

之间的纠纷予以解决，其产生的后果是“债”，以金钱作为补偿的方式。① 司法和行政不分，司法权依附在行政权之下，只是行政的工具，没有专设审判机关。

“值得注意的是，在古雅典的弹劾式诉讼期间，还存在着一种‘公共起诉’方式，古罗马将法分为‘私法’与‘公法’，公法是有关罗马帝国政府的法律，私法是有关个人利益的法律，犯罪也相应地分为公罪与私罪。‘私诉’是对私罪的控告，‘公诉’是对公罪的控告。”② “公共起诉”，是指由任何享有完全公民权利的公民提出，而不是由被害人自己提出，如亵渎神圣的犯罪，除奴隶、未成年人和妇女外，其他人皆可起诉。“公共起诉”更多地体现了一种“公益”性，这是与“自诉”的重要区别，自诉被认为是被害人的一项权利，公共起诉使这种权利发生了转移，这种变化对诉讼主体的发展具有重要的影响，但公共起诉从本质上而言，还是私诉，与现代意义上的公诉是不同的，公共起诉还是基于公民个人权利对犯罪的控告，具有任意性的特征，可以提起诉讼，也可以不提起，不具有国家追诉的强制性。

弹劾式诉讼使国家权力首次介入到社会纠纷的解决过程中，充当了裁决者的角色，是私力救济转向公力救济的重要发端，弹劾式诉讼目的是为了保护“个人的安宁”，通过诉讼在定纷止争的基础上给予被害人和其血亲物质补偿和恢复精神上的“荣誉”，然而通过惩罚和教育从而达到社会控制的目的并不明显，在这种观念下，国家作为解决纠纷的主持者，在诉讼中比较消极和被动，并不会主动地追究犯罪，人类法制文明具有历史的传承性，诉讼法制文明当然也不能例外，弹劾式诉讼所确定的不告不理原则、私诉的形式，在日后的诉讼模式中，均有体现。

2. 纠问式诉讼孕育了公诉制度

当人类社会进入到封建社会之后，权力日益集中于国王，国家对社会的控制能力进一步增强，统治阶级认识到，犯罪不仅仅是侵害社会成员个人利益的行为，更重要的是对统治秩序的破坏，危害了国家经济、政治等制度赖以存在和发展所需要的秩序及一般社会成员赖以生存的条件。维护社会秩序和保护社会成员的利益，是国家的责任，对犯罪这种严重危害社会的行为必须实行国家追诉，先前的“不告不理”的弹劾式诉讼，在打击犯罪和控制社会上，体现出了较大的被动性，由于弹劾式诉讼受个人能力以及意思自治的限制，往往不能达到有效追究犯罪或惩戒犯罪的效果，不适应当权者维护统治秩序、镇压犯罪的需要。在强化司法机器的精神召引下，不告不理的弹劾

---

① 见《十二铜表法》第八表。

② 张穹主编：《公诉问题研究》，中国人民公安大学出版社2000年版，第35页。

主义及被害人追诉的诉讼方式向国家积极主动追究犯罪的诉讼方式转变，逐步形成了封建色彩浓厚的纠问式诉讼制度。刑事诉讼中的诉权由“私诉”向国家追诉演化，在纠问式诉讼早期，国家追诉权虽然包含了国家权力因素，但没有实现专门化和独立化，与现代意义上的公诉存在较大的区别，国家追诉权当时与审判权是合为一体的，形成了“全能法院”，法院采用纠问程序，包办侦查、起诉和审判，审判者兼任指控者，自诉自审，不告而理，审判官直接调查证据发现事实。中世纪末期以及17世纪、18世纪的欧洲君主专制时代，在欧洲大陆的所有法院和英国的教会法院普遍实行纠问式诉讼模式，纠问式诉讼显现了国家预防和控制犯罪能力的加强，虽然也承认个人告诉，但不把它作为进行审判的前提，诉讼程序的启动以国家主动追诉犯罪而开始，法官集控告与审判于一体，指控职能由法官代行而无专门的公诉人（法兰西王国后期例外），也没有辩护人。纠问式诉讼模式是适应封建王权不断加强的需要而产生的，它倾向于打击和惩罚犯罪，是君主专制主义在诉讼中的表现。因而，纠问式的程序设置旨在发现犯罪和惩罚犯罪，法院专行擅断，是诉讼的唯一主宰，被告人是追究审问的对象而不是有辩护权的诉讼主体，刑讯是诉讼的中心环节，对被告人的定罪率很高，对无辜者的保护不够，纠问式诉讼模式中控、审不分，比弹劾式模式在民主性上后退了，但它确立追究犯罪的职责由国家承担的制度，显示了人类对犯罪本质认识程度的加深，是诉讼发展的必然趋势。

3．行政同司法的分离、控审分离决定了现代公诉权的形成

行政同司法的分离、控审分离，对专门、独立化的现代公诉权的形成具有实质的决定作用。“行政同司法的分工，促使司法机关及体系得以独立，也促进了独立的司法阶层的形成。”① 审判权从行政权中分离出来，是诉讼史上第一次重要的分工，使审判权摆脱了行政权的控制，并走向专业化和独立化，这为独立的公诉制度的发展和形成创造了条件。大约在公元前7至公元前6世纪，经梭伦改革，在古希腊才开始出现专司审判的法院，至18世纪孟德斯鸠提出三权分立学说后，又经过200年的演进，司法权才逐渐从行政权中分离出来。控审分离，即公诉权与审判权的分离，是诉讼历史上的第二次分工，在旧有的诉讼模式中，即使是行政与司法已经分离的体系中，一个很突出的问题就是审判权和追诉权纠缠在一起，由同一主体行使，尤其是在纠问式的诉讼模式中比较明显，中世纪的法国国王代理人虽然取得了刑事案件的控诉权，但法官依然可以依职权主动追诉犯罪，在庭审中，法官可以使用

---

① 陈瑞华：《司法权的性质》，载《法学研究》2000年第5期。

刑讯的手段，主动收集证据，并非坚守不告不理的中立原则。控审不分，形成的是“全能法院”，法官包办侦查、起诉和审判职能，造成司法权的高度集中，由于法官集控诉和审判职能于一身，在自侦自查的基础上自诉自审，形成一种法官与被告人直接对抗的诉讼格局，法官事实上既是裁判者又是一方当事人，控审职能合一显然违背了“任何人不得作自己案件的法官”的诉讼中立原则的要求，违背了程序公正的价值目标；控审分离，使“全能法院”向“裁判法院”转变，裁判法院要求裁判与起诉相分离，裁判受到起诉的严格约束：只有通过起诉，法院才能发动审判权，审判的对象必须与起诉对象保持同一性，法院不能审判未起诉的被告与未起诉的犯罪。在封建专制集权时代，控审不可能实现真正的分离，控审分离，是资产阶级启蒙思想和革命的产物，18 世纪，资产阶级在“民主”、“保障人权”、“三权分立”思想的指引下，对封建司法制度进行了改造，使控诉职能与审判职能实现了彻底的分离，建立起独立的公诉机关，专业独立化的公诉机关的形成，标志着公诉权不再依附于旧模式下的审判权，而有了独立的行使主体与方式，这是人类诉讼史上的巨大进步，也标志着现代意义上公诉权的形成，开始了现代意义上的公诉制度的历史。

从以上的分析中，我们可以看出，公诉权不仅具有追诉功能，即它的求刑性，还具有制约性，即它与司法领域中其他国家权力之间是一种制衡关系。公诉权在运行中表现出明显的权力制约特征，刑事诉讼中的公诉与私诉相比，其共同点在于，它们都具有追诉的功能，具有求刑性。其不同之处在于，当公诉权从控审合一的司法权中分离出来，独立存在时，公诉发生了质的变化，公诉权具有制约司法领域其他权力的功能和属性，当然这种制约的功能是存在于相互制约的关系之中的。司法内部的这种分权的一个重要的目的也恰恰是使司法内部各权力之间形成一种相互制约的关系，控制权力，保障人权。现代意义上的公诉，意味着检察机关代表国家和公共利益对犯罪行为人所作出的诉与不诉的选择，同时公诉权的独立存在，与审判权、侦查权形成了制衡关系。一方面公诉权限制、防范审判权的专断，它从审判权中分离出来的一个重要目的，在于彻底废除诸权合一的纠问式诉讼制度，最大限度地杜绝司法专断，检察机关在刑事诉讼中始终扮演着法院审判权作用对象的把关者的角色，使得审判权总是处在不告不理的原则支配下行使，只有检察机关提起公诉后，法院才能行使审判权，审判的对象要与公诉的对象具有同一性，审判的事实要以公诉的事实为界限，检察机关没有提起公诉，法院就无案可审，与公诉权的积极主动性相比，审判权体现出了较强的被动性。制衡关系总是体现出双向性的特征，公诉权制约了审判权，审判权也在制约公诉权——法官会对其认为错误提起公诉的案件做出无罪判决，阻却公诉权的求刑意图，在不同法律文化传统的检察制度中，公诉权与审判权的制衡关系内容会有差异。另一方面，公诉权控制警察权的恣意，“德国等欧陆国家长期受‘警察国家’的统治，在这一时期，不仅警察权享有无所不包的国家的一切行政活动的职权，而且警察机关在其职权范围内没有任何法律限制。”① “警察可以进行监督，以使任何人都不会做任何反对政权的合理服从的事情。”“警察国家努力实现某种人间天堂，却将人排除在外。”② 法国大革命以后，启蒙思想家的理论广泛影响了德国，鉴于数千年专制统治的惨痛教训，德国新兴的资产阶级政治家、思想家和法学家对德国无所不包的警察权充满了强烈的不满，呼吁在政治上建立了“三权分立”的政治体制，在思想上塑造了“人民主权”的民主精神，正是在这一背景下，德国从法国引进了检察制度，其最直接目的就是为了防范警察权力，通过检察官来控制警察活动的公正性和合法性，摆脱警察国家的阴影，建立法治国家。

（二）公诉职能的主要特征是制约性

公诉职能与检察监督相比，主要的特征是制约性，同时也包含了某些监督的因素，由于不同国家的诉讼理论和检察实践对公诉职能范围的界定不同，使得不同国家，公诉职能的制约性特征表现不同。在大陆法系国家，检察机关和侦查机关的关系是指挥和被指挥的关系，检察监督蕴涵于指挥之中，而检察机关对侦查机关的指挥职能又包含于公诉职能之中，检察机关对审判机关的监督职能也包含于公诉职能之中，大陆法系国家检察机关的公诉职能主要发挥的是刑事诉讼中的制约功能，同时包含了大量的监督因素。近年来，随着两大法系检察制度的相互借鉴和融合，英美法系国家的检察机关拥有了对侦查和审判的有限监督权，而英美法系国家检察机关所拥有的有限的监督权是包含在公诉职能之中的，其公诉职能主要体现的是制约功能。在我国，检察机关的公诉职能与对侦查机关的监督职能是相对分离的，对侦查活动的监督主要是由侦查监督部门来承担的，公诉部门仅承担了部分侦查监督职能，因此，我国检察机关的公诉职能与大陆法系国家和英美法系国家的公诉职能不同，大陆法系国家的公诉是大公诉，英美法系国家的公诉是小公诉，我国检察机关的公诉却介于两者之间。按照本文对公诉职能概念的界定，公诉职能中，由公诉部门承担的对侦查活动、审判活动的合法性进行监督的职责属于检察监督，而公诉部门承担的最主要职责依法决定是否将犯罪嫌疑人交付

---

① ［德］奥托·迈耶著：《德国行政法》，刘飞译，商务印书馆 2002 年版，第 27 页。

② ［俄］拉扎列夫著：《法与国家的一般理论》，王哲等译，法律出版社 1999 年版，第 334 ~ 335 页。

审判、出庭支持诉讼属于制约性质的功能。所以，我国检察机关的公诉职能主要体现的是制约功能，同时包含了一定的监督因素，其主要属性应该是制约性，而非监督性。

（三）分权制衡是公诉职能的重要理论基础

公诉职能的理论基础主要是分权制衡理论和公力救济理论，从权力控制的角度看，公诉职能的理论基础是分权制衡理论，权力制衡原理起源于波里比阿的代表作《罗马史》，其率先提出了国家权力机关之间相互制衡的思想，但波里比阿将政府划分为人民（或人民大会）、元老院（司法权掌握在元老院手中）和执政官。17 世纪中叶约翰·李尔本等人在《人民公约》等一系列小册子中鲜明地提出“要分权”的主张，但只主张立法权和行政权两权分立。“洛克在《政府论》下篇中提出了立法权、行政权和联盟权三权分立的思想，他认为每个国家都有立法权、行政权和联盟权，每一国家权力都由一个相应的特殊机关加以掌握，但洛克所说的三权实为两权，联盟权不过是行政权的组成部分，这可以归因于当时司法机关的幼稚和不发达状态。”① 权力制衡理论定型于孟德斯鸠的《论法的精神》，孟德斯鸠从一切有权力的人都容易滥用权力和有权力的人们使用权力一直到遇有界限的地方才休止的认识出发，提出如下警告：“同一个机关，既是法律执行者，又享有立法者的全部权力，它可以用它的‘一般的意志’去蹂躏全国，因为它还有司法权，它又可以用它的‘个别的意志’去毁灭每一个公民，更坏的是三项权力集于一个人或是由重要人物、贵族或平民组成的同一个机关，如果是这样的话，‘即一切便都完了’。”② 分权制衡理论在美国的宪政实践中得到了最典型的应用，主要体现在：一是国会有权建议、批准总统对其所属行政官员的任命，有权通过弹劾案撤换总统；参议院对弹劾总统案有审判权，国会有宣告惩治叛国罪之权，有建议、批准总统对最高法院法官的任命之权，有弹劾、审判最高法院法官并撤销其职务之权。二是总统对国会通过的法案拥有有限的否决权；总统有特赦权，有提名并任命最高法院法官的权力。三是最高法院有权解释宪法和法律，宣布国会通过的法律违宪无效；在总统因弹劾案受审时，最高法院的首席大法官担任审判庭主席。这样，立法、行政和司法三机关既彼此独立，又相互制约和平衡，任何一个机关都不具有绝对优越的地位，都不能领导其他机关，也不能改变或调整三机关之间的基本关系。

在我国，有学者认为：“分权制衡是在实行三权分立的政治体制中权力

---

① 参见朱光磊著：《以权力制约权力》，四川人民出版社 1987 年版，第 51 页。

② ［法］孟德斯鸠著：《论法的精神》（中译本），张雁深译，商务印书馆 1961 年版，第 155～157 页。

配置和运行的内在要求和基本原则，对于我国社会主义政体来说，制衡是一个异己的、不相容的概念，在国家权力机关与其他国家机关之间以及其他国家机关之间都不存在制衡关系。”① 实际上，“分权制衡”思想是人类共同的民主政治文明成果，我们不能仅仅站在社会主义与资本主义两大阵营的角度，一味地加以批判和排斥，正确的态度应该是坚持历史的继承性，在权力控制模式的选择上，对权力制衡思想加以扬弃、吸收和借鉴。“就现实运行中的民主和民主制度的完善程度而言，则资本主义民主的某些具体制度有许多还是值得我们借鉴的，过去我们总把资产阶级民主说成是‘只是一种形式（形式主义）’，而拒绝借鉴、吸收对我们有用的形式，这应该说是失策的。譬如‘三权分立’，单就它的分工负责原则来说，在反对封建专制影响和防止权力过分集中导致权力专横和腐败上，对我们是有可借鉴之处的。”② 马克思、列宁等对于三权分立、权力制衡在权力控制方面的价值，都给予了充分肯定，马克思指出：“在那些确实实现了各种权力分立的国家中，司法权与行政权彼此是完全独立的，在法国、英国和美国就是这样的，这两种权力的混合势必导致无法解决的混乱，这种混乱的必然结果就是让一人兼任警察局局长、侦查员和审判官。”③ 马克思主义对资产阶级分权与制衡学说进行了扬弃，批判地继承下来，汲取了分权制衡的合理内核，“泼掉了资产阶级思想家们所笃信的政治原则——‘三权分立’这盆‘脏水’，但却极其慎重地留下了其中的‘婴儿’——制衡”。④ “列宁的法律监督思想具体回答了在不实行三权分立的社会主义国家如何实现权力控制的问题，对资产阶级分权制衡学说进行了扬弃，批判地继承其中‘制衡’思想。”⑤

从分权制衡思想的发展与实践的过程，可以看出其所蕴涵的重要价值：通过分权的民主政治形式，实现国家权力的相互制约。国家权力可以划分为所有权（主权）和统治权（执行权），主权具有不可分割性，封建专制时期，主权属于封建君主，民主政治时期，主权在民，但统治权却可以与主权适度的分离，因为作为主权的君主或人民不可能对所有的权力都亲力亲为，具体行使。“立法权、司法权和行政权的诸要素最终归属于君主或者人民，但实际履行立法、司法和行政等职能的是君主或者人民选任的国家官吏，这些国家官吏行使上述职能属于君主委任或者人民委任的性质，君主可以通过撤职、

① 谢鹏程：《也谈监督、制约和制衡》，载《检察日报》2008年5月29日。

② 郭道晖著：《法的时代呼唤》，中国法制出版社1998年6月版，第117页。

③ 《马克思恩格斯全集》第41卷，人民出版社1982年版，第321页。

④ 曾龙跃：《制衡学说与检察机关的法律监督职能》，载《检察理论研究》1991年第1期。

⑤ 孔令望等著：《国家监督论》，浙江人民出版社1991年版，第26页。

人民可以通过罢免取消委任。”[①] 因为主权所有者与具体行使权力的国家机关是一种委任关系，主权所有者自然而然地拥有了监督权，现在我们所要回答的问题是，在我国人民代表大会制的“一元政体”下，相关的二级权力之间能否实现权力制衡？一元政体下的权力分工与三权分立，都体现了主权的统一性——主权在民，都体现了人民委托授权的性质，都是民主政治的表现形式，而民主政治恰恰是实现权力制衡的实质要件，在专制集权的政体下，是不可能真正实现权力制衡的。当然实现权力制衡还有一个重要的条件，即具体行使国家权力各主体之间要相互独立，不能存在隶属关系，权力分工与权力分立，是实现权力制衡的形式要件，在我国“一元政体”下通过权力分工所形成的二级权力之间，完全具备了权力制衡的条件，特别是在刑事诉讼领域，相关法律规定，“人民法院、人民检察院依法独立行使职权”，公、检、法三机关的关系是：“分工负责、互相配合、互相制约。”其中的互相制约就是权力制衡。

资产阶级启蒙思想家们的国家权力分立思想，后来成为资产阶级民主政治的理论基础之一，对资本主义社会政治体制的确立和发展产生了极为深远的影响。资产阶级革命取得胜利后，司法独立原则逐渐被许多国家的立法所确认，纠问式诉讼程序的最大弊端是法官因集追诉权和审判权于一身而带来的偏颇与擅断，因此，将刑事诉讼程序拆解为侦查（追诉）和审判两个阶段，分别由不同的官署司职具有很大的合理性。1789 年法国大革命后，彻底改造了刑事诉讼，将公诉权从原纠问法官的审判权中分离出来，1808 年的拿破仑治罪法典对此又作了进一步明确的规定，作为“革命之子”和“启蒙的遗产”的现代检察制度得以正式确立。控审分离，使得一项国家权力——国家刑罚权被一分为二，表现为公诉权和审判权，分别由两个平等主体——检察机关和法院来行使，权力分立使公诉权与审判权形成了权力制衡关系。

二、权力制衡规律

从人类社会政治制度发展的历史来看，“分权制衡”在各国的宪政实践中，并不是作为一种固定的制度模式存在的，而是作为一种理念和精神存在的。“其精髓不在权力的真正分离（也从来没有真正的三权分立）而在保证权力的和谐、有效运行。”[②] 在权力控制这个意义上，制约一般是相互制约（制衡）中的制约，对于公诉职能来说，其权力控制功能是在检察机关与公安和审判机关的相互制约关系，即制衡的关系中实现的，所以，我们在分析

---

① 张建伟著：《刑事司法体制原理》，中国人民公安大学出版社 2002 年版，第 89 页。

② 孙谦著：《检察：理念、制度与改革》，法律出版社 2004 年版，第 29 页。

公诉职能运行需要符合权力控制规律时，指的是公诉职能需要符合制衡规律。在我国刑事诉讼领域，侦查、公诉和审判是在分工负责、相互配合基础上形成的相互制约关系，这种相互制约是“分权制衡”精神的体现，是对分权制衡合理因素的借鉴和吸收，其目的同样是为了保证权力合法正确行使，实现权力的有限性与有效性的和谐运行。相互制约（制衡）是人类在政治制度建设实践中发展出来的一种新的权力控制形式，有其自身的特点和规律。

（一）制衡关系主体需要互不隶属

互不隶属的前提条件是权力的分立或分工。分立，是指按照权力分立的原理，把国家权力在整体上进行划分，归属于不同的权力主体拥有，一般是源于公民的直接授权，权力分立最典型的是美国的三权分立，总统所拥有的行政权是来源于人民的直接授权——即总统直接选举，议会所拥有的立法权也是来源于人民的直接授权——即议员的直接选举。行政权和立法权是互不隶属的，在效力上是对等的，地位上是平等的，分工与分立不同，分工是一元政体下，基于法律的规定和最高权力机关的授权，对国家基本权力进行的划分。一元政体的国家权力结构中，存在一个最高的权力机关，人民通过最高权力机关间接地把国家基本权力分配给不同的权力主体行使。在我国，行政权、审判权、检察权是由最高权力机关——人民代表大会产生的国家二级权力，它们之间的关系是互不隶属的，互不隶属包含权力主体之间的地位平等、对等和并列关系。

（二）权力制衡需要在权力主体之间存在相互的制约关系

制衡不是两个主体之间单向的制约关系，而是两个或两个以上主体之间相互的制约关系，两个主体之间的单向制约关系一般存在于上、下级权力主体之间的管理与被管理之中，在这种情况下，上级可以单方面制约下级，下级不能反过来制约上级，如行政管理中的审批，上级可以通过审批权制约下级的请求，也可以要求下级把上级认为符合条件，但不在上级申报范围之内的事项，通过下级的申报，进行审批，但下级对上级的审批权不能反制，只能服从上级的决定和执行上级的要求。在这种单向的制约关系中，权力行使的结果一般不受被制约方同意与否的左右，而制衡不同，制衡关系存在的前提条件是权力主体之间的相互制约。如果只存在单向的制约，制衡关系不能存在，制衡的价值就在于，通过不同权力主体各自依法独立作出判断，在行使权力过程中相互纠正、修正，保证权力行使的合法准确，实现权力的和谐有效运行。在制衡关系中，各权力主体所拥有的权力源于一项国家权力的分解，欲实现该项被分解的国家权力的功能需要以相互制约各方的合意为条件，如果制衡关系中的某一权力主体在权力行使过程中作出否定决定，就不能实现该项被分解的国家权力的功能。

（三）制衡必须遵循法定程序

制衡必须遵循法定程序，主要体现在两方面：一是制衡作为一种权力控制机制本身就体现为一系列的法律规定的程序，无论是基于权力的分立还是权力的分工而形成的制衡关系主体的权力、责任，都是统治阶级依据社会现实和发展的需要，通过法律设立和规定的。权力主体之间的制衡关系是在法律设定的程序中存在的，即一项国家权力被分配给不同的权力主体后，其运行中的先后顺序需要有法律的事先规定，其运行中的相互制约和配合，需要依照法律事先规定的程序进行。制衡关系中国家权力的行使过程实质上是权力在程序中运行的过程，在这一过程中，权力主体之间的相互制约体现为不同的权力主体依照法定的程序进行的相互之间的协商、妥协和纠正、修正。二是具体制衡关系中某一权力主体的具体制约行为必须依照法定的步骤、方式和标准行使，不能超越法律规定的程序任意行使。任何一个权力主体在行使具体的制约行为时，既不能越权、滥用权力，也不能失职、不作为。例如，检察机关的不起诉决定，就必须依照法律规定的时限、步骤、方法作出，并需要按照法律规定的方式送达。

（四）制衡中的相互制约行为是事中的直接纠正和阻却

这里所说的事中，是指在权力行使的过程中，如刑事诉讼中，公安机关、检察机关和审判机关行使的侦查权、公诉权和审判权，整体上是在共同行使国家的刑罚权，它们之间的相互制约是在共同行使刑罚权的过程中进行的，不是也不可能是在这一过程之外进行的。这里所说的直接纠正和阻却，是指在具体的制约行为中，制约主体对受制约主体的制约，不需要受制约主体的积极响应和主动配合，不需要受制约主体自己进行纠正和修正，也不需要通过其他权力主体间接地纠正受制约主体的权力行使行为，制约主体可以直接纠正或阻却受制约主体的不正当权力行使行为和意图。事中的直接纠正和阻却，表现为两种形式，一是制约主体对受制约主体权力行使行为结果的纠正，这种结果纠正，相对于受制约主体的权力而言，是受制约主体的权力行使行为的结果，但相对于制衡关系中各主体共同行使的整体权力来看，这种结果只是过程中的阶段性结果，不是最终的结果，也不是整体上的结果。二是制约主体对受制约主体权力行使行为意图的阻却，这种意图阻却，相对于受制约主体而言，是对受制约权力主体的权力行使意图的阻却，是对受制约权力主体的权力行使行为的事先控制，如检察机关在审查批捕中的不批准逮捕决定，就是通过对公安机关申请采取逮捕措施意图的阻却，是对公安机关采取逮捕措施的一种事先的控制。

三、权力制衡规律在公诉权中的体现

公诉职能的制约性主要体现在公诉权在程序上具有控制性，在实体上具有审查预断性和部分处分性。

（一）公诉权在程序上具有控制性

公诉权一个显著的外部特征就是在刑事诉讼中体现出控制性，如果把侦查、公诉、审判看做是一条生产流水线，那么公诉机关则可被视做一名质检员，对刑事案件起到的是过滤、筛选的功能。对达到起诉标准的案件提起公诉，此时公诉权体现为刑罚请求权，体现的是一种顺向肯定的诉讼关系，其程序上的意义要大于实体意义。公诉是国家刑罚权实现的必要条件，有了公诉，也未必能实现国家刑罚权，因为公诉只是启动了审判程序，公诉权对案件的实体不具有终局的裁决性，检察机关提起公诉，经法院审理后，认为不构成犯罪的案件，可以作出无罪判决。检察机关对无罪、符合起诉便宜主义要求的案件不起诉，公诉权体现为刑罚否定权，体现的是一种逆向否定的诉讼关系，在程序上表现出节制、分流的功能。

（二）公诉权在实体上具有审查预断性和部分处分性

长期以来，理论界达成了一种共识，认为公诉权与审判权相比较，其在实体上具有非终局性的特点，总体上看是一种程序上的权力，不具有实体处分效力，仅仅是基于对案件实体的认识。事实上并非如此，公诉权在对刑事案件作出程序上的处理决定之前，首先要对案件的实体进行审查，明确案件事实是否清楚，证据是否确实充分，定性是否准确，以刑事实体法来衡量，确认犯罪嫌疑人的行为是否构成犯罪，之后才能作出诉与不诉的决定，也就是说对实体审查的情况，决定了程序上的选择，这其中明显带有司法性特点，这也是理论界有人认为公诉权是司法权的重要依据，有人形象的比喻公诉人是法官之前的法官，有其合理性。对提起公诉的刑事案件，公诉权对案件的实体更多体现的是审查预断性，按照无罪推定原则的要求，在公诉权的行使过程中，虽然不能直接认定被告人有罪，只能在形式上认定，也就是在起诉书中表述，不具有终局性效力，但是公诉权可以直接认定当事人的行为不构成犯罪或对某些犯罪行为不作犯罪处理，并表达终结诉讼程序的意图。在提起公诉的案件中，常见的情形是，侦查机关在移送起诉意见书中往往针对同一行为人认定了较多的犯罪事实或不同性质的犯罪，公诉机关审查后，对同一性质犯罪中的部分事实或某些性质的犯罪，认为其不构成犯罪而没有起诉，这种处置既是诉讼程序的终结，也是实体上的处理决定。我国检察机关所具有的不起诉决定权（包括绝对不起诉、存疑不起诉、相对不起诉），既是终结案件的程序性措施，也是确认犯罪嫌疑人的行为不构成犯罪，或者其行为不作为犯罪追究的实体性处理。不起诉是检察机关对不符合起诉条件或没有起诉必要的案件不予追诉的处分决定，公诉机关的不起诉实际上起着一种准司法的作用，即适用法律对案件进行判断和处置，包括对被告人犯罪和刑事责任的否定。在采用相对不起诉时，不起诉决定中包含对违法要素的认定、对相关违法财产的处置，相对不起诉决定与人民法院的刑事处罚的判决在当事人人身、财产方面产生的法律后果是一样的。对作出绝对不起诉决定的被不起诉人，就是检察机关在实体上认定其无罪。存疑不起诉与存疑无罪判决对当事人来讲，结果也是一样的。1996 年我国《刑事诉讼法》修改后，根据《刑事诉讼法》第 170 条第 3 项的规定，我国建立了公诉转自诉的制度，即对被害人有证据证明被告人侵犯了自己的人身、财产权利的公诉案件，公安、检察机关不追究被告人刑事责任，被害人可以直接向人民法院起诉，这一制度一方面是对公诉的救济，另一方面的法律效果，是使部分不起诉决定的确定性受到影响，同时根据《刑事诉讼法》第 144 条的规定，公安机关认为检察机关不起诉决定有错误的时候，可以要求复议、复核，有人根据上述的规定，认为检察机关的不起诉决定只具有程序上的意义，而不具有实体上的处分意义，这是不准确的。理由是，检察机关的不起诉是一种决定，而不是一种意见，法律赋予了其强制力，是国家权力行使的一种后果，不起诉决定经公开宣布后，即发生法律效力，包括对当事人解除强制措施，对相应的财物作出处理决定，对当事人提出相应的处罚建议，不能因为有公诉转自诉、侦查机关的复议、复核权的存在，而否认公诉权的实体处分效力，并且实践中公诉转自诉、侦查机关行使复议、复核权的情形极为少见，常态是检察机关的不起诉决定直接产生了实体效果。实际上，认定行为人有罪的权力专属于审判机关，而认定行为人无罪或采取无罪的处置方式的权力并非专属于审判机关，侦查机关、公诉机关同样拥有此项权力，如侦查机关的撤案、公诉机关的不起诉都是这项权力的行使形式。

第四章 检察监督与公诉职能的共同属性之二

——诉讼性

检察监督与公诉职能是检察权的主要职能，检察权是国家权力控制体系的重要组成部分。作为国家权力控制体系重要组成部分的检察权与国家权力控制体系的其他组成部分相比，一个最主要的特征就是检察权具有诉讼性，不仅公诉职能因其是刑事诉讼中的一项国家追诉的权力具有诉讼的属性，而且检察监督也因其是诉讼中的诉讼行为而具有诉讼的属性。

第一节 检察权与法律诉讼

一、诉讼和刑事诉讼

许慎撰《说文解字》称，“诉，告也”，“讼，争也”，也就是说，“诉”是告诉、告发、控告之意，“讼”是争论争辩、言之于公之意，即把争议或纠纷提交官府，在官府争辩是非曲直，因此，在中文里，诉讼的基本含义是经原告的告诉、告发或控告，由国家权威机构（官府）解决原告、被告的争议或纠纷。诉讼是一种解决社会冲突的法律机制，是国家司法机关在当事人及其他诉讼参与人的参加下，依照法定程序解决各种成为案件（个案）的社会越轨、权利争议和纠纷，即社会冲突活动。“诉讼是一套法定的程序，诉讼的一个基本特点是其规范性，这种规范性表现在：其一，诉讼请求必须符合法律规范，符合规范是指诉讼请求的根据必须在法律上是合理的，而请求本身（如判刑、罚金及恢复原状等等）也是规范所允许的；同时，诉讼的进行必须符合法律规范，诉讼必须按照预先确立的法律程序进行，而不能由法官和当事人随心所欲、恣意妄为，这种法制要求，是诉讼作为一种重要的社会冲突解决方式所具有的形式正义和能够被当事人及社会认可的基本根据之一；并且，诉讼裁决的根据必须是法律规范，与立法相抵触或未由立法与司法所认可的情理或道德规则不能作为解决冲突的根据，否则这种诉讼解决就丧失了合法性与权威性。”① 诉讼具有严格的程序性，这主要表现在诉讼具有严格的顺序性、形式性和手续性。

检察权是以公诉职能为核心的，其主要的作用是在刑事诉讼领域，因此，检察权与法律诉讼的关系主要体现为检察权是一种刑事诉讼行为，检察权具有刑事诉讼性。“刑事诉讼是国家专门机关和诉讼参与人为查明刑事案件事实和解决犯罪嫌疑人、刑事被告人刑事责任问题所进行的各种诉讼行为和由此产生的各种刑事诉讼法律关系的总称。”② 刑事诉讼是一种重要的法律机制和社会冲突处理机制，“在外延上，对刑事诉讼还可以作广义和狭义两种理解，广义的刑事诉讼指法院的审判、公诉机关的起诉和侦查机关的侦查等活动的总称；狭义的刑事诉讼则仅指法院的审判活动。外国刑事诉讼理论中一般采用狭义的解释，我国刑事诉讼理论中则采用广义的解释。”③

二、检察权属于职权诉讼行为

按照我国刑事诉讼理论对刑事诉讼的理解，“刑事诉讼行为就是刑事诉讼法律关系主体在刑事诉讼过程中有意识实施的能够产生刑事诉讼法上效力的行为。”④ 刑事诉讼法律关系，是指由刑事诉讼法调整的，在刑事诉讼过程中形成的刑事诉讼主体间的权利义务关系。刑事诉讼活动的主体，包括国家的公安机关、国家安全机关、人民检察院、人民法院，以及当事人和其他诉讼参与人。在刑事诉讼中，刑事诉讼主体的行为包括刑事诉讼行为和非刑事诉讼行为。刑事诉讼行为是受刑事诉讼法律规范调整并能够在刑事诉讼法上引起某种效果的行为，如检察机关对公安机关的立案监督活动等；而非刑事诉讼行为不能在刑事诉讼法上引起某种效果，如检察机关的内部行政管理等活动。“以诉讼行为主体的法律性质为标准，并结合诉讼行为的实质根据，可以将刑事诉讼行为分为职权诉讼行为（权力性诉讼行为）和非职权诉讼行为（权利诉讼行为和义务性诉讼行为）……职权诉讼行为指诉讼职权主体行使诉讼职权的诉讼行为。所谓诉讼职权，专门指侦查权、检察权、审判权和

---

① 参见徐静村主编：《刑事诉讼法学》（上），法律出版社 1997 年版，第 1～2 页。

② 邓云著：《刑事诉讼行为基础理论研究》，中国人民公安大学出版社 2004 年 1 月版，第 50 页。

③ 程荣斌主编：《中国刑事诉讼法教程》，中国人民大学出版社 1997 年 11 月版，第 3 页。

④ 邓云著：《刑事诉讼行为基础理论研究》，中国人民公安大学出版社 2004 年 1 月版，第 29 页。

刑罚执行权。”①

从法律诉讼的角度看，检察权不仅在刑事诉讼领域中发挥作用，是能够引起刑事诉讼法上效力的刑事诉讼行为，而且检察权还在民事和行政诉讼领域中发挥作用，是能够引起民事和行政诉讼法上效力的民事和行政诉讼行为。在法律诉讼中，检察权属于职权诉讼行为，检察权与诉讼的关系，表现为检察权的各项职能都具有诉讼的属性。“检察权与司法程序紧密相连，在本质上属于一种诉讼权，检察制度属于国家司法制度的一部分，检察权的行使总是服务于司法制度运行的需要，总是与刑事诉讼、民事诉讼或行政诉讼相关联。这种诉讼性有两个原因：其一，现代诉讼制度需要检察官角色。现代诉讼制度是权力多元而非一元的，为了防止角色冲突并因此而妨碍裁决的公正，裁决者不能兼任控诉者和辩护人（原告和被告），也不应兼任调查官员，因而需要在诉讼制度中有一种角色能代表国家、代表公益，这种诉讼角色就是检察官。其二，法律的可诉性导致检察权的诉讼性。法律的可诉性，是指在法治国家，任何一种法律本身的正当性与合理性可以采用诉讼的方式来确认，而且任何一种由法律调整的行为都可以交付诉讼。检察权是维护现代社会法律制度的一种权力，具有很强的法律性。正是由于法律的可诉性，检察权维护法律与秩序的基本手段就是将它依法管辖和处理的事件交付诉讼，通过诉讼作出最后的判定和处置。”②

三、检察权是控权机制诉讼化的体现

从国家权力控制的角度看，检察权具有诉讼性，是国家权力控制法治化的需要。“法治实际上是这样一种制度模式：在法律创制上总是强调法的目标，或曰实质合理性——体现自然法观念；在法律执行上总是强调法的自身品质，或曰形式合理性——反映实证法观念……实质合理性基本属于目的和后果的价值，是一种主观的合理性；形式合理性主要是一种手段和程序的可计算性，是一种客观的合理性。尽管两种合理性在当代社会处于矛盾冲突状态，但在法治问题上特别是法治建设的起步阶段，法律的形式合理性要比法律的实质合理性更重要。对于法治而言，其首要条件并不是法律外部所追求的合理与正义，而是‘形式法律’的合理与健全……近代法治与现代法治虽有不同，但法治仍有其不变的理念，即在执行法律的时候更多地偏重形式合理性……法治的精义就在于合法颁布的具有普遍性的法律应当被全社会奉为

---

① 邓云著：《刑事诉讼行为基础理论研究》，中国人民公安大学出版社2004年1月版，第139页。

② 龙宗智著：《检察制度教程》，中国检察出版社2006年版，第70~71页。

至上的行为规则，即便这个法律存在实质不合理也应该无例外地被尊重。如果不强调依照既定的法律规则办事，而是随意改变既定的法律规则，那么法律就丧失了稳定性，法律就没有了权威，法治也就沦为人治了。”① 法律制度是调整社会各种矛盾冲突的公共规则和强制命令，形式正义的意义在于社会规则的规范化和公正的执行，当形式正义适用于法律制度时就称为法治，“法治既指一种状态，更是动态的过程，因为状态必须经过一定的过程才能实现。实体法作为对法律权利、义务予以确定的法律，只在程序的某个阶段适用，而程序法作为规定诉讼过程的法律，其实施的过程就是法治实现的过程，在很大程度上讲，以法治国，就是以程序法治国。”② 因此，法治不仅需要有制定的良法和良法获得普遍的服从，而且还需要通过合理的程序依法办事。权力控制本身也是解决特殊社会矛盾冲突的一种方式，这就要求权力控制要通过合理的程序依法进行，而诉讼的最主要特点就是其规范性和程序性。所以，检察权是权力控制与诉讼的结合，是权力控制规范化，程序化的需要，是权力控制法治化的需要，而权力控制随着社会的发展，逐步走向法治化，其中一个最明显的特点就是控权机制的诉讼化。

检察权正是控权机制诉讼化的体现。检察权作为国家权力控制机制诉讼化的体现，它的各项职能都是诉讼行为，都是以诉讼的方式进行的，因此，检察权具有诉讼性。由于检察权的基本职能是公诉，世界上多数国家的检察权都是围绕公诉职能展开的，所以检察权的诉讼性主要体现在刑事诉讼上。在我国，除了民事审判和行政诉讼监督以外，检察权的主要职能都是刑事诉讼中的职权诉讼行为，都是以刑事诉讼的方式进行的。因此，检察权的各项职能的运行都应该符合刑事诉讼的基本要求。

第二节　检察监督与刑事诉讼的基本要求

一、刑事诉讼的基本要求——程序正当

刑事诉讼的基本要求，是刑事诉讼所追求的主要价值目标，是刑事诉讼的核心价值，或称为刑事诉讼的理念。“‘理念’是柏拉图哲学的核心概念，是指事物的原型或者说是永恒形态，而所有的现存事物都是对理念的不完全的模仿。”③ 刑事诉讼理念，是指导刑事司法制度设计和刑事司法实际运作的

① 孙笑侠：《法治、合理性及其代价》，载《法制与社会发展》1997年第1期。

② 陈卫东著：《程序正义之路》（第二卷），法律出版社2005年版，第18页。

③ 宋英辉主编：《刑事诉讼原理》，法律出版社2004年版，第13页。

理论基础和主导价值观，也是基于不同的价值观（意识形态或文化传统）对司法的功能、性质和应然模式的系统思考。刑事诉讼的基本理念、基本原则究竟包含什么内容，在很长一段时期，不同国家、不同法律文化传统以及不同的学者，均有不同的理解，20 世纪以来，伴随着刑事司法改革的全球化浪潮，人们的看法趋向一致：刑事诉讼的基本理念是“正当法律程序”。

正当法律程序作为宪法原则肇始于英国，繁荣于美国，1354 年英王爱德华三世颁布的《伦敦威斯敏斯特自由法》第 3 章第 28 条规定：“任何人非经正当法律程序之审判，不问该人阶层与社会地位如何，皆不得将其驱逐出国，或强迫其离开所居住之采邑，亦不得予以逮捕、拘禁，或取消其继承权，或剥夺其生命。”现代意义上的正当法律程序的经典表述通常援引美国联邦宪法第五修正案的规定，后又在第十四修正案中被重申，即“未经正当法律程序，不得剥夺任何人的生命、自由或财产。”正当法律程序之所以作为宪法原则，是因为其核心价值在于通过保障公民权利来限制政府权力，但在实践中，正当法律程序的理念得以应用的主要还是在刑事诉讼中，历史上有关正当法律程序的著名案例绝大多数都是刑事诉讼方面的案例。“在实践中，美国联邦最高法院充分发挥了其解释功能，将正当程序的宪法要求阐释和发展为一整套刑事诉讼规则与证据规则，如陪审团审判制度、非法证据排除规则、传闻规则等便是以抽象的宪法原则为依据，而以美国联邦最高法院的判例为助动力，逐步发展起来的。”① 正当法律程序的国际化，是通过联合国这一全球性国际组织来实现的，联合国在先后通过的一系列国际人权文件中，包括《联合国宪章》、《世界人权宣言》、《公民权利和政治权利国际公约》、《执法人员行为守则》、《禁止酷刑和其他残忍、不人道或有辱人格的待遇或处罚的公约》、《关于司法机关独立的基本准则》、《联合国少年司法最低限度标准》、《保护所有遭受任何形式的拘留或监禁的人的原则》、《关于律师作用的基本原则》、《关于检察官作用的准则》等法律文件中，在不断借鉴正当法律程序精神的基础上，对刑事司法应当遵循的基本准则进行了详细的规定，对各成员国实现刑事司法的正当化提出了具体而明确的要求，正当程序体现为以下原则。

（一）程序法定原则

“程序法定的基本要求是要杜绝‘任意司法’，使刑事诉讼走向‘程序司法’，包含两层含义：一是立法方面的要求，即刑事诉讼程序应当由法律事先明确规定；二是司法方面的要求，即刑事诉讼活动应当依据国家法律规定

① 马贵翔、胡铭著：《正当程序与刑事诉讼的现代化》，中国检察出版社 2007 年版，第 27 页。

的刑事程序来进行。"[①] 程序法定原则是法治的必然要求，法治是相对于人治而言的，法治原则包含法律至上的观念、系统完备的法制、严格公正的执法三个基本内容，按照法治的要求，在刑事诉讼中的国家权力，必须是一种法律权力，必须在立法机关制定的法律所授权的范围内行使，法律所明确授权的范围就是国家权力行使的界限，越此界限国家权力的行使应当归于无效。同时，刑事诉讼参与人的权利，也必须是一种法律权利，凡涉及公民基本权利的刑事程序，只能由立法机关制定的法律预先规定，而不得针对特定的案件或者特定的人事后设立刑事程序，也不得在实施刑事诉讼程序法中任意创制刑事程序。刑事程序法定，意味着明确了国家权力行使的界限，使国家在行使刑事追诉权和实现刑罚权时，不能恣意妄为；明确了公民权利的种类和范围，指导诉讼参与人进行理性的诉讼行为，英国政治学家洛克指出，"法治主义的提出，一方面使人民可以知道他们的责任并在法律范围内得到安全和保障；另一方面，也使统治者被限制在他们的适当范围内。"[②]

在大陆法系国家，程序法定原则与罪刑法定原则共同构成法定原则的内容。"法定原则并非仅仅约束有关规定犯罪（具体地说，是规定重罪、轻罪及违警罪）以及犯罪人之责任与重罪、轻罪及违警罪之刑罚的法律。因为，本义上的法律，也就是立法权力机关通过的法律，还确定着有关刑事诉讼程序的规则并创设新的法院制度。"[③] 在大陆法系国家，以成文法的形式确定了程序法定原则，不仅在宪法中对程序法定原则予以确认，而且其刑事诉讼法也通过严密、细致的程序性规范具体贯彻了程序法定原则。在英美法系国家，程序法定原则集中体现在"正当法律程序"的理念之中，尽管在英美法系国家判例是刑事诉讼程序的法律渊源，但不论是判例还是议会制定的成文法，都不得与"正当法律程序"的理念相违背。程序法定原则也得到联合国文件的认可，联合国《公民权利和政治权利国际公约》第9条第1款规定："每个人都享有人身自由与安全的权利，任何人不得被任意逮捕或羁押，除非依据法律所规定的理由并遵守法定的程序，任何人不得被剥夺自由。"我国法律也确立了程序法定原则，一是宪法和刑事诉讼法规定刑事诉讼必须"以法律为准绳"；《刑事诉讼法》第3条第2款规定："人民法院、人民检察院和公安机关进行刑事诉讼，必须严格遵守本法和其他法律的有关规定。"二是《中华人民共和国立法法》第8条规定："下列事项只能制定法律：……

---

① 宋英辉主编：《刑事诉讼原理》，法律出版社2004年版，第70页。

② 转引自张文显著：《二十世纪西方哲学思潮研究》，法律出版社1996年版，第610页。

③ [法] 卡斯东·斯特法尼等著：《法国刑事诉讼法精义》，罗结珍译，中国政法大学出版社1999年版，第10页。

（五）对公民政治权利的剥夺、限制人身自由的强制措施和处罚……（九）诉讼和仲裁制度……”根据该法第9条规定，有关犯罪与刑罚、对公民政治权利的剥夺和限制人身自由的强制措施和处罚、司法事项不得授权国务院以行政法规的形式来加以规定。

（二）实体公正与程序公正相统一原则

公正是民主政治的目标，也是刑事诉讼的灵魂。在刑事司法领域，公正可以划分为实体公正与程序公正，实体公正又称为结果的公正，包含三项内容：一是实施犯罪行为的人被判决有罪；二是无辜的人不受定罪；三是有罪的人受到与其罪行相当的惩罚。程序公正又称为过程公正或形式公正，强调在诉讼中保障人权。关于实体公正与程序公正的关系，历史上出现了程序工具论和程序本位论两种不同的理论和做法。“程序工具论的典型代表是英国学者边沁，他认为‘实体法的唯一正当目的，是最大限度地增加最大多数社会成员的幸福’，‘程序法的唯一正当目的，则为最大限度地实现实体法’。”① 程序本位主义理论强调程序自身的价值，即不以实体、效率、道德等外在于程序的因素作为评价程序好坏的价值尺度，程序自身应当符合正义的要求，惟其如此，程序才有正当性。在持程序本位主义理论观点的英美学者中，罗尔斯的程序正义理论具有开先河的伟大意义，罗尔斯提出刑事司法程序是一种不完全的程序正义，因为没有一种诉讼程序可以达到100%的结果正确，“如果将人类阶级社会进行专制状态与法治状态两分的话，那么专制社会中刑事程序的附庸地位决定了刑事程序仅具工具意义，而法治社会刑事程序自在价值的获得则来源于法治的本质，刑事程序由工具主义价值到自在价值的演化体现了社会法治水平的提高，同时也是人类追求文明、民主、进步的必然结果。”② 专制社会中统治阶级把法律视为治民的工具，刑事程序以实现实体的刑罚功能为依归，至于自身的品性则无须考虑。法治社会，刑事程序自在价值的获得与丰富，使其摆脱了相对于刑事实体的奴婢地位，基于对过程公正的价值追求，刑事程序的地位与刑事实体同等重要，有的国家甚至信奉程序至上，在法治社会，“程序与实体的关系发生了根本变化：实体的实现必须依靠程序的运作，并决定于程序的运作。程序服务于实体，但绝非服从于实体。程序应有助于实现实体，但并不因此而甘愿牺牲自己的独立品格。”③ “结果公正”与“过程公正”不是非此即彼的关系，两者应统一在程序正义理念中。美国学者戴维·维斯曼认为，“程序的非工具价值可以通过

---

① 陈瑞华著：《刑事审判原理论》，北京大学出版社1997年版，第28页。

② 陈卫东著：《程序正义之路》（第二卷），法律出版社2005年版，第5页。

③ 陈卫东著：《程序正义之路》（第二卷），法律出版社2005年版，第5页。

强调程序的内在价值来得以阐释，这种阐释有两条路径：一是通过阐明程序独立于结果的价值，二是通过阐明程序为结果提供必要的正当性根据。”①

（三）无罪推定原则

无罪推定是确认被告人诉讼主体地位和保障其人权的一项国际刑事司法准则，无罪推定原则是在否定封建专制纠问式诉讼中的有罪推定的过程中逐步形成的一项法律原则。有罪推定是与纠问式诉讼相匹配的基本原则，其主要特征是：被告人不具有诉讼主体地位，是诉讼的客体；被告人的口供是主要的定罪证据，为取得口供可以刑讯；审判无须公开；控诉与审判不分，法官依职权主动收集证明被告人有罪的证据；在诉讼中的国家权力缺少制约，不是“程序司法”，而是“任意司法”，被指控犯罪的人，可以不经其他诉讼程序而被拥有审判权的机关确定为犯罪等，有罪推定所造成的严重后果是使更多的无辜者被判定为有罪，受到刑罚。针对有罪推定的弊端，18 世纪意大利刑法学家贝卡里亚在《论犯罪与刑罚》一书中指出：“刑讯必然造成这样一种奇怪的后果：无辜者处于比罪犯更坏的境地，尽管二者都受到折磨，前者却是进退维谷：他或者承认犯罪，接受惩罚，或者在屈受刑讯后，被宣布无罪。但罪犯的情况则对自己有利，当他强忍痛苦而最终被无罪释放时，他就把较重的刑罚改变成较轻的刑罚。所以无辜者只有倒霉，罪犯则能占便宜。”“这种方法能保证使强壮的罪犯获得释放，并使软弱的无辜者被定罪处罚。”② 无罪推定的思想最早可追溯到古代罗马法的“有疑，为被告人利益”的原则。但是，作为近代司法的一项诉讼原则，一般认为是由贝卡里亚在《论犯罪与刑罚》一书中所提出的，“在法官判决之前，一个人是不能被称为罪犯的，只要还不能断定他已经侵犯了给予他公共保护的契约，社会就不能取消对他的公共保护。”“如果犯罪是不肯定的，就不应折磨一个无辜者，因为在法律看来，他的罪行并没有得到证实。”③ 法律上正式确立无罪推定原则始于法国 1789 年的《人权宣言》，随后这一原则被众多国家的宪法或法律确立下来。当前，无罪推定原则已发展成国际社会通行的刑事司法准则，二战以后《世界人权宣言》、《公民权利和政治权利国际公约》、《少年司法最低限度标准规则》等联合国文件中都确认了这一原则。无罪推定原则在世界各国的发展历程中，具体演化为众多的刑事司法制度，并与其他的刑事诉讼原则不断地融合、协调，在法律上的表述方式也是形式各异，但其本质含义没有发生根本的变化。无罪推定原则具体应包含以下三方面的内容：（1）只有经

① 樊崇义等著：《正当法律程序研究》，中国人民公安大学出版社 2005 年版，第 129 页。
② ［意］贝卡里亚著：《论犯罪与刑罚》，黄风译，中国大百科全书出版社 1993 年版，第 31 页。
③ ［意］贝卡里亚著：《论犯罪与刑罚》，黄风译，中国大百科全书出版社 1993 年版，第 31 页。

过法院有罪判决，才能确定被告人有罪，在法院判决以前，犯罪嫌疑人、被告人在法律上应推定其无罪，这样的规定为被告人在诉讼中享有广泛的诉讼权利和公民权利提供了重要的法律依据。（2）由控诉被告人犯罪的机关或人员承担证明被告人被指控犯罪的事实之责任。这一方面的含义是无罪推定原则所包含的实体要件，被告一方不承担证明自己有罪或无罪的义务，但有反驳控诉，证明自己无罪的权利。英国学者沃克曾说，无罪推定“仅确定首先由谁负担举证责任的问题。”[①] 他指出了举证责任在无罪推定原则中的重要性，控诉方的证据要达到一定的标准，或是“超出合理怀疑的程度”，或是“事实清楚、证据确实充分”，法院方能认定被告人有罪。根据上述含义，有学者认为，“无罪推定应包括沉默权规则、有利被告原则。沉默权规则与举证责任的承担密不可分，犯罪嫌疑人、被告人没有证明自己无罪的责任，他们拒绝供述或故意虚假供述不负刑事责任，沉默权是消极意义上的辩护权。”[②] 世界上许多国家的立法都明确赋予犯罪嫌疑人、被告人的沉默权，如法国、日本、美国、德国等，有利被告原则也称疑罪从无原则、疑案有利被告处理原则。疑罪从无强化了控方的证明责任，有利于防止冤假错案的发生，是无罪推定原则司法理性的体现。美国学者汉利和舒密特指出：“实行无罪推定，不是要包庇有罪者，而是防止把无罪判有罪。”[③]（3）被告人的有罪判决只有运用合法证据并通过正当的程序才能作出。无罪推定原则这方面的含义是其所包含的程序要件，证据合法、程序正当是有罪判决合法、正当的前提条件。

我国 1996 年修改后的《刑事诉讼法》第 12 条规定：“未经人民法院依法判决，对任何人都不得确定有罪。”对这样的规定，究竟是不是无罪推定原则，在理论界存在较大争议，主要有三种观点，“第一种观点认为，它确立了无罪推定原则；第二种观点认为，它确立了具有中国特色的无罪推定原则；第三种观点认为，它只是吸收了无罪推定原则的合理因素而确立了‘未经人民法院判决，不得确定有罪’原则。”[④] 我国有的刑事诉讼法学教材将《刑事诉讼法》第 12 条的规定界定为“法院统一定罪原则”，[⑤] 从以上的争论中，可以看出我国刑事诉讼法的相关制度设计，没有完全体现出“无罪推定”原则的内容，主要表现在：刑事诉讼法不仅没有赋予犯罪嫌疑人、被告

---

① 转引自陈一云、严端主编：《证据学》，中国人民大学出版社 1999 年版，第 170 页。

② 参见余向栋：《论无罪推定原则在中国》，东方法治网。

③ ［美］汉利、舒密特：《刑事证据的法律问题》，加利福尼亚州伯克莱英文版 1997 年版，第 58 页。

④ 陈光中主编：《刑事诉讼法学》，中国政法大学出版社 1996 年版，第 72 页。

⑤ 樊崇义主编：《刑事诉讼法学》2002 年修订版，中国政法大学出版社 2002 年版，第 84 页。

人沉默权，而且规定犯罪嫌疑人、被告人对侦查人员的讯问有“如实回答”的义务，“如实回答”与控方的举证责任存在矛盾，导致犯罪嫌疑人、被告人要自证有罪或自证无罪，与无罪推定精神相悖，也使得侦查机关在收集证据时，实行“口供主义”，而非客观的“物证主义”，往往以获取当事人的口供作为侦破案件的主要手段，使刑讯逼供等违法取证问题时有发生。“当然，也有学者认为，沉默权和非法证据排除规则不直接来源于无罪推定原则，不是无罪推定的核心内容，因为沉默权产生于英国1639年的约翰·李尔本案件，非法证据排除规则起源于美国，理论根据是1789年美国宪法修正案所确立的正当法律程序，由1914年关于威克斯案件的判例正式确认，而无罪推定原则正式确立于1789年法国的《人权宣言》。”① 但笔者以为，不能以时间出现的早晚，来机械地否认无罪推定原则中不包含沉默权、非法证据排除规则的精神，因为任何一项科学的制度设计或是原则的确立，都存在着与其他科学的制度设计或是原则的历史继承关系，并且无罪推定原则的内容也处在不断地发展和完善中，但同时，我们也应注意到，我国修正后的刑事诉讼法所体现的无罪推定原则的具体制度设计：一是被追诉人在被提起公诉前称谓的变化，之前是犯罪嫌疑人，之后是被告人，称谓的变化，蕴涵着观念和意识的转化；二是律师介入刑事诉讼的时间提前至侦查阶段，为犯罪嫌疑人的合法权益提供了程序保障，当然律师的作用有待于立法上的加强；三是取消免予起诉制度，防止了公诉权对审判权的分割；四是确立了疑罪从无原则，在审查起诉和审判阶段，刑事诉讼法分别规定了存疑不起诉和存疑无罪。

（四）司法独立原则

司法独立是现代刑事诉讼构造的基本要求，是现代法治的重要组成部分，是保障个人自由的基本手段，是一个国家司法文明程度的表现，也是联合国刑事司法准则中一项重要的法律原则。在刑事诉讼发展史上，对司法独立具有决定性意义的是国家权力在刑事诉讼中两次大的分解：一次是行政同司法的分工，再一次就是公诉机关与审判机关的分离。“行政同司法的分工，促使司法机构及体系得以独立，也促进了独立的司法阶层的形成。”② 第二次分工，实现了控审分离，进一步确立了法官的中立地位。司法独立，是国家权力适度分权和权力制约理论在刑事诉讼领域的具体体现，封建集权专制的纠问式诉讼程序往往产生专制、压迫、暴力、蔑视生命和自由，践踏了公民权利，正如孟德斯鸠所言：“如果司法权和立法权合二为一，则将对公民的生命和自由施行专断的权力，因为法官就是立法者。如果司法权同行政权合二

① 参见张穹主编：《公诉问题研究》，中国人民公安大学出版社2000年版，第198页。

② 陈瑞华：《司法权的性质》，载《法学研究》2000年第5期。

为一，法官便将握有压迫者的力量。”① 司法权摆脱行政权的控制，使司法权对强大的行政权产生了制约，控审分离使公诉权对审判权形成了制约，使审判权受不告不理原则的拘束，防止法官自诉自审，先入为主，权力过分集中，形成恣意和擅断，进一步确立了法官的中立地位。司法独立的价值和功能在于：一是有效实现权力控制，以保障人权；二是确保公正在诉讼中得以实现。“作为程序公正的一个标准，法官中立要求裁判者应在发生争端的各方参与者之间保持一种超然和无偏袒的态度和地位，而不得对任何一方有偏见和歧视。”② 控审不分，使法官成为自己案件的裁决者，违背了“任何人不能充当自己案件的法官”这一古老的自然正义原则要求。

根据联合国文件确立的刑事司法准则、外国立法和司法实践，司法独立，是指“法院”和“法官”在行使职权时的独立，即法院在行使司法权处理案件的过程中，除了依据法律之外，不受任何外来力量的干预；法官在作出司法裁判时，不受其同事、上级、上级法院的控制和影响。司法独立原则为各国宪法和法律所认可，法国1791年宪法规定，在任何情况下，司法权不得由立法议会和国王行使；德国1949年基本法规定，司法权赋予法官，司法权由法院行使，法官具有独立性，只服从于法律。美国联邦宪法第3条第1项规定，合众国的司法权属于最高法院及国会随时制定与设立的下级法院。

中西方对于“司法”的理解不尽相同，国外的司法权应专指法院的审判权，中国的司法权不仅包括审判权，而且还包括检察权。我国宪法和刑事诉讼法均规定，人民法院依照法律规定独立行使审判权，人民检察院依照法律规定独立行使检察权，不受行政机关、社会团体和个人的干涉。

二、检察监督的诉讼性

检察监督是一种特殊的法律监督，其特殊之处在于，与其他法律监督形式相比，检察监督具有诉讼的属性。在我国检察机关的检察监督中，具体的职能包括：立案监督、侦查监督、刑事审判监督、民事审判和行政诉讼监督、刑罚执行监督和职务犯罪监督。具体的监督方式有：口头纠正违法、检察建议、纠正违法意见、纠正违法通知、通知立案、职务犯罪监督和抗诉。检察监督具有诉讼性：首先，表现为检察监督的各项具体职能大多是能够引起刑事诉讼法上效力的诉讼行为，即具体的检察监督职能能够使刑事诉讼法律关系主体的权利、义务产生变化。例如，检察机关对审判机关确有错误的裁判提出的抗诉，是法律规定的检察机关监督审判启动二审和再审程序的请求权，

---

① ［法］孟德斯鸠著：《论法的精神》（上册），张雁深译，商务印书馆1961年版，第156页。

② 陈瑞华著：《刑事审判原理论》（第2版），北京大学出版社2003年版，第54页。

相应的审判机关需要承担启动二审和再审的义务，检察机关对侦查机关违法的侦查行为发出的纠正违法通知，是法律规定的检察机关监督侦查纠正违法侦查行为的权力，相应的侦查机关应该承担纠正和回复纠正落实情况的义务。其次，检察监督的具体监督方式都是由刑事诉讼法或刑事诉讼规则规定的，都是诉讼方式。例如，《刑事诉讼法》第181条、第205条第3款，规定了检察机关采取抗诉的方式对错误审判进行监督。《人民检察院刑事诉讼规则》第386条规定："人民检察院发现公安机关或者公安人员在侦查或者决定、执行、变更、撤销强制措施等活动中有违法情形的，应当及时提出纠正意见。对于情节较轻微的违法情形，由检察人员以口头方式向侦查人员或者公安机关负责人提出纠正，并及时向本部门负责人汇报；必要的时候由部门负责人提出。对于情节较重的违法情形，应当报请检察长批准后，向公安机关发出纠正违法通知书。"在我国，尽管权力机关的监督、审计部门的监督等也是法律监督，但这些监督不能引起诉讼法上的效力，不属于诉讼行为，因此，不具有诉讼的属性。

对于检察监督的方式，我国有学者把它们分成两类，即诉讼的方式和手段与非诉讼的方式和手段。"根据我国法律的规定和检察实践经验，检察机关实行法律监督的首要手段是参加诉讼活动，把违法犯罪行为提交法院审判，并监督诉讼活动是否合法。其次，是纠正违法的手段，这是一种非诉讼的手段，经检察机关提出纠正违法行为的要求，由有关机关给予纠正。"① "检察监督主要有诉讼监督和非诉讼监督两种方式。诉讼监督方式有侦查、批捕、公诉、抗诉等，非诉讼方式，如检察建议。""通常来说，非诉讼监督的形式有纠正违法通知和检察建议两种形式。"②

笔者认为，把检察监督分为诉讼方式的监督和非诉讼方式的监督，是不准确的，因为检察监督的各种具体监督职能都是诉讼行为，都具有诉讼的属性，无论是职务犯罪侦查、抗诉，还是纠正违法和检察建议都是刑事诉讼法或刑事诉讼规则规定的监督方式，都是一种诉讼方式的监督。当然，检察监督的各种具体监督职能的诉讼性是有差别的。把检察监督分为诉讼方式的监督和非诉讼方式的监督，注意到了这种差别，在这一点上，是具有积极意义的。按照检察监督的具体方式与审判机制的关系，我们可以把检察监督分为完整诉讼方式的检察监督和不完整诉讼方式的检察监督。与审判有直接关系的检察监督是完整诉讼方式的检察监督，与审判没有关系或仅有间接关系的检察监督是不完整诉讼方式的检察监督，把检察监督划分为完整诉讼方式的

---

① 王桂五主编：《中华人民共和国检察制度研究》，法律出版社1991年版，第266页。

② 晏向华著：《检察职能研究》，中国人民公安大学出版社2007年版，第5页、第8页。

检察监督和不完整诉讼方式的检察监督，不仅可以在理论上区分检察监督的各种具体职能和方式的诉讼性的不同，而且可以使我们充分认识到完整诉讼方式的检察监督和不完整诉讼方式的检察监督在实践中具有不同的作用和效果。

首先，按照刑事诉讼行为的概念，检察机关在职务犯罪监督和诉讼监督中提出的检察建议、纠正违法通知或意见以及抗诉都是一种诉讼行为。检察机关的检察监督作为一种诉讼行为，当然具有诉讼的属性，检察监督的各种具体方式也都是诉讼方式，但这一划分的标准——刑事诉讼行为，是以广义的刑事诉讼概念为基础的，即把刑事诉讼理解为法院的审判、公诉机关的起诉和侦查机关的侦查等活动的总称。与广义的刑事诉讼概念相对应的是狭义的刑事诉讼的概念，“称诉讼，从严格言，本指起诉及审判而言，即自起诉以至判决确定间之程序之义。”① 就狭义而言，则“仅提起诉讼及审理裁判以及上诉等之行为，方为诉讼行为。”② 按照狭义的诉讼和诉讼行为的概念，检察机关的检察监督的具体方式中只有抗诉是一种诉讼行为，具有诉讼的属性，其他的监督方式，包括口头纠正违法、检察建议、纠正违法意见、纠正违法通知、通知立案、职务犯罪侦查都不是诉讼行为，因而不具有诉讼的属性，也不是诉讼方式的检察监督。在本文中，我们是在广义的诉讼行为概念基础上来分析检察监督的诉讼性的，因此，检察监督各种具体职能都是诉讼行为，检察监督的各种具体方式都具有诉讼的属性，属于诉讼的方式。所谓检察监督的完整诉讼方式和不完整诉讼方式是在承认检察监督各种具体方式都是诉讼方式的基础上，进行的进一步划分。

其次，在检察监督具有诉讼属性的基础上，我们认为，对检察监督进行的完整的诉讼方式和不完整的诉讼方式的分类，是具有重要的理论和实践意义的。其理论意义在于，根据检察监督不同的具体方式的诉讼属性的不同，对检察监督进行分类，有助于我们正确认识具体检察监督方式与诉讼的基本特征——裁判性之间的关系。徐静村教授认为，“诉讼是一种三方组合，原、被告在法律上处于平等的地位，而法官居于其间、踞于其上，作为权威的仲裁者解决他们的争议和冲突。应当看到，所谓‘三方组合’，是指诉讼的基本结构，在诉讼方式的实际运行过程中，这种结构为适应社会冲突与诉讼争议的实际状况可能发生一些变形。”③ 应当指出的是，这种三方组合是作为一种基本的结构和机制存在于刑事诉讼中的。例如，西方国家在审前程序中，

---

① 陈朴生著:《刑事诉讼法实务》，台湾海天印刷厂有限公司 1981 年版，第 115 页。

② 胡开诚著:《刑事诉讼法论》，台湾三民书局 1983 年版，第 75 ~ 76 页。

③ 参见徐静村主编:《刑事诉讼法学》(上)，法律出版社 1997 年版，第 2 页。

也形成了预审法官、控方、辩方的三方组合。我们这里所说的裁判性，就是指这种存在于刑事诉讼中的三方组合的结构和机制。所谓不完整的诉讼方式的检察监督，就是指其缺少这种三方组合的裁判机制，不完整的诉讼方式的检察监督与裁判没有直接的关系，只有间接的关系。完整诉讼方式的检察监督是以裁判机制为基础建立的，它与审判有直接的关系。其实践意义在于，有助于我们正确认识完整的诉讼方式的检察监督和不完整的诉讼方式的检察监督在实践中的不同作用和效果，以解决检察监督不到位、监督不力等问题。建立在裁判机制上的检察监督，有利于通过裁判检验检察监督的正确性，规范检察监督；有利于通过裁判增强检察监督的权威性，保障检察监督具有确定的执行力，使检察监督落到实处，发挥实效。把检察监督划分为完整的诉讼方式的监督和不完整的诉讼方式的监督，应该以检察监督是否与裁判机制相连为标准，不应该以广义的诉讼行为和狭义的诉讼行为作为标准。我们理解的完整的诉讼方式的检察监督包括，职务犯罪监督和抗诉。不完整的诉讼方式的检察监督包括，口头纠正违法、检察建议、纠正违法意见、纠正违法通知、通知立案。

综上所述，在我国，检察监督中的完整的诉讼方式的监督，主要指职务犯罪监督和抗诉。职务犯罪监督本身是一种实现国家刑罚权的追诉活动，其打击、惩罚职务犯罪的目的和功能必须通过审判才能得以实现，也就是说这种监督是与审判有直接联系的，因此是完整的诉讼方式的监督。检察监督中的审判监督包括刑事、民事和行政审判监督，是以抗诉的方式进行的监督，抗诉的功能在于启动一个审判程序，并通过审判来实现监督的目的，因此，抗诉是完整诉讼方式的监督。本文研究的重点是刑事诉讼中检察监督和公诉职能的关系，所以本文的检察监督的内容主要是刑事诉讼中的检察监督，不包括民事、行政审判监督，在我国，检察监督中的不完整的诉讼方式的监督，主要指口头纠正违法、检察建议、纠正违法意见、纠正违法通知、通知立案。这些监督形式，是在检察机关和被监督者之间通过两方组合的非裁判机制实现的，不需要通过法院的裁判来实现监督的目的和作用，因此，这些监督形式是不完整的诉讼方式的监督。

三、检察监督要遵循诉讼规律

无论是完整的诉讼方式的检察监督，还是不完整的诉讼方式的检察监督，广义上都是一种刑事诉讼行为，都具有刑事诉讼的属性，都需要遵循刑事诉讼的规律。

（一）检察监督不能脱离诉讼而存在

检察权的诉讼性统率了检察职权的各个方面，检察监督权正是以其诉讼性与行政权、审判权相区别、相抗衡的。检察监督必须遵循法定的程序，同时监督的效力也主要是启动相应的司法程序，正是因为检察监督职能的这种程序审查和程序启动功能，使它与国家的其他职能形成了一定的监督关系，而且这种监督关系不具有凌驾于行政、审判等国家职能之上的可能性。程序性是诉讼的最主要特征，因此，检察监督的这种程序性是检察监督诉讼性的体现，检察监督是一种通过具体的诉讼职能而实现的权力，所以监督者必须积极介入诉讼活动，在诉讼中实现对诉讼的监督，监督者是诉讼的参与者而不是裁判者，监督也不是与诉讼活动并列的另外的法律行为，而是融合在诉讼过程中、发生在诉讼活动中的一种监督行为。检察监督职能的有效行使，依赖于具体的诉讼职能。诉讼性就是检察监督与其他权力监督方式的本质区别所在，监督是内容和目的，诉讼是形式和载体，诉讼是监督借以发挥的必要途径和手段。检察监督与其他形式监督的区别主要是其以诉讼职能为载体，表现在以下方面：（1）我国《刑事诉讼法》、《民事诉讼法》、《行政诉讼法》分别对检察监督的原则、内容、方式、方法作出了规定，检察机关应按照其规定严格行使职权。（2）检察监督权只有通过诉讼程序才能得以实现，对职务犯罪的监督，对刑事诉讼、民事审判和行政诉讼的监督，都是在法定的诉讼程序中完成的。（3）检察监督权是以国家强制力为后盾，通过运用相关诉讼法规定的方式和手段来实现的。检察机关的检察监督应受到诉讼程序的约束，必须严格遵循法定的诉讼程序，检察监督实质是一种使诉讼有序进行的手段。

（二）检察监督权是一项程序性权力

检察监督权是一项程序性权力，必须符合正当程序的要求。检察监督的程序性，是指相对于行政管理权和审判裁判权所产生的实体效力而言，检察监督权只有作出某项程序性的决定，引起一定程序的权力，而没有任何行政决定权和审判裁决权，即没有终局性的实体决定权。与之相反，行政权、审判权产生的是实体效力，具有实体性，检察监督权则产生程序效力，具有程序性，当然，这种程序性、实体性的学理划分不同于一般法理意义上的程序法和实体法。检察监督的程序性、行政管理权和审判裁判权的实体性是从权力的特性上进行的比较，而法理意义上的程序性和实体性是从法律本身的内容规定上进行的比较。程序性特点决定了检察监督权能的有限性和它在诉讼权力体系中的非终局性，决定了监督权与处分权的分离。抗诉权作为审判监督权，是检察机关检察监督权的一项重要内容，检察机关的抗诉权只有作出某项程序性决定，通过启动审判程序解决问题的功能，它本身不是实体处分权。其程序性的特点表明，检察机关的抗诉权只是对法院审判结果进行监督的权力，而不是决定审判结果的权力。

（三）检察监督要符合程序正当的要求

检察监督的诉讼性表明，检察监督是一种诉讼行为。作为一种诉讼行为，检察监督不仅要受刑事诉讼法的约束，而且要符合刑事诉讼的基本理念——正当法律程序的要求，正当法律程序具体体现为一些刑事诉讼的基本原则。检察监督权在行使过程中，不仅自身要遵循程序法定、实体公正和程序公正相统一、无罪推定、司法独立等刑事诉讼的基本原则，而且要监督侦查机关、审判机关的权力行使行为符合刑事诉讼基本原则的要求，以使这些原则在刑事诉讼的全过程中得以有效实现。程序法定原则要求，检察监督权的对象、内容、范围、行使方式等均要有法律上的根据，不能任意监督和随意监督。实体公正和程序公正相统一原则要求，检察监督权在行使中，不能仅仅关注案件实体结果上的准确性，而且要监督侦查活动、审判活动是否合法，以确保诉讼过程中的公正。检察机关在职务犯罪侦查中，要坚持无罪推定原则，不能片面追求立案数而搞有罪推定，要按照客观追诉的要求，全面收集证据，对有利和不利被追诉人的证据都要加以注意，坚持疑罪从无，确实保障被追诉人的人权。按照司法独立原则的要求，审判监督权在行使中，不能冲击审判中立，影响法院依法独立行使审判权，1996 年修改后的《刑事诉讼法》规定，对法院在庭审活动中的违法行为，检察机关可以提出纠正意见，而不是纠正违法通知书，并且《人民检察院刑事诉讼规则》中要求纠正意见应该在庭审后提出，这些规定都是审判监督要符合司法独立原则的体现。

第三节　公诉职能与刑事诉讼的基本要求

公诉职能是国家机关追诉犯罪，实现刑罚，维护社会秩序，保障人权的专门活动。从权力控制来看，基于控、审分离而产生的现代意义的公诉权在刑事诉讼中具有权力制约的属性；从法律诉讼来看，公诉职能的本质是一种国家的追诉活动，公诉权是一种刑罚请求权，具有求刑性。

一、公诉职能的特点

（一）公诉权的主体是依法享有国家刑事追诉权的专门机关

公诉权的主体是国家以法律的形式规定的享有追诉权的国家机关，现代各国一般都由检察机关行使公诉权，但是并非所有的国家都是由检察机关行使公诉权。在英国，过去一般由警察委托律师向法院提起公诉，自从 1985 年《犯罪起诉法》通过后，英格兰和威尔士建立了统一的检察机关，但对刑事案件提起公诉的职权并非专属于检察机关，金融服务管理局、内陆税务局等部门仍然可以对部分刑事案件提起公诉，现代西方各国，由于检察机关主要的职责是行使公诉权，因此检察机关通称为公诉机关。我国人民检察院在宪法中定位为法律监督机关，行使更为广泛的法律监督职责，公诉职能只是人民检察院的职责之一。在我国，人民检察院是行使公诉权的唯一主体，公诉机关是根据法律的授权，依法行使国家刑事追诉权，代表国家追究犯罪嫌疑人的刑事责任，依法提请审判机关确认被告人刑事责任的机关。

（二）公诉权是国家追诉权的表现形式

在原始社会，人类追究犯罪的形式是血亲复仇、同态报复。国家出现之后，国家作为中立的裁决者，裁判私人之间的诉争，控告和追诉犯罪是被害人的私事，由于私人追诉的局限性，使大量的犯罪得不到追究，严重危害了统治秩序。直到中世纪，统治者才逐渐认识到追究犯罪不仅是被害人自己的私事，而且更是国家的权力和责任，这时才出现了由国家承担追究犯罪的职责，公诉逐渐取代了私诉，不过此时公诉职责和审判职责是合二为一的，都由法官来承担，公诉职能和审判职能不分，还没有设立专门的公诉机关。到了资产阶级革命胜利之后，随着正当程序和人权保障观念的兴起，才开始由检察机关专门来承担公诉职责，实现了公诉职能和审判职能的分离，具有现代意义的公诉才开始产生，现代各国除了国家追诉犯罪之外，还保留了对特定类型的案件，由被害人自己追诉犯罪的诉讼形式，这就是自诉。对于主要危害被害人自己的权益，而对社会危害性较小的犯罪行为，国家把追诉犯罪的权利交给被害人及其近亲属行使，对于这一部分案件，国家不主动干预，只有被害人及其近亲属向审判机关起诉，审判机关才予以审理，如果没有被害人及其近亲属的起诉，国家审判机关不主动审理该类案件，公诉机关也不对该类案件提起公诉。自诉是个人行使刑事追诉权的诉讼形式，而公诉是公诉机关代表国家追究犯罪的诉讼形式，因此，公诉是国家追诉权的表现形式，它和自诉是相对应的。

（三）公诉权是一种刑罚的请求权

公诉是诉讼的一种形式，它和自诉一样都是当事人请求法院确认被告人刑事责任的活动，作为一种请求权，它和民事诉讼当事人的请求权本质是一样的，都是一种诉权，即诉讼请求权。不同的是民事诉讼是当事人请求法院确认被告人的民事责任的诉讼活动，而刑事诉讼是追诉方请求法院确认被告人的刑事责任的诉讼活动，公诉的诉讼请求权的性质，是它与审判权不同的主要标志之一。刑罚请求权是国家刑罚权的有机组成部分，与之相连的是法院的刑罚裁量权，刑罚裁量权因具有终局性的特点，似乎在落实国家刑罚权上更具有实质意义，其实不然，现代刑事诉讼实行的是控、审分离，司法独立，法院受不告不理原则的拘束，没有控诉，则无审判，检察官是审判程序的启动者，由此可见，刑罚请求权与刑罚裁量权在实现国家刑罚权上具有同等重要意义。

（四）公诉的目的是依法追究犯罪和保障人权

公诉的目的是为了依法追究犯罪，维护法治秩序，保障权利。公诉的直接目的在于追究犯罪嫌疑人、被告人的刑事责任，这也是公诉发起的动因。按照马克思的观点，犯罪是个人单独反抗统治秩序的行为，由于犯罪行为人实施了危害社会的行为，就应当对自己的行为承担其不利的后果，即承担刑事责任的后果，国家因此也就享有了追究其刑事责任的权力，正是国家享有的对犯罪嫌疑人的这种追诉权，才使国家能够通过刑事诉讼程序追究犯罪、提起公诉。惩罚犯罪的途径可以有多种形式，如赤裸裸的法西斯专制，就单纯惩罚犯罪来说，比通过现代刑事诉讼形式惩罚犯罪更为有效；封建专制主义的纠问式的诉讼模式，也比现代刑事诉讼模式惩罚犯罪快捷的多，不过这些惩罚犯罪的方式是以牺牲人的尊严、伤及无辜为代价的。在崇尚人权保障的今天，人类社会之所以选择控、审分离的现代刑事诉讼方式来惩罚犯罪，主要不在于它是比其他方式更为有效的惩罚犯罪的机制，而在于它比其他的方式更能体现对人权的保障和对自由的尊重。任何制度都不是完美无缺的，任何制度的选择都是价值平衡的结果，人类选择控、审分离的现代刑事诉讼来作为追究犯罪的形式，就在于它具有保障权利、维护法治秩序的功能。因此，现代公诉制度作为刑事诉讼的主要机制，它的目的不仅仅是惩罚犯罪，而且还具有保障权利，即保障被害人、被告人及无辜公民的权利，从而达到维护法治秩序的功能，尽管在现代社会公诉职能具有多重的功能和目的，但依法追究犯罪和保障人权始终是公诉职能的基本目的。

二、“公力救济”是公诉权的重要理论基础

权利之所以需要救济，是因为权利容易受到侵害，侵权是社会冲突、矛盾纠纷的主要表现形式，“救济是纠正、矫正或改正已发生或业已造成伤害、危害、损失或损害的不当行为。”[①] 权利的救济在本质上也是一种权利，它是当实体权利受到侵害时自行解决或请求国家、国家主动给予解决的权利。自行解决是私力救济，请求国家、国家主动给予解决是公力救济，私力救济是指“权利遭受侵害时，权利人径以自己之腕力排除侵害，自行实现其权

① 《牛津法律大辞典》，光明日报出版社1988年版，第764页。

利。”① 私力救济体现在原始社会之中，血亲复仇、同态复仇是其表现形式。公力救济是指“权利遭受侵害时，权利人得请求国家的权力排除侵害，实现其权利。”② 衡平法有一条古老法谚：凡权利受到侵害皆得救济，没有救济就没有权利。

公力救济在诉讼中的发展有着清晰的脉络可循：国家作为裁判者首先出现在弹劾式诉讼中，是公力救济的发端，当时犯罪和一般侵权行为在法律上没有严格区分，公力救济的类型也没有区别民事救济、刑事救济，诉讼的提起是私诉，在纠问式诉讼中，人们认识到犯罪不仅是对个人权利的侵害，而且是对社会公共利益、国家利益的侵害。随着国家权力进一步扩张，国家不只是犯罪行为的裁判者，而且还是对犯罪行为的主动追诉者，国家追诉与私诉相比，在纠举犯罪、落实国家刑罚权的能力上，有了显著的增强。

私诉存在的问题是：作为一种公民权利，在是否提起刑事诉讼的选择上具有较大的随意性，有的被害人由于受经济条件等因素的影响，缺乏收集证据的能力，有的被害人会因为惧怕犯罪人而不敢起诉，有的因为接受了犯罪人的一定经济补偿而不愿意起诉，有的因为时过境迁而懒于起诉。从某种意义上而言，实行国家追诉，对被害人实施“公力救济”，能够弥补上述不足。从而使国家在对犯罪行为的打击上，实现了及时性、全面性和客观性，使国家与社会的利益以及被害人的利益得到了比较充分的保护，也进一步增强了国家对社会的控制能力。

在纠问式诉讼中，国家拥有追诉权，其主要的目的是为了高效及时地打击犯罪行为，被告人是诉讼的客体、刑讯的对象，毫无权利可言，并不具有权力制约、保护被告人人权的目的，单纯是一种国家权力的扩张。这可以从追诉权与裁判权合为一体中得到印证，控、审不分，当然难以实现权力制约，权力制约的重要前提是，要对国家权力进行适当的分立或分工。缺乏权力制约的纠问式诉讼，容易导致司法不公，国家权力更多的是在维护被害人和社会公共利益，忽视了被告人的权益，在有罪推定理念的影响下，使许多无辜的被告人被定罪处罚，导致又增加了新的社会矛盾和纠纷，使社会总是处于不安定状态。因为从理论上推导，社会成员中除了最高统治者以外，都有受到不恰当刑事追究的可能，但不能否认的是，在纠问式诉讼时代，无论中西方，都存在着对司法权力的监督。例如，法国国王代理人，被称为国王的耳目，其最初参与诉讼的重要目的之一就是监督地方司法；中国古代御史的一个重要职责，就是监督审判权，发现冤假错案，大案上报朝廷，小案会同地

① 梁慧星著：《民法总论》，法律出版社1996年版，第252页。
② 梁慧星著：《民法总论》，法律出版社1996年版，第252页。

方官重审，以求纠正司法不公。上述权力监督，都依附于皇权（王权）而存在，监督的效果完全取决于最高统治者的意愿，难以保证监督的客观性和公正性，在诉讼中加强权力制约，同其他事物发展变化一样，存在一个渐进发展的过程，并非一蹴而就。法国国王代理人取得刑事起诉权后，并没有完全排除法官的追诉职能，审判职能与控诉职能并没有清晰的界限；英国的大陪审团起初不仅有控诉职能，而且还兼具审判职能，是控诉与审判的混合体，但有一点需要肯定的是，控诉职能由国王代理人、大陪审团等法官以外的主体来承担，是国家权力的一种初步的分解，为实现权力制约奠定了基础。真正在诉讼程序中，实现国家权力有效制约的，是资产阶级民主革命后实现的控、审分离，以独立的国家机构专门承担公诉职能为核心的现代检察制度的诞生是其重要标志。关于国家权力在刑事诉讼中的作用，德国著名法学家拉德布鲁赫教授指出："在刑事程序发展过程中，曾有两个因素起着作用：针对犯罪分子而增强的保护国家的要求，导致中世纪刑事程序向纠问主义程序转化；针对国家而增加的保护无辜人的要求，促使纠问主义程序大约从1848年开始向现代刑事程序的转变。""在今天看来，纠问程序的功绩在于使人们认识到追究犯罪并非是受害人的私事，而是国家的职责，其严重错误则在于追究犯罪的任务交给法官，从而使法官与当事人合为一体。"①

国家权力介入到诉讼中，取得了裁判权和追诉权，使私诉向公诉转化，最初的目的和价值追求是高效及时地打击犯罪行为，稳定社会秩序，增强控制社会的能力，防止因被害人收集证据的能力不足以及其他因素导致控诉不力、不敢控诉、不能控诉，而出现对犯罪打击不力的问题。那为什么又要对刑事诉讼中的国家权力强化制约呢？控、审合一，应该更利于提高打击犯罪的效率，事实上，在刑事诉讼中，加强国家权力的相互制约，其重要的目的在于对被告人的权利实施公力救济，加强对被告人人权的保障。在现代刑事诉讼中，公力救济表现出了两面性，一是要打击犯罪，保障国家、社会公共利益和被害人的权利，即以诉讼的方式，侦查和公诉来追诉犯罪；二是要维护国家法律的统一正确实施，要保障被告人的权利，控制警察，制约审判，在诉讼中承担监督诉讼活动的职责。

诉讼作为一种"公力救济"形式，在诸权合一的历史时期就已经存在了，是国家权力通过司法活动实现对于被损害权益的恢复和补偿。诉讼作为一种"公力救济"不仅在刑事诉讼领域中发挥作用，当然也通过法院的审判活动在民事诉讼和行政诉讼领域发挥作用，在不同的诉讼领域，国家"公力

---

① ［德］拉德布鲁赫著：《法学导论》，米健、朱林译，中国大百科全书出版社1997年版，第122页。

救济”发挥的作用是不同的，刑事诉讼要解决的中心问题是被告人的刑事责任问题，即解决被告人的行为是否构成犯罪，应否处以刑罚，以及处以何种刑罚的问题。刑事诉讼，不仅是对个体权益的救济，而且是为了维护社会的正常秩序，是对国家和社会公共利益的保护，民事诉讼和行政诉讼要解决的中心问题是侵权主体的民事或行政责任，一般体现的是对被侵权人的公力救济。“刑事诉讼中国家权力的动用具有主动性、普遍性和深刻性的特点。所谓主动性，是指刑事诉讼通常采取国家调查（侦查）和国家公诉的方式主动发动，从而区别于民事和行政诉讼是由有关的社会个体发动；所谓普遍性，是指在一般情况下，从案件调查——诉讼准备，到提起诉讼，再到裁决和执行，都是国家权力行使的过程，而且在诉讼的每一阶段，都可能涉及国家权力的广泛使用；所谓深刻性，表现在国家权力的行使不是停留在诉讼的表面，而是深入其中，尤其表现在国家强制力量的使用，包括对人的强制——监视居住、拘留、逮捕等；对物的强制——扣押、搜查、强制性检查等。因此可以说，国家权力尤其是国家强制力量的广泛使用，是刑事诉讼最重要的特征之一，而刑事诉讼的这一特征，则是基于它的特殊性质和任务的要求。但是法律虽然赋予执法和司法机关为完成刑事诉讼任务所必需的权力，同时也必须对执法、司法机关权力行使的限度加以确定，否则容易导致权力的滥用并损害诉讼中的个体权利，尤其是犯罪嫌疑人、被告人的合法权益，从而损害诉讼的公正性。”①

公诉权的产生是“公力救济”不断加强的结果，公诉权的产生是国家权力的动用在刑事诉讼领域具有主动性、普遍性和深刻性的一个重要标志。国家权力因素在诉讼中的扩张、权力制约的增强，是推动公诉权发展演变的内在动力。

三、正当程序对公诉职能的基本要求

公诉权的价值不仅仅在于使国家刑罚权能够实现，还在于它为刑罚权的实现提供了现实的合理性，之所以如此，在于公诉权具有独立的程序价值，正如我们所探讨的诉讼程序的独立价值一样。公正，是法律制度所要追求和实现的最高理想和目标，也是人们用来评价和判断一种法律制度具有正当根据的价值基础。在法律制度中，一般认为公正可以表现为实体公正和程序公正两种形式，实体公正是人们在对实体上的权利、义务和责任进行确定时所要遵循的价值目标，它主要体现为结果的公正，比如刑罚的适用是否公正。

---

① 徐静村主编：《刑事诉讼法学》（上），法律出版社 1997 年版，第 4 页。

而程序公正是指法律程序在具体运作过程中所要实现的价值目标，它是一种过程价值，一项法律程序本身是否符合程序公正的标准，主要看它是否使那些参与程序和受程序结果影响的人受到了应得的待遇，程序也因此具有保障实体结果公正的功能。

关于程序公正，西方学者根据传统的自然法和自然权力的理论，提出了一项十分古老的程序公正标准，这就是著名的“自然正义”原则，该原则在现代以及在不同的国家有所发展，但是它的基本要求有两项，即任何人不得作自己案件的法官；应当听取双方当事人的意见。根据这两项要求，刑事诉讼中裁判者应当保持中立，受裁判影响的各方应当充分地、平等地参与诉讼过程，这一理论反映到诉讼结构上，就是要求诉讼应当采取三角形的结构。在诉讼职能上，就是起诉，特别是国家起诉职能应当与审判职能分立，并且尽量保持一种合理的距离，此所谓正义不仅应当实现，还应当以人们能够看得见的方式实现的要求所在，对此，美国联邦最高法院大法官杰克逊的一席话很具有说服力：“程序的公正和合理是自由的内在的本质，如果有可能的话，人们宁愿选择通过公正的程序实施一项暴力的刑法，也不愿意选择通过不公正的程序实施一项较为宽容的实体法。”此言道出了程序公正的现实意义，这也是确立公诉权的程序价值所在。梅因曾经在考察了古代法之后得出了司法先于立法而存在的论断，他给我们的启示是：司法过程，是人类建立规则和形成法律的过程，在没有明确的法律的时候，司法的过程本身构成解决实体纠纷的手段之一。这种过程孕育着在其后大量形成的法律的精神，通过公开的、官方介入的形式解决刑事纠纷，是对司法过程中不断形成的程序价值的认可。

自国家垄断刑事追诉权起，公诉制度经过了不断的发展，在司法制度发展史上，为了反对封建的、专制的审判制度，发生了控诉与审判职能的分离，这表明公诉权除了追求有利于打击犯罪，维护实体公正之外，还有一个重要的发展根据，即它的行使程序应当体现公正。作为代表争议一方的公诉方，应当与诉讼的另一方平等对抗，审判权不能兼并公诉权，否则作为被告的个人演化成了诉讼的客体和国家强制力的猎物。公诉权应当独立行使，应当与被控方保持对等，这至少在形式上保证了诉讼的公平和合理，这就是公诉权发展的程序公正的根据。这一点，在现代世界各国的公诉实践中得到进一步的发展，以英国为代表，英国一向有着私诉传统，在探索司法改革的过程中，皇家刑事程序委员会对起诉制度提出的批评是，起诉与侦查不分，起诉带有私人性、地方性和自由裁量性，以及缺乏统一的全国性的标准等。因此建议对于警方已决定起诉的案件，实施一种独立的起诉控制，根据1985年的《刑事起诉法》，英国建立了皇家检控署统一公诉的制度，并且为了寻求提供一种更为开放的和透明的原则而制定了指导公诉的《皇家检察官规则》，据此，公诉更集中和独立、更透明、更趋向统一。显然，对程序价值的认可和追求是公诉权发展的重要的法理根据，从普遍意义上讲，公诉权的确立和完善，进一步发展了刑事诉讼中的辩护制度、审判制度等，从而在更大的范围内实现了程序公正的价值目标，这也进一步说明，程序公正是公诉权发展的永久的根据之一。

程序正当既是刑事诉讼追求的基本价值，又是刑事诉讼需要遵循的基本规律，也是公诉职能必须追求的基本价值和需要遵循的基本规律。刑事诉讼的基本价值和规律具体体现为正当程序所要求的基本原则，包括程序法定、实体公正与程序公正相统一、无罪推定、司法独立。公诉职能除了需要遵循这些原则和要求之外，还需要遵循客观追诉原则和公共利益原则。

（一）客观追诉原则

在1877年通过的德国刑事诉讼法典中，对检察机关的定位是法律守护人，在刑事诉讼中并不是单纯的一方当事人，“检察官立于一种负双重等阶义务的地位，既为‘不利’、又为‘有利’被告之事项而奔命。”[①] 即检察机关在追诉犯罪行为时必须保持一种客观追诉的地位，这就是检察机关的客观追诉原则的由来。

客观追诉原则要求检察机关在公诉活动中应当以实现诉讼公正为目标，在诉讼过程中既要注意不利于犯罪嫌疑人、被告人方面的事实，也要兼顾有利于犯罪嫌疑人、被告人方面的事实，即“检察官在刑事诉讼上，与法官同为客观法律准则与实体真实正义的忠实公仆，‘毋纵’之外还要‘毋冤’，‘除暴’之外还要‘安良’，并非也不该是片面追求攻击被告的狂热分子。”[②] 从各国的立法来看，不管是实行职权主义诉讼的大陆法系国家，还是实行当事人主义的英美法系国家，客观追诉原则都是检察机关行使职权时的立法要求，不同的是对客观追诉义务的要求程度不同而已，并不像有些学者所说的完全的当事人化。例如，对抗制的典型国家美国，在联邦司法系统，1935年通过的伯格案（Berger v. United States）规定：“合众国律师不是争议的普通一方当事人的代表，而是主权的代表，他负有行使职权的义务，但同时也必须公正地行使职权，所以，他在刑事诉讼中的利益不是赢取案件，而是保证司法的公正。正因为如此，从一种特定和确定的意义上说，他是法律的公务

① 林钰雄著：《检察官论》，台湾学林文化事业有限公司1999年版，第33页。

② 林钰雄著：《检察官论》，台湾学林文化事业有限公司1999年版，第33页。

员，法律的双重目标是既不能让有罪者逃脱也不能让无辜者遭受惩罚。"① 现在英国的《皇家检察官守则》第2条也明确规定："皇家检察官应当是公平的、独立的和客观的，他们不应当让其对被告人、被害人或者证人的种族或者国籍、性别、宗教信仰、政治观点或者性取向的个人观点影响他们的决定，他们也不应当受来自任何方面的不适宜或者不正当的压力的影响。"② 在当代，检察机关的客观追诉原则也得到越来越多的国际法律文件的认可，如联合国《关于检察官作用的准则》在序言中就明确表明该准则的作用就在于确保和促进检察官在刑事诉讼中发挥有效的、不偏不倚的和公正无私的作用，并在相关具体条文中明确规定了检察官的公正性与客观义务。

从各国的立法与判例来看，检察机关客观追诉原则的要求主要体现在以下几个方面：一是检察机关在收集证据时，不仅要收集被告人有罪或者罪重的证据，也要收集被告人无罪或者罪轻的证据，对收集到的有利被告人的证据必须向被告方进行开示。二是检察官在决定起诉时或者在法庭审理过程中，应以证据作为客观依据，而不能考虑其他不合理的因素，发现指控证据不足的，应当终止诉讼或者撤回起诉，或者建议法庭判决被告人无罪。三是检察机关发现法院判决有错误时，可以为被告人的利益提出上诉或者提出再审要求，这主要体现在大陆法系国家中。例如，《德国刑事诉讼法典》第296条第2款规定："检察院也可以为了被指控人的利益而提起法律救济诉讼活动"；在日本，"检察官作为公益代表人，在必要时也可以为了被告人的利益提起上诉、请求再审或者提起非常上告。"③

一般认为，我国检察机关虽然属于公诉案件的必然一方，但并不是当事人，"人民检察院向人民法院提起公诉，派检察人员出席法庭进行控诉支持公诉，不是一方当事人，而是代表国家行使对犯罪的追诉职权。"④ 这除了说明检察机关拥有很多被告人所不具有的诉讼权力，法律地位要高于被告人以外，还表明检察机关在行使检察权时必须坚持客观追诉的原则，检察机关客观追诉原则在我国刑事诉讼法中主要体现在以下几个方面：一是根据我国《刑事诉讼法》第43条的规定，检察人员在收集证据时，除了必须依照法定程序收集能够证实犯罪嫌疑人、被告人有罪、罪重的证据外，还要收集能够证实犯罪嫌疑人、被告人无罪、罪轻或者减轻处罚的证据，另外还必须保证

---

① ［美］爱伦·豪切斯泰勒·斯黛丽等著：《美国刑事法院诉讼程序》，陈卫东等译，中国人民大学出版社2002年版，第230页。

② 《英国刑事诉讼法选编》，中国政法大学出版社2001年版，第542页。

③ 《日本检察讲义》，杨磊等译，中国检察出版社1990年版，第14页。

④ 陈光中主编：《刑事诉讼法学》新编，中国政法大学出版社1996年版，第46页。

一切与案件有关的或者了解案情的公民，有客观地充分地提供证据的条件。二是根据《刑事诉讼法》第137～142条的规定，人民检察院在审查案件时，必须查明犯罪事实、情节是否清楚，证据是否确实充分，侦查活动是否合法；应当讯问犯罪嫌疑人，听取被害人和犯罪嫌疑人、被害人委托人的意见，只有认为犯罪嫌疑人的犯罪事实已经查清，证据确实充分，依法应当追究刑事责任的才作出起诉决定，对于经过补充侦查以后，证据不足的，或者依法不需要追究刑事责任，或者犯罪情节轻微，依照刑法规定不需要判处刑罚或免除刑罚的，应当或者可以作出不起诉决定。三是根据《刑事诉讼法》第44条的规定，人民检察院制作起诉书时必须忠于事实真相，故意隐瞒事实真相的，应当依法追究责任。四是根据《刑事诉讼法》第181条和第205条的规定，地方各级检察院发现本级法院的第一审判决、裁定确有错误时，应当根据第二审程序向上级法院提出抗诉，上级检察院发现下级法院已经发生法律效力的判决、裁定确有错误，最高人民检察院发现各级法院发生法律效力的判决、裁定确有错误时，有权按照审判监督程序向同级法院提出抗诉，而判决、裁定确有错误，既包括有利于被告人的，也包括不利于被告人的，即人民检察院可以为被告人的利益而提出抗诉。

（二）公共利益原则

在现代诉讼中，公诉制度存在的基础和正当性在于维护法律的统一正确实施和维护公共利益，意即检察官的定位是“法律守护人”和“公共利益”的代表，公诉的本质是国家追诉，之所以要对犯罪实行国家追诉，是因为犯罪不仅侵犯了被害人个人的利益，同时也侵犯了国家统治秩序和社会利益。为了避免私人起诉的缺陷和更好地维护统治秩序和社会利益，需要检察官作为国家和社会公众利益的代表对犯罪提起公诉，公诉制度的建立，不仅仅体现为对被害人的“公力救济”，而且还在于维护公共利益。维持公共秩序、公共安全和公共福利是国家的重要职能，也是国家作为一种组织形式、一种统治体系得以存在的合理性依据和长治久安的必要条件，所以作为维护国家利益手段的刑罚请求权的行使，不能完全由被犯罪行为侵犯的被害人来行使，特别是无被害人的犯罪，如果不实行国家追诉，刑罚权必然难以实现。刑事司法程序由国家专门机关即检察机关依职权发动，无须顾及被害人个人的意愿，使公诉活动以国家和公共利益的实现为目的的特征更为明显。如果检察机关公诉时不维护公共利益，就丧失了其参与诉讼的意义，当然，公诉活动要遵循公共利益原则，不单纯体现在对犯罪的追诉中，而且更体现在自由裁量权的行使中，检察机关或检察官在自由裁量过程中，如何更好地维护公益则是其考虑的主要内容。

检察机关或检察官在检察活动中必须坚持公益原则，但由于各国检察机关的体制或检察官的性质不同，因而各国对公益原则基本含义的理解和表述也不尽相同。例如，在英国，正如前检察长萧克罗斯勋爵所言，“有犯罪嫌疑就必须起诉，这从来就不是我们国家的方针……只有当罪行和犯罪时的情形具有这样一个特点，即对该案的起诉符合公共利益，检察官才应该起诉。公共利益仍然是我们应当考虑的首要问题”。“起诉无论到头来成功与否，都要考虑到对公众情绪和秩序造成的影响，及其对任何其他公共政策的影响。”① 如何判断起诉是否符合公益，“英国《刑事案件起诉规则》第6条从正反两个方面对起诉时应当考虑的公益因素作了列举，概括起来有以下几项：(1) 罪行是否严重，如是否使用武器、暴力；侵犯的是否为公职人员；犯罪嫌疑人是否具有社会地位；是否为主犯；主观罪过形式；是否造成严重的危害后果等。(2) 被害人的利益。(3) 犯罪嫌疑人的个人情况，如是否为老年人或青少年。”② 以上情况从不同的角度反映了英国对公益原则含义的理解，如罪行严重程度表明某一行为对国家和社会利益的危害大小，将其作为考虑的重要因素，体现着对国家利益和社会利益的重视；被害人的利益反映着社会公众的利益；考虑犯罪嫌疑人的个人情况意味着公诉活动中对人权的尊重。“美国检察官代表国家和人民，且担负着作为司法官员的职业道德义务。因而，司法部的箴言是，‘当公民在法院获得了公正，美国就赢得了胜利’。”③ 可见，美国检察官所代表的公益包括国家利益和公众利益。在法国，学者一般认为，“公诉是一种具有总体利益的诉讼，或者说，是一种公共利益性质的诉讼，公诉权属于社会，且唯一属于社会，社会唯一有权进行公诉或放弃进行公诉。当然，在实际上，社会是通过其有资格的代表，也就是检察机关的司法官来进行公诉的。”④ 因而在法国，检察机关所代表的公益是指社会总体利益。

学术界从多个角度来定义公共利益，沃尔特·李尔曼在《公共哲学》中认为公共利益是：“当人们能看得清楚，想得合理，行动起来不谋自利而乐善好施时，他们自己所选择的就是公共利益。”⑤ 美国《布莱克法律大辞典》将“公共利益”解释为：公共利益是公众和社团普遍享有的，包含某种金钱

---

① 《英国检察机关》，龙宗智译，载《世界法学》1987年第4期。

② 陈光中、江伟主编：《诉讼法论丛》第2卷，法律出版社1999年版，第337～338页。

③ 宋冰编：《读本：美国与德国司法制度及司法程序》，中国政法大学出版社1998年版，第349页。

④ ［法］卡斯东·斯特法尼著：《法国刑事诉讼法精义》，罗结珍译，中国政法大学出版社1999年版，第118页。

⑤ 转引自王新环著：《公诉权原论》，中国人民公安大学出版社2006年3月版，第158页。

利益，或者公众或者社团的权利和义务因之受到影响的某种利益；公共利益并不意味着狭隘得如某种稀见之物，或者像在受处于争议中的事情影响的特定地区的利益；为公民所分享的利益通常属于地方、州或者联邦政府的大事。在日本法律中，多用“公共福利”（public welfare）来表示公共利益的含义。我们认为，公共利益应是指国家、社会、公民所共同享有的自由、秩序、财产、安全等方面的保障，公共利益是社会多元化主体利益的总和，蕴涵着私人利益，但又高于私人利益，公民个人权利是公共利益的有机组成部分，检察官在公诉活动中应当综合考量公民权利与公共利益之间的平衡，在化解公共利益与公民权利冲突的过程中，公民权利有不被强制作出牺牲的法律保障。

“各国检察机关或检察官在诉讼活动中贯彻公益原则，并不意味着检察机关或检察官在诉讼中不顾个人权益甚至可以牺牲个人权益。因为实际上个人权益中带有普遍意义的内容，具有社会利益的性质，如果不尊重甚至蓄意破坏公民个人权益，那么这样必然会对其他公民的个人权益产生威胁，社会利益也往往难以得到有效保障。因而在现代文明社会，处理公共利益与个人利益之间关系时，一般都确立了在不损害个人权益的基础上维护公共利益的原则，反对为了公共利益而牺牲公民个人合法权益。正如日本学者所言，日本宪法的‘公共福利’‘无论如何是立足于个人主义’。因此，公益原则是建立在尊重公民个人权利基础上的一项原则，检察机关或检察官在公益原则指导下进行诉讼活动时，必须切实注意保障公民个人的合法权益。”①

① 邓思清著：《检察权研究》，北京大学出版社2007年版，第130页。

第五章 检察监督与公诉职能的辩证统一

在我国，检察监督与公诉职能是检察权的主要内容，检察权具有控权性和诉讼性。从检察权的控权性来看，检察监督的主要特征是权力监督，公诉职能的主要特征是权力制约。从检察权的诉讼性来看，检察监督的主要特征是程序性，公诉职能的主要特征是求刑性。在我国，检察权是一项独立的国家基本权力，检察权是检察监督与公诉职能的辩证统一，是权力控制和诉讼的结合，是权力监督和权力制约的辩证统一。

第一节 检察监督与公诉职能的功能与属性比较

一、检察监督与公诉职能的功能比较

在检察实践中，检察监督与公诉职能分别由检察机关内部不同的部门承担，公诉职能主要是由检察机关的公诉部门承担的，检察监督是由检察机关内部的不同部门承担的。按照检察实践中的做法，我们可以把公诉部门承担的职能统称为公诉职能，这样公诉职能就包括公诉权和部分检察监督权两部分，公诉部门的公诉权包括审查起诉、不起诉、提起公诉和出庭支持公诉。公诉部门的检察监督职能包括侦查监督、审判监督、死刑执行临场监督等。在我国检察机关中，承担检察监督职能的部门主要有：反贪污贿赂和反渎职侵权部门行使职务犯罪侦查职能；侦查监督部门行使立案监督、侦查监督职能；民事、行政检察部门行使民事审判和行政诉讼监督职能；监所部门行使刑罚执行监督职能。在理论上，我们还可以将公诉职能中的检察监督职能剥离，把公诉职能限定为审查起诉、提起公诉、不起诉、出庭支持公诉，抽象出一个理论上的纯粹的公诉职能，并以此来比较公诉职能与检察监督的功能和作用。

（一）检察监督的主要功能和作用

1. 打击职务犯罪，维护统治秩序

国家工作人员职务犯罪，是权力异化的极端表现，其与普通刑事犯罪在犯罪主体、犯罪客体、犯罪的客观方面、犯罪的主观方面均存在较大的不同，特别是在社会危害性上，国家工作人员职务犯罪对国家政权的危害要甚于普通刑事犯罪，因为它危及国家政权结构、国家职能的正常履行和统治秩序，而普通刑事犯罪危害的主要是社会秩序。国家工作人员职务犯罪是严重的权力腐败，权力腐败是随着私有制、商品经济的发展，与阶级和国家相伴而生，由来已久，诚如学者吴晗所言，腐败与史同寿。腐败是世界范围内的通病，古今中外，概莫能外，不论是社会主义制度还是资本主义制度在一定历史条件下都存在着一些腐败问题，只是程度有所不同。国家工作人员职务犯罪因其对国家政权危害的特殊性，而被称为是寄生在政权机体上的“毒瘤”。为有效打击和预防职务犯罪，许多国家对职务犯罪的管辖权和司法程序作了特别规定，多数国家的检察机关拥有职务犯罪侦查权，在英国，设立了在总检察长领导下的严重欺诈调查局（有人译为“反贪污贿赂局”），负责侦查500万英镑以上重大复杂的欺诈案件；在美国，检察官直接管辖的案件主要是一些特别重大的贪污、贿赂、警察腐败、白领犯罪案件；在新加坡、马来西亚、文莱，只有检察长、检察官才有权决定对职务犯罪行使调查权；印度、巴基斯坦等国规定，一般警察无权对贪污贿赂犯罪案件进行调查。在我国，职务犯罪侦查权专属于检察机关，检察机关对职务犯罪案件的侦查范围是刑法第8章规定的贪污贿赂罪和第9章规定的渎职罪，检察机关具有专属的职务犯罪侦查权，不仅使检察机关拥有了最严厉的控权手段，也使检察权的控权作用体现在国家权力运行的所有领域，是检察机关在国家控权体系、国家政权结构中具有重要地位的因素之一。

2. 纠正诉讼中的一般违法行为，维护法制统一

法制统一是法治国家的重要表征，法制统一的要求涵盖了法的运行的所有方面，不仅要求国家的法律体系完善统一和谐，而且要求国家的法律得到一体的遵守、执行和适用。检察制度诞生之日起，就被赋予了一项重要的法治功能——守护法律、制裁破坏法律的行为，检察官因此而被称为“法律守护人”。例如，德国学者彼德所说：“检察官所做的事情，是法的贯彻与实现。”诉讼是解决各种社会矛盾冲突的重要方式，也是执法、司法行为的关键环节，检察监督的重要作用是纠正诉讼中的一般违法行为，保障国家法律在刑事诉讼、民事诉讼、行政诉讼的全过程得到统一正确实施。在刑事诉讼中，检察机关承担了确保侦查活动合法性的义务，要对侦查机关的侦查活动

和采取的强制侦查措施是否合法进行监督，防止侦查权的滥用。在审判活动中，检察机关通过审判监督职能，督促法官合法公正地行使裁判权。

3．监督权力，保障人权

维护法律的统一正确实施与人权保障紧密相连，是手段与目的的关系。在刑事诉讼中，检察机关通过立案监督，对侦查机关应立案而不立案的行为，予以督促纠正，使应当受到刑事追究的人进入刑事诉讼程序，以保护被害人的人权；通过侦查监督，督促纠正侦查机关滥用强制性侦查措施、超期羁押等行为，以保护被追诉人的人权；通过审判监督，督促纠正审判机关侵犯诉讼参与人的合法权利行为；通过执行监督，纠正审判机关不当的减刑、假释的裁定和执行机关违法的监管行为，保障服刑人的人权。

从整体上看，检察监督无疑也具有打击犯罪、保障人权、维护法律统一正确实施的功能和作用，这与公诉职能具有高度的一致性，也是两者统一于检察权之中的重要原因。同时两者也存在明显的区别，主要是：纯粹的公诉职能是一种准司法行为，是以自身的权力实现打击犯罪、保障人权、维护法律统一正确实施的功能和作用，但其功能和作用具有有限性，难以确保在刑事诉讼领域的其他阶段，也实现上述功能和作用。例如，侦查阶段的超期羁押问题，如果没有侦查监督，那么公诉职能是无法纠正的，公诉职能也不可能在民事诉讼、行政诉讼中实现保障人权、维护法律统一正确实施的功能和作用。而检察监督是一种监督行为，并且是纯粹的程序性权力，没有实体处分权（公诉权具有部分实体处分权，如不起诉），要实现维护法律统一正确实施的目的，需要被监督者或有关机关的配合，也就是说在实现上述功能和作用时具有一定的不确定性、或然性，但与纯粹的公诉职能相比，它的作用方式具有主动性、作用的范围具有广泛性的特点。检察监督与公诉职能的上述区别表明，两者在功能和作用上具有一定的互补性，检察监督的存在，有助于实现公诉职能的目的和提高公诉职能的效率，公诉职能的存在，有助于检察机关了解诉讼活动的全貌，为检察监督的实施提供了条件和可能，只有两者的结合，才能有利于实现和发挥检察权的整体功能和作用。同时也表明，纯粹的公诉职能与检察监督各自具有不同的功能和作用，不能把公诉权简单地等同于检察监督权。

（二）公诉权的主要功能与作用

1．打击刑事犯罪，落实国家刑罚权

“与法律永久相伴随的基本价值，便是社会秩序。法律规则的首要目标，也是使社会中各个成员的人身和财产得到保障，使他们的精力不必因操心自我保护而消耗殆尽。”① 犯罪行为无疑是对社会秩序的严重破坏，“随着社会的不断发展，社会矛盾不断深化，人类的认识水平也逐渐提高，统治阶级的统治经验也日渐丰富，使他们意识到犯罪不仅仅是与被害人有利害关系，更主要的是侵犯了统治阶级所极力维护的社会关系。”② 也正是为了克服私人追诉的不力，加大打击犯罪的力度，增强社会控制能力，才使公诉制度得以建立。公诉权是一种刑罚请求权，通过对构成犯罪的刑事被告人提起公诉，使之接受公正的审判，目的是落实国家刑罚权，以保护公共利益。

2．维护社会公共利益

诉权根源于人权，诉权是权利救济之权。刑事诉讼模式最初表现为弹劾主义诉讼，诉权的行使主体是被害人及其近亲属，国家权力居中裁判，实行不告不理。刑事诉讼机制的建立，国家权力主要体现为对被害人权利的公力救济和保护，随着社会的发展，人们认识到，犯罪不仅侵犯了个人权利，而且还侵犯了国家和社会利益。犯罪行为危害人类的发展和安全，对个人、国家乃至社会权利（意即社会人权）的有效保护，应是每个国家维系自身发展的责任，私诉显然难以承担这样的重任，正是为了加强对个人、国家乃至社会权利的保护，促使私诉向公诉转变。“所谓社会人权，是把社会、国家作为一个集合体来考虑，考查其公共层面之上的权利。这种社会人权是个人人权的一种集合，但不是一种简单相加，表现在社会人权不仅仅代表个人人权的共同利益，同时还有对个人人权进行抽象后放到整个社会层面上考虑特殊的利益即社会公共利益。”③

3．制约权力，保障人权

公诉权的制约作用体现在两个方面，一是对审判权的制约，审判权是一种刑罚裁量权，具有终局性特征，倘若运作不当或恣意妄为，会对被追诉人的生命、财产、自由等权利造成损害。检察官在刑事诉讼程序中始终扮演着法官审判职能的把关者角色，在控诉原则支配下，法官受不告不理原则的拘束，除自诉案件外，必须是检察官提起公诉后，才能进入审判程序；反之，如果检察官没有提起公诉，法官就无案可审，以此实现公诉权防范法官恣意的功能，从而保障司法权的行使具有客观性和正确性，最大限度地杜绝司法专断。公诉权对审判权的制约还体现在，法官要受诉讼请求的约束，不得审

① ［英］彼得·斯坦等：《西方社会的法律价值》，中国人民公安大学出版社 1990 年版，第 38～41页。

② 参见郝银钟、付良英：《论公诉权的制度诱因与价值基础》，载《中国人民大学学报》2001 年第 1 期。

③ 宋世杰、王志华：《公诉权理论新探》，载孙谦、张智辉主编：《检察论丛》2002 年第 5 卷，第 258 页。

理诉讼请求以外的问题，否则等于违反了不告不理原则。二是对侦查权的制约，检察机关对侦查机关侦查终结的案件进行审查后，如认为被追诉人的行为不构成犯罪，则可以作出不起诉决定，从而阻却了侦查机关追究当事人刑事责任的意图。公诉权的权力制约作用的价值在于维护法律的统一正确实施，纠正和防止其他国家权力的错误行使，当然最终的目的是要保障人权，使有罪的人受到刑事追究，保护被犯罪行为所侵犯的法益，使无辜的人免于受到刑事追究。

二、检察监督与公诉职能的属性比较

事物的本质属性一般被理解为事物的内在规律性，是事物比较深刻的、一贯的、稳定的方面，本质属性是多层次、多等级的。人对本质的认识，要“由现象到本质，由所谓初级本质到二级本质，不断深化，以至无穷”。①

公诉权与检察监督权均是多项权力的复合体，由此决定了它们各自的本质属性也是多方面、多层次、多等级的。

（一）控权性比较

从权力控制上看，公诉职能的本质属性是权力制约，从公诉权的产生、发展历史看，其重要的理论基础是公力救济和分权制衡，并非是权力监督。权力监督与国家权力相伴而生，在刑事司法领域亦是如此。在专制时代，封建统治者也需要对刑事司法权予以控制，防止刑事司法权异化和滥用，以维护其统治秩序。其所采取的权力控制方式是权力监督。“在古代，‘朕即国家’，行政的目的只是为了维护君主的神圣权威。民为帮本，而君为帮主，君为天下父母，君以臣民为其私属，‘忠君’自然是古代政治思想的首要内容，也是臣子官吏的首要义务。这一观念导致产生了一条不同于现代的行政责任路线：行政权力来源于君主，行政机关层层设置，行政权力层层批发，行政官员层层向其权力来源负责，最终交付身心于君主。行政责任来自于对上级的义务，与百姓毫无关涉。”② 专制时期，行政是国家事务的全部，社会生活的各个领域都集中于自上而下的行政管理之中，没有独立的立法和司法。国家对司法权的控制是一种上对下的线性权力监督，并且专制时期，诸权合一，对司法权的监督也体现为行政权的内部监督，这种权力监督的弊端是显而易见的。“封建的权力监督最终只是专制的一个附庸，在‘人治’的前提下，其实际效用的大小完全取决于最高统治者，它要服从于法律之外的特权

---

① 《列宁全集》第55卷，人民出版社1990年版，第213页。

② 汤唯、孙季萍著：《法律监督论纲》，北京大学出版社2001年版，第187页。

者的意志。”① 官官相护，权力得不到有效的控制，使国家和社会之间的矛盾日趋紧张，最终导致专制政体走向了灭亡，被民主政治所取代。民主政治是建立在自由、平等、法治的观念基础之上的，使权力控制方式中的权力制约得以真正实现。司法独立，控、审分离，公诉权从审判权中分离出来独立存在，主要体现了以权力制约权力——权力制衡，公诉权从审判权中分离出来的一个重要目的，在于彻底废除诸权合一的纠问式诉讼制度，最大限度地杜绝司法专断。制衡关系总是体现出双向性的特征，公诉权制衡了审判权，审判权也在制衡公诉权——法官会对其认为是错误提起公诉的案件作出无罪判决，阻却公诉权的求刑意图。在不同法律文化传统的检察制度中，公诉权与审判权的制衡关系内容会有差异。在我国的检察实践中，公诉职能中包含了一部分检察监督权，使公诉权兼具制约性与监督性，但需要指出的是，通过司法内部分权制约控制司法权力的需要是公诉权得以独立存在的根本原因。从权力控制的角度看，权力制约是公诉权的本质特征。

检察监督的本质属性是横向权力监督。建立在民主政治基础上的现代检察制度，是以控、审分离和公诉权的独立存在为标志的，现代检察制度的诞生，使司法领域的权力控制形式发生了转变。由专制时期，诸权不分，集中于行政权内部的上对下的权力监督，转变为分权基础上的相互制约和横向监督，司法领域的这种平等或并列主体之间的横向监督一般是由检察机关来承担的，即检察监督。在我国，以权力监督权力的形式主要有两种。一是上对下的监督，包括权力机关基于委托和授权，对被委托行使权力部门的监督和寓于各种管理之中的上对下的监督。二是平等和并列主体之间的监督，包括行政领域的行政监察、审计监督和司法领域的检察监督等。在我国一元多立的政治权力结构中，全国人民代表大会作为统一的、最高的国家权力机关，享有广泛的权力，其他国家机关由人民代表大会产生并对它负责。这些国家机关之间，相互独立，互不隶属，共同接受人民代表大会的监督，这种监督就是权力机关上对下的监督。我国检察机关所拥有的检察监督权是国家的最高权力机关——人民代表大会统一行使的国家权力的一部分，是根据人民代表大会的授权代行部分监督权，基于委托与被委托的关系，检察机关行使检察监督权必须受国家权力机关的监督。但在检察机关与其他国家机关之间并不存在委托与授权的关系，检察机关对其他国家机关的监督不同于权力机关那种上对下的监督，只能是权力分工基础上的平等主体和并列主体之间的横向监督。在我国，检察监督包括针对司法领域的侦查监督、审判监督和执行

---

① 汤唯、孙季萍著：《法律监督论纲》，北京大学出版社 2001 年版，第 187～188 页。

监督，也包括针对国家工作人员职务犯罪的职务犯罪监督。总体上说，这些监督不是由于隶属关系或委托、授权关系而产生的上对下的监督，而是由于法律的规定而产生的平等主体和并列主体之间的横向监督。

（二）诉讼性比较

公诉职能的本质属性是求刑性。公诉权属于诉权的范畴，“诉”的基本含义，就是当事人基于矛盾纠纷向国家请求裁决的行为，按照矛盾纠纷的性质，可划分为刑事之诉、民事之诉和行政之诉；按照提起诉讼的主体不同，可划分为私诉和公诉。公诉权，一般是作为刑事诉讼的专用名词而使用的，公诉权就是刑事诉讼中的犯罪追诉权，“诉权是公力救济的产物，只有在国家出现，并且以国家力量取代私力救济时，诉权才有了产生的条件。”① “诉权实际上是人自身最原始的权利，是人受到侵害后本身的反抗与寻求救济权，诉权就是一种人权，又可以认为诉权源于公民权，公民权是受法律保障的，在其受到不法侵害后，公民有权采取法律手段寻求司法救助，这种法律手段就是诉权的行使”。②

在刑事诉讼领域，诉权的行使主体经历了这样的演化过程，由私人行使，到国家行使，再到国家专门、独立的机构行使，诉权行使主体的变化与刑事诉讼模式的演进息息相关。在弹劾主义诉讼模式中有私诉，但无公诉，在纠问式诉讼模式中，出现了国家追诉，但公诉权与审判权的行使主体合二为一。在现代当事人主义、职权主义诉讼模式中，公诉权行使主体都实现了专业化、独立化，即由检察机关来行使。诉权行使主体的每一次变化，都是刑事司法文明进步的标志，也是国家权力在诉讼领域不断扩张、公力救济不断强化的表现。

公诉与私诉相比，存在诸多的不同。一是公诉权由国家享有，并委之以特定的国家机关行使，而私诉权是由被害人或其近亲属行使。二是公诉权行使主体法定、标准法定，克服了私诉所存在的弊端，如随意滥诉、不敢起诉、不能起诉等情形。三是诉讼目的不同，私诉的目的是为了自身的合法权益，而公诉的目的不仅在于救济被害人的权利，更重要的是要维护国家和社会公共利益，稳定社会秩序。四是公诉权既是一种国家权力，也是国家的一种责任，当案件符合法定条件时，存在必为性，而私诉权是公民的权利，其行使存在或然性。并且公诉权主体拥有私诉权主体所难以企及的人员、资源优势，适于处理重大复杂、影响广泛的诉讼案件。

尽管公诉权与私诉权存在上述不同，但公诉权与私诉权的共同本质仍然

---

① 顾培东：《论诉权》，载西南政法大学《硕士论文集》1985 年版，第 223 页。

② 宋世杰等：《论刑事公诉制度及其强化》，载《检察理论研究》总第 25 期。

是“诉权”，是提请审判机关对矛盾纠纷予以裁决的权力，二者的共同本质属性表现为求刑性。“公诉权是诉权的一种发展形态，是一种高级发展形态，主要是为了弥补私诉权的种种缺陷而产生的，可以把它看作是一种私诉权的补强之权，它不仅指向对公共利益的保护，同时也体现对不特定多数人或弱势个体的特殊保护。公诉权的出现是法治更为文明、进步的表现，一方面，凸显了国家对特定类型纠纷的强制性介入；另一方面，则昭示了对私诉权的加强与保护，有效地弥合了私诉权的有限性和权利保护之间的真空地带。可以认为，公诉权是带强制性的公平之权，并更多地强调公益性。”① 刑事诉讼是要解决国家与被追诉人之间在犯罪问题上的纠纷，公诉权在实体上的首要意义在于确保国家刑罚权的实现。刑罚权具体包括刑罚创制权、刑罚请求权、刑罚裁量权、刑罚执行权。刑罚创制权是指刑罚立法权，它是一种静态的存在，而刑罚权的实现是一个连续的动态过程，刑罚请求权是使刑罚权从静态走向现实的重要联结因素，它把刑罚创制权与刑罚裁量及执行有机地结合起来。刑罚请求权的重要表现形式就是公诉权，这也是众多的学者把公诉权定义为“求刑权”的重要原因。

公诉权无论如何发展变化，都未脱离其诉权的本质属性——求刑性。现代世界各国的检察权中的共有、基本职权是公诉权，而公诉权是一系列权力的复合体，其中的核心权力是提起公诉权和出庭支持公诉权，因为诸如不起诉权、上诉权等均是一种非常态的权力行使行为，提起公诉权和出庭支持公诉权集中体现了公诉权的诉权本质——求刑性。

检察监督不具有求刑性，检察监督的诉讼性主要体现在其程序特征上。检察监督是权力监督与诉讼结合的产物，检察监督根源于权力监督，但与其他权力监督的区别就在于其具有鲜明的诉讼性。诉讼的一个重要特征是由法律预先设定的程序，检察监督的诉讼性本质表明，检察监督必须按照法律设定的内容、范围、手段、步骤来进行，而不能由监督者随心所欲、恣意妄为。“正是程序决定了法治与恣意的人治之间的基本区别。”② 程序法作为规定诉讼过程的法律，其实施的过程就是法治实现的过程，从某种程度上说，依法治国，就是依程序法治国。遵守程序，是正确解决纠纷、处理矛盾冲突的一般规律。设定程序，是为了防止个别行为主体背离制度目的而恣意妄为，从而实现权力控制。

---

① 宋世杰、王志华：《公诉权理论新探》，载孙谦、张智辉主编：《检察论丛》2002 年第 5 卷，第 222 ~ 223 页。

② ［英］麦考密克、［奥］魏因贝格尔著：《制度法论》，周叶谦译，中国政法大学出版社 1994 年版，第 178 页。

检察监督的诉讼性体现了权力控制法治化的需要。专制时代的权力监督是人治的一种手段和方式，强调权力至上，而非法律至上。监督主体在行使监督权力时，往往具有较大的随意性，不论监督是否公正与合法，都要求被监督者无条件地执行，监督之所以有权威性，是因为监督者与被监督者存在着地位上的差别，是一种“主仆”关系，监督者手中握有至高无上的权力，这种监督关系实际上包含于上级对下级的管理活动之中。检察监督是一种平等权力主体之间的监督，监督的权威来自于法律的规定，监督的效力是通过启动一定的程序来实现的。程序性特点决定了检察监督权的有限性和它在诉讼权力体系中的非终局性，决定了监督权与处分权的分离，检察监督的程序性特点源于列宁的法律监督理论。列宁在创建独立的担负法律监督职责的苏联检察机关时指出：“检察机关和任何行政机关不同，它丝毫没有行政权，对任何行政问题都没有表决权”，“检察长的职责是使任何地方政权机关的任何决定都不同法律抵触，所以检察长有义务仅仅从这一观点出发，对一切不合法律的决定提出异议，但是检察长无权停止决定的执行。”①

第二节 检察监督与公诉职能的辩证关系

从检察权的属性来看，检察权具有控权性和诉讼性，检察监督与公诉职能的辩证统一是权力控制和诉讼结合的体现。从权力控制的基本方式来看，检察权包含了权力监督和权力制约，检察监督是一种权力监督，公诉职能主要是一种权力制约。检察监督与公诉职能的辩证统一体现了权力监督与权力制约的辩证统一的关系。

一、检察权是权力控制与诉讼的结合

检察监督与公诉职能是检察权的主要职能和核心内容。检察监督既是权力控制的一种方式——权力监督，又是具有诉讼特点的特殊的权力控制，具有诉讼性。公诉职能既是诉讼的基本职能，具有诉讼性，又是一种权力制约，具有控权性。因此，检察权是权力控制与诉讼的结合。检察监督与公诉职能的辩证统一是权力控制与诉讼相结合的体现。

（一）权力控制与诉讼的结合是依法治国的需要

建设社会主义法治国家的内在要求与权力控制有密切联系。“首先，从观念层面看，法治国家要求法律具有至上的权威，权力应该在法律统治之下，

---

① 参见《列宁全集》第43卷，人民出版社1987年版，第195~196页。

对权威的限制是必不可少的，只有当一个政府受到有效限制时，它才是合法的，受到约束的权力才不至于为害。其次，从制度层面看，法治国家要求制度设计的价值取向核心在于约束国家权力。根据法治国家的权力应该受到约束的观念，各国实践中实施了一系列制约国家权力的制度。再次，从实证层面看，法治国家要求社会秩序中，国家权力被有效约束，人民充分享有权利自由。法治国家约束权力的观念，也伴随着世界交流紧密的联系，全球政治、经济、文化的融合进程，迅速成为民族国家建立新秩序的选择。”①

“‘法治’是一个融会多重意义的综合观念，是民主、自由、平等、人权、理性、文明、秩序与合法性的完美结合。”② 我国宪法规定：“中华人民共和国实行依法治国，建设社会主义法治国家。”法治是我国的基本治国方略，也是我国社会主义建设的基本政治目标。“政治体制改革就是要解决人治与法治问题。”③ 法治是人类社会政治文明发展和进步的标志，法治与人治相比，具有巨大的优越性。“首先，法治是众人之治，众人的智慧是高于个人的；其次，人治受个人感情因素的影响，而法治则不受外来的干扰；再次，法治有权力制约的监督体系，可以预防和制止权力的腐败和专横，而在人治的条件下，权力失去制约，必然导致腐败；最后，法治是民主政治的基石，民主失去法治往往无法运行和失去保障，而人治则无民主可言。由此可见‘法治优于一人之治’，法治是人类治理国家的最佳方略。在法治条件下，法作为社会调控的主要方式或手段能得到充分的发挥，因为法治能使法的普遍性、稳定性、规范性的特征更为明显。在当今世界，法治不仅可以有效地实现法的价值，而且能够在宏观调控中起更大的作用。”④

（二）权力控制的诉讼化是权力控制自身发展的需要

权力控制始终是人类社会面临的一个古老的课题，可以说权力控制与权力相伴而生，如影随形。在人类社会历史上的不同时期和国家，曾出现过各式各样的权力控制模式，其中，尤以我国封建社会的权力控制模式最为典型。甚至有人认为中国封建社会的御史监察制度是中国封建社会成为一种超稳定结构的主要原因，然而这种超稳定结构的结果是周而复始的改朝换代和严重的社会动荡。因为封建社会的权力控制是以人治为基础的，“孙中山先生在论及古代监察制度时曾说，中国古代的御史终归不过是皇帝的奴仆，‘没有

---

① 陈力铭：《法治国家与权力制约》，载刘瀚、马长山主编：《社会转型与法治发展》，黑龙江人民出版社2003年8月版，第153页。

② 陈金钊主编：《法理学》，北京大学出版社2002年10月版，第323页。

③ 《邓小平文选》第3卷，人民出版社1993年版，第177页。

④ 沈宗灵，张文显主编：《法理学》，高等教育出版社2004年1月版，第195页。

中用的道理’，权位、人格的不能独立限制了其纠察权的实际行使。这一分析可以作为中国古代权力监督制度实质的一个总结：封建的权力监督最终只是专制的一个附庸，在‘人治’的前提下，其实际效用的大小完全取决于最高统治者，它要服从于法律之外的特权者的意志。”① 在这一点上，苏联社会主义革命和建设失败的教训也是非常值得我们深思的，由于权力控制缺乏法治基础而导致的权力失控、腐败是导致苏联党和政府脱离群众，在人民中失去威信，并最终亡党亡国的主要原因之一。“法治作为一种政治制度，本身就包括权力分开与制约制度。早在1844年，马克思在论述现代国家时就强调了权力分开，并重视权力制约，权力制约是建立法治国家的初衷，也是法治的生命力所在。权力制约的前提是权力分开，然后在通过权力制约权力，权利制约权力，使权力在法律范围内正常运行，并促使其提高效率，不断完善，从制度设计上促进国家权力为人民做好事……权力分开与制约原则。是以法治国的初衷，因为任何没有制约的权力必将导致腐败。而要实现权力制约，就必须首先按照马克思的要求把权力分开。当然，在我国，必须在坚持党的领导和全国人大为最高权力机关的前提下，国家机关各司其职，并相互配合与制约。”② 法治不仅要求国家建立健全权力控制体系，而且还要求国家的权力控制体系必须依照法律的规定和程序履行其控制权力不正当行使的职能。由于诉讼涉及的利益重大以及针对的社会矛盾冲突尖锐，严格依照法律程序进行是诉讼的主要特征。因此，权力控制与诉讼的结合是权力控制法治化的需要，检察权是国家权力控制体系的重要组成部分，与国家权力控制体系其他部分相比，有其特殊性。这种特殊性决定了检察权作为一种国家权力控制权要和诉讼相结合。检察权作为权力控制的重要组成部分，其作用主要体现在两个方面：一是职务犯罪侦查，即对不正当行使国家权力达到犯罪程度的行为依法进行侦查。通过职务犯罪侦查控制不正当行使国家权力达到犯罪程度的行为是检察权的重要职能，之所以通过职务犯罪侦查控制不正当行使国家权力达到犯罪程度的行为，是因为不正当行使国家权力达到犯罪程度的行为具有严重的社会危害性，需要动用国家的刑罚权来控制。惩罚犯罪分子和保障无罪的人不受刑事追究，不仅涉及国家的稳定和社会秩序，而且关系到公民人身、财产等重大利益，这样就必然要求这种国家权力控制和诉讼相结合，通过诉讼的严格程序来规范这种国家权力控制行为，也通过严格的诉讼程序使职务犯罪侦查这种国家权力控制具有严肃性、公正性和权威性。二是诉讼监督，即对诉讼活动中的一般违法行为和不正当适用法律的行为进行监

---

① 汤唯、孙季萍著：《法律监督论纲》，北京大学出版社2001年版，第187～188页。

② 参见沈宗灵、张文显主编：《法理学》，高等教育出版社2004年版，第196～202页。

督，检察机关通过行使诉讼监督权控制诉讼活动中的一般违法行为和不正当适用法律的行为也是检察权的重要职能。诉讼活动需要严格依照法律程序进行，同样，控制诉讼活动中的一般违法行为和不正当适用法律的行为也需要依照法律程序进行。同时，诉讼监督是一种诉讼行为，诉讼监督权的行使必然是以诉讼的方式进行的，不可能脱离诉讼活动而存在，与其说这体现了诉讼监督权这种权力控制权与诉讼的结合，不如说诉讼监督权本身是与诉讼不可分的。

（三）权力控制与诉讼相结合是诉讼制度自身发展的需要

从诉讼制度自身发展的历史来看，权力控制与诉讼的结合是诉讼制度自身发展的需要。在人类诉讼制度发展的历史上，公诉制度和检察制度的产生不仅意味着“公力救济”的加强，也意味着分权制约的权力控制机制在刑事诉讼中的确立。现代意义上的公诉职能是在控诉权与审判权分离并由独立的国家机关承担的基础上产生的，使控诉和审判形成了相互制约，检察官在刑事诉讼中承担着控制警察，制约审判的双重责任。这种诉讼中国家权力的分立表明，随着社会的发展，为了防止警察的恣意和法官的专断，刑事诉讼中的国家权力需要得到有效的控制。公诉权从审判权中分离出来由独立的国家机关行使，表明了刑事诉讼的发展对权力控制的需要。当然这种在诉讼中对国家权力的控制也是依法治国对诉讼制度发展提出的要求。不仅体现为以权力控制权力，在当代，更主要的是要加强以公民的诉讼权利制约国家机关在诉讼中的权力。“依法治国的内涵之一就是权力必须在法治的轨道上运行，必须受到法律的控制，在国家权力与公民权益之间的关系上，要求国家对公民权益的任何剥夺均应具备正当的法律根据并依据法律规定的程序；在刑事诉讼中，则要求从程序上赋予被追诉者与国家机关相抗衡的能力和机会，使其有效抵制国家权力的非法侵犯。”①

综上所述，检察监督与公诉职能的辩证统一，是权力控制与诉讼相结合的体现。权力控制与诉讼的结合是权力控制法治化的需要，也是诉讼制度自身发展和法治化的需要。

二、检察权是权力监督与权力制约的辩证统一

检察权中的检察监督与公诉职能都是权力控制在诉讼中的表现形式，检察监督是一种权力监督，公诉职能主要体现为一种权力制约。权力监督与权力制约既有相同之处，又有不同之处，作为权力控制的基本方式，两者功能

① 陈光中：《坚持惩治犯罪与保障人权相结合 立足国情与借鉴外国相结合——参与刑事诉讼法修改的几点体会》，载《政法论坛》1996 年第 6 期。

上各有利弊，它们的关系是辩证统一的，互补的。

（一）权力监督与权力制约的运行模式

本文所讨论的权力监督和权力制约，是权力控制体系中的以权力监督权力和以权力制约权力，指的是国家权力之间的一种关系和以这种关系为内容的权力监督和制约机制，是权力控制机制的两种基本方式。

从静态上看，权力监督和权力制约体现的一般是法律赋予某一国家机关的职能和权力，权力监督是依法享有监督权的国家机关的外部功能。在我国拥有监督职能和权力的国家机关有：各级人大及其常委会，自上而下地监督它所产生的行政、审判、检察等国家机关；行政监察部门，监督其管辖范围内的国家公务员的违法违纪行为；审判机关，上级监督下级的审判；审计部门，监督其管辖范围内的国家机关和国有企事业单位违反财经法律法规的行为；检察机关，依法履行诉讼监督和职务犯罪监督职能等。除此之外，还有中国共产党的各级纪律检查委员会，监督党员、干部的违法违纪行为。权力制约一般存在于权力分立或分工的基础上，不同权力主体在履行职权时彼此的相互制约关系之中。就单一的权力制约行为来说，从静态上看，权力制约是指法律赋予的制约主体在相互制约关系中对抗其他权力的权力或依法修正其他权力的职能。与权力监督不同，权力制约体现的是不同权力在实现其管理和调整某一相同社会领域活动的功能时，此权力对彼权力的作用。一个权力制约行为同时具有两个方面的作用：一是管理或调整社会活动的作用；二是修正和制约其他权力的作用，而一个权力监督行为一般只能产生一方面的作用，即对其他权力不正当行使行为的督促纠正。

从动态上看，权力监督和权力制约是权力控制的两种不同的运行机制。具有不同的运行模式。

权力监督的运行模式可以表述为：信息，建议和制裁或程序启动。“(1) 监督信息的获取和传送。这是指监督主体通过各种手段，从监督对象那里获取进行监督所需的各种信息材料，包括监督对象（被监督者）是否违规违法、违规违法的具体事实情节以及相关证据、与监督对象违规违法行为相关的责任者的行为活动及相关证据、监督对象违规违法行为所造成的损害事实及相关证据、这种行为与损害事实之间的因果关系及相关证据等等，并把这些信息材料传送到有关部门或公之于社会。权力监督的这一环节或要素，可以简称为‘信息取得’。(2) 监督主体对被监督主体就监督事项提出要求。其内容是督促被监督的权力主体纠正、改正、改变，或者撤销、取消已经实施的行为或将要实施的行为。监督活动，以察看、督促为主，除极特殊的情况外，一般不采用取而代之，由监督主体取代被监督者的方式解决问题。因此，在监督主体获取了相应的监督信息后，将被监督者的行为与其应当遵循的有关规范（法律规范和纪律规范、道德规范等等）加以对照，发现被监督者的行为偏离了有关规范设定的轨道，就应当向被监督者提出纠正偏差的要求，敦促被监督者按照一定程序加以改正或撤销、取消，从而达到权力监督活动的目的。这是监督主体获取监督信息后实施的主要监督行为，也是整个监督活动的核心。权力监督的这一环节或要素，可以简称为'监督建议'。(3) 监督主体在被监督者拒绝监督建议时，依法对被监督者进行具有强制性的处理或制裁。这需要监督主体拥有对被监督者进行处理或制裁的强制性权力，这种权力必须是宪法和法律赋予的政治权力或国家权力。权力监督的这一环节或要素，我们可以简称为'监督制裁'。"①

笔者认为，对于权力监督来说，当监督主体的地位高于被监督主体或法律赋予了监督主体相应的制裁权力的时候，监督主体可以在被监督主体拒绝接受监督时对被监督主体进行制裁。当监督主体的地位不高于被监督主体时或法律没有和不便于赋予监督主体相应的制裁权时，监督主体就不能对被监督主体进行制裁。而只能采取其他办法来实现监督目的。在并列或对等主体的监督关系中，法律可以不赋予监督主体对被监督主体的制裁权，而是赋予监督主体相应的程序启动权，使监督主体启动相应程序，由有权制裁或纠正被监督主体不正当行使权力的行为的机关对被监督主体进行制裁或纠正。所以，权力监督的行为模式不仅由信息，建议和制裁三个环节构成，其第三个环节还应包括启动制裁纠正程序，完整的权力监督的运行模式是：信息，建议和制裁或启动制裁纠正程序。

权力制约的运行模式可以表述为：信息和纠正。

（1）信息。信息，是指制约行为主体对被制约主体相关行为的了解、掌握。包括制约对象是否违规违法和不正当行使权力、违规违法和不正当行使权力的具体事实情节以及相关证据。并在此基础上进行审查和判断。

（2）纠正。纠正，是指在权力制约中制约主体对制约对象违法违规和不正当行使权力的行为进行的直接纠正，是制约主体通过对被制约主体不正当行使权力的意图和行为的否定和纠正，实现的权力控制。作为权力制约主体的一方，往往自身也拥有具有一定强度的政治权力或国家权力，这种权力足以对抗被制约者所拥有的权力，可以直接否定和纠正被制约者的不正当行使权力的意图和行为。

（二）权力监督与权力制约的对立统一

唯物辩证法认为，对立统一是客观世界普遍的状况、普遍的关系，对立

---

① 参见杜力夫著：《权力监督与制约研究》，吉林人民出版社 2004 年 4 月版，第 194～201 页。

就是差异，就是相互排斥、相互牵制，统一就是相互吸引、相互依赖、相互联系。权力控制的两种基本方式——权力监督和权力制约就是一种对立统一关系。

1. 权力监督和权力制约运行机制的对立统一

在权力监督和权力制约的关系中，二者既存在着对立的一面，又存在着统一的一面。

二者的对立一面主要表现在：权力制约的前提是权力的分立或分工，要求制约主体之间的关系是互不隶属的。权力主体之间存在隶属关系，就不可能形成相互的制约关系。而权力监督并不要求监督主体之间的关系是互不隶属的。在权力相互隶属的关系中，必然存在着监督关系，但却不能存在相互制约关系。在权力分立和分工的情况下，由于监督主体和被监督主体的适当分离，可以形成有效的外部监督关系，也可以形成相互的制约关系。

二者统一的一面主要表现在：首先，权力监督和权力制约是相互联系的，是权力控制机制的两种基本方式。二者有相同之处，它们具有相同的功能，都具有控制权力的不正当行使，防止和减少权力的滥用和腐败，保障权力的合法和准确行使的功能。其次，在运行模式上，二者的共同之处是必须准确获取被监督制约对象和客体的信息，都需要获取必要的信息，掌握被监督制约主体不正当行使权力行为的相关情况，才能进行监督制约。监督和制约行为的最终结果都是不正当行使权力的行为得到纠正和阻止。再次，作为权力控制的两种方式，二者之间是可以互相转化的，转化的条件是权力的分立和整合，权力监督与权力制约是可以相互转化的。在权力控制上，对待同一权力不正当行使情况，随着社会的发展和条件的变化，需要采取不同权力控制方式。如在对公安机关的侦查权的控制上，我国在1996年《刑事诉讼法》修改之前，检察机关对普通刑事案件拥有特殊的侦查权（对公安机关不立案的案件，直接立案侦查），这是通过分割公安机关的普通刑事案件的侦查权，以制约的方式控制公安机关的侦查活动。1996年《刑事诉讼法》修改后，普通刑事案件的侦查权主要由公安机关集中行使，检察机关主要以监督的方式对公安机关的侦查活动进行控制，制约转化成监督。随着社会的发展和对人权保障要求的日益提高，我国检察机关对公安机关侦查活动的控制，也可以针对具体情况适当地采取制约的方式代替原来的监督方式，以保证权力控制的公正性和准确性。最后，对于同一权力主体的不同的权力不正当行使行为，权力监督和权力制约可以同时分别使用。例如，我国检察机关对于公安机关的侦查活动的控制，就是采用了监督和制约两种方式，对于逮捕这种强制性侦查措施的使用，审查批准权由检察机关行使，执行权由公安机关行使。检察机关通过不批准逮捕，对公安机关使用逮捕这种强制性侦查措施进行制约。同时，对于公安机关在侦查活动中出现违法取证、刑讯逼供等违法侦查行为通过监督加以控制。

2．权力监督和权力制约价值取向的对立统一

如果把国家权力的正常行使和对国家权力的不正当行使行为的控制进行划分的话，权力控制对国家权力的正常行使既是保障又是限制，权力控制可以从效率和公正两个方面影响国家权力的行使效果。从国家权力正常行使的角度看，权力监督和权力制约相比，有利于实现国家权力行使的效率，而不利于保障国家权力行使的公正。权力制约和权力监督相比，有利于保障国家权力行使的公正，不利于实现国家权力行使的效率，权力监督是在国家权力不正当行使行为出现后，进行的督促和纠正，不参与国家权力正常行使的过程，是对国家权力行使行为结果的重点控制，对国家权力的正常行使的限制相对较少。在权力监督的控制方式下，国家权力的正常行使的效率相对要高，而权力制约是在对国家权力分立或分工的基础上进行的，它参与国家权力的行使过程，对国家权力的正常行使的限制体现在过程之中，相对较多，在权力制约的控制方式下，国家权力正常行使的效率相对要低。无论是内部监督还是外部监督，监督需要监督主体去主动收集被监督主体的权力不正当行使的信息，基于成本效率的原因，监督主体相对于被监督对象来说总是少数对多数，因此，对同样的权力不正当行使行为，监督主体不可能做到毫无遗漏。这样，就会出现，由于监督不到位，无法覆盖全部应该监督的对象的情况，同样的权力不正当行使行为，有的受到监督纠正和制裁，有的就没有受到监督纠正和制裁，这样就会产生监督的不公正，这必然不利于保障国家权力行使的公正。对于权力制约来说，基于权力分工或分立，一项国家权力要两个以上部门行使，并使他们之间相互制约，相对来说，制约不到位和无法覆盖应该制约的对象的情况就要少得多。因此，有利于保障国家权力行使的公正。从权力控制的角度来看，权力监督的成本低，相对效率高，公正性差，权力制约的成本高，相对效率低，公正性强。权力监督不需要对国家权力进行分立或分工，可以由一个监督主体同时监督多个被监督主体，自然投入的成本少，效率相对高。但权力监督的主体对被监督主体是一种单向的控制，尤其是那种可以直接对拒绝监督建议进行制裁的监督，不容被监督主体充分表达意见，一般情况下，被监督主体只能服从监督建议，容易造成监督主体基于偏见形成专断，难于保证监督主体的判断的公正和准确，毕竟监督主体归根到底也是人，权力制约基于权力分立或分工，意味着本来由一个权力主体行使的国家权力分给不同的主体共同行使。自然投入的成本高，效率相对低。

权力制约可以使不同权力主体在各自作出独立判断、相互制约基础上形成一致决定，相对来说有利于保障权力行使的公正和准确。权力制约的结果是通过一定的程序在相互的制约和合作中产生的，不是由某一个权力主体单方面独自决定的。因此，权力监督无论是对于国家权力的正常行使还是对于权力控制来说，都体现了较高的效率和较低的公正准确性，而权力制约无论是对国家权力的正常行使还是对于权力控制来说，都体现了较低的效率和较高的公正准确性。权力监督和权力制约在效率和公正准确性上的不同，体现了效率与公正的对立，改革开放之初，邓小平针对平均分配造成的社会发展效率的巨大损害，提出了“让一部分人先富起来”的著名论断，这一论断否定了平均主义的公平观，强调经济发展过程中的效率，把发展看做是“硬道理”。在公平与效率基本关系安排上从强调绝对的公平转向强调效率，让一部分人先富起来的政策，极大地激发了人们的劳动积极性、主动性和创造性，经济效益大幅度提升。但是，在经济快速增长的同时，我国也出现了收入差距不断扩大的现象。随着市场经济的发展和社会的现代化，中国的社会结构发生了巨大变化，两极分化日益严重。根据国际惯例，基尼系数在0.3左右收入差距较为适中，或者说收入分配较为公平，基尼系数高于0.4则表明收入差距较大，收入分配较为不公，而我国目前基尼系数已经高于0.4。这说明在一定的条件下，强调公正会损害效率，强调效率，又会导致不公正，效率与公正本身就有对立的一面，一是二者为此长彼消的关系，“如果对富者征税重到足以破坏其投资，就会影响到贫者就业的数量和质量，降低效率。”① 二是二者为相互排斥的关系，如“在市场上飞黄腾达的人便会用货币来猎取额外的权利，而这些权利本应为民众公平享有，一些人在市场上捷足先登，造成机会上的不均等；另一些人则在市场上栽了跟头，结果在一定程度上受到剥夺，而这种剥夺是与人类尊严和相互尊重的民主价值观念相悖的。但是，那些用于减轻经济不平等之范围和程度的经济政策，却又有损于生产者的积极性、影响经济效益”。②

权力监督和权力制约的协调统一是公正与效率辩证统一的必然要求。阿瑟·奥肯认为平等和效率都是重要的，在不同的领域中，两种价值占据着不同的位置。奥肯表示，面对平等和效率的冲突应该寻求妥协，而不应该明确地给他们排列次序。的确，从辩证唯物主义的角度来看，效率与公平这一矛盾着的两个方面，有其对立和冲突的一面，即存在着对立性的关系；也有其

---

① ［美］阿瑟·奥肯：《平等与效率》，王忠民、黄清译，四川人民出版社1988年版，第7页。

② 参见［美］阿瑟·奥肯：《平等与效率》，王忠民、黄清译，四川人民出版社1988年版，序言3～4页。

统一和协同的一面，即存在着同一性的一面，效率与公平的同一性方面主要表现为两者的相互依赖、相互促进和相互合作的关系。例如，“那些既有助于提高生产率，又有助于非熟练工人增加收入的技术，则可以使社会在平等与效率两方面齐头并肩。”① “事实上，公平与效率之间绝不是一种此消彼长的对立关系，即公平产生低效率或高效率需以丧失公平为代价。同样，两者之间也不是越公平就越有效率，效率与公平本身不存在优劣、优位的问题。一方面，效率和公平常与社会目标及其阶段宗旨（稳定或发展）联系在一起，追求稳定易强调公平，追求发展则常强调效率。另一方面，效率和公平是一种利益比较的结果，并非截然对立而不相容，追求或放弃公平亦非必然造成低或高的效率状态，追求或不追求效率也并非必然导致不公平或公平的结果。效率和公平是内在统一的，没有公平的效率只能是皮鞭下的效率和饥饿压力下的效率，这种效率只能为不平等的社会提供物质基础，没有效率的公平只能是一种乌托邦式的公平，是一种没有意义的公平。因此，我们的任务是尽最大努力协调效率与公平的关系，使两者得以协调和平衡，争取真正的效率与真正的公平的兼得。”② 公平和效率的辩证统一关系要求我们在控制权力不正当行使的过程中，兼顾权力监督和权力制约这两种方式所具有的不同价值，对不同权力主体和同一权力主体的不同的权力不正当行使行为，采取相应的权力控制方式或协调配合使用这两种权力控制方式，实现国家权力的正常行使和权力控制的效率与公正的平衡统一。

3．权力监督制约对象在人性上的对立统一

权力监督和权力制约的客体是国家权力的不正当行使行为，其对象是行使国家权力的机关和人，归根结底是人，国家权力所具有的双重性是基于具体行使国家权力的人的双重属性形成的，权力监督和权力制约方式选择上的对立统一体现了具体行使国家权力的人的双重属性的对立统一。

在对国家权力的认识问题上有两种对立的观点。一种是消极的权力观，认为权力是一种必要的“恶”。“国家尽管是必要的，但却必定是一种始终存在的危险或者（如我斗胆形容的）一种罪恶。因为，如果国家要履行它的职能，那它不管怎样必定拥有比任何个别公民或公众团体更大的力量；虽然我们可以设计各种制度，以使这些权力被滥用的危险减少到最低限度，但我们绝不可能根绝这种危险。相反，似乎大多数人都将不得不为得到国家的保护而付出代价，不仅以纳税的形式，甚至还会以蒙受耻辱的形式，如在横行不

---

① ［美］阿瑟·奥肯：《平等与效率》，王忠民、黄清译，四川人民出版社1988年版，第7页。

② 廖文升：《法治现代化的基本价值目标——以公平与效率的辩证关系为视角》，载公丕祥主编：《法制现代化研究》，南京师范大学出版社2007年3月版，第325页。

法的官吏手下。”[①] 麦迪逊也认为“不能否认，权力具有一种侵犯性质”。[②] “国家很像一个不愿死去的魔鬼。”[③] 我国也有人认为“正是权力的强制性带来了权力的扩张性、侵犯性、排他性、诱惑性和腐蚀性”。“权力的恶不是源于其阶级的属性，而是无论什么阶级、什么政党、什么人，只要是权力的拥有者，都可能发生权力的滥用。”[④]

另一种是积极的权力观，认为权力是一种“善”。“亚里士多德认为，人是社会政治性动物，个人不能脱离社会，只有在社会中，人才能得以生存与发展，国家是最高的集体，以至善为目的。”[⑤] “黑格尔把国家视为社会发展的最高表现，赋予社会优先于个人的地位，他认为国家是现实存在的实现了的道德生活，是自由的体现，是理性的，是人的意志及其自由的外在表现中的精神理念，人具有的全部精神现实性都是通过国家才具有的。”[⑥] “关于政府性恶的观念，我国也极鲜见，各朝文本充满对本朝君主圣明的赞颂和对前朝的贬抑，除了反叛者以外没有人敢于公开怀疑执政者的仁政。”[⑦] 在我国的传统观念中，官员被称为“父母官”，在多数人的心目中，不仅能够主持公道，而且还视百姓如子女般的慈爱，可见权力主要被认为是积极的“善”。

两种不同的权力观，必然导致人们对权力监督和权力制约的认识上的冲突，积极的权力观，认为权力是一种善，对于人类社会的发展和人对幸福的追求具有不可替代的作用，自然强调权力正常行使和权力控制的效率，认为以监督的方式对权力不正当行使行为进行事后的纠正，保障权力行使的公正和准确就足够了，控制权力必须以权力的高效发挥作用为前提。消极的权力观，认为权力是一种恶，对于人类社会的发展和人对幸福的追求是一种巨大的威胁，必然强调权力正常行使和权力控制的公正和准确，认为必须对权力设防，要通过分权制约的方式，在权力行使过程中对权力进行控制，以防止权力的滥用和腐败，保证人民的自由和权利。

权力监督和权力制约的协调统一体现了国家权力积极性与消极性的辩证统一。“国家及其权力具有两重性，它能够满足人民对联和的力量的要求，但同时也会给人民的自由带来巨大的威胁，德国前总统并曾任联邦宪法法院

① ［英］卡尔·波普尔著：《猜想与反驳》. 中译本，上海译文出版社 1986 年版，第 500 页。
② ［美］汉密尔顿等：《联邦党人文集》，商务印书馆 1982 年版，第 252 页。
③ ［德］保罗·蒂里希：《政治期望》中译本，四川人民出版社 1989 年 3 月版，第 134 页。
④ 刘祥太：《权力制衡与我国权力监督制度的建设》，载“中国人大网”。
⑤ ［英］罗素著：《西方哲学史》上卷，何兆武等译，商务印书馆 1963 年版，第 240 页。
⑥ ［法］贡斯当：《古代人的自由现代人的自由》，阎克文、刘满贵译，商务印书馆 1999 年版，中文版序言，第 2 页。
⑦ 张建伟著：《刑事司法体制原理》，中国人民公安大学出版社 2002 年 3 月版，第 79 页。

院长的罗·赫尔佐克在其所著的《古代的国家——起源和统治形式》一书中对远古、上古时代国家的起源、职能、形式等问题作了比较全面的阐述，认为国家‘具有很明显的两重性’：‘在历史的长河中，国家曾给数不清的人带来了苦难和毁灭，但它也为数不清的人的生活和富裕提供了保障，而如果没有它，人类在历史上那种从一定意义上说是有条不紊的发展，便是不可能的。’‘国家同人所创造的一切事务一样具有两重性，它同人自身一样具有两重性。’”① 可见，权力的两面性和正负作用取决于人的两重性。

人性问题是人类思想史上的一个基本问题，西方资产阶级学者从自由主义的立场出发，认为人是“理性的自利人”。“自由主义基本上是在西方形成的一种社会制度和价值系统”。“消极的政治观发端于古希伯来的基督教——犹太教传统，昌盛于苏格兰启蒙时代，流行于古典自由主义的信徒之中。”“它认为，不论过去、现在，还是将来都不可能存在能够杜绝一切恶的政治经济制度，哪里有人，哪里就会有恶，人间没有净土，更没有清白无邪的制度。”这种“幽暗意识”认为人都有自私的弱点，但自私是人的天性，并不是人的缺点。相反，适度的自私是人的权利，即托克维尔所说的“开明的自利”，亦称“合理的利己主义”，“追求那份合理的自利和幸福是个人生活最高的道德目标。”② 这就是“理性的利己者”，公共权力总是掌握在一定的个人手中，而每个人总是有私欲的。个人不可能没有私欲，公共权力不可能不设，权力具有天然的扩张性，当权力失去控制，为满足私欲而使用权力，就出现了腐败和权力的滥用，在这种人性观的指导下，权力必然被认为是一种恶，权力的滥用和腐败是必然的，因此，必须对权力进行限制。

马克思指出：“人的本质并不是单个人所固有的抽象物，在其现实性上，它是一切社会关系的总和。”③ “不管个人在主观上怎样超脱各种关系，他在社会意义上总是这些关系的产物。”④ 在马克思主义看来，人是什么？这要从人的活动来考察，人怎样生存，他就是什么，而人是类的存在物，它的类本质就是自由自觉的活动。“一个种的全部特性、种的类特性就在于生命活动的性质，而人的特性恰恰就是自由的有意识的活动”。⑤ 实践是马克思主义哲学的重要范畴，除包含人的能动方面，还指谓着人活动的客观方面和现实条件方面，因此是主客体的统一，这既是说，实践既是有意识有目的的能动性

---

① 张建伟著：《刑事司法体制原理》，中国人民公安大学出版社2002年3月版，第60页。
② 刘军宁著：《共和·民主·宪政》，上海三联出版社1998年版，第3页、第5页、第16页。
③《马克思恩格斯选集》第1卷，人民出版社1972年5月版，第18页。
④《马克思恩格斯全集》第23卷，人民出版社1956年版，第190页。
⑤《马克思恩格斯选集》第1卷，人民出版社1994年版，第46页。

活动，又是具有客观效果的现实性的社会历史活动。“实践的思维方式把人理解为一个总体存在物，是人的自然性、社会性、思维性的统一，是主客观因素交互作用的产物。(1) 从人的内在方面来说，人是无限的存在物，自由是对人本质的终极界定，人的活动总是不断超越现存的条件，创造着自身和世界。(2) 从人外在方面说，人的实践活动总要实现出去，通过改造现实来确证自身，实现自身。因而，人的实践活动不但具有能动性的内在自觉性特点，而且具有现实性的外在客观性特点。从实践的外在方面来说，人的自然性、社会性和思维性总是社会历史的，总要受到确定的、既成的、条件的限制，受到外在自然和自身的内在自然的限制，受到思维和认识发展水平的限制和社会交往关系的限制。正因为人的实践活动是在一定既成条件下的活动，而不是空想的任意的活动，所以人怎样活动，怎样在一定历史条件下表现自身，他就是怎样的一个人，从这个角度说，人的本质就是一切社会关系的总和，人的实践既是自由自觉的活动，又是客观的历史的活动，因此，马克思形成了对现实人的完整的理解，即人是内在方面和外在方面的统一，是能动和受动的统 ·，是无限性和有限性的统一，人性总是处在自然性和神性之间，人的存在境遇总是现实的、有缺憾的，不能完善完满的，但人又总是追求完善完满，要超越现实，于是人能动地创造自己生活的活动，就在一定历史条件下展开，并通过改变现存条件实现出来。”① 人是社会关系的产物，人的自然性、社会性和思维性总是社会历史的。因此，不同历史阶段的人所表现出来的特性也不同，“商品经济是一种人的自主活动的社会交往形式，它具有平等、自由的本性，这种平等、自由的交往形式彻底改变了自然经济条件下人的带有自然性质的天然血缘联系和统治服从的人身依附联系，形成了以交换价值为基础的以物为媒介的平等、自主的社会交往关系，从而推动个人走上了独立自主的发展道路，塑造了具有独立人格的自主主体。”“商品经济塑造的是一种只认物不认人的‘私人’，也正因如此，它只认一种金钱关系而否定其他关系，这样它在把人物化的同时也把人独立化，把人从其他的人身束缚关系中解放出来，成为自主的主体。可以说，凸现个体主体、生成个体主体，使人由自在自发走向自为自觉：正是商品经济、市场经济作为主体经济的真正含义之所在，也是其根本历史作用之所在，从自然经济向商品经济的转变，其内涵和底蕴即是由群体主体向个体主体的嬗变。”② 人从对自然和

---

① 参见李楠明编著：《马克思主义哲学的理论意蕴及其现实意义》，哈尔滨工业大学出版社2004年版，第116～118页。

② 参见李楠明编著：《马克思主义哲学的理论意蕴及其现实意义》，哈尔滨工业大学出版社2004年6月版，第21～22页。

政治的双重压迫下赢得个体主体的独立，告别了群体主体对人性的桎梏，但是资本在不断地提高社会生产力的同时，又造成了人的社会关系的片面化，造成了人的对象关系的贫乏性。因此，所谓“理性的自利者”只不过是人在特定历史时期的一部分特性罢了，“自私”、“贪欲”并不是人的本性，至少不是人的全部本性，而是由人们所处的社会经济关系，即社会经济生活中私有制所决定的人的私有观念在人身上的反映，人的“贪欲”也是根源于私有制和剥削的存在。“尽管从人外在方面来说，经济生产具有决定性的意义，但把经济生产当作历史的目的，恰恰是人的异化，是人的动物性的表现。其实，经济本身不是目的，而是达到人的目的的手段，历史的目的只有一个，即人的生存和发展，社会各种因素的存在和发挥作用，只能围绕人的价值的实现这一轴心来进行。换言之，人不是单纯的肉体存在，他还有内在方面，是精神的存在物，具有实现自我价值的需求，这样，人的内外双重属性就形成了这样的问题：人不但要生存，而且怎样能够更好地生存？更好地实现人生存的价值？所以，当人满足了基本的生存需要之后，就会追求更高的生存价值。于是，表现在人的活动上就是一方面人从现实条件出发，通过经济生产去满足人的需要；另一方面在现实的条件下去能动地表现自身，不满足现实，突破现实，追求更好的未来，以实现自身的愿望和价值。”① 所以，即使在私有制的条件下，“贪婪”和“私欲”也不是人的全部，人的双重属性决定了人有多种价值追求，在现实生活中，人有多种选择，人可以选择为了满足自己的私欲，去使用权力，也可以选择为了实现自身的社会价值，使用权力。基于人的双重属性，权力具有积极的正面作用，没有公共权力，就不会有人类的文明史，而且人类的历史也已经证明，正是历史上有无数人使用权力造福人类和社会，人类社会才能取得今天的发展成果，当然权力也具有消极的负面作用，权力的滥用和腐败一直危害着人类，困扰着人类。因此，从权力控制的角度来说，既不能对权力采取一种不信任甚至敌视的态度，一味强调限制权力，损害权力发挥积极作用的效率，又不能对权力的消极负面作用缺乏深刻清醒的认识，只注重权力行使的效率，忽视权力行使的公正性。既要通过思想教育和理想道德教育，引导权力行使者在正确使用权力，为人民谋利益的同时，不断实现自身的社会价值，又要针对不同权力的特点，切实采取有效的控制方式，防止和消除权力的滥用和腐败。

在社会主义市场经济条件下，我国在现在和今后的一段时间内，私有观念仍然将继续存在。如何在制度上为权力的正确高效行使提供更大的空间，

---

① 李楠明编著：《马克思主义哲学的理论意蕴及其现实意义》，哈尔滨工业大学出版社2004年6月版，第131页。

同时防止权力滥用和腐败，是我们在设计和建立权力控制机制时必须考虑的问题。邓小平同志说："制度好可以使坏人无法任意横行，制度不好可以使好人无法充分做好事，甚至会走向反面。"① 在权力控制方面，好的制度应该是既能切实有效地防止和控制权力不正当行使，又能高效充分发挥权力积极作用的制度。笔者认为，好的制度总是相对的，制度的好坏在于其效果，制度发挥作用的效果决定于制度是否和它所要解决的问题和运行的具体环境相适应。在权力监督和权力制约这两种权力控制方式的选择上，我们要结合我国的国情，针对具体情况具体分析，能够用监督解决的问题就用监督去解决，以便减少权力控制的成本，提高国家权力运行和权力控制的效率。由于我国在现在和今后的一段时间内，私有观念仍然将继续存在，而权力制约和权力监督相比，权力制约能够在权力的行使过程中控制权力的不正当行使，并且更有利于保证权力行使和权力控制的公正准确。因此，随着社会的发展，在条件允许的情况下，可以适当地在更多的领域采取权力制约的方式控制权力，发挥权力制约这种权力控制机制的特点，防止和减少权力的腐败和滥用。

从检察权运行的实践来看，在检察权中，权力监督和权力制约是互补的，权力监督和权力制约针对的问题不同，不同的问题需要用不同的方式去解决。权力监督和权力制约各有利弊，成本效率各不相同。因此，检察监督和公诉职能是辩证统一的，对不同的问题当然要运用不同的方式去解决，以便更好地发挥检察权作为国家权力控制体系重要组成部分的功能。

第三节 检察监督与公诉职能辩证统一的制度价值

尽管在西方资本主义国家的政治制度中，检察权没有成为独立的权力体系，但是检察权在这些国家也都具有不同于司法权和行政权的法律地位。正如我们前文所阐述的那样，在西方国家，尤其是大陆法系国家，检察权被认为具有双重属性，检察机关被认为是中介的司法官署，是不同于司法权和行政权的一种独立的国家权力，即使在美国，联邦检察机关隶属于行政机关——联邦司法部，但由于检察官在处理法律事务时，必须依据法律作出独立的判断，而不能受行政命令左右。同时，检察权同行政权的管理活动不同，它主要是一种国家追诉活动，因此，美国检察机关的检察权也不是严格意义上的行政权，而是一种具有独立化倾向的国家权力。由于西方资本主义国家依据三权分立理论对国家权力进行分类，检察权在西方资本主义国家不可能

① 《邓小平文选》第 2 卷，人民出版社 1993 年版，第 293 页。

成为独立的基本国家权力，只能在形式上依附于行政权或司法权，但这并不能说明检察权在本质上不是一种独立的国家权力。

在我国和苏联，检察权不仅是一种独立的国家权力，而且还是同行政权与审判权具有同样法律地位的国家基本权力。1918 年，苏俄在废除沙皇时代检察官制度的基础上，根据宪法的规定设立了独立的工农检察院，到 1936 年时，自成体系的检察机关和检察制度在苏联逐渐确立和巩固，检察机关作为“国家政权的眼睛”，一方面代表苏维埃国家在法庭上提起公诉；另一方面，也对所有的国家机关和官员执行法律的情况进行监督和检查。我国的检察制度是在学习和借鉴苏联检察制度的基础上建立起来的，我国宪法规定了检察机关是同行政机关和审判机关地位并列的国家机关，检察权是具有独立法律地位的国家基本权力。

从检察权的属性来看，世界各国的检察权均不是行政权或司法权，而是一种独立的国家权力。在我国，检察权不仅是一种独立的国家权力，而且在宪法定位上还是一种与行政权、审判权并列的国家基本权力，这是因为我国的检察权符合作为一项独立的国家基本权力的条件。

一、检察权是一项独立的国家权力

（一）检察权的独立法律定位和在社会生活中发挥的独立作用

判断一项国家权力是否具有独立性，要看该项国家权力在国家宪法和法律中的定位及其在社会生活中所发挥的独立作用。“在现代法治社会中，由于国家权力的合法性是基于宪法来进行分配的，所以，检察权实际上是通过检察机关或检察官的宪法职权来加以定义的，这是检察权与立法权、行政权和司法权以及法律监督权等国家权力表现形式明显不同的地方，它具有一定的形式上的特殊性。立法权、行政权和司法权往往可以由不同的国家机关来共同行使。例如，立法权往往会分散在包括立法机关在内的不同的国家机关手上，如行政机关可以通过授权立法来获得立法权，法院可以通过适用宪法和法律的途径来改变宪法和法律规定的内涵。唯独检察权从一产生开始就是比较专项的只能由检察机关或检察官行使的国家权力。”①

从世界各国的情况来看，检察权作为一项独立的国家权力，不仅仅在于宪法的规定，关键在于检察权在整个国家权力体系中能否履行其他性质的国家权力无法履行的制度功能。国家权力的划分，不是统治阶级或个别人的臆想和任意，而是以社会生活不同领域对国家权力的干预和管理的需要为基础

---

① 莫纪宏：《论检察权的宪法地位》，载《中国检察》第三卷，中国检察出版社 2003 年 7 月版，第 111 页。

的，是以国家权力在社会生活的不同领域发挥功能的不同特点为依据的。“最关键的是该种性质的国家权力在整个国家权力体系中能否履行其他性质的国家权力无法履行的制度功能，如果某种国家权力所履行的制度功能可以被其他性质的国家权力的制度功能所代替或者是所涵涉，那么即便是制度上设计了某种性质的国家权力，这种国家权力在实际运行中其独立的宪法地位也会受到其他性质的国家权力的影响，甚至是排斥；只有制度上设计的某种国家权力可以履行其他性质的国家权力无法取代的制度功能，这样的国家权力才能获得独立的宪法地位。”① 尽管检察机关或检察官在不同的宪法制度下可能会附属于行政机关或者是审判机关，但是世界上多数国家的检察机关所具有的两项基本职能是国家追诉和诉讼中的权力控制，检察机关拥有的这两项基本职能是由检察机关独立行使的。在近现代国家中，按照法治和民主的要求，除了检察机关可以依照宪法和法律的规定行使国家追诉权和诉讼中的一部分权力控制权之外，其他的行政机关或审判机关不得行使检察机关的这两项权能。这一方面是由于国家追诉活动本身具有不同于审判活动和行政管理活动的特点所决定的；另一方面是在民主和法治的要求下，现代诉讼活动需要检察机关在诉讼中发挥其权力控制作用的要求决定的。

因此，关于检察权的性质可得出四点结论。“一是检察权不属于行政权；二是检察权不能用司法权来确定其性质；三是检察权不完全等同于法律监督权；四是检察权是一种独立的国家权力。”②

（二）检察权是一项复合性国家权力

判断一项国家权力是否是独立的国家权力，要从权力的来源去分析。按照权力分解整合规律，分析作为独立的国家权力来源于哪些原有的国家权力，是哪几种分解后的国家权力的整合。

童之伟教授在分析国家权力自身运动规律的基础上提出了国家权力分解定律，“国家权力自身的运动是否有规律可循呢？在原始状态下，‘权’具有结构上的不可分性，即不能区分为社会成员的权利与国家权力。国家权力是随着国家的产生而从原始的‘权’中分解出来并作为社会成员权利的对立面出现的，因此，它也必然随着国家的消亡而回归于社会成员的权利。基于这样一种认识，根据马克思主义国家学说和迄今为止各国政治法律制度史展现的大量实证材料，笔者作出这样一个假设：从国家权力产生并具有成熟的存

① 莫纪宏：《论检察权的宪法地位》，载《中国检察》第三卷，中国检察出版社 2003 年 7 月版，第 108 页。

② 莫纪宏：《论检察权的宪法地位》，载《中国检察》第三卷，中国检察出版社 2003 年 7 月版，第 117 页。

在形式以后，它就处在渐进但又永不停顿的分解和再分解的过程中，直至它被分解完毕；在这个过程中，国家权力既分解为不同存在形式，由不同主体掌握和运用，又逐渐转化为社会成员的权利，由权力形态向权利形态回归，经过充分分解的国家权力最终将全部转化为社会成员的权利。”①

国家权力的这种分解和分离过程是复杂的，会出现不同趋势并存的局面，其表现是：“第一，国家权力所有权与行使权相互关系发展中两种趋势并存。其一是这两种权能的分离趋势，在当代，这种趋势仍然在继续。其二是国家权力行使权从国家机关及其官员手中向社会成员手中逐渐转移的趋势，这就是由间接民主转为直接民主。第二，国家权力总量变化过程中两种趋势并存。其一是国家权力在社会权利总量中所占比重逐步下降，其行使范围受越来越多的限制，同时其运用程序呈现日益严格的趋势。其二是国家权力绝对量增加和运用规模扩大的趋势。人类每一个活动领域的开辟，都会给国家带来一项或数项新权力。第三，国家权力行使权横向配置和运用中两种趋势并存。其一是各个权力主体在发展过程中既相互协调、合作，又彼此约束和平衡的趋势，各个权力主体是独立的，不可取代的，否则就不能完成这种合作和约束。其二是各权力主体中，某一个主体地位和重要性日益突出，有压倒、控制其他主体的趋势，如行政权力主体日益增强。但前者是一般趋势，是主流，后者是前者的产物，又是前者的对立物，最终将会被前者所克服。第四，国家权力纵向配置和运用中两种趋势并存。其一是全国性政府集权的趋势。其二是区域性政府分权、自治的趋势。”②

笔者认为，童之伟教授提出的国家权力分解定律，为我们深入认识国家权力发展和运行规律，提供了新的思路。沿着这一思路考察分析国家权力的发展和运行现象，我们会发现，国家权力不仅处于分解和分离的过程中，而且在这种分解和分离中，还存在着不断整合的现象。这种整合表现在两方面：一是从原权力中分解出来的权力因社会发展的需要，出现了整合现象，形成了一种独立的新权力。实行三权分立的美国，自20世纪以来，冲破“三权分立”的旧框框，设立了许多“独立管制机构”。“独立管制机构是根据联邦法律建立的。它不对任何行政部门或上级机构负责，受托对美国各个经济部门实施广泛的监督、管制和调节。它是联邦行政机构中具有特殊地位的组织，独立管制机构实行委员会制，委员会设主席和若干委员（一般5至9人），委员要由两党成员组成。委员会不必向总统报告工作，他们虽然由总统任命，参议院批准，但他们的任期是固定的和相互交叉的（通常是5年到7年），

---

① 童之伟著：《法权与宪法》，山东人民出版社2001年版，第307页。

② 童之伟著《法权与宪政》，山东人民出版社2001年版，第318页。

总统不能随意将他们免职，和内阁成员以及其他由总统任命参议院批准的官员不同，他们并不在新总统上台时辞职。独立管制机构具有准立法权、行政权和准司法权，它们可以提出控告，进行审讯，施以处罚，颁布规章，掌管并实施这些规章条例，总统对他们的行为不能行使否决权。当然，它们作出的决定可以由联邦法院进行司法审查，独立管制机构的出现，说明在生产的社会化程度提高后，旧的权力分立模式已经不能适应国家从宏观上对经济进行调控和对市场进行法律规制的要求了。"① 这种独立管理机构的管理权，也被非正式地称做"第四种权力"，就是一种由于权力分解整合而出现的独立的国家权力。二是权力在分解的同时，为了满足其管理和调整社会的特殊功能，而直接整合成一种独立的权力。应该说检察权就是这样一种权力分解整合的产物。尤其是在苏联和我国，检察权是一种复合性权力。"检察权作为一种复合性的国家权力，其权力内涵在不同的宪政制度背景下是有所差异的，除了公诉权、侦查权和法律监督权之外，还包括了法律解释权等权能在内的各种性质的国家权力，而检察权的外延是以宪法和法律所规定的关于检察机关的职权范围为界限的。"② 因此，从权力分解整合的角度来看，检察权本来就是一种复合性权力，检察权是一部分国家权力控制权和诉讼权的结合，是权力控制的两种方式，监督和制约的结合，检察监督与公诉职能并存于检察权中，正是检察权的本来面貌，也是检察权之所以能够成为一项独立的国家权力的基础。

二、我国检察权是一项国家基本权力

（一）检察权是我国宪法规定的一项基本的国家权力

判断一项国家权力是否是国家基本权力，要看该项权力的宪法定位。在不同的宪政制度下，检察机关的宪法地位是不同的，检察权在国家权力结构中的地位也不同。

西方资本主义国家的检察权虽然也是一种独立的国家权力，然而在以"三权分立"理念基础上建立起来的西方资本主义国家宪政制度中，国家的基本权力是立法权、行政权和司法权，检察权不可能成为基本的国家权力。"在三权分立的国家结构中，检察权作为一种游离于三权之间难以定位的国家权力，必然处于一种十分尴尬的境地：检察机关隶属于行政机关又不同于行政机关，被称为'特殊的行政机关'；检察权不同于审判权（狭义的司法

---

① 杜力夫著：《权力监督与制约研究》，吉林人民出版社2004年4月版，第244～245页。

② 莫纪宏：《论检察权的宪法地位》，载《中国检察》第三卷，中国检察出版社2003年7月版，第113页。

权），又不得不附属于审判权，被称为‘准司法权’，检察事务由‘司法委员会’来管理；检察官不是法官又完全按照法官来对待，被称为‘站着的法官’、‘准司法官’。这种尴尬的境地的出现，是由三权分立学说的根本缺陷造成的，因为三权分立学说把统一的国家权力人为地划分为立法权、行政权和司法权三种，并分别由立法机关、行政机关和司法机关行使，而这种划分，并没有穷尽国家权力的基本权能，如军事权、检察权等，一些本来不属于这三种权力的权能不得不牵强附会地并入其中。就检察权而言，这种三权分立的学说和国家结构中独立存在的检察机关不得不依附于行政机关，这就严重地限制和妨碍了检察功能的发挥和检察制度的发展，也背离了现代检察制度创设的初衷——维护国家法律的统一实施。”①

与西方资本主义国家不同，我国的政治制度是人民代表大会制。在国家权力结构中，人民代表大会是最高国家权力机关，行使的是一种集合性的国家权力，兼有立法权、决定权、任免权和监督权。在人民代表大会下，我国设立了行政机关、审判机关、检察机关和军事机关，分别行使国家职能中的行政权、审判权、检察权和军事权。这些机关都源于国家权力机关，彼此分立、互不隶属，并各自向国家权力机关负责。在我国，检察机关和行政机关、审判机关及军事机关的宪法地位是一样的，检察权同行政权、审判权及军事权一样，同为国家的基本权力。

（二）检察权在我国社会生活的各个领域和方方面面发挥作用

判断一项国家权力是否是国家的基本权力，不仅要看它的宪法定位，还要看这项国家权力在社会生活中发挥作用的广度和深度。只有当一项国家权力和其他国家基本权力在社会生活中发挥作用的广度和深度对等的情况下，这项国家权力才能被称为国家基本权力。

检察权在社会生活中发挥作用的广度体现在它的公诉职能和诉讼监督上。首先，犯罪涉及社会生活的各个领域和方方面面，检察机关对犯罪提起公诉，自然也涉及社会生活的方方面面和各个领域。同时，世界多数国家的检察机关代表公共利益拥有对侵害公共利益的民事、行政案件的起诉权，使检察机关的公诉职能，由刑事诉讼领域向民事诉讼、行政诉讼拓展，涉及社会生活的方方面面和各个领域，作用的范围是十分广泛的。其次，检察机关的诉讼监督职能包括对法院刑事、民事和行政审判活动的监督，法院的审判活动对社会生活的影响是直接的，检察机关的诉讼监督对社会生活的影响是间接的，可以说法院的审判活动对社会生活的影响有多广，检察机关的诉讼监督活动

① 张智辉著：《检察权研究》，中国检察出版社2007年版，第33～34页。

对社会生活的影响就有多广。

检察权在社会生活中发挥作用的深度体现在它的职务犯罪侦查上，在我国职务犯罪侦查是检察机关的一项专属权力，除检察机关外，其他机关和部门不能行使这一权力。检察机关的职务犯罪侦查包括对国家工作人员贪污贿赂犯罪的侦查和国家机关工作人员的渎职侵权犯罪的侦查，如果说在现代社会，国家权力在社会生活中的影响是非常深刻的，那么国家权力的滥用达到犯罪的程度，对社会生活的影响更大。因此，从这个意义上说，检察机关的职务犯罪侦查职能对社会生活的影响也是非常深刻的。

从形式和内容上看，在我国，检察权完全具备作为一项独立的国家基本权力的条件。从形式上看，我国检察权作为一项独立的国家基本权力，是由宪法和法律规定的。从内容上看，我国检察权作为一项独立的国家基本权力，其主要原因不仅在于检察权有着特殊的社会功能，还在于检察权是检察监督与公诉职能的辩证统一。检察监督与公诉职能不仅不是相互冲突的，而且二者具有高度的契合性，检察监督与公诉职能的辩证统一，恰恰是检察权能够成为一项独立的国家基本权力的基础。

第六章　检察监督与公诉职能关系之实践考察

第一节　我国检察监督与公诉职能的实然关系及理性认识

一、我国检察监督与公诉职能关系的历史考察

要准确把握和理解中国检察监督与公诉职能的关系，须从新中国检察制度产生、发展的历史入手。

从总体上看，我国检察制度带有浓重的苏联检察制度特点，在宪法和法律、理论上均把检察机关定位于国家的法律监督机关，认为公诉职能是检察监督的一种手段和方式，但在实践中，随着社会政治经济的发展变化，两者关系呈现出明显的时代性特征。

（一）一般监督与公诉职能相结合时期

1949—1957年，我国的检察制度是一般监督与公诉职能相结合时期。1949年9月21日，中国人民政治协商会议在北京召开，会议通过了《中国人民政治协商会议共同纲领》和《中华人民共和国中央人民政府组织法》，为创建新中国检察制度奠定了政治基础和法律基础。根据《中国人民政治协商会议共同纲领》和《中华人民共和国中央人民政府组织法》的规定，中央人民政府设立最高人民检察署，作为国家的最高检察机关，最高人民检察署的检察长、副检察长、委员均由中央人民政府委员会任免。最高人民检察署对政府机关、公务人员和全国国民之严格遵守法律，负最高的检察责任。同年12月20日，中央人民政府主席毛泽东批准《中央人民政府最高人民检察署试行组织条例》（以下简称《试行组织条例》），这是新中国关于检察制度的第一个单行法规。根据该条例规定，最高人民检察署直接行使并领导下级人民检察署行使下列监督职权：（1）检察全国各级政府机关及公务人员和全国国民是否严格遵守人民政协共同纲领及人民政府的政策方针与法律、法令。

（2）对各级司法机关之违法判决提起抗议。（3）对刑事案件实行侦查，提起公诉。（4）检察全国司法与公安机关犯人改造所及监所之违法措施。（5）对于全国社会与劳动人民利益有关之民事案件及一切行政诉讼，均得代表国家公益参与之。（6）处理人民不服下级检察署不起诉处分之声请复议案件。新中国成立初期，中国检察制度的创建受苏联检察制度的影响是显而易见的，特别是对检察机关职权的规定，与苏联检察制度如出一辙，可以说是全面的移植。究其原因，主要是因为中国新民主主义革命时期一直将苏联社会主义制度作为建立政权的目标和典范，中国和苏联都是以马克思主义理论为指导来确定政治制度和组织国家政权的，社会制度和政治制度的相同性是决定中国检察制度借鉴和移植苏联检察制度的最根本原因。我国检察制度创建时期，虽然没有直接把检察机关定位于国家法律监督机关，但从相关法律文件规定的具体检察职权看，每一项检察职权均带有法律监督的性质，与苏联一样，实行的是一般监督与重点监督相结合的检察体制，检察监督的对象和范围十分广泛。检察监督和公诉职能体现的关系是，公诉职能是检察监督的手段和方式，并且主要是针对犯罪行为的监督。

《试行组织条例》颁布后，最高人民检察署着手建立全国检察组织系统，并开展了大量卓有成效的工作。全国各级检察机关投身于当时的社会改革、镇压反革命、“三反”、“五反”等实际斗争中去，积极查处各类违法违纪案件，抓重点，办大案，平反冤案，以实际成绩显示了检察工作的重要作用，扩大了检察机关的影响。“1951 年 1 月至 9 月，全国检察机关共办理严重违法乱纪案件 3493 件，为 6000 多名受害群众申冤平反，挽回了 109 名被错判死刑尚未执行的人的生命。1951 年 12 月，河北省人民检察署立案查处了原天津地委书记刘青山和专员张子善贪污、盗窃国家巨额财产的重大案件。根据西北五省一市及部分专、县检察署的统计，在‘三反’运动中，共检察起诉大贪污案犯 1107 名。1952 年，华东、西北、中南、西南各地检察署共受理案件 77874 件，根据 1952 年 73 个各级检察署的统计，直接检察处理的违法乱纪案件为 2736 件。这些斐然的工作成果，极大地维护了法律的尊严和司法公正。”①

1954 年 9 月 20 日，中华人民共和国第一届全国人民代表大会第一次会议通过了《中华人民共和国宪法》，该法第 81 条规定：“中华人民共和国最高人民检察院对于国务院所属各部门、地方各级国家机关、国家机关工作人员和公民是否遵守法律行使检察权。地方各级人民检察院和专门人民检察院，

---

① 中国人民大学刑法、民法教研室编：《中华人民共和国法院组织、诉讼程序参考资料》第 3 辑，中国人民大学出版社 1953 年版，第 191 页。

依照法律规定的范围行使检察权。”9月21日，会议通过了第一部《中华人民共和国人民检察院组织法》，人民检察院组织法根据宪法的精神和原则，规定了检察机关的设置、领导体制、职权范围、活动原则以及对检察人员的任免和管理等事项。该法规定，地方各级人民检察院行使下列职权：（1）对于地方国家机关的决议、命令和措施是否合法，国家机关工作人员和公民是否遵守法律，实行监督。（2）对于刑事案件进行侦查，提起公诉，支持公诉。（3）对于侦查机关的侦查活动是否合法，实行监督。（4）对于人民法院的审判活动是否合法，实行监督。（5）对于刑事案件判决的执行和劳动改造机关的活动是否合法，实行监督。（6）对于有关国家和人民利益的重要民事案件有权提起诉讼或参加诉讼。1954年《宪法》和《检察院组织法》所设计的中国检察制度，在中国检察制度史上具有十分重要的意义，开创了具有中国特色社会主义检察制度的基本模式。1954年《宪法》和《检察院组织法》调整了检察职权：其一，与新中国成立初期关于检察机关职权的规定相比，宪法和《人民检察院组织法》对一般监督的内容作了修改，明确了最高人民检察院对于国务院所属各部门、地方各级国家机关、国家机关工作人员和公民是否遵守法律行使检察权，以及地方各级人民检察院对于地方国家机关的决议、命令和措施是否合法实行监督的职权。其二，在刑事诉讼监督方面，明确了侦查监督权，扩大了审判监督权的适用范围，增加了对于刑事判决的执行进行监督的职权。其三，从实际情况出发，取消了检察机关参与行政诉讼和处理人民不服下级检察机关不起诉处分之声请复议的职权。1954年到1957年上半年，是人民检察事业朝气蓬勃向前发展的时期，被称为人民检察制度发展史上的“黄金时期”。各级人民检察院已全部担负起审查批捕、审查起诉工作，以1956年为例，全国检察机关审查公安机关侦查终结移送起诉的案件共269250件，其中决定起诉的200484件；检察机关侦查终结的案件26128件，其中决定起诉的25929件；审查内部肃反案件6802件，其中决定起诉的2241件。

（二）一般监督与公诉职能分离时期

1957—1967年，我国检察制度是一般监督与公诉职能分离时期。1954年之后，检察工作取得了较好的成果，但其一般监督职能是个例外，“检察机关履行一般监督职权时不是与人大履行的监督职权相重叠或相交融，就是与政府履行的行政监督职权碰撞或相交叉，显得无所作为，形同虚设，或者无所适从，难以奏效。”① “经过几年的实践，逐渐发现一般监督不适合中国国

---

① 王名湖：《检察机关的宪法定位问题研究》，载孙谦、张智辉主编：《检察论丛》第4卷，法律出版社2002年版，第317页。

情，刘少奇、彭真曾指示检察院可以不做一般监督工作，但要保留一般监督职权，备而待用。”[①] 根据中央决定，取消检察机关一般监督权后，法律监督范围被总结为“一方面是进行侦查、批捕、起诉、出庭支持公诉；另一方面是对国家机关和国家工作人员的违法行为实行监督。”[②] 从此，检察机关的一般监督权在实践中被取消并把其中部分权力移交给有关机关行使，这种状况一直持续到“文革”检察机关被撤销。

（三）检察监督与公诉职能曲折发展、中断时期

1957年下半年至1977年，我国检察制度是检察监督与公诉职能曲折发展、中断时期。1956年党的八大，虽然提出公、检、法三机关要分工负责、互相制约，但实践中，三机关更多体现的是如何加强配合，高效及时地打击犯罪，不久之后，“支持第一、制约第二”的原则取代了分工负责、互相配合、互相制约的原则就是例证。从1957年下半年开始，我国政治生活中“左”的思想占了上风，使法制建设包括检察制度建设遭受重创，“左”的思想主要表现是法律虚无主义泛滥，认为法律束缚了群众运动和专政机关的手脚，尤其对以维护国家法制统一为专职的检察制度造成了强烈的冲击，检察机关的法律监督被认为是“矛头对内”，垂直领导原则被斥为“向党闹独立性”、“凌驾于党政之上”。随着反右斗争的扩大化，大批检察干部被打成“右派”分子，极大地挫伤了广大检察干警的工作积极性，使检察制度的建设与发展出现波折。从1958年至1960年，在历时3年之久的大跃进运动中，检察工作也被要求变革办案程序，打破常规提高办案速度，做到“多快好省”，在刑事诉讼中实行公、检、法三机关联合办案，以“一长代三长”、“一员代三员”，抛弃了公、检、法三机关分工负责、互相配合、互相制约的刑事诉讼原则，这些明显违背诉讼规律的做法，使检察制度建设基本停止甚至倒退。在1959年10月26日至1959年11月13日，最高人民检察院召开了全国检察业务工作会议，在“左倾”错误观点的指导下，提出以“支持第一，制约第二”的原则取代公、检、法三机关分工负责、互相配合、互相制约的刑事诉讼原则，片面强调检察制度对敌人的专政作用，而忽视其维护法律统一正确实施的本源功能，“权力的滥用一直到遇到界限为止。”在十年文化大革命期间，全国掀起了砸烂公、检、法机关的恶潮，各级检察机关相继被撤销，检察制度遭到了灭顶之灾，检察业务工作处于瘫痪状态。1975年1月17日，第四届全国人民代表大会第一次会议修正通过的《中华人民共和国宪法》第25条规定：“检察机关的职权由各级公安机关行使。”至此，检察

---

① 甄贞等著：《法律监督原论》，法律出版社2007年版，第10页。

② 徐益初：《实践中探索中国特色的检察制度》，载《国家检察官学院学报》2005年第1期。

机关被彻底取消，新中国检察制度从此中断。

（四）刑事诉讼监督、职务犯罪监督与公诉职能相结合时期

1978—1989年，我国检察制度是刑事诉讼监督、职务犯罪监督与公诉职能相结合时期。1976年10月，“四人帮”集团被粉碎，“文化大革命”结束，国家开始步入民主与法制建设的轨道。通过对“两个凡是”的批判和实践是检验真理的唯一标准的讨论，使中国共产党形成了“解放思想，实事求是”的正确思想路线，以此为指导，人民检察制度获得新生。1978年3月，第五届全国人民代表大会第一次会议通过了修改后的《中华人民共和国宪法》，1978年《宪法》第43条对检察机关的职权和领导关系作了原则规定，标志着我国检察制度在被中断之后开始了恢复与重建工作。该法第43条规定：“最高人民检察院对于国务院所属各部门、地方各级国家机关、国家机关工作人员和公民是否遵守宪法和法律，行使检察权。地方各级人民检察院和专门人民检察院，依照法律规定的范围行使检察权。”比较1954年《宪法》的规定，1978年《宪法》不仅继承了有关最高人民检察院“一般监督”权的规定，而且还将其监督范围扩大至违宪行为。1979年颁布的《人民检察院组织法》，规定了我国检察机关当前的基本职权范围。该法第5条规定：“各级人民检察院行使下列职权：（一）对于叛国案、分裂国家案以及严重破坏国家的政策、法律、法令、政令统一实施的重大犯罪案件，行使检察权。（二）对于直接受理的刑事案件，进行侦查。（三）对于公安机关侦查的案件，进行审查，决定是否逮捕、起诉或者免予起诉；对于公安机关的侦查活动是否合法，实行监督。（四）对于刑事案件提起公诉，支持公诉；对于人民法院的审判活动是否合法，实行监督。（五）对于刑事案件判决、裁定的执行和监狱、看守所、劳动改造机关的活动是否合法，实行监督。”比较1978年《宪法》和1979年《人民检察院组织法》，可以看出两者在关于检察机关职权方面的规定存在不协调之处，前者规定检察机关对一切违法犯罪行为具有检察权，涵盖了法律运行的所有方面，包括立法、法的遵守、法的执行和法的适用，检察权具有一般监督性质，但后者规定检察机关的具体职权中体现的是对刑事诉讼、公民犯罪行为和国家工作人员职务犯罪行为的监督，没有规定履行一般监督权的手段和方式，从监督的对象和范围上看是一种特殊监督，或称重点监督。1979年《人民检察院组织法》与1954年《人民检察院组织法》相比，对具体检察权的调整主要体现在：一是取消了检察机关“一般监督权”的规定，增加了“对于叛国案、分裂国家案以及严重破坏国家的政策、法律、法令、政令统一实施的重大犯罪案件，行使检察权”的规定；二是将检察机关侦查刑事案件的范围限定为“直接受理的刑事案件”；三是

明确了检察机关的审查批捕权；四是将对于刑事判决的执行和劳动改造机关的活动监督，扩大为对于刑事判决、裁定的执行和对于监狱、看守所、劳动改造机关的活动的监督；五是没有再规定检察机关提起和参与民事诉讼的职权。1978 年《宪法》不仅继承了有关最高人民检察院“一般监督”权的规定，而且还将其监督范围扩大至违宪行为，而 1979 年《人民检察院组织法》与 1954 年《人民检察院组织法》相比，却取消了检察机关“一般监督权”的规定，两者在立法上的变化，存在着重要的矛盾。这不仅仅反映出立法技术问题，更重要的是反映出，当时对检察权的范围、功能和作用，在检察制度理论上没有清晰的认识和把握。

1982 年《宪法》第 192 条明确规定了“中华人民共和国人民检察院是国家的法律监督机关”，这一定位是对 1978 年《宪法》、1954 年《宪法》关于检察机关职责的概括、总结和提炼，以根本法的形式，把检察机关界定为国家的法律监督机关，并且这种定位，也为日后检察制度理论的发展与完善奠定了一个基点——认为检察权的共同属性是法律监督性，检察权等同于法律监督权。检察机关的职权中的职务犯罪侦查权、批准或决定逮捕权、公诉权、诉讼活动监督权等，都被认为是带有法律监督性质，上述权能都是围绕着法律监督这一总的职能而有机联系、互为衔接的。1982 年《宪法》第 192 条关于检察机关的定位不仅延续至今，而且对日后检察制度的发展产生了深远的影响。

1978—1989 年，检察权表现为刑事诉讼监督、职务犯罪监督与公诉职能的结合。

（五）诉讼监督、职务犯罪监督与公诉职能结合的时期

1989 年至今，我国检察制度是诉讼监督、职务犯罪监督与公诉职能结合的时期。1979 年《人民检察院组织法》颁布实施后，随着国家法制建设以及检察制度建设的发展，立法机关又颁布实施了一系列有关的法律、法规和决定，如 1979 年《刑事诉讼法》、1989 年《行政诉讼法》、1991 年《民事诉讼法》、1979 年经第五届全国人民代表大会常务委员会第十二次会议批准的《国务院关于劳动教养的补充规定》、1995 年《人民警察法》等，进一步明确和增加了检察监督职权，其中比较重要的内容包括：增加了对劳动教养机关的活动这种特殊的行政管理活动的监督；增加了对民事审判和行政诉讼实行监督的职权等。

20 世纪 90 年代后，随着民主法治进程的加快，人权保障观念、程序正义等先进的刑事诉讼理念得到普遍认同，1996 年修改后的《刑事诉讼法》，在以下几个方面对检察机关的刑事诉讼职能作了重要调整：其一，在程序上

加强了对公安机关立案活动的监督，加强了对刑罚执行活动的监督。其二，调整了检察机关自侦案件的范围，主要将一部分非国家工作人员实施的犯罪划归公安机关管辖，检察机关集中力量侦查贪污贿赂犯罪、国家工作人员的渎职犯罪、国家机关工作人员利用职权实施的侵犯公民人身权利的犯罪以及侵犯公民民主权利的犯罪。其三，在庭审方式上，吸纳了当事人主义的合理因素，向抗辩式转变，强化了检察机关支持公诉的职能和责任。其四，追诉权力相应弱化，取消了检察机关免予起诉的权力。“强化法律监督，维护公平正义”检察工作主题的确立，标志着我国的检察制度在理论上已充分认识到检察监督与公诉职能在控制和约束侦查权、审判权、保障人权中的独特价值和作用，但存在的主要问题是，依然没有认识到公诉权作为一项制约性权力，与检察监督有着重要的区别和联系，在理论上还是认为检察监督包含了公诉。

从新中国成立至1957年上半年，相关的法律都规定检察机关行使的是检察权，检察的本义是检举、督察，含有监督之意，虽然没有使用法律监督的概念，但无论是在理论认识上还是实践中都是认为检察权就是法律监督权。检察监督的范围十分广泛，包括法的运行的立法、守法、执法、司法等方面，公诉职能被认为是实施检察监督的手段和方式，是对公民犯罪行为的监督，针对其他违法行为，检察机关采取的是提出纠正意见的方式。新中国成立初期对检察监督与公诉职能关系的规定对中国检察制度的发展产生了深远的影响，一直到今天，大部分学者认为公诉权就是法律监督权。新中国成立初期的检察制度的构建缺乏必要的思想、理论准备，明显存在“先天不足”，主要表现在对检察权的功能和作用上的认识，囿于当时的历史条件，片面夸大了权力监督（检察监督）在控制权力中的作用，赋予检察机关监督一切违法犯罪的职责，无论是在理论上还是实践中，都体现出理想化的色彩，忽视了权力制约的重要价值和作用，没有认清公诉权的权力制约功能。在理论上，简单地把公诉权定位于监督犯罪权，减损了公诉职能的权力制约作用，使刑事诉讼程序成为追究被告人刑事责任的“流水线”，片面强调了公诉权的专政工具功能。在实践中，侧重强调公、检、法三机关之间相互配合，共同打击犯罪，公诉权存在的价值主要是准确打击犯罪，防止实体上出现冤假错案，没有认识到程序的独立价值，忽视程序的合法性，导致“重实体、轻程序”的现象比较普遍。

从我国检察监督与公诉职能关系的历史考察中，不难得出这样的结论：(1) 认为公诉权是法律监督权没有法律上的根据。新中国成立以来，无论是宪法、检察院的组织法及刑事诉讼法，都没有使用法律监督权的概念，而使用的是检察权的概念。1979 年《人民检察院组织法》第 5 条在规定检察机关职权时，共有 5 项内容，在其中的 3 ~ 4 项中，对公诉权作了明确的规定："（三）对于公安机关侦查的案件，进行审查，决定是否逮捕、起诉或者免予起诉；对于公安机关的侦查活动是否合法，实行监督。（四）对于刑事案件提起公诉，支持公诉；对于人民法院的审判活动是否合法，实行监督。"其他 3 项规定的都是检察监督的内容。从这一规定可以看出，在界定检察权的内容时，对公诉职能和检察监督都是分别予以列举的，并未指出两者之间是否存在包含关系。（2）认为检察权等同于法律监督权，公诉权是法律监督权的一种，只是学者根据"人民检察院是国家的法律监督机关"的宪法定位，在理论上推导出的结论。在 1954 年《宪法》中，我国检察机关并没有被定位于国家的法律监督机关，1954 年《宪法》第 81 条规定，检察机关是行使检察权的国家机关。"人民检察院是国家的法律监督机关"这一规定最早是由 1979 年的《人民检察院组织法》规定的，并被 1982 年《宪法》确认，法律监督是对检察机关性质的描述，但不能据此认为法律监督权就是检察权。（3）公诉权一直是检察权的核心内容，相对处于稳定的状态，而检察监督权却变化较大。具体而言，一是检察监督从一般监督走向了重点领域的监督，即对诉讼的监督和职务犯罪的监督。二是重点监督的领域和范围逐步扩大，增加了民事诉讼、行政诉讼监督职能。民事诉讼、行政诉讼监督职能之所以赋予检察机关，是因为两种权力监督都具有权力控制性和诉讼性，与公诉职能、刑事诉讼监督协调统一。一般监督权之所以与检察权相分离，主要是因为一般监督权不具有诉讼性，与检察权的属性不协调，苏联在建立检察制度之初，也赋予了检察机关一般监督权，但在实践中，也没有取得较好的效果。"列宁的法律监督理论或许只是一种近于理想的设计，而不能还原为现实的法律监督制度。"①"即使在列宁时代，也没有完全建立列宁所说的那种检察监督制度。"②

二、现实检察监督与公诉职能关系的外部考察

通过考察我国检察制度的历史发展，可以看出检察监督与公诉职能的内容及相互关系，在不同的历史时期具有不同的特点。在我国，检察权是一项独立的国家基本权力，在现实的国家政治、社会生活中，检察权是在与其他

① 尹伊君：《检法冲突与司法体制改革》，载《刑事法评论》第 1 卷，中国政法大学出版社 1997 年版，第 418 页。

② 尹伊君：《检法冲突与司法体制改革》，载《刑事法评论》第 1 卷，中国政法大学出版社 1997 年版，第 408 页。

国家权力的相互作用中，实现自己的功能和作用的。我们可以通过考察检察权与其他国家权力之间的关系，来分析检察监督与公诉职能在检察权的不同外部关系中的内容和特点。

（一）检察监督与公诉职能源于国家权力机关的授权和委托

"在中国的宪政制度中，人民代表大会具有双重公法人格——权力机关和立法机关。"① 人民代表大会由于其权力机关的性质在国家机关体系中居于最高的地位，这使它与经它授权的其他国家机关的关系完全处于单向的权力关系之中。检察机关与权力机关的关系，主要体现在两方面：一是组织与被组织的关系。根据宪法、人大组织法及人民检察院组织法的规定，各级人民检察院检察长由同级人民代表大会选举和罢免；各级人民检察院副检察长、检察委员会委员、检察员由该级人民检察院检察长提请本级人民代表大会常务委员会任免，其中地方各级人民检察院检察长，还须报上级人民检察院检察长提请本级人民代表大会常务委员会批准。检察机关及其组成人员由人大产生，即通过人大程序使其获得合法性。二是监督与被监督的关系。人大监督检察机关工作的主要方式包括：（1）听取和审议检察机关的工作报告。（2）执法检查、工作评议和代表视察。（3）通过质询、特定问题调查、罢免等手段进行监督。

检察机关与权力机关的关系表明，我国检察机关的检察监督职能是基于权力机关的委托和授权，与权力机关的法律监督是专门监督与最高监督的关系。我国宪法明确规定，全国人民代表大会及其常委会有"监督宪法和法律实施"的职权。同时，宪法和人民检察院组织法规定，人民检察院是国家的法律监督机关。人大监督与检察监督，有相同之处：有共同的目的，都是为了维护国家法制的统一；都是运用国家权力所进行的监督。两者的不同之处：首先，是两者的监督地位不同，国家权力机关的监督与检察机关的法律监督不是两个平行部门之间的横向分工关系，而是纵向的，上位与下位的关系。在这一关系构成中，国家权力机关的法律监督处于上位，检察机关的法律监督处于下位。权力机关的监督具有全面性和至上性，即全面监督法律实施和有关国家机关的工作情况，而在这种监督关系中，权力机关为监督主体，其他国家机关包括检察机关及其工作均为监督的对象，而检察机关的法律监督则具有一种隶属性和专门性。也就是说，检察机关的法律监督隶属于人大的法律监督，是国家法律监督系统中的子系统，检察机关的检察监督是人大将一部分法律监督权委托授予检察机关形成的。其次，是监督内容和手段不同。

① 孙谦著：《检察：理念、制度与改革》，法律出版社2004年版，第117页。

人民检察院的检察监督是一种诉讼行为，具有诉讼的属性，而人大的法律监督不具有诉讼性。检察监督包括职务犯罪监督、诉讼监督，是一种具体的个案监督。最高国家权力机关主要是监督政府机关发布的决定和命令的合宪性和合法性，解释宪法和法律，各级国家权力机关有权撤销本级人民政府不适当的决定和命令；监督检察院和法院是否公正、独立地行使职权，依法办案。人大的监督，关系到宪法和法律实施中的重大问题，是从宏观上、从权源上进行的监督，主要采取通过立法设定和授予其他国家机关权限；任免国家机关的组成人员；听取和审议工作报告等监督形式。再次，监督效果不同。人大的监督具有决策性质，检察监督只具有程序上的效力，没有实体处分效力。人大及其常委会可以直接罢免违反宪法和法律的国家机关组成人员，可以直接撤销一切与宪法和法律相抵触的行政法规、规章、决定、命令和地方性法规。人大监督是一种上对下的监督，监督行为一经实施，被监督者就必须执行，具有不容置疑的决策性质；而检察监督，是平等主体之间的监督，不是直接纠正违法行为，而是必然引发一定的法律程序，监督意见是否能被监督对象接受和执行，有一定的或然性。

检察机关与权力机关的关系表明，我国检察机关的公诉职能也是基于权力机关的授权和委托。这种授权和委托是通过宪法和法律的规定体现出来的，按照刑事诉讼法和检察院组织法的规定，检察机关对一切犯罪行为负责提起公诉，检察机关行使的公诉权同样要接受权力机关的监督。

(二) 检察机关与国家行政机关关系视野下的检察监督与公诉职能

在我国，检察机关与国家行政机关的基本关系表现为两方面：一是法律规定检察机关与行政机关地位平等。根据宪法的规定，检察机关与国家行政机关都是由人大下设的国家机关，职能独立，互不隶属，地位平等。二是财政供养关系。在目前的体制下，检察机关的经费、人员工资由政府的财政部门拨付，这就形成了政府与检察机关之间又一种重要关系：财政经费的供应与受供关系，从满足现代国家职能需要的角度来看，检察机关的经费应由国家财政予以保障。在检察机关与国家行政机关的基本关系的基础上，检察权与行政权的关系主要体现为，监督与被监督的关系和有限的相互制约的关系。

检察机关作为国家的法律监督机关，有权对行政机关及其工作人员的执法活动进行监督。从法定的监督内容和手段上看，主要是通过查处国家工作人员在国家行政管理活动中的犯罪行为和对公安机关的侦查活动进行监督来实现的。我国《刑事诉讼法》第 18 条第 2 款规定："贪污贿赂犯罪，国家工作人员的渎职犯罪，国家机关工作人员利用职权实施的非法拘禁、刑讯逼供、报复陷害、非法搜查的侵犯公民人身权利的犯罪以及侵犯公民民主权利的犯罪，由人民检察院立案侦查。对于国家机关工作人员利用职权实施的其他重大的犯罪案件，需要由人民检察院直接受理的时候，经省级以上人民检察院决定，可以由人民检察院立案侦查。”我国《刑事诉讼法》第8条规定：“人民检察院依法对刑事诉讼实行法律监督。”检察机关对侦查活动的监督是刑事诉讼法律监督的重要内容，检察机关是监督主体，公安机关及其侦查行为是被监督对象和监督客体，这种关系是单向的，而非相互制约中的双向关系。检察机关对侦查活动监督的内容有立案监督、侦查监督，监督的手段和形式有：要求公安机关说明不立案理由、通知公安机关立案、口头纠正违法、纠正违法通知书以及对公安干警职务犯罪行为的查处。此外，检察机关可以通过行政诉讼监督对行政违法行为进行监督，并结合办案，从社会治安综合治理、预防职务犯罪的角度，针对有关行政机关在管理活动中的疏漏提出检察建议。

检察监督与行政监督之间的关系。我国各级人民政府，均设置了专门的行政监察机关，对国家行政机关及其工作人员贯彻执行国家法律、法规、行政纪律和政策，贯彻执行政府的重大决策、措施等情况进行监督。检察监督与行政监督既有区别、又相互联系、相互衔接。两者的主要区别是：首先，两种监督的客体不同，检察监督针对的是国家行政机关工作人员的职务犯罪行为，而行政监督的客体是国家行政机关工作人员一般违反法律、行政法规和行政纪律的行为；其次，是在是否具有处分权上的差异。行政监察机关可以对违法的行政机关及其工作人员直接作出处分决定，而检察权是一种程序性权力，不能对涉嫌犯罪的行政机关工作人员直接处以刑罚，只能以诉讼的方式提请法院作出判决。两种监督又紧密相连，具有互补性。行政监察机关在监督活动中，发现有违法犯罪案件，需要依法追究刑事责任的，应当移送检察机关或公安机关处理，检察机关在法律监督活动中，发现有违反政纪问题或其他问题，需要由行政监察机关处理的，应当移送行政监察机关处理。

检察机关与行政机关的有限相互制约关系主要体现在检警关系上，公安机关是行政机关的有机组成部分，检察机关与公安机关的关系主要体现在刑事诉讼中。首先，是分工负责。我国实行检警分立，检察机关与公安机关独立设置，互不隶属，在刑事诉讼中各自拥有不同的职权。公安机关负责侦查、拘留、执行逮捕、预审，人民检察院负责检察、批准逮捕、提起公诉，以及对直接受理案件的侦查和起诉。在案件管辖上，公安机关负责侦查普通刑事案件，检察机关则负责立案侦查贪污贿赂犯罪、国家机关工作人员的渎职犯罪和国家机关工作人员利用职权侵犯公民民主权利、人身权利的犯罪。其次，是互相配合。检察机关与公安机关共同担负对刑事犯罪的控诉职能，两者要密切协作，使案件的处理能够在程序方面上下衔接，协调一致，以完成查明案件事实，追究、惩罚犯罪的任务。再次，是互相制约，也就是检察机关与公安机关在行使权力时，各自都要受到对方的一定制约，以防止发生错误或及时纠正错误。主要体现在：没有公安机关的侦查，检察机关不能对涉案人提起公诉；对于公安机关侦查终结的案件，人民检察院经审查后，如果认为事实不清、证据不足，可以退回公安机关补充侦查，也可以自行补充侦查；如果认为犯罪嫌疑人的行为不构成犯罪或依法不应当追究刑事责任，或犯罪情节轻微，依照刑法规定不需要判处刑罚或可以免除刑罚的，或案件经退回补充侦查，仍未查清事实的，可以作出不起诉的决定。公安机关认为人民检察院的不起诉决定有错误时，可以要求复议，如果意见不被接受，可以向上一级检察机关提请复核。公安机关要逮捕犯罪嫌疑人，需报检察机关审查批准，公安机关认为检察机关不批准逮捕决定有错误的，可以要求复议，如果意见不被接受，可以向上一级检察机关提请复核。就侦查与公诉职能看，侦查只是公诉的准备，必须服从公诉的需要，因此，在检察机关与公安机关的互相制约关系中，检察机关处于主导地位。

（三）检察机关与审判机关关系视野下的检察监督与公诉职能

根据我国宪法和相关法律的规定，检察机关与审判机关是属于同一位阶的平行国家机构，在职能与组织体制上相互独立，互不隶属，人民检察院独立行使检察权，人民法院独立行使审判权，人民检察院与人民法院之间主要是相互制约和监督与被监督的关系。

一是分工负责、互相配合、互相制约的关系。检察机关与审判机关的相互制约关系，主要体现在，基于控审分离，不告不理原则，未经检察机关的公诉，审判机关不能径行发动审判，对检察机关提起公诉的案件，人民法院经审理后，如认为被告人不存在被指控的犯罪事实或事实不清、证据不足，可以作出无罪判决，阻却公诉机关的求刑意图。在检察机关与审判机关的互相制约关系中，审判权制约在后，并且由于审判权具有终局性的特点，所以审判权在互相制约关系中处于主导地位。

二是监督与被监督的关系。根据刑事诉讼法和相关法律规定，检察机关具有依法对法院各种形式的审判活动实施法律监督的职能，在监督法律关系的意义上，检察机关与审判机关形成一种监督主体与被监督对象的关系。根据法律规定，在刑事诉讼中，检察机关发现人民法院审理案件违反法律规定的诉讼程序，有权向法院提出纠正意见。对人民法院的判决、裁定认为确有错误的，有权按照第二审程序或审判监督程序提出抗诉。在民事诉讼和行政诉讼中，检察机关根据法律授权，对人民法院确有错误的判决、裁定可以提出抗诉。此外，检察机关可以查处审判人员的职务犯罪行为。

三、对我国检察监督与公诉职能实然关系的理性分析

（一）我国检察监督存在的合理性

现代检察权有两方面的重要功能：一方面是追诉，通过履行公诉职能，实现对犯罪行为的国家追诉，克服私人追诉的不力，对犯罪行为所侵害的国家、社会公共利益和被害人的权利实施公力救济。另一方面是控权，通过检察监督和制约实现权力控制。一是检察权要监督制约侦查行为，确保侦查活动的合法性，防止警察的恣意。二是检察权要监督制约审判行为，使审判行为受不告不理原则的约束，防止法官的擅断。检察机关通过对侦查权和审判权的监督制约，确保客观的法意旨在刑事诉讼中得以统一正确实施，实现检察机关“法律守护人”的职责，实现权力控制的目的在于对被告人的诉讼权利，实施公力救济，保障其人权。三是检察权要监督公权力行使中的职务犯罪行为，在我国检察机关通过职务犯罪侦查，监督各个领域公权力不正当行使达到犯罪程度的行为，打击职务犯罪，保证国家法律的统一正确实施。

横向比较当代世界各国的检察制度，可以发现，在检察权的公诉职能上，差别不是很大，主要的差别是关于公诉职能的承担上，有的是检察机关垄断公诉，有的是检察机关与预审法官共同行使公诉权，有的是检察机关与大陪审团共同行使，但在检察权的权力控制功能上，却存在着显著差异。西方国家的检察权主要是以公诉职能为核心展开的，将权力控制寓于权力的相互制约之中，而我国则强调检察权在国家权力控制体系中的特殊作用。在权力控制的主体、内容和方式上，独具一格，凸显了检察监督特色。在公诉职能与检察监督的关系上，我国更注重在发挥检察机关的诉讼职能的基础上，强调检察机关的控权功能，在注重发挥公诉职能制约功能的基础上，强调检察监督的作用，正确理解我国检察监督与公诉职能的实然关系，需要把握以下几点：

1．控制侦查的需要，决定了我国侦查监督存在的合理性

侦查权是一种行政权，时刻存在着膨胀的危险，极易对犯罪嫌疑人的人身、财产造成侵害，加强对侦查权的控制，保障人权，是现代刑事诉讼所应具有的品格。我国与大陆法系、英美法系等国家，在对侦查权进行控制的方式上存在以下不同：大陆法系的法国，其刑事侦查的主体包括警察、共和国检察官和预审法官，法国实行的是检警一体化，共和国检察官享有法律授予警察的一切权力，有权在其辖区内指挥司法警察并采取相关的调查行为。共和国检察官到达现场时，警察就卸去了自己的职责，而预审法官到达现场时，

共和国检察官即卸去其职责。可见，预审法官在侦查中的权力要高于检察官和警察。《法国刑事诉讼法典》第122条规定："预审法官可以根据案情签发传票、拘票、拘留证或逮捕证。"《法国刑事诉讼法典》第38条规定："司法警察警官与司法警察警员受检察长监视。检察长得派遣司法警察警官与司法警察警员搜集其认为有利于正确司法的一切情况。"在侦查中，遇到重罪案件时，在预审法官尚未受理时，检察官可以发出拘票；或因现行轻罪，在案件提交法院前，可以签发拘留证；共和国检察官通过行使侦查权，以决定是否将案件移交给预审法官，检察官的决定如果与预审法官的意见不一致，可以对预审法官的裁决提起上诉。检察官对侦查权的监督与制约集中体现于对侦查活动的指挥之中，但检察官不是对侦查权进行控制的唯一主体，预审法官对侦查权的制约程度要强于检察官。同时，犯罪嫌疑人在侦查阶段也被赋予了比较广泛的对侦查权进行制约的权利，"被指控人在第一次接受讯问时，预审法官应当查明被审查人的身份，在讯问开始时应告知被指控人被指控的罪行，及其享有的不供述权利和律师辩护权利；如果被指控人没有选定辩护律师并要求指定，预审法官应为其指定一名辩护律师。在讯问开始的24小时之前，讯问人员应将有关案卷材料送交辩护人查阅。"① "先行拘押决定的作出必须按照司法化程序运作，在预审法官的主持下，由控辩双方对被指控人是否应先行羁押进行辩论和协商，然后由预审法官作出裁定，对此裁定不服的，被指控人及其律师均有权向上诉法院上诉。"② 同为大陆法系的德国，在对侦查权进行制约的模式上，与法国类似。可以看出，大陆法系国家的检察官对侦查行为有监督制约的权力，但并非是唯一的主体。

英美法系国家，采取的是当事人主义的刑事诉讼模式，在侦查阶段，当事人主义的特点也比较明显。英美法系国家，实行的是检警分立，检察机关基本没有对侦查行为的监督权力，对侦查行为的制约，是由法院的"司法令状"制度来完成的。同时，被追诉人以沉默权、自行收集证据权、接受讯问时辩护律师的在场权同侦查权形成对抗。

我国在刑事诉讼中，对强制性侦查行为没有实行"司法令状"制度，仅由检察机关对侦查机关的执行逮捕权、延长侦查羁押期限实行了审批制度，侦查机关的其他强制性侦查行为，诸如拘留、拘传、取保候审、监视居住、搜查、扣押等，拥有完全的自主决定权，同时，犯罪嫌疑人对违法侦查行为，只有行政化的控告、申诉权利，没有上升为诉讼权利，律师在侦查阶段的作用，只是提供法律帮助，代理申诉和控告，还不具有辩护职能。因此，与大

---

① 参见宋世杰等著：《外国刑事诉讼法比较研究》，中国法制出版社2006年版，第188页。

② 参见宋世杰等著：《外国刑事诉讼法比较研究》，中国法制出版社2006年版，第193页。

陆法系国家相比，我国对侦查的控制主体单一、缺少制约，主要以检察机关和检察监督为主，而大陆法系国家对侦查的控制实现了主体的多元化和检察监督与司法审查制约相结合。与英美法系国家相比，我国对侦查控制的机制中权力制约不足，缺少司法审查，整体上看，我国对侦查行为的制约性不够。权力控制包含两种方式：权力制约与权力监督，两者是此消彼长的关系。对侦查权的制约性不够，权力监督则成为必要的选择，在我国，对侦查权的控制正是以检察监督为主的方式进行的。对侦查活动的控制，除了批准逮捕这种制约的方式之外，其他的均是监督的方式，包括对立案活动的监督，对采取其他强制性侦查措施的监督，对具体侦查行为是否合法的监督，如刑讯逼供、违法取证等未达到犯罪程度的违法侦查行为。

2. 控制审判的需要，决定了我国审判监督存在的合理性

陪审制度是人类法制文明的重要成果，是公民维护司法公正的象征。陪审制度的产生，源于市民社会对“自然正义”的渴求，早期的日尔曼法粗糙而简单，司法的可预期性和确定性都很低，当神判的权威逐渐淡出历史舞台之时，强大的集权政治并未在欧洲建立，司法权威于是借助陪审制度得以重新确立。无论是早期的“邻人审判”，还是后来的“陪审团”，以及后来的“参审制”，都包含着以公民参与来保证司法公正以及确立司法权威的目的。陪审制度是现代各国刑事司法制度的重要组成部分，陪审制度蕴涵了众多的价值：一是民主价值。让公民直接参与审判，不仅仅是使审判从秘密走向了公开，更重要的是体现了民主精神。“实行陪审团制度，就是把人民本身，或至少把一部分公民提到法官的地位上，这实际上就是陪审团制度把领导社会的权力置于人民或一部分公民之手。”① 二是权力制约价值。陪审团审判实际上是把司法审判权的一部分划分出来交给普通公民来行使，发挥着制约审判权的作用，陪审团虽然由普通公民组成，并且人员也不固定，但其成员的陪审权不是一种公民权，而是由法律的规定使其上升为国家权力，有的国家明确陪审团成员与法官有同样的权力，有的国家规定陪审团负责认定事实。三是陪审团有助于准确认定案件事实。作为来自社会各界的普通公民，以他们的社会经验和道德心态所认定的事实是相对可靠的，美国法学家托马斯·库利指出：“法律之所以设立陪审法庭，原因在于相信，从陪审团的成员、遴选模式以及他们是来自社会各个阶层的事实来看，陪审团比单个的法官更加善于判断行为的动机，衡量证据的盖然性，而无论单个的法官是如何的

① ［法］托克维尔著：《论美国的民主》上卷，董国良译，商务印书馆1997年版，第314页。

精明。”①

我国的陪审制度与西方存在较大差别。首先，是陪审团组成人数上的差别。我国《刑事诉讼法》第147条第1~2款规定：“基层人民法院、中级人民法院审判第一审案件，应当由审判员三人或者由审判员和人民陪审员共三人组成合议庭进行……高级人民法院、最高人民法院审判第一审案件，应当由审判员三人至七人或者由审判员和人民陪审员共三人至七人组成合议庭进行。”全国人民代表大会常务委员会出台的《关于完善人民陪审员制度的决定》中规定，人民陪审员和法官组成合议庭审判案件时，合议庭中人民陪审员所占人数比例应当不少于1/3。法国在重罪法庭设有陪审团，陪审团由9名陪审官组成，同3名法官一起，就案件的事实问题和适用法律问题共同投票。英国的小陪审团由12人组成。美国在联邦法院系统的刑事审判中，陪审团必须是由12人组成，但被告人和控诉方合意减少陪审团人数的除外。

其次，是陪审团的功能和作用不同。我国刑事诉讼法规定：由审判员和人民陪审员组成的合议庭进行评议的时候，如果意见分歧，应当按照多数人的意见作出决定，合议庭难以作出决定的，由审判委员会讨论决定。“法国刑事诉讼法规定，法官3人、陪审团9人，先就案件的主要事实，加重、减轻情节等，用无记名投票方式进行表决，除非12名成员中有8人同意，否则不得对被告人定罪。罪行确定以后，再就适用刑罚问题进行表决，表决的方法：用无记名投票，每人提出一项刑罚，所以刑罚必须是大多数票提出的。若歧义较大，必须连续投票直至确定一种刑罚为止。”② 英国的陪审团对案件事实的评议是秘密进行的，其裁决不需要提供理由，陪审团握有认定事实的权力，法官则执掌着适用法律的权力；在刑事案件中，陪审团作出的有罪裁决存在明显不合理时，法官可以推翻，而陪审团作出的无罪开释的裁决则绝对不可改变，法官只能服从，这充分体现了对被告人的权利保障，陪审团的权力足以构成对法官权力的制约和抗衡。美国一般只有被指控犯有重罪的被告人才享有陪审团审判的权利，可能被处以6个月以上监禁的行为被视为重罪，在12人陪审团中必须至少有9名陪审员认为被告人有罪，才能对被告人作出有罪裁决。陪审团的无罪裁决，法官是必须服从的，而且陪审团的裁决是终局裁决，根据“一事不再理”的原则，被告人就不会因同样的罪名再次受到检察官的起诉。

再次，在陪审团成员回避制度上的规定存在差异。我国仅是规定了“法

---

① 转引自汤维建著：《美国民事司法制度与民事诉讼程序》，中国法制出版社2005年版，第200页。

② 张彩凤主编：《比较司法制度》，中国人民公安大学出版社2007年版，第212页。

定回避”事由，而西方国家不仅有“有因回避”，而且还有“无因回避”，当然无因回避的次数要受到限制。

从以上的对比中，我们不难得出这样的结论：我国的陪审制度对审判权的制约要弱于大陆法系的法国，而法国要弱于英美法系的英国和美国。我国的陪审制度接近于法国的陪审制度，都属于“参审制”，但存在着差别，法国的陪审团人数与法官人数相比处于绝对多数，而我国的陪审员人数与法官人数相比存在或然状态，有可能在合议庭中处于多数，也可能处于少数，加之司法实践中，许多陪审员没有发挥真正的作用，参而不审，使陪审员对审判权的制约性不强。正是因为陪审制度对审判权的制约程度不同，影响了各国检察权中的审判监督权的设置，英美国家的陪审团对审判权已经形成了较强的制约，所以其检察权中基本没有审判监督权。随着两大法系的互相借鉴和融合，英美国家的检察权中逐渐有了审判监督职能。“如1988年《英国刑事审判法》颁布后，总检察长具有对被告量刑过轻的上诉权。”① “在美国，对犯有可诉罪恶的被告人被宣告无罪释放时，总检察长有权提请联邦参议院就该案的法律问题进行复议。”② 这种趋势也说明，即使有了对审判权的制约，但也难以避免审判权的错误行使，需要另一种权力控制形式——权力监督予以补充。只有两种权力控制形式综合运用，才能有效实现权力控制的目的，而我国对审判权的制约性力量不足，所以赋予了检察机关更多的审判监督权力，如对审判活动中的违法行为提出纠正意见，对确有错误的判决、裁定提出抗诉，包括一审程序的抗诉和审判监督程序的抗诉。在我国，检察机关对审判的监督，不仅包括对审判过程的监督，而且还包括对审判结果的监督。

3. 一元多立的权力结构，决定了我国检察监督存在的合理性

我国是工人阶级领导的以工农联盟为基础的人民民主专政的社会主义国家，同这一国体相适应，在政体上，实行民主集中制的人民代表大会制度。国家一切权力属于人民，人民代表大会是最高的权力机关，同时还是立法机关和最高的监督机关。在坚持国家权力统一于人民代表大会的前提下，为了实现国家管理职能，需要对国家权力进行必要的分工，这是由人民代表大会的组织形式、权力行使方式所决定的。在一元权力——人民代表大会下，分出立法权、行政权、审判权、检察权、军事权，其中立法权留给人民代表大会自己直接行使，而将行政权、审判权、检察权、军事权分别授予行政机关、

---

① 参见金明焕主编：《比较检察制度概论》，中国检察出版社1991年版，第224页。

② 参见刘兆兴：《两大法系国家检察机关在刑事诉讼中的职权比较》，载《外国法译评》1995年第3期。

审判机关、检察机关、军事机关行使。因为是授权行为，必然要求“一府两院”对人大负责，并受其监督，并且人民代表大会对“一府两院”的监督是一种单向的最高监督，“一府两院”反过来不能监督人大。我国一元多立与西方三权分立的政治架构在权力控制模式上存在着显著不同，三权分立以权力制衡为主，而我国则是以权力监督为主。因为，人民代表大会的权力与“一府两院”的权力之间存在着等级关系，从整体上看，国家权力之间不是制衡关系，仅是在二级权力之间实现了有限的制衡，正是为了弥补权力制衡的不足，同时也是因为人大的监督是一种宏观的、对重大事项的监督，难以对权力具体行使行为实施监督，为了使监督权落到实处，所以人大将一部分监督权力授予了检察机关。检察机关通过职务犯罪侦查、诉讼监督等监督职能的履行，对国家权力的具体行使行为实施监督，保证权力的依法正确行使。

（二）公诉权兼具制约性与监督性

1．公诉权的制约性

现代意义上的公诉权是司法分权的结果，控、审分离，使公诉权与审判权之间建立了互相制约关系——权力制衡。公诉权对审判权的制约首先表现在审判程序的开启上，使审判权受“不告不理”原则的拘束，没有公诉即无审判，避免了审判机关包揽司法权的全过程，避免了司法专横专断，避免了审判机关沦为主动追究、判定犯罪的司法专断者，这本身就是对审判权最大的制约。“在控诉原则支配下，法官基于不告不理的法律规定，除自诉案件外，必须是检察官提起公诉以后，才能进行审判程序。检察官为提起公诉的官署，以控诉专属而控制法官裁判的入口，从而限制法院主动行使审判权。启动程序功能如同引擎开启车子的功能一样，无法想象其不存在。”① 其次，公诉权对审判权的制约还表现在，法官在审判中受公诉机关指控对象和诉讼请求的约束，不得审理公诉机关未指控的对象和诉讼请求范围以外的问题。违反这一规定就等于违反了不告不理的原则，审判应当无效，或者构成抗诉和撤销原审判决的理由。审判权对公诉权的制约在于，可以判决被告人无罪，阻却公诉的求刑意图。

公诉权的制约作用还体现在对侦查权的控制上。公诉权对侦查权的制约主要体现在诉与不诉的选择上，不起诉是对侦查结果的否定，直接阻却了侦查权追究犯罪嫌疑人刑事责任的意图。

2．公诉权的监督性

我国公诉权是一系列权力的复合体，包括审查起诉权、退回补充侦查权、

---

① 林钰雄著：《检察官论》，台湾学林文化事业有限公司1999年版，第22页。

自行补充侦查权、提起公诉权、不起诉权、变更起诉权、抗诉权等，其中有些权力中包含了监督因素，有些权力是检察监督权。

（1）审查起诉权包含法律监督因素。《刑事诉讼法》第 136 条规定，凡需要提起公诉的案件，一律由人民检察院审查决定。由此，我国的审查起诉权由检察机关享有，其他机关无权审查刑事案件。检察机关审查案件，主要查明以下内容：犯罪事实、情节是否清楚，证据是否确实、充分，犯罪性质和罪名的认定是否正确；有无遗漏罪行和其他应当追究刑事责任的人；是否属于不应当追究刑事责任的；有无附带民事诉讼；侦查活动是否合法。检察机关对案件进行审查，目的是判断侦查机关的权力行使行为是否正确，这实质上是完成了法律监督的第一个要素，即了解知情、审视查看，也就是监督的过程，当然审查后能否构成一项法律监督，存在或然状态，如果侦查活动合法，就没有检察监督存在的必要；对违法或不正确侦查活动的纠正，存在两种可能，一是通过行使制约性的权力如不起诉予以纠正，二是也可能采取检察监督的手段，如下发纠正违法通知书的形式予以纠正。由此，可以看出，审查起诉构成公诉职能中检察制约和检察监督的共同基础。

（2）退回补充侦查权是法律监督权。检察机关对案件经审查后，如认为案件事实不清、证据不足，可以退回侦查机关补充侦查，这实质是对侦查机关不充分或怠于行使侦查权行为的监督纠正，是一个完整的法律监督过程。自行补充侦查与退回补充侦查性质不同，自行补充侦查是检察机关以自己的行为直接纠正侦查机关不充分或怠于行使侦查权的行为，是一种权力制约行为。

（3）出庭支持公诉权包含法律监督因素。检察官通过参与庭审的全过程，便于发现法官在审判活动中不正确行使审判权的行为，实质是完成了审判监督的第一个要素——监督的过程。

（4）抗诉权是法律监督权。我国《刑事诉讼法》第 181 条规定，地方各级人民检察院认为本级人民法院第一审的判决、裁定确有错误的时候，应当向上一级人民法院提出抗诉。第 205 条规定，最高人民检察院对各级人民法院已经发生法律效力的判决和裁定，上级人民检察院对下级人民法院已经发生法律效力的判决和裁定，如果发现确有错误，有权按照审判监督程序向同级人民法院提出抗诉。检察机关通过行使抗诉权，请求上级法院纠正下级法院的错误裁判，主要的目的在于维护国家法律的统一正确实施。检察机关的抗诉与被告人的上诉存在着重要的区别：抗诉的目的在于维护法律的统一正确实施，抗诉的理由具有法定性，只能针对确有错误的判决和裁定，既可以提出不利于被告人的抗诉，也可以提出有利于被告人的抗诉；上诉的目的在于维护被告人的个人利益，寻求无罪或罪轻的判决，上诉理由具有任意性。由此可见，抗诉权是一种检察监督权，而上诉权是法律赋予被告人的权利救济手段，不具有法律监督的属性。特别是检察机关为了被告人利益的抗诉（或上诉），以及为了法律之利益（如法国的“为法律之利益上诉”、日本的“非常上告”等）提起的上诉或抗诉，更明显地体现了对法院裁判的检察监督属性。诚如法国学者所指出的：“为法律之利益提出上诉的目的是，对基层法官所作裁判中发生的法律上的错误进行审查、纠正，依此保证法院判决的统一，保证对法律的尊重。”①

通过以上分析可以看出，公诉权兼具权力制约性与权力监督性，公诉权虽然具有监督性，但尚不能就此得出公诉权就是法律监督权的结论，因为公诉权还包括重要的制约性权力，简单地以法律监督权来概括公诉权，显然是以偏赅全，现代公诉权诞生的真正基础，不是权力监督，而是分权制约，权力制约应当是公诉权的本质属性之一。

（三）对中国特色社会主义检察制度的正确认识

新中国检察制度，是在借鉴苏联检察制度的基础上，坚持与我国的政治制度、具体国情、法律文化传统相结合而建立起来的。在近60年的发展历程中，特别是改革开放以来的30年中，中国检察制度坚持与时俱进，不断吸收世界其他国家检察制度的优秀成果，有借鉴，有融合，有创新，并凸显了鲜明的中国特色社会主义特征。中国特色检察制度与我国社会主义的基本国情相适应，植根于我国的政治制度、经济制度和法律文化，具有历史的必然性、内在的合理性和明显的优越性。与西方国家的检察制度相比，我国检察制度的特色体现在：

一是在国家政权结构中，检察机关具有独立的法律地位。我国宪法规定，国家行政机关、审判机关、检察机关都由人民代表大会产生，对它负责，受它监督；人民检察院是国家的法律监督机关，表明检察机关是与行政机关和审判机关平行的、独立的法律监督机关。而西方国家由于受“三权分立”的政体限制，检察机关或是依附于行政机关，或是依附于司法机关，检察机关不可能有独立的法律地位。我国检察机关的独立性还体现在行使职权的独立性上，《宪法》第131条规定：“人民检察院依照法律规定独立行使检察权，不受行政机关、社会团体和个人的干涉。”检察机关在国家二级权力机关中的独立和在行使职权中的独立，是实施法律监督特别是控权性职能必不可少的要素，有利于在行使职权中排除各方面的干扰，提高维护法律统一正确实

---

① ［法］皮埃尔·尚邦著：《法国诉讼制度的理论与实践》，陈春龙、王海燕译，中国检察出版社1991年版，第100页。

施的客观性、权威性和准确性。

二是在检察权的设置中，突出了检察监督的特点。我国检察机关不仅具有公诉职能，而且还有众多的检察监督权，并且每项检察权都体现了法律监督属性，在对其他国家权力的控制中，体现为制约性检察权和监督性检察权的有机结合。而英美法系国家的检察权，是以公诉为主，含有极少、较弱的检察监督权，从整体上看，是公诉型的检察权。检察制度是作为一种诉讼制度而存在，检察权对其他国家权力的控制作用较弱，大陆法系国家的检察权虽然也属控权型，但与我国的检察监督权相比，仍然存在着重要的不同。首先，职务犯罪侦查权在我国专属于检察机关，在大陆法系国家，职务犯罪侦查权并非专属于检察机关。其次，表现在对侦查权的监督上，大陆法系国家实行检警一体化，检察机关对侦查机关具有领导、指挥权，侦查监督蕴涵于领导、指挥之中，没有清晰的界限，这种监督含有上对下和自我监督的色彩，我国实行检警分立，侦查监督是一种平等主体的监督，并更具有客观性。由此，可以看出，我国检察权与西方国家相比，具有更强的控权性，控权的方式以检察监督为主，检察监督在国家政治领域和社会生活中发挥了广泛的作用，检察制度不仅仅是一项诉讼制度，更重要的是作为一项基本的政治制度而存在。控权作用的差异，也是导致检察机关在国家政权结构中具有不同法律地位的因素之一。

三是我国检察机关实行多重的领导、监督体制，有利于确保检察权的正确行使。首先，检察机关必须接受人大的监督。我国宪法规定，检察机关由人民代表大会产生，对它负责，受它监督。人民代表大会监督检察机关和检察工作的途径主要是行使设置权、授命权、监督权、批准权、人事任免权、重大问题决定权、视察权、质询权、特定问题调查权等权力。在我国，一切权力属于人民，人民行使国家权力的机关是全国人民代表大会和地方各级人民代表大会。所以，检察机关接受人大监督，实质是接受人民的监督，是人民主权的体现。其次，检察机关必须坚持党的领导。中国共产党是建设中国特色社会主义事业的领导核心，检察事业是中国特色社会主义事业的有机组成部分，因而必须坚持党对检察工作的统一领导。党的领导是检察机关完成政治任务、履行检察职能和检察事业健康发展的政治前提和根本保证。党领导检察机关和检察工作的内容主要有：政治领导、思想领导和组织领导。坚持党的领导不但有助于检察机关正确贯彻党的方针、路线和政策，保证检察工作紧紧围绕党和国家的中心工作，防止检察业务工作出现偏差；更有利于发挥党的“总揽全局、协调各方”的核心力量，有利于排除各种干扰，确保检察权依法独立公正地行使。在我国，检察机关要接受党的领导，使检察权具有明显的政治属性，而在西方，由于实行多党轮流执政，检察机关没有统一、稳定的领导核心，检察权的政治属性不明显。再次，我国实行检察一体化，在上下级检察机关之间是领导与被领导的关系，最高人民检察院领导地方各级人民检察院的工作，其意义主要在于保证全国检察机关集中统一行使检察权，从而有效地维护法律的统一正确实施，实现国家的法制统一。上级人民检察院领导下级人民检察院的方式与党的领导不同，主要是对具体业务工作的领导，体现为：通过规范性文件指导工作；检查执法工作情况；纠正或撤销下级人民检察院的错误决定；最高人民检察院对检察工作中如何具体适用法律问题所作的解释对全国各级人民检察院均具有约束力。

我国检察制度的上述特点表明：我国检察制度在本质上，是政治属性、人民属性、法律监督属性的有机统一；在检察权的来源上，检察权来源于人民，服务于人民；在价值理念上，强调党的事业至上、人民利益至上、宪法法律至上。

改革开放以来的30年中，检察机关在打击刑事犯罪、维护社会和谐稳定、巩固党的执政地位；强化诉讼监督，维护公平正义，保障人权；查处职务犯罪，确保国家公职人员廉洁从政等方面，发挥了巨大的功能和作用。仅2003—2007年，共批准逮捕各类刑事犯罪嫌疑人4232616人，提起公诉4692655人。共立案侦查贪污贿赂、读职侵权犯罪案件179696件涉及209487人，立案侦查涉嫌犯罪的司法工作人员17270人。立案侦查贪污受贿10万元以上、挪用公款100万元以上案件35255件，涉嫌犯罪的县处级以上国家工作人员13929人（其中厅局级930人、省部级以上35人），抓获在逃职务犯罪嫌疑人4547人，追缴赃款赃物244.8亿多元，共立案侦查渎职侵权犯罪案件34973件42010人。在刑事诉讼监督中，对应当立案而不立案的，督促侦查机关立案94766件；对违法插手民事经济纠纷等不应当立案而立案的，督促侦查机关撤案18266件。对应当逮捕而未提请逮捕、应当起诉而未移送起诉的，决定追加逮捕63500人、追加起诉42430人；对依法不应当追究刑事责任或证据不足的，决定不批准逮捕255931人、不起诉34433人；对侦查活动中滥用强制措施等违法情况提出纠正意见50742件次。对认为确有错误的刑事判决、裁定提出抗诉15161件，对刑事审判中的违法情况提出纠正意见9251件次。在刑罚执行监督中，依法监督纠正减刑、假释、暂予监外执行不当13275人，对不按照规定将罪犯交付执行等违法情况提出纠正意见29631件次。在民事审判和行政诉讼监督中，对确有错误的民事、行政裁判提出抗诉63662件。通过开展集中清理纠正超期羁押工作，使侦查、起诉、审判各环节新发生的超期羁押从2003年的24921人次下降到2007年的85人次。①上述数字，从一个侧面反映出我国以法律监督为特色的检察制度在司法实践中维护法律统一正确实施的重要作用。

新中国成立以来的检察实践表明，检察机关作为国家的法律监督机关，在国家政治生活和司法领域中发挥了重要的、不可或缺的作用。“文化大革命”期间，检察机关被撤销，检察监督职能不复存在，相关国家权力失去了有效控制，法制建设出现了历史的倒退，毫无人权保障可言。据统计，“在文化大革命期间全国共判处刑事案件120万余起。到1980年6月底，各级法院复查113万多起，其中，反革命案件27万多起，普通刑事案件86万起。改判纠正了冤假错案25万多件，涉及当事人26.7万。”②

当然，我们在看到我国以法律监督为特色的检察制度的优越性的同时，也应当注意到，随着社会主义市场经济的发展与完善、民主与法治进程的加快以及社会主义法律文化的不断发展，使我国社会发生了持续性的、动态的、多样化的结构变迁，社会发展变化的现实，对检察制度在维护司法公正、保障人权等方面提出了新的要求，客观上需要检察制度创新发展，因为没有任何一项制度是完美无缺的。检察权在对其他国家权力的控制中，要提高其有效性，在坚持法律监督特色的同时，还要重视权力制约的价值和功能。

（四）正确认识我国的检察权

“在现代司法制度语境中的检察概念，特指一种司法职能，即由特定官员和机关代表国家向法院提起诉讼及执行相关业务的职能。而这种职能正是具有检视查验违法行为以及就此向有处置权的机关检举以求约束制止的双重功能。而且，汉语中的‘检’作为名词还有‘法制’的意义，如‘规检、检式’，更与‘检察’作为一项法律制度相宜。”③

对“检察”的理解，不仅中外学者存在不同，国内学者对此也争议较大。国外学者认为检察是以公诉为中心的国家权力活动。日本平凡社出版的《世界大百科事典》解释“检察”为：“执行刑事案件的公诉事务及其附带的工作。”法国学者卡斯东·斯特法尼等所著的《法国刑事诉讼法精义》称，检察官是“法律授权进行公诉的司法官”。美国学者伦斯特洛姆所编的《美国法律辞典》称：“检察官是在追究被指控实施了犯罪行为的被告人的程序中代表国家的律师”。美国学者约翰·雅各比在其所著的《美国检察官研究》一书中称：“检察官是主持追诉的政府官员。”我国学者对检察的理解主要有

① 相关数字来源于贾春旺2008年3月10日所作的《最高人民检察院工作报告》。

② 参见《第五届全国人民代表大会第二次会议文件汇编》，第2~3页。

③ 龙宗智著：《检察制度教程》，中国检察出版社2006年版，第1页。

以下几种观点：（1）检察等同于公诉。“人民检察院的‘检察’，是检察机关为发现犯罪、追诉犯罪而实施的行为，目的在于通过人民检察院的法定活动，使犯罪被及时发现并能够受到应有的追诉，从而确保刑事诉讼法所承担的任务得到完成。而人民检察院的法律监督，则是人民检察院依法发现特定执法机关违法行为后，督促违法机关自行纠正的行为，目的在于通过人民检察院的执法活动，确保特定国家机关的违法行为能够被及时发现并尽快得到纠正，从而最终达到保障国家法律得到统一正确实施的目的”① （2）检察等同于法律监督。“检察一词是反映检察机关工作的性质、内容及其特性的专门概念，检察就是专门的法律监督。”② （3）从诉讼职能角度看，检察是以公诉为中心、对整个诉讼过程负有监督作用的一项职能活动。③

第一种观点是认为，检察与法律监督是不同性质的权力，检察等同于公诉，也即认为公诉权与法律监督权是不同性质的权力；第二种观点是认为，检察等同于法律监督；第三种观点是认为，检察包含了公诉和法律监督职能，两者是并列关系。上述几种观点均有偏颇之处，因为从检察的本源意义上看，检察无疑具有检视、调查、纠举、制止、督察之意，其中包含有权力制约和权力监督之意。检察成为一项法律制度之初，其职能包括对犯罪行为的调查、向法院提起诉讼，对刑事司法领域其他国家机关权力不正当行使行为的制约和监督，这时的检察权无疑等同于公诉，公诉活动不仅包括检举指控，而且包括对犯罪情状的“检视查验”，因此公诉活动中应当包含对犯罪的侦查。作为公诉官员的检察官，在对犯罪的侦查中应当发挥主导作用，体现在三个方面：“其一，侦查必须服从公诉的要求。警方的侦查是为公诉之准备，侦查必须服从公诉需要，是实现国家追诉犯罪的基本要求。其二，为有效实施公诉，检察官应当有权监督和指挥侦查。其三，为保证检视清楚，必要时检察官应当自行实施侦查。”④ 同时，为实现公诉之目的，检察官应当有权监督审判的合法性、判决的执行。这也解释了为什么西方国家将检察机关定位于公诉机关，公诉职能之所以包括了侦查权、指挥侦查权、提起公诉权、审判监督权、执行监督权等诸多权能，是因为检察的本意使然。随着检察制度的发展完善，检察的作用不仅仅体现在对犯罪行为的查纠上，在刑事领域发挥作用，而且还体现在对国家权力违法行使的查纠上，在更多的领域发挥作用。

---

① 傅宽芝：《人民检察院的检察与法律监督》，载最高人民检察院理论研究所编印：《检察制度和检察理论创新发展论坛》，第2页。

② 王桂五主编：《中华人民共和国检察制度研究》，法律出版社1991年版，第240页。

③ 龙宗智著：《检察制度教程》，中国检察出版社2006年版，第2～6页。

④ 龙宗智著：《检察制度教程》，中国检察出版社2006年版，第3页。

例如，我国检察制度在发展中增加了对民事、行政审判的监督，法国检察制度中还包括了对户政官员之监督、对私立教育机构之监督等，美国的总检察长，作为政府的首席法律官员及法律顾问，负责为政府起草有关的法案，对政府及其各部门的法律事务提供咨询意见。随着检察职能的发展，检察不再等同于公诉，但各国检察职能的扩大与发展，均未脱离检察的本源意义。

检察应是指检察机关追诉犯罪、制约和监督有关国家机关及其工作人员权力错误行使行为的职能活动，检察权即是检察机关行使职能活动所具有的各项权力的总称。并且检察权仍然处在不断发展和完善的过程中，其在不同的历史时期、不同的国家，具有不同的作用范围。在当代我国法律视野内，检察权相对于检察监督权和公诉权而言，是一个上位概念，检察监督权和公诉权是检察权的基本组成部分。检察权不等同于法律监督权，而是检察权中包含了一部分法律监督权（检察监督权，意即已有法律规定由检察机关行使的监督权），因为还有许多法律监督权没有纳入检察职能之中，如人大的监督、行政监督等，但不排除在检察权发展的过程中，还有一些法律监督权将被纳入检察权之中，检察监督权也不等同于法律监督权，法律监督权包含了检察监督权。关于检察监督与法律监督的种属关系，在公认的检察制度理论奠基之作的《中华人民共和国检察制度研究》一书中，也有清晰的阐述，“法律监督是由法定的机关对遵守和执行法律的情况实行的国家监督。在这个定义里，明确了法律监督的主体是法定的机关，按照宪法和法律的规定，这就是国家权力机关和检察机关。法律监督的外延同法律的外延是一致的，有多少部门的法律，就有多少种类的法律监督，但是现行人民检察院组织法却存在着自身的逻辑矛盾。《人民检察院组织法》第1条规定，人民检察院是国家的法律监督机关，按照法律监督的概念就应当是全面的法律监督，但是在该法第5条关于人民检察院职权的规定，却不是全面的法律监督。监督是一个大概念，法律监督是各种类型监督的一种，而专门的法律监督或者检察监督又是法律监督的一种。‘检察’一词是反映检察机关工作的性质、内容及其特性的专门概念，专门的法律监督就是检察。”① 由此可见，检察监督不等于法律监督。

检察权也不等同于公诉权，检察权包含了公诉权，因为检察权中的其他权力如民事、行政审判监督权，并不能包含于公诉权之内，但公诉权无疑是检察权中的基本职能，公诉权包含了一系列的检察职能，是多种检察职能的复合体。

---

① 参见王桂五主编：《中华人民共和国检察制度研究》，法律出版社1991年版，第237～240页。

检察监督权也不能包含公诉职能，两者也不是以并列关系共存于检察权之内，而是相互之间有着职能交叉，如抗诉权既是一种公诉职能，也是一种检察监督职能。检察监督权与公诉权之所以共存于检察权之中，是因为两者都符合检察的含义，都具有控权性和诉讼性的特征。

西方国家把检察机关定位于公诉机关，是从检察机关的主要职权的角度出发的，我国将检察机关定位于法律监督机关，是从检察权的共同属性的角度出发的，两者的角度不同，内容也存在着差异，都各有道理，但绝不能据此认为西方的检察权等同于公诉权，而我国的检察权等同于法律监督权。

第二节　检察监督与公诉职能实然关系中存在的问题及理论分歧

一、我国现阶段检察监督与公诉职能实然关系中存在的问题

检察监督与公诉职能关系，不仅反映了检察权内部各项权能的关系，涉及检察监督与公诉职能是否能共融问题，检察权的性质和功能问题，而且体现了检察权与侦查权、审判权的关系，涉及检察机关与其他国家机关之间的关系、检察机关在国家控权体系中的地位和作用。

（一）对公诉权的制约属性缺乏认识

在理论上没有认清权力制约与权力监督的区别，将公诉权简单地视为一种法律监督权，对公诉权的制约属性缺乏认识。监督、制约、制衡三个概念的内涵、外延以及相互关系，是研究检察制度的理论基础。长期以来，三个概念被混用、界限不清的问题非常突出，成为制约检察理论研究的瓶颈。蒋德海教授认为：“权力监督用于上对下的不同主体之间，监督者和被监督者的地位差别，是有效实施监督的基本条件。权力监督也是一种制约。但监督却不能等同于制约。”① 与此观点相反，谢鹏程教授认为：“对于检察机关的性质和职能来说，监督是本质性的、根本性的，制约是派生性的、从属性的。对于检察机关在国家政体和司法体制中的地位和作用来说，监督是本位性的、主要的，制约是延伸性的、次要的。从检察机关与其他机关的关系来说，监督和制约都是职能关系，是程序性的权力，并不意味着也不要求检察机关与受监督方和受制约方之间存在政治地位的高低差别，检察机关的权威来自法律监督的质量和合法性以及法律的设置，而不是来自检察机关具有或必须具

---

① 蒋德海：《监督、制约两概念不应混同》，载《检察日报》2008 年 4 月 4 日第 3 版。

备某种较高的法律地位或政治地位，这是法律监督与其他监督的一个重要差别（其他监督可以或者需要有地位差别）。对于我国社会主义政体来说，制衡是一个异己的、不相容的概念，绝对不能把制衡与制约这两个概念混淆。”① 最高人民检察院副检察长朱孝清曾撰文指出：“检察监督有两种表现形式：一种是制约型监督，即法律监督是诉讼的必经环节，非经检察机关的审查不能进入下一诉讼环节，如审查批捕、审查起诉即属此，另一种是督察型监督，即法律监督并非诉讼的必经环节，检察机关在诉讼之外，对监督对象进行审视督察，一旦发现违法犯罪，即启动监督程序，并进入诉讼之内，如职务犯罪侦查和某些诉讼监督即属此。”② 朱孝清的观点显然是认为监督包含制约，而最高人民检察院副检察长孙谦则认为：“法律监督是权力制约体系的基本构成部分，法律监督是以法律制约权力的基本形式；我国检察机关对国家工作人员职务犯罪侦查，也具有充分的权力制约性质。”③ 从上述不同的观点，可以看出，关于制约、监督的关系问题，不仅在理论界说法不一，而且在实务界也是各执一词，难有定论，并且同一专家学者的观点有时还自相矛盾。笔者认为，制约与监督不存在包含与被包含的关系，它们是权力控制的两种不同形式，各自存在独立的价值和功能，不能相互混淆，否则将造成理论上的混乱。以刑事诉讼为例，如果认为制约与监督存在包含与被包含的关系，那么无疑会造成刑事诉讼法规定的公检法三机关“互相制约”的关系与“人民检察院对刑事诉讼实行监督”的冲突，因为互相制约完全可以转换成互相监督的关系，这显然不是立法者的本意，实践中也不存在这种互相监督的关系。互相制约的关系，实质上是权力制衡，朱孝清、孙谦等学者官员也都持有这种观点，“所谓分权制约，就是在国家权力架构上多元分立，在分立的诸权中间互相制约（制衡）。”④

我们不能因为我国宪法将检察机关定位于法律监督机关，而想当然地认为每一项检察权都是法律监督权。特别是公诉权，是由一系列权力组成的复合性权力，其中有些权力是监督性权力，有些权力是制约性权力，即公诉权兼具制约性与监督性。我国宪法之所以将检察机关定位于法律监督机关，是因为法律监督权在检察权中占有较大的比重，同时法律监督是检察权所体现出的共同属性。检察权具有法律监督性，但绝不意味着，检察权等同于法律监督权，绝非如某些学者所说的“法律监督权与检察权，是一个事物的两种

---

① 谢鹏程：《也谈监督、制约和制衡》，载《检察日报》2008年5月29日。
② 朱孝清：《中国检察制度的几个问题》，载《检察论坛》2008年第2期，第14页。
③ 孙谦著：《检察：理念、制度与改革》，法律出版社2004年版，第124页。
④ 朱孝清：《中国检察制度的几个问题》，载《检察论坛》2008年第2期，第14页。

命题，或者说是从不同的角度表述同一件事物。”①《人民检察院组织法》第5条具体规定了检察机关的各项职权：（一）对于叛国案、分裂国家案以及严重破坏国家的政策、法律、法令、政令统一实施的重大犯罪案件，行使检察权。（二）对于直接受理的刑事案件，进行侦查。（三）对于公安机关侦查的案件，进行审查，决定是否逮捕、起诉或者免予起诉；对于公安机关的侦查活动是否合法，实行监督。（四）对于刑事案件提起公诉，支持公诉；对于人民法院的审判活动是否合法，实行监督。（五）对于刑事案件判决、裁定的执行和监狱、看守所、劳动改造机关的活动是否合法，实行监督。从以上规定中可以看出，对于检察机关的法律监督权，法律是以明示的方式予以确定的，但对于公诉、批准逮捕职能却没有明确是法律监督权。从权力制约和权力监督的角度，检察权可以划分为制约性检察权和监督性检察权，如批准逮捕权是制约性检察权，公诉权中的不起诉权、提起公诉权均是制约性检察权，不起诉是对侦查权的制约，提起公诉是对审判权的制约。监督性检察权则包括诉讼监督权和职务犯罪侦查权。如果用一个更加准确的概念来描述检察权的属性特征的话，那就是权力控制性，每一项检察权都体现出权力控制性，没有无控权性的检察权，也就是说，每一项检察权都是针对其他国家权力行使发挥着控制作用，检察权可以看做是对国家权力管理行为的再管理，这与行政权有着明显区别，行政权的管理对象包含了大量的公民行为。有学者还认为，公诉所具有的控诉功能，是对公民犯罪行为的法律监督，因为公诉与自诉相比，二者在起诉的目的、起诉的原因、诉讼立场、追求的诉讼结果等方面均不同，“公诉权除了具有自诉权启动刑事审判程序的作用外，还具有自诉权所不具有的维护法律被切实遵守、保障法律实施的作用”。② 与此观点类似，有学者指出，“检察机关的法律监督职责基本上分为三个方面：一是通过对国家机关工作人员的职务犯罪以及与执行职务有关的犯罪进行侦查，以保障国家机关执法的公正和准确。二是公诉职责，即侦查终结的案件，都由检察机关依法做出起诉或不起诉决定，这是用刑事法律监督的职权对犯罪行为实施的法律监督。三是诉讼监督职责，即对诉讼活动是否合法实行法律监督。”③ 他们认为公诉权是对公民犯罪行为的监督，笔者不同意这一观点。民主政治的核心是限制政府权力，保障公民权利，强调主权在民，人民是权力的主人，国家机关及其工作人员只是人民的“公仆”。主人监督“公仆”既合乎逻辑又有其社会政治基础，反过来，政府却不能监督人民。世界

---

① 张智辉著：《检察权研究》，中国检察出版社2007年版，第21页。

② 孙谦著：《检察：理念、制度与改革》，法律出版社2004年版，第433～435页。

③ 周士敏：《论我国检察制度的法律定位》，载《人民检察》1999年第1期。

上岂有“公仆”监督主人的道理？在法治国家，公民行为的准则是“法不禁止则可为”，也就是说，公民的行为只受法律的约束。在一个民主的社会，没有任何人有权力监督公民，当然，如果公民违法犯罪要受到法律的追究，则是另一回事，但这不属于监督的范围，监督在政治、法律领域，其客体只能是公权力的行使行为。如果认为对公民的犯罪行为提起公诉是对公民的监督，那么将导致理论上的极大混乱，侦查机关的侦查行为、审判机关的审判行为无疑都要视为法律监督行为，这显然是对权力监督理论的错误认识。“如果把控诉犯罪也视为法律监督，那就把公民遵守法律的情况也纳入了检察机关的监督范围，照此思路，那凡是对在法的遵守中出现的违法犯罪进行查处的活动，如公安机关的侦查活动、行政执法机关的执法活动都是法律监督了，这就难免混淆了检察机关监督的对象和其他执法机关执法对象的界限，从而使法律监督泛化。可见，说公诉的控诉功能属于法律监督，虽有一定的道理，但有牵强之嫌。”[①] 同时，将公诉行为视为对公民犯罪行为的监督，也悖离了现代公诉制度的本源意义。现代公诉制度的建立，其重要的目的是：通过诉讼分权，控、审分离，以法官和检察官彼此制约的方法，保障刑事司法权行使的客观性与公正性；防止法官的权力过分集中；在于以受严格法律训练和法律拘束的公正客观的官署，控制警察活动的合法性，摆脱警察国家的梦魇，控制权力的重要目的是保障人权，特别是被追诉人的人权。如果是为了强化对犯罪行为的“监督”，那么国家追诉权与审判权不相分离的纠问式更富有效率。现代公诉权诞生的真正基础，不是权力监督，而是分权制约，因为权力监督自国家权力产生之日起即已存在，历史的发展已无可辩驳地证明，仅靠权力监督，难以防止权力的滥用和异化，不能有效地保障公民权利。现代公诉权的产生，丰富了司法领域的国家权力控制模式，使权力控制模式从单一的权力监督走向了权力监督与权力制约的结合。通过分权或分工（或称民主集中制条件下的权力分工），也使权力监督的形式发生了变化，从“上命下从”的上对下的监督，走向了平等主体之间的监督。毫无疑问，在刑事诉讼领域，分权制约是本源性的、根本性的权力控制模式，权力监督是从属性的、派生性的，离开了独立存在的公诉职能，检察监督是否有存在的必要，是值得怀疑的。

（二）检察权没有很好地实现控权效果

大多数学者认为，1996年《刑事诉讼法》修改后，突出了刑事诉讼的人权保障功能，重点改革了审判程序，引入了抗辩式庭审方式，降低了职权主

---

① 朱孝清：《中国检察制度的几个问题》，载《检察论坛》2008年第2期，第10页。

义的庭审色彩，提升了被告人的诉讼主体地位，但侦查程序却鲜有变化，依然体现出强职权主义的特征，侦查机关的权力集中，缺乏有效的监督和制约，对被追诉人的人权构成了较大威胁。修改后的《刑事诉讼法》已经运行十几年了，司法实践中仍然大量存在着“超期羁押”、“刑讯逼供”、“非法取证”、“滥用强制措施”等侦查权滥用现象，一直为人所诟病，也是刑事诉讼法面临再次修改的直接动因。“以超期羁押为例，海口市公安机关自1998年至2000年7月，共羁押犯罪嫌疑人5080人，其中超期羁押523人，占总羁押人数的10%，超期羁押时间有的长达7年多。”① “2000年全国人大常委会对刑事诉讼法实施状况进行了一次认真、细致的执法大检查，检查的结果暴露出我国刑事诉讼中长期存在三大痼疾：刑讯逼供、超期羁押、律师辩护难。”② 加强对侦查权的控制，确保侦查活动的合法性，是检察机关义不容辞的责任，也是建立现代检察制度的重要目的之一，我国司法实践中出现的众多侦查违法问题，直接指向了检察监督在控制侦查权方面的乏力。

1. 检察监督手段单一，缺乏强制力。刑事诉讼法只是原则规定人民检察院对侦查活动进行监督，但并未规定具体的手段和方式。《人民检察院刑事诉讼规则》规定的监督手段有要求公安机关说明不立案理由、通知公安机关立案、口头纠正违法、纠正违法通知书，对侦查机关不予纠正违法行为的，人民检察院应当向上一级人民检察院报告，并抄报上一级公安机关。上级人民检察院认为下级人民检察院意见正确的，应当通知公安机关督促下级公安机关纠正。上述监督的手段和方式，缺乏相应的保障措施，对于检察机关的纠正违法行为的要求或建议，如果公安机关置之不理，检察机关通常也别无良法，这也是为什么有人称检察机关的监督是软监督的原因，还有一个重要的原因是我国实行检警分立，互不隶属，检察机关无权对违法的侦查人员予以处分或组织处理，除非侦查人员的行为已构成犯罪。对于妨害检察监督的行为，缺乏司法制裁措施。现行刑事诉讼法中，仅规定检察机关在履行监督职责时，有关单位、人员对检察监督负有执行纠正的义务，而没有规定违反或不履行义务的制裁措施，使检察机关的监督职能得不到有效的实现。

2. 检察监督的事后性，降低了权力控制效率。刑事诉讼法虽然规定了检察机关监督侦查的权力，但所有的规定都属于在履行审查批捕、审查起诉中的事后监督，对于侦查机关的违法行为，既不能防患于未然，也难以及时发现，侦查监督工作效果不甚理想。而且，检察机关审查批捕和审查起诉的大量工作都是书面审查侦查机关报送的材料，而侦查活动违法的情况很难想象

① 《南方周末》2000年7月27日，第7版。

② 陈卫东：《刑事诉讼法再修改的背景》，中国民商法律网。

能够全面反映在案卷中，即使犯罪嫌疑人等向检察机关反映公安机关在侦查活动中有刑讯逼供、违法取证等行为，如无明显证据证明，检察机关也不会轻易相信，真要查证实际上也很困难。“由于检察机关提前介入侦查的深度、广度十分有限，对公安机关的侦查活动缺乏了解，使公安机关的一些侦查违法行为无法及时发现，等到检察机关接到申诉线索或在办案中发现可疑点再去调查时，有的已经无法取到证据，查清案件事实，如刑讯逼供、诱供等。有的违法行为如果嫌疑人不申诉，案件中又没有反映，则有可能永远不被发现，从而严重损害司法机关的形象以及司法公正。例如，违法扣押甚至侵吞嫌疑人的款物、钱权交易、办人情案、私放犯罪嫌疑人等由于缺乏途径对公安机关受案、立案、侦查、撤案情况及时、全面了解，对公安机关有案不立、立而不侦、随意撤案的情况也不能及时获知并加以监督。”①

3. 检察权对侦查权制约范围过窄。我国刑事诉讼法所规定的侦查措施可分为对人的措施和对物的措施，前者如拘传、取保候审、监视居住、拘留、逮捕、讯问犯罪嫌疑人与被告人、询问证人与被害人、通缉等，后者如搜查、扣押、查封、冻结、查询等。对于这些侦查措施，除了逮捕外，公安机关在适用各种侦查措施，包括重新计算侦查羁押期限时，均自行决定，事前无须向任何第三方提请审查批准。由于公安机关在适用各种侦查措施时事前既无须向中立的机构提请审查批准，又不存在征求被适用人意见的问题，完全是自行决定，因此其适用侦查措施的合理性和合法性难以保障。实践中，检察机关只能根据侦查监督的一般原则进行监督，缺乏规范的外部监督和必要的救济机制，不利于保护当事人的合法权益，特别是公安机关的拘留措施，刑事诉讼法规定，对于流窜作案、多次作案、结伙作案的重大嫌疑分子，提请人民检察院审查批准逮捕的时间可以延长至30日，这极大地增强了公安机关拘留措施的严厉程度，但这一措施目前仍缺乏必要的制约与救济机制，从而导致公安机关拘留与延长拘留期限的滥用。重新计算侦查羁押期限也是完全由公安机关自行决定，既无制约机制又无救济机制，当事人的合法权益无法得到有效保障。

“整个侦查程序基本上由公安机关一家进行暗箱操作，不仅违法行为层出不穷，司法不公现象普遍存在，加上各种法外因素的干扰，侦查权已成为一种不受任何约束的法外特权。”② 实践证明，刑事诉讼中的非法搜查、扣押、诱供、骗供乃至刑讯逼供，大都发生在侦查阶段。侦查阶段已成为犯罪嫌疑人最可怕的阶段。显然，我国以检察监督为主的侦查控制模式，由于其

---

① 周炳亮、黄楚元：《我国警检关系调整初探》，载《广西政法管理干部学院学报》2005 年第 4 期。

② 参见陈卫东、郝银钟：《侦、检一体化模式研究》，载《法学研究》1999 年第 1 期。

自身存在的缺陷，客观上导致了侦查权滥用的可能，不但是一种十分危险的制度设计，而且也与我国建立社会主义法治国家的理想背道而驰。因为，法治社会，“它的要害，在于如何合理地运用和有效地制约公共权力的问题”。①

（三）职务犯罪侦查权缺乏有效的外部制约和监督

检察机关在查办职务犯罪案件中，立案、采取强制措施和强制性侦查行为、公诉等项权力，都由检察机关自行决定，使职务犯罪侦查缺乏有效的外部制约与监督。法治下的任何权力都需要监督制约，职务犯罪侦查权也不应例外，检察机关为了加强对查办职务犯罪工作的内部监督与制约，先后出台了多项规定，如最高人民检察院于1998年颁布了《关于完善人民检察院侦查工作内部制约机制的若干规定》，对直接受理立案侦查实行侦、捕、诉分开，即分别由三个不同的部门来履行这三项职能。2004年6月又对其作了进一步的修改和补充，包括以下内容：一是职务犯罪的查处工作在不同的阶段分别由举报中心，反贪污贿赂部门、渎职侵权检察部门、侦查监督部门、公诉部门等不同内设机构分别承办；二是建立侦查工作的集体决策机制，避免个人决定事项；三是实行大案要案线索备案审查制，加强了上级检察院对下级检察院的领导和监督力度。2005年相继出台了《关于省级以下人民检察院对直接受理侦查案件作撤销案件、不起诉决定报上一级人民检察院批准的规定（试行）》、《人民检察院直接受理侦查案件立案、逮捕实行备案审查的规定（试行）》。上述制度规定无疑对确保检察权的正确行使起到了一定的积极作用，但却是有限的。虽然检察机关在查办职务犯罪案件中实现了分工负责，但更多体现的是相互配合，因为在各部门之上有共同的领导机关——检察长、检察委员会、上级院，许多案件在侦查阶段即已决定了是否对犯罪嫌疑人逮捕、提起公诉或作不起诉，相关的职能部门只是在履行一定的法律手续。权力制约与权力监督规律也表明，自我制约与监督难以实现权力控制的有效性。

2003年以来，检察机关在查办职务犯罪案件中，积极推行了人民监督员制度，根据相关规定，人民监督员对“三类案件”、“五种情形”实施监督或提出意见，三类案件是指：（1）犯罪嫌疑人不服逮捕决定的；（2）拟撤销案件的；（3）拟不起诉的。五种情形是指：（1）应当立案而不立案或者不应当立案而立案的；（2）超期羁押的；（3）违法搜查、扣押、冻结的；（4）应当给予刑事赔偿而不依法予以确认或者不执行刑事赔偿决定的；（5）检察人员在办案中有徇私舞弊、贪赃枉法、刑讯逼供、暴力取证等违法违纪情况的。人民监督员制度是一项实践“民主监督”的有力举措，是解决检察机关办理

---

① 参见郝银钟：《检察权质疑》，载《中国人民大学学报》1999年第3期。

自侦案件缺乏有效外部监督制约问题而进行的一项重要探索，但受诸多因素的影响，人民监督员制度的功能和作用没有达到理想状态，这些因素主要有：一是人民监督员制度还没有上升为立法层面，尚处在探索阶段，制度本身存在许多不完善之处，如人民监督员的选任、物资保障的来源等方面，均由检察机关自行决定，影响了监督的客观性；二是人民监督员的监督是一种“权利监督”，不具有权力监督的刚性，对案件的处理只是提出意见，供检察长或检察委员会参考，人民监督员不同意检察委员会的意见时，只是具有向上级院提出复核的权利，最终的决定权仍然归属检察机关。实际上，检察机关在办理自侦案件中，许多程序上的处理决定，如逮捕、不起诉等情况，即使没有人民监督员程序，依然要报上级院备案审查或批准决定，使人民监督员的价值更多体现的是提示作用。三是人民监督员对案件情况的了解，依赖于检察官的介绍，只是在必要时，可以听取检察官讯问犯罪嫌疑人、询问证人，听取有关人员陈述或者听取本案律师的意见，根据案件需要，可应邀列席检察委员会会议，但上述信息知情权依赖于检察机关的决定，正是因为知情权受到限制，使人民监督员对许多办案情况的监督只能停留在“书面的规定”上，并且检察机关查办职务犯罪的许多工作是处于秘密状态，如人民检察院刑事诉讼规则要求初查一般要秘密进行，查办工作的秘密性与人民监督员的知情权显然存在矛盾，有一组数字，具体说明了人民监督员的实际作用。①

年度	全国人民监督员的总数量	检察院试点范围的比例	进入监督程序的案件（拟作撤案、不起诉处理和犯罪嫌疑人不服逮捕决定的职务犯罪案件）数量	人民监督员不同意办案部门原拟定意见的案件数量	检察机关采纳人民监督员意见的案件数量
2003	4944	10 个省、自治区、直辖市检察机关开展试点	493	31	21
2004	18962	各省级院、349 个地市级院和 2407 个基层院	3341	152	70
2005	不详	全国 80% 的检察院	9652	484	218
2006	不详	全国 86% 的检察院	5191	252	178

① 参见高一飞著：《检察改革措施研究》，中国检察出版社 2007 年版，第 35 页。

从上表中，可以看出检察机关采纳人民监督员意见的案件数量占进入监督程序的案件数量的比例是很小的，人民监督员的监督作用可见一斑。

检察机关在查办职务犯罪案件中，由于权力过于集中，加大了权力被滥用的可能性。反映在实践中，一是检察机关职务犯罪案件撤案、不起诉率偏高。以2004年全国检察机关立案及处理职务犯罪案件情况为例，“全年贪污贿赂案件立案侦查35031人，起诉26131人，占立案数74.5%；渎职侵权案件8726人，起诉4657人，占立案数的53.3%。”① 由此可以大致推出，反贪案件的撤案、不起诉率应是26.5%，渎职侵权案件的撤案、不起诉率应是46.7%，也就是说有大量的职务犯罪案件在检察机关内部作了“消化”，虽然我们不能断定被“消化”的案件都有人情案、关系案等违法色彩，但足以引起公众对检察机关职务犯罪案件的查办工作的疑虑。二是行使侦查权的检察官客观上存在着违法违纪甚至腐败犯罪现象。2004年1月至2005年6月，“全国共查处反贪干警违纪117人，占检察干警违纪总数的22.4%，其中，正副反贪局长37人，在检察机关各部门中所占的比例依然处在第一。”② 虽然不能断定受查处的干警都是因为违法违纪办案，但可以肯定违法违纪办案是主要的原因。三是对公安机关侦查权的控制和对检察机关职务犯罪侦查权的控制体现出了不平衡现象。对公安机关的侦查行为，检察机关可以行使立案监督权、侦查活动监督权，但对检察机关的侦查行为，却是由检察机关自我进行内部监督的。从理论上讲，通过内部的分工可以实现有限的控制，但因为是自我的监督和制约，实践中是不可能实现良好的控权效果的，在各级检察机关向人大的工作报告中，常可看到检察机关纠正侦查机关侦查活动违法的数字，却从未见到检察机关自身的违法侦查行为被纠正的数字，这显然是不客观的，因为检察机关的侦查权依然存在违法行使的可能性。检察机关在查办职务犯罪工作中暴露出的相关问题，充分说明仅仅依靠内部的监督制约和人民监督员制度，是难以实现权力控制的目的的，根本的权力控制，在于使相关的国家权力对检察权形成制约。

二、检察监督与公诉职能关系理论分歧的辨析

针对检察监督与公诉职能在实然关系中存在的问题，我国理论界进行了广泛的探讨和争论。在理论界，关于检察监督与公诉职能的关系存在较大争议，有学者认为，“法律监督权与公诉权完全是两种不同性质的权力形态，毫无共同之点，在法理上根本就不应该存在所谓的包容关系。如果公诉机关

---

① 数字来源于最高人民检察院反贪总局、渎职侵权厅《工作通报》。

② 贾春旺同志在全国第六次反贪污贿赂侦查工作会议上的讲话，2005年9月。

还行使法律监督权，一方面会导致法官在审判过程中直接受到检察机关单方面的强制性干预和影响，那么司法权的独立性和中立性就难以得到保障，作为诉讼生命的诉讼公正恐怕就只是一个梦想，庭审中的审、检冲突也是不可避免的；另一方面还会使刑事诉讼的核心机制——控辩平等原则化为虚无，最终将彻底瓦解整个刑事诉讼结构赖以存在的价值基础。”① 持检察监督反对论者，大多是否认检察权中审判监督权的合理性，而肯定检察机关对侦查权进行监督的必要性，对此，笔者重点阐述审判监督权与公诉职能共存于检察权的合理性。

（一）检察监督不会破坏控辩平等

控辩平衡或称控辩平等是现代刑事审判的核心机制。我国1979年《刑事诉讼法》所规定的审判方式是一种职权主义模式，法官在庭审中出示相关证据，主动讯问被告人，形成了法官、公诉人与辩方的对抗，被告人的诉讼主体地位不突出，而有沦为诉讼客体的倾向，造成了控辩双方的不平衡。1996年修改《刑事诉讼法》后，庭审方式向“抗辩式”转化，公诉人与被告人及其辩护人在法庭上的地位获得提升，处在平等对抗的地位，并与法官这一中立的裁判者构成等腰三角形的诉讼构造，被告人的诉讼主体地位得以确立，控辩双方都具有举证、质证、辩论等诉讼职能，初步形成了控辩双方平等对抗的诉讼格局。要判断检察监督的存在是否会破坏控辩平等，必须明确控辩平等的真实含义。“‘控辩平等’是指刑事审判中控诉和辩护双方‘在形式上保持平等对抗的格局’。”②“控辩平等是对抗制刑事诉讼模式在追求程序正义过程中提出的一种理念，它要求刑事诉讼程序设计时应当考量两个方面的内容，即程序对等和力量均衡。”③ 它主要包括以下内容：（1）控辩双方在诉讼中的法律地位平等，即都是诉讼主体，都享有诉讼权利，并承担诉讼义务。程序对等要求法官中立，“沿用罗杰·科威尔特诉讼结构呈现‘三方组合’形态的观点，诉讼法学界一般将理想的诉讼格局用‘等腰三角形’或‘正三角形’加以形容。”④ 在三角结构中法官居于“顶点”，享有裁判权，主持审判活动；三角结构的“等腰”比喻法官与诉、辩双方保持等距离，无亲疏，以保证公平主持和裁判；三角结构的“底边”比喻诉、辩双方相互之间是平等对抗的关系，以维持各种利益间的平衡。（2）“控辩双方诉讼权利对等，即对双方给予平等武装和平等保护。所谓‘平等武装’，是指刑事诉讼法应

---

① 郝银钟著：《刑事公诉权原理》，人民法院出版社2004年版，第179页。

② 参见宋英辉：《刑事诉讼法原理导读》，法律出版社2003年版，第69页。

③ 张智辉著：《检察权研究》，中国检察出版社2007年版，第91页。

④ 龙宗智：《刑事诉讼的双重结构辨析》，载《现代法学》1991年第3期。

当赋予控辩双方对等的攻防手段，如公诉人有控诉权，被告人有辩护权；控方负有证明被告人有罪的责任，被告人享有证明自己无罪的权利；控辩双方均有举证、质证的权利等；所谓‘平等保护’，是指法院应当给予控辩双方平等的参与机会，对双方的主张、意见和证据给予平等的尊重和关注。”① (3) 力量均衡，要求对控方的权力加以限制，保障辩方的权利。控辩平等主要是指在庭审过程中，控辩双方在举证、质证、辩论等方面，享有同等的机会和条件去行使各自的诉讼权利，但绝不是指控方与被告人在整个刑事诉讼中法律地位、各诉讼阶段的权利（力）完全一致。因为控方是以国家名义行使刑事追诉权，可以获得并利用国家提供的司法资源，去收集案件的相关证据；而被告人是以个人名义并旨在为维护个人利益而进行防御活动的，不可能利用国家的司法资源，其收集证据的能力是有限的。为了均衡控辩双方在诉讼能力上的实际差异，世界各国采取了无罪推定原则、检察机关的客观追诉义务等不同的制度来加以弥补。无罪推定原则，使证明被告人有罪的责任由控方负担，被告人不承担证明自己有罪或无罪的责任，当控方不能将被告人有罪的结论证明到法定的程度和标准时，法院将直接判决被告人无罪。无罪推定原则下的刑事证明责任分配使控辩双方的诉讼能力得以适当均衡，客观追诉，使控方承担了保证公正的义务。“检察官乃一剑两刃的客观官署，不单单是要追诉犯罪，更要搜集有利被告人的证据，并注意被告人诉讼上应有的程序权利。简言之，检察官不是，也不该是片面追求打击犯罪的追诉狂，而是依法言法，客观公正的守护人，有利不利一律注意。”②

1. 对审判活动的监督并非检察机关所独有的权力

对审判活动的监督并非检察机关所独有的权力，辩方有对等的权利。我国《刑事诉讼法》第169条规定，人民检察院发现人民法院审理案件违反法律规定的诉讼程序，有权向人民法院提出纠正意见。同时，《刑事诉讼法》第14条也规定，被告人包括诉讼参与人对审判人员侵犯公民诉讼权利和人身侮辱的行为，有权提出控告。根据《人民检察院刑事诉讼规则》第392条的规定，检察机关对审判活动的监督主要针对以下情形：人民法院对刑事案件的受理违反管辖规定；人民法院审理案件违反法定审理期限和送达期限；法庭组成人员不符合法律规定；法庭审理案件违反法定程序；侵犯当事人和其他诉讼参与人的诉讼权利和其他合法权利；法庭审理时对有关程序问题所作

---

① 朱孝清：《中国检察制度的几个问题》，载《中国检察制度原理研究学术研讨会会议资料》2007年7月，第15页。

② 林钰雄著：《检察官在诉讼法上之任务》，载《检察官论》，台湾学林文化事业有限公司1999年版。

的决定违反法律规定等。对于这些违反法律规定的情况，检察机关根据其享有的法律监督权，“有权向人民法院提出纠正意见”，而被告人及其辩护人根据刑事诉讼法律的相关规定，同样有权向人民法院提出意见，要求予以纠正或者作为启动救济程序的理由。再如，《刑事诉讼法》第181条规定，地方各级人民检察院认为本级人民法院第一审的判决、裁定确有错误的时候，应当向上一级人民法院提出抗诉。《刑事诉讼法》第180条同时规定，被告人不服地方各级人民法院第一审的判决、裁定，有权用书状或者口头向上一级人民法院上诉。并且规定，“对被告人的上诉权，不得以任何借口加以剥夺”；“第二审人民法院审判被告人或者他的法定代理人、辩护人、近亲属上诉的案件，不得加重被告人的刑罚”（第190条）。这说明，法律在赋予检察机关法律监督权的同时，也赋予了辩护方及其他诉讼参与人监督法院审判活动的权利，并非如某些学者所指出的，检察机关拥有审判监督权是其独有的权力，造成了控辩双方的权利不平等。检察机关通过受理当事人的申诉、控告，对法院侵犯当事人合法权益的审判行为予以监督，意即检察机关审判监督权的存在，是为当事人尤其是被追诉人提供了法律救济渠道。其实，西方各国的检察职能中，均有对审判活动实施监督的权力，如在实行对抗制诉讼的国家，控辩双方在法庭上都有权随时对法官的决定提出抗议；在大陆法系的德国，对法官在审判活动中错误的裁定、决定，检察官有权提出抗告。有一个问题不容回避，那就是为什么其他国家的检察监督不会破坏控辩平等，而在我国则有学者认为检察监督就会破坏控辩平等呢？主要的原因在于，西方国家忌讳使用监督的概念，是语言文化造成的差异，在西方国家，认为控辩双方在庭审中提出抗议或是抗告、上诉，都是诉讼权利，而不是监督。对比中国同世界各国，特别是与中国检察制度相近的大陆法系国家的检察权，可以看出检察权中对审判活动的监督权实质并没有太大的差别，只是形式上略有不同，西方不叫监督，未必我们也不能称其为监督。

2. 控辩双方的监督权具有不同的特点

控辩双方的监督权具有不同的特点，检察监督有利于实现控辩平等。首先，检察监督是以权力为基础的，而被告人及其辩护人的监督是以权利为基础的。权力赋予一定的主体总是作为职责出现的，权力的拥有者在应该行使权力的时候不行使就是失职，因此检察监督对于检察机关是一种法律规定的职责，具有必为性。权利则不同，享有审判监督权的辩方可以实施相应的行为，也可以不实施该行为，这是辩方的自由，具有选择性。其次，目的不同，检察监督是为了保障法律的正确适用，追求司法公正，而辩方监督审判活动的目的主要是为了维护被告人的相关利益。因为存在上述不同，辩方针对侵犯控方诉讼权利的审判行为，当然不会采取相应的监督措施，特别是对辩方有利的违法审判行为，而控方则不然，无论对控辩双方是否有利的审判行为，只要违法，都要予以监督，并且在很大程度上，是为了保护辩方的合法诉讼权利，积极实现控辩平等。检察机关不仅要对有罪判无罪，重罪轻判的判决提出抗诉，而且要对轻罪重判的判决或损害被告人合法权益、违反程序的判决提出抗诉或者提出纠正违法意见，从而确保司法公正，维护被告人的合法权益。

（二）检察监督不会冲击法官的中立地位

有学者认为，“如果不甚恰当地将刑事司法活动比拟为一种竞技活动，那么控辩双方是运动员，而法官是裁判员，在这种情况下，作为当事人的检察官如果享有对法官的法律监督权，那么存在一个既当运动员又当裁判员的悖论——是检察官成为‘法官之上的法官’。”[①] 还有学者指出，检察监督权的存在，“使控诉方执行控告职能之外，又可以居于审判方的上位，对后者加以监督，这至少在一定的限度内将起诉权和判决权合二为一了；我国检察机关的这种职权特色存在着相当大的弊端，它分割了审判权，从而损害了审判独立原则。”[②] 上述观点都是对检察监督的功能和作用的误解，检察监督权具有程序性、非实体处分性和非终局性的特征，特别是对审判活动的监督，是一种非强力纠正性的监督，不会冲击法院的中立地位，不会影响法院的审判权威。

1. 检察监督是平等主体间的监督，而非“上对下”的监督

权力监督在专制时期，表现形式是唯一的，即上对下的监督。但在民主政治时期，权力监督呈现出两种表现形式：上对下的监督、平等或并列主体之间的监督。在我国，检察机关与侦查机关、法院是平等设置的国家机关，没有上下之分，高低之别，检察监督实质上是一种平等机关之间的监督，并非一种居高临下的或者是超然的监督。

2. 检察监督权是程序性的权力，而非实体处分权

从法律规定看，检察机关的审判监督权有两种方式：一是《刑事诉讼法》第169条规定，人民检察院发现人民法院审理案件违反法律规定的诉讼程序，有权向人民法院提出纠正意见，纠正意见与向侦查机关下发的纠正违法通知书，显然存在着重要的区别，纠正意见只是一种建议，是否得到落实存在或然性，而纠正违法通知书却具有确定的执行力。为了避免检、法在庭审中的正面冲突，维护法院的中立地位，《人民检察院刑事诉讼规则》中规

---

① 陈兴良：《从法官之上的法官到法官之前的法官》，载《中外法学》2000年第6期。

② 贺卫方著：《异哉所谓检察官起立问题者》，载《法学》1997年第5期。

定，出席法庭的检察人员发现法庭审判违反法律规定的诉讼程序，应当在休庭后及时向本院检察长报告，人民检察院对违反程序的庭审活动提出纠正意见，应当由人民检察院在庭审后提出。二是《刑事诉讼法》第181条和205条规定的抗诉，这两种方式，都只具有程序的意义，并非是强力纠正的监督方式，检察机关启动抗诉程序后法院怎么判决，提出纠正违法意见后法院是否接受、是否纠正及怎样纠正，都由法院自己依法独立自主地作出决定，检察机关无权要求法院必须怎么判和怎么纠正。正如有学者指出的那样："法律并没有因为检察机关既是法律监督机关，又是公诉机关而赋予检察机关改变法院判决的权力，既不能自己改变法院的判决，更不能指令法院改变其判决。"①

"如果认为检察院启动了程序、提了意见就是裁判员，那么被告人在审判中不服法院判决提出上诉，对法院审判活动提出意见，岂不是也都成了裁判员？"② 这样的推论显然难以成立。实际上，检察机关无论是提出纠正意见亦或是抗诉，都只是"运动员"，而非"裁判员"，运动员当然有权对裁判行为的公正性提出异议，但裁判的结果始终是由裁判员作出的，运动员对裁判结果提出异议的权利并没有使运动员成为裁判员。检察官在审判活动中，始终是一个运动员，自始至终没有动摇过法官的"裁判员"地位，因而也就谈不上侵犯审判的权威了，认为检察监督权的存在，会使法院屈从于检察机关的意志的想法是不符合实际状况的。因为法院的审判活动除了检察监督以外，还有来自辩方、被害人、人大、上级法院等多方面的监督，面对这么多的监督，法院只要严格按照法律规定的程序审理案件并公正地进行裁判，就没有必要惧怕任何监督。有一组数据，从一个侧面反映出法院不会因为检察监督的存在，而按照检察机关的意志对案件作出判决。据统计，"1998—2002年五年间全国检察机关提起公诉的案件有366万余件，按照审判监督程序提出抗诉的有1689件，法院直接改判的仅264件。"③

3. 检察监督的存在，有助于树立审判权威

审判权威的核心内容指的是法院裁判的确定执行力，法院裁判的确定执行力，来源于裁判的公正性，不公正的审判决无权威可言。正如培根所说："一次不公正的审判比10次犯罪危害更大，因为犯罪只是污染了水流，而不

---

① 张智辉：《法律监督机关的设置与改革》，载信春鹰等主编：《依法治国与司法改革》，中国民主与法制出版社1999年版，第476页。

② 朱孝清：《中国检察制度的几个问题》，载《中国检察制度原理研究学术研讨会会议资料》2007年7月，第17页。

③ 张智辉著：《检察权研究》，中国检察出版社2007年版，第103页。

公正的审判却真正污染了水源。”“审判是否有权威，不在于是否有人对审判提出意见，而在于它是否公正，以及发现不公正后能否予以纠正。因为不公正的审判不管是否有人提出意见，也不管法院是否承认，它都像秃子头上的虱子——明摆着，并被案件当事人及周围群众真切地感受到，只有把它纠正了，才能恢复已被损害的审判权威，树立人民法院的公正形象。审判公正包括审判程序公正和审判结果公正。检察机关的法律监督，一方面通过审判活动合法性监督，纠正审判中的违法行为，实现审判程序公正；另一方面通过对确有错误裁判的抗诉，纠正错误判决，实现审判结果公正，从而恢复已被个别审判人员损害的审判权威。同时，法律监督不仅仅有利于纠正已然的审判程序不公和审判结果不公，更为重要的是，还有利于防止未然的审判程序不公和审判结果不公的出现。因为审判人员并非圣贤，也不具有天然的免疫力，如同其他权力一样，审判权如果不受监督，也必然导致腐败。法律监督的存在和良好运行，可以警戒审判人员中的极少数试图以身试法者，并促使广大审判人员谨慎用权，清廉自守，公正审判，从而树立审判权威。”① 检察监督的目的在于保障国家法律的统一正确实施，追求司法公正，对于审判权的重要影响在于促使法官谨慎用权、公正执法，从而促进裁判公正，树立审判权威，但不会影响法官正常履行职务。“这就如同在大街上，迎面走来一队巡逻警察，一般的路人与其擦肩而过，并不会产生恐惧感，唯有做了坏事的人才心惊肉颤一样。”②

（三）检察监督不能脱离公诉职能而存在

在我国，检察监督与公诉职能之所以共存于检察权中，是因为两者有着共同的属性——权力控制性和诉讼性，并非如某些学者所言的两者是异质的权力，公诉职能包含了权力控制的两种模式：权力制约和权力监督，公诉权中的某些权能，如抗诉权本身就是法律监督权，公诉权与检察监督权存在着交集。按照检察实践中检察机关各职能部门为标准来划分检察权的话，检察权中的各项权能均带有法律监督属性，我国将检察机关定位于法律监督机关，是对各项检察权共同特点的描述，也使得各项检察权因为法律监督属性而互相衔接、协调统一。检察监督与公诉职能紧密相连、互相补充，才能更好地发挥权力控制作用，实现检察官“法律守护人”的角色定位，保障法律的统一正确实施。

完整的法律监督过程，包括获得监督信息（审查确认有无违法行为）、

---

① 朱孝清：《中国检察制度的几个问题》，载《中国检察制度原理研究学术研讨会会议资料》2007年7月，第19页。

② 参见张智辉、黄维智：《控辩平等与法律监督》，载《法学》2006年第8期，第143页。

提出监督建议或启动相应的程序纠正违法行为和制裁（包括违法行为实施者被追究了相应的责任）三个逻辑过程。其中审查确认有无违法行为，要求监督者对被监督者办理案件情况充分知情，这是法律监督的起点和前提。检察机关的公诉职能，处于刑事诉讼的中间环节，前与侦查活动相接，后与审判活动相连，与侦查职能、审判职能相比，更了解刑事诉讼活动的全貌，便于发现刑事诉讼中的违法问题，为实施法律监督奠定了基础。如果建立一个不参与任何诉讼活动的法律监督机关，那么如何发现诉讼活动中的违法现象，就是一个难以解决的问题，更谈不上对诉讼活动中违法现象的监督问题。

人权保障是现代刑事诉讼最重要的品格，在刑事诉讼领域通过分权制约加强权力控制的目的，就是要保障人权。如果单从刑事诉讼的另一重要功能——打击犯罪、落实国家刑罚权的角度出发，则控、审合一的纠问式诉讼更加高效及时。在侦查权、公诉权、审判权三种权力之间，可以看出公诉权作为一种程序性的权力，与侦查权、审判权相比，对被追诉人的人权影响最小。侦查权从本质上而言，是一种行政权，拥有刑事侦查权的警察是国家的重要专政工具之一，警察依据国家所赋予的特殊强制手段维护统治阶级的国家意志和利益，这些强制手段包括逮捕、拘留、搜查、扣押等，而这些手段的运用，无疑会对被追诉人的人身自由、财产等权利形成影响，如果是不当或违法使用，则是对被追诉人权利的侵犯。“警察官署的行动自始蕴藏着侵害民权的危险，而经验告诉我们，警察人员经常对关系人不利，犯下侵犯民权的称谓。”① “侦查活动往往伴随着强制力的行使，与人权保障存在着密不可分的联系。换而言之，侦查阶段是刑事诉讼控制犯罪与保障人权两种利益最容易发生冲突的阶段。”② 而审判权直接落实国家的刑罚权，刑罚是否准确、适当，关系到被告人的生命、人身自由、财产等多项权利，侦查权、审判权与公诉权相比，当然更需要外在的、客观的法律监督的存在。如果将法律监督权赋予侦查机关、审判机关中的任何一方，都会形成一定的“自我监督”，难以达到权力监督的客观性要求，也难以实现监督的有效性。在我国，侦查权与审判权不发生直接的关系，侦查机关与审判机关任何一方拥有法律监督权，都会因为不能及时准确获得其他的诉讼环节的信息，而事实上难以履行监督职责。同时，按照现代诉讼规律的要求，审判机关和侦查机关都不宜拥有法律监督权。审判权作为司法权，基本要求是司法独立，居中裁判，如果审判机关具有法律监督权，因为监督权的积极主动性，会使其在庭审前，

① ［法］皮埃尔·尚邦著：《法国诉讼制度的理论与实践》，陈春龙、王海燕译，中国检察出版社 1991 年版，第 5 页。

② 宋英辉、吴宏耀著：《刑事审判前程序研究》，中国政法大学出版社 2002 年版，第 112 页。

有可能熟悉案件的侦查、审查起诉情况，形成先入为主，丧失其中立地位。侦查权是一种行政权，本身就存在着膨胀的危险性，需要其他国家权力对其制约和监督，如果其再拥有法律监督权，无异于如虎添翼，权力的过分集中，难免有滑向“警察国家”的危险。综上所述，在公、检、法三机关中，由检察机关承担法律监督职能，既符合权力控制规律，又符合诉讼规律，但检察权作为国家权力依然要受到控制和约束，事实也是如此。

“徒法不能自行”，法律实施需要监督权的存在，在我国已成为共识。但有学者认为，“法律监督的有效性来自它的超然性，监督是处在超脱位置的主体对其权力对象实施监察和督促的行为。在监督关系中，监督者处在超然独立的地位，与被监督者没有任何权益关系，而检察机关对法院的审判活动实施法律监督，就有可能使检察机关站在本案控诉方的立场上而不是站在超脱、独立的立场上进行法律监督，从而影响监督的公正性。”① 客观地说，监督者的超脱地位与监督的公正性之间存在着有机联系，但同时需要注意的是，监督者的知情权与监督的有效性又存在着必然联系，而监督者的超脱地位与知情权之间存在着矛盾，监督者过于超脱，会造成对被监督者的权力行使行为难以知情，如何使监督者处于一定的超脱地位，而又满足其知情权，是在权力监督关系中需要加以协调的问题，我国检察权的设置有效地解决了这一问题。侦查权、公诉权、审判权三种权力分属不同的机关，宪法和法律强调了公诉权的独立行使，并且公诉权是一种刑罚请求权，是程序性权力，要受到法院审判权的制约；刑事诉讼法规定了客观追诉义务，检察机关在行使法律监督权时，是以纠正违法行为保障法律统一正确实施为目的的，而不是单纯为维护本方的控诉主张而履行法律监督职责。行使公诉权的机关，与民事案件中的当事人不同，案件的最终处理结果与检察机关没有利害关系，这些都使检察机关在履行监督权时，处于相对的超脱地位。

通过以上分析，充分说明检察监督不能脱离公诉职能而存在，由行使公诉职能的检察机关来履行法律监督职能，是一种科学的权力配置模式，使检察权内部各项权能具有高度的协调统一性，并互相补充，有利于实现检察权的权力控制目的。“公诉权可以说是检察机关的立命之本，没有公诉权，检察机关作为纯粹的法律监督机关是否有存在的必要是值得怀疑的。”②

（四）职务犯罪侦查与公诉职能的关系

1．职务犯罪侦查的法律监督属性解析

有学者提出：“说检察机关的侦查是法律监督，为什么公安机关对违法

---

① 董嗥：《改革我国司法机关多重职能体制之思考》，载《人民司法》1997 年第 10 期。

② 陈光中：《刑事诉讼中检察权的合理配置》，载《人民检察》2005 年第 13 期。

犯罪行为的发现、证明、检举即侦查、追诉就不是法律监督呢?”[①] 不可否认，职务犯罪侦查与普通刑事案件的侦查有相同之处，都是针对犯罪行为实施的强制调查手段，但两者还有着重要的区别，即侦查的对象和目的不同。职务犯罪侦查的对象是国家工作人员的职务犯罪，国家工作人员的职务行为都是运用法律赋予的国家权力管理公共事务的行为，国家工作人员在履行法定职责的过程中利用、滥用或误用法律赋予的职权，贪污受贿，侵吞国家财产，渎职失职，损害国家利益，或者行使职权时严重超出法律授权对公民合法权利造成侵害的犯罪行为，危害的是国家法律的正确实施。检察机关查处职务犯罪行为，目的是为了教育和惩戒利用权力犯罪的国家工作人员，维护国家法律的正确实施，因而具有明显的法律监督性质，而公安机关侦查的对象是普通公民的犯罪行为，普通公民的犯罪行为中不含国家权力的色彩，侦查权体现的是国家管理行为，目的是为了维护社会秩序，因而公安机关的侦查权不具有法律监督的属性。

2. 职务犯罪侦查与公诉职能共存于检察权的合理性

中国政府已经签署并已经全国人大常委会批准的《联合国反腐败公约》第36条指出：“各缔约国均应当根据本国法律的原则采取必要的措施，确保设有一个或多个机构或者安排了人员专职负责通过执法打击腐败。这类机构或者人员应当拥有根据缔约国法律制度基本原则而给予的必要独立性，以便能够在不受任何不正当影响情况下有效履行职能。”我国由检察机关承担查办职务犯罪的职责，满足了上述规定所要求的反腐败机构要专职和独立性的要求。《宪法》第131条规定，人民检察院依照法律规定独立行使检察权，不受行政机关、社会团体和个人的干涉，从宪法上确立了检察机关的相对独立性。西方国家由于三权分立的政体，检察机关往往依附于行政机关，而我国检察机关具有更强的独立性，有利于确保查办职务犯罪案件的客观性，在我国，检察机关是查处职务犯罪的唯一主体，而西方国家检察机关不是查处职务犯罪的唯一主体，一些警察机构也参与查办职务犯罪案件。“改革开放以来，全国检察机关依法立案查处职务犯罪案件达100余万件。”[②] “1998年—2002年立案侦查职务犯罪案件207103件，百万元以上大案5541件，涉嫌犯罪的县（处）级以上干部12830人。”[③] 检察机关在长期同隐蔽性强、智商高、反侦查能力强的职务犯罪分子的斗争过程中，积累了丰富的侦查经验，

---

① 陈卫东：《我国检察权的反思与重构》，载《法学研究》2002第2期。

② 詹复亮：《职务犯罪侦查法治化问题》，载《检察论丛》第7卷，法律出版社2004年版。

③ 最高人民检察院检察长韩杼滨：《2003年最高人民检察院工作报告》，2003年3月11日在十届全国人大一次会议上。

发现、查办职务犯罪的能力不断得到加强，侦破职务犯罪案件的水平不断得到提升，使办案工作逐步走向专业化。检察机关拥有职务犯罪侦查权，也是世界各国通行的做法。联合国《关于检察官作用的准则》第15条规定，检察官应当适当注意对公务人员所犯的罪行，特别是对贪污腐化、滥用权力、严重侵犯人权的，要依照法律或惯例对这种罪行进行调查，该准则赋予了检察机关公诉权、调查权和监督法院判决的执行权力三项基本权力。无论是在大陆法系国家，还是英美法系国家，检察院或检察官都拥有职务犯罪侦查（调查）权。“大陆法系的代表法国、德国检察官拥有侦查一切刑事案件的权力，并有监督或指挥侦查的权力。”[①] “在英美法系国家侦查权主要由警察行使，但检察官的侦查权正在进一步扩大，英国检察机关对重大商业欺诈犯罪等特殊案件拥有专门侦查权。”[②] “美国检察官既可以协助警察侦破刑事案件，也可以对侦查机关调查不充分的案件进行补充侦查，对于一些特别重大的贪污、行贿、受贿、警察腐败、白领犯罪案件以及在全国、全州有影响的、公众特别敏感的刑事案件，检察官可以直接立案侦查或调查。美国《联邦法典》第28篇规定，独立检察官在侦查政府官员犯罪案件时，享有充分的、独立的侦查权和提起公诉的权力。”[③] 日本刑事诉讼法规定：“检察官认为必要的时候，可以自行侦查犯罪。”自行侦查的案件一般包括公务员的渎职案件、重大贪污案件、公司的重大经济犯罪案件、违反选举的犯罪案件以及隐蔽很深并且警察难以下手的重大疑难的刑事案件，日本一些高等检察厅还专门成立了专门负责此类案件的侦查工作的特别侦查部。“韩国检察官自行侦查的犯罪案件包括智力型犯罪、复杂犯罪和严重的犯罪，如政府官员，四级以上公务员利用职务犯罪，经济犯罪，毒品犯罪，环境污染犯罪，有组织犯罪，偷税以及警察滥用职权犯罪等。”[④] 在世界各国，无论是从任职资格上看，还是从实际状况看，检察官都比警察具有更高的文化素养和更多的法律专业训练，因而也更容易适应对某些较高社会地位或职务的人员的犯罪案件进行侦查的需要。另外，警察机构往往是直接受行政权力控制的机构，而检察机关则具有较强的独立性。由检察机关直接调查与行政权有关的犯罪案件，比警察机构的调查，更有能力排除来自行政权力的干涉，正是由于这些原因，许多国家都把职务犯罪的侦查权交由检察机关行使，从比较中不难发现，检察

---

① 参见《德国刑事诉讼法典》，李昌珂译，中国政法大学出版社1994年版。转引自陈卫东：《论法治理念下的检察机关职务犯罪侦查权》，载《人民检察》2005年7月上，第17页。

② 何勤华著：《英美法律发达史》，法律出版社1990年版，第508~509页。

③ 张培田著：《中国检察制度考验》，中国检察出版社1997年版，第28~30页。

④ 高克强：《大韩民国检察制度概况》，载《国外法制信息》1997年第5期。

机关享有职务犯罪案件之侦查权，并非中国检察机关之独有“特权”。我国职务犯罪侦查权与公诉权共存于检察权之中，重要的理论基础是两者都具有权力控制性和诉讼性。

（五）不宜在权力机关内设置专门的法律监督机构

有学者提出，“应加强国家权力机关对执法机关总体上的法律监督职能，在制度设计上可以考虑在国家权力机关内设立法律监督委员会。”① 笔者认为，这种制度设计违背诉讼规律，与最高权力机关的监督形式相冲突，实践中缺乏可操作性。

人民代表大会作为国家的权力机关，对下位机关拥有监督权，同时还享有广泛的权力，其在国家权力结构中的地位决定了人民代表大会的监督必然是一种总体的、宏观的、带有决策性质的监督，而不可能是一种经常的具体的监督。“从宪法规定的人大及其常委会的职权上看，人大的监督主要是五个方面的监督：（1）权限监督，即通过立法形式，规定行政机关和司法机关的职权范围和行为模式，设定和授予其他国家机关的权限；（2）人事监督，即通过选举、任命、决定、和罢免国家行政机关、审判机关和检察机关等的领导干部及工作人员，考核其任职资格和履行职责的情况，保障其正确实施宪法和法律；（3）工作监督，即通过审议和听取工作报告，组织专项检查和执法检查等方式，监督国家行政机关、审判机关和检察机关的工作情况；（4）财政监督，即通过审查批准国家财政预算、决算，决定国家机关的经费供给并监督国家财政使用情况；（5）质询监督，即通过对具体问题或个别案件的质询，监督国家行政机关、审判机关和检察机关执行宪法和法律的情况。”② 从以上内容中可以看出，人大的监督是就关系到宪法和法律规定中的重大问题，从宏观上、从权源上进行的监督，而不是就法律实施中的具体问题进行的监督，不是对违反法律的具体行为进行检查监督，尽管在人大的监督中有可能涉及某些具体的案件，但是对于这些个案，人大并不具体处理。人大监督是对有关国家机关立法、执行法律和适用法律的整体情况的监督。与人大的监督不同，检察机关的监督则是就各个具体的案件或行为进行的，不具有宏观决策性质。由于法律的实施始终是并且只能是通过各个具体的行为来实现的，所以在法律实施的各个环节上对遵守、执行和适用法律的具体情况进行监督，运用检察权来追诉犯罪，监督纠正违法行为，监督不公正的司法判决，是保障法律被严格执行的关键，也是在法律实现过程中最具现实性的、最直接的法律监督。检察监督与人大监督有着清晰的界限，检察监督

---

① 郝银钟著：《刑事公诉权原理》，人民法院出版社2004年版，第281页。

② 张智辉著：《检察权研究》，中国检察出版社2007年版，第78～79页。

不包括对立法行为的监督，只是对有关国家机关及其工作人员具体权力行使行为的监督。检察监督与人大监督是宏观监督与具体监督的关系，两者既相互协调，又存在差别，不能相互取代。因为人大是最高的权力机关，由其内设机构对具体的执法活动行使法律监督权，其他机关则无权对其监督权进行制约或是监督，人大内设的法律监督机构，监督形式只能是强力纠正型的监督，而不是建议纠正型的监督，具有浓厚的“上命下从”的行政化监督色彩，这会导致公检法三机关在办理具体案件中，都要听命于该监督机构，使三机关无法实现相互制约，法院的中立地位也将不复存在，形成了新的集权和专断，这种制度设计明显违背诉讼规律，更与民主和法治的要求背道而驰。

人大监督与检察监督还存在着一个重要的区别，即检察监督具有诉讼性，是在诉讼中进行的监督，而人大监督不具有诉讼性。检察监督与公诉职能紧密相连，检察机关通过履行公诉职能，便于发现侦查权、审判权的违法行使行为，并及时采取监督措施。人大的监督不是在诉讼中进行，难以掌握被监督机关的具体办案情况，从目前看，人大对个案的监督（包括对个案的质询），信息来源主要是人大代表通过人民群众的反映、当事人的控告、群众的举报，这些信息来源具有片面性、主观性的特征，并不能反映出被监督机关办案的全貌，特别是在刑事诉讼活动中，公检法三机关在办案中的有些活动并不完全公之于当事人和社会，有些活动甚至是在保密的状态下进行的，其中是否具有违法现象，案件当事人以及与案件无关的人难以知情。当事人的控告，往往是站在维护自己权益的角度，而不是站在维护法律的统一正确实施的角度，对自己有利的违法行为，当事人控告的可能性，几乎为零。人大的内设机构要履行法律监督职责，就需要了解每起案件的办理情况，这只有一种可能：就是人大的内设机构要对每起案件，都要派专人介入，并且是在刑事诉讼的每个程序都要介入，这种做法无疑要投入大量的人力、物力，增大了诉讼成本，理论上可行，但却不具有实际意义，并且实践中，检察机关已具备了履行法律监督职责的条件，弃之不用，而要另设一套机构来行使法律监督权，是对诉讼资源的浪费。

第七章　检察监督与公诉职能的协调发展

检察制度作为现代国家一项重要的政治法律制度，是人类政治文明发展的共同成果，检察制度在不同国家和地区的发展变化中，体现出共同的发展变化规律。从检察监督与公诉职能关系的角度来看，检察监督与公诉职能的关系是检察制度发展变化的主线，检察权是国家控权机制与法律诉讼的结合，是权力监督与权力制约的辩证统一。世界各国检察制度的发展历史表明：检察权是国家权力控制体系的重要组成部分，检察权的控权方式从单一的权力监督或权力制约向权力监督和权力制约相结合的方式转变，检察权的控权手段从不完整的诉讼形式向完整的诉讼形式的转变，是检察制度发展的共同规律和趋势。这实际上是国家控权机制逐步法治化的体现，是法治在国家政治社会生活中不断发展的体现。

第一节　检察监督与公诉职能关系合理定位需要考虑的因素

世界各国检察制度具有的共性是检察制度与其他政治法律制度相区别的共同属性，是生活在不同的法律文化传统和国情之中的人们之所以能够在检察制度问题上进行对话和交流的共同基础。不同国家的检察制度的个性特征是由各国不同的经济基础、价值观念、政治体制、历史文化传统、地域特征等因素决定的。对检察制度来说，不同国家的国情不仅决定了世界各国检察制度的具体的、特定的个性特征，而且还决定着不同国家检察制度的未来发展方向。

检察制度对于中国，从根本上来说，是一种舶来品，或法律制度的移植，也是中国在近现代化过程中，在学习借鉴西方国家检察制度的基础上，结合中国国情，建立发展具有中国特色的检察制度的伟大创举。这一伟大创举，既是检察制度不断同中国具体国情相结合的中国化过程，又是中国检察制度不断学习借鉴人类检察制度发展的共同成果和经验的世界化过程。但是正如中国人必须按照中国人的方式去生存，中国的问题需要用中国的办法来解决一样，中国检察制度的发展和完善必须依据中国的具体国情。检察监督与公诉职能的关系是检察制度发展变化的主线，发展和完善检察制度首先要正确认识和确定检察监督与公诉职能的关系，正确认识和确定检察监督与公诉职能的关系，不仅要考察分析世界各国检察制度发展变化的共同规律，还必须科学分析决定和影响检察监督与公诉职能关系的具体的中国国情。

检察制度的创新和发展实际上是我国政治体制改革的一部分，纵观我国近百年来社会发展变革的历史，我们可以清楚地看到，中国社会发展变革的动力或者说压力主要来自两个方面，一是自身演进和发展中产生的生存、稳定和发展的压力，二是在同世界各国的竞争与合作中所产生的生存和发展的压力。面对这种双重压力，中国近百年来进行了无数次社会变革，历经挫折和失败，也积累了许多成功的经验，其中一条最基本的成功经验就是在借鉴和吸收西方国家先进经验基础上，结合中国的社会实际进行创新。正如江泽民同志所说的："创新是一个民族进步的灵魂，是一个国家兴旺发达的不竭动力。"

社会主义市场经济的发展趋势，社会主义特色的宪政制度建设的发展趋势，社会主义法治文化的发展趋势，是影响我国检察制度创新发展的决定性因素，也是合理确定检察监督与公诉职能关系的决定性因素。检察监督与公诉职能关系的发展变化体现了中国特色检察制度发展、运行的基本规律，对中国检察制度的构建和检察实践起着统领、决定作用，贯穿检察制度发展、运行的整个过程。

一、社会主义市场经济的发展对检察监督与公诉职能关系的影响

改革开放以来，中国由计划经济向市场经济转轨，逐步建立了市场经济体制，市场经济的发展不仅使中国社会生活发生了巨大的变化，也对司法制度，包括检察制度面向现实的改革和发展提出了新的需要和要求，也为检察制度面向未来的发展指明了方向、提供了广阔空间。

近代以来中国是一个工业基础极为薄弱、社会资源极度匮乏的国度，人口规模超大、社会资源总量贫弱。新中国成立后，国家需要迅速的富国强兵以打破新政权面临的外国敌对势力的封锁包围，出于一种在非常时期尽可能调动各种有效的社会资源的要求，以求政治目标的实现，国家在社会资源的占有、分布及配置方面，掌握了一种高度垄断的权力，建立了高度集中的社会主义计划经济体制。江平教授曾经指出："计划经济本质上是权力经济，

即行政命令、长官意志畅行其中的经济形态。"① "在这种社会经济条件下，国家对经济生活实行了一元化的全面控制，并且这种控制方式的经济性、法律性因素比较薄弱，主要诉诸直接命令的行政控制手段，政府对市场生活的干预常常具有超经济的垄断性质，市场交易规则受到严重干扰而难以确立，从而导致政府权力的无限扩张，政府行为难以规范化、合理化。在这样的计划经济基础上，社会生活中的'人治'状态是不可避免的事，并且必然滋生出官僚主义、长官意志、特权思想、人治主义等等一系列带有浓厚封建色彩的法律文化。"② 与计划经济的政府垄断和行政命令不同，市场经济是建立在利益多元化基础上，由市场规律和价格规律支配的商品经济。"市场经济的特点是：（1）市场经济需求自主化的发展空间，因此国家权力从社会经济领域部分撤退，经济运行克服行政化色彩而开始遵从自身的本原规律，国家与社会因此出现二元性分化；为中国市民社会的建构奠定了经济基础。（2）市场经济促进了主体意识的增强及对国家公权力的警惕。基于市场经济所导致之利益多元以及市场主体间契约关系的确立，在市场竞争中人们日益树立风险意识、信用精神以及权利观念，个体的独立品格日趋张扬，其主体性愈加显明。同时在市场经济体制下，经营决策本应遵循市场规则，因此，市场主体对国家权力猖獗之可能以致侵夺市场主体自由发展空间始终抱有警觉之心，如是民众逐渐树立以权利对抗权力的信念。（3）市场经济的发展促进了对法律程序的重视。现代市场经济的中心课题是优化选择机制的形成，而公正合理的法律程序正是改善选择的条件和效果的有力工具。因此，市场经济一方面欲求程序，另一方面通过竞争的磨砺也提升了市场主体的'程序观'以及'程序正义观'。"③

市场经济的发展对检察制度以及检察监督与公诉职能关系的影响可以归纳为以下几点：

1. 市场经济是法治经济，需要包括检察制度在内的国家上层建筑作出相应的调整，与其相适应，为其提供保障和服务，市场经济蕴涵的主体平等、契约自由、权利本位等价值需要法律加以制度化。其中，众多市场主体资格需要法律加以确认，多元市场主体的自由平等地位需要法律加以保障，自由竞争的市场行为需要法律加以规范，公平的市场秩序、统一的市场形成需要法律加以疏通和维护，克服市场经济运行的自发盲目的弊端所需要的宏观政策调控的客观性、科学性需要法律加以保证，市场经济的顺利发展所必需的

---

① 江平：《完善市场经济法制的思考》，载《中国法学》1993 年第 1 期。

② 公丕祥：《中国的法制现代化》，中国政法大学出版社 2004 年 10 月版，第 560 页。

③ 参见卞建林著：《刑事诉讼的现代化》，中国法制出版社 2003 年版，第 54 ~ 55 页。

社会保障体系需要法律加以建立和完善。平等、自由、权利是市场经济有效运行的前提，市场经济的平等、自由和权利本位的要求反映在法律制度的改革上，就是要求法律制度从计划经济时期主要作为阶级统治和国家专政的工具向发挥其作为社会矛盾冲突调节器和保障公民基本权利、以权力制约权力的功能转变。协调司法公正与效率的平衡，为经济发展提供最佳司法保障和服务，也是经济发展对法律制度改革的客观需要和法律制度改革本身所要达到的社会目标。

2. 市场经济的发展对检察监督与公诉职能关系提出了新的需要。一方面，市场经济的建立要求市场主体有更大的自由度，主体行为有更强的可预期性，这也要求加强对权力的抑制并增强对权利的保障。权利本位观念的兴起，使国家权力本位思想受到了冲击，人们对权力的双重效应有了深刻的认识，对实现国家权力的有限性和有效性提出了新要求，不仅要在经济发展中发挥国家权力的积极作用，还要警惕和防止国家权力对公民权利的侵犯。另一方面，市场经济中，私有经济和私有观念的存在，市场经济主体间的利益竞争，使得权力滥用和腐败的问题比计划经济时期更为突出和严峻，对国家权力控制提出了新要求，而检察权作为国家权力控制体系中的重要组成部分也面临着如何适应和改进的问题。市场经济的发展，使得刑事法律功能和结构发生了变化，保障人权和控制权力不正当行使，本身就是一个问题的两个方面。具体到刑事诉讼，其结果是诉讼参与者，特别是被追诉者在诉讼中的权利保障要得到增强；同时，竞争的观念在刑事诉讼中也有所体现——审判方式改革中吸收了对抗制的一些内容。修正后的刑事诉讼法加强人权保障，使公民权利在诉讼中尽量不受或少受专门机关的非法干扰，这是与提高市场经济主体地位、加强公民的主体观念相一致的，人权保护是国际上公认的准则，是我国宪法的一项重要原则，因此，中国特色检察制度必须遵循人权保障原则。为了保障人权，检察机关必须强化其权力控制的职能，特别是要强化对侦查活动的监督和制约，从而保护公民各项合法权益。

3. 市场经济的发展，使中国的社会结构发生了重大变化，随之而来的社会利益结构也发生了重大变化。市场经济的发展，使计划经济时期的单一社会结构发生了重大变化，社会资源的占有与控制已逐渐呈现多元化态势，伴随着社会资源占有与控制的多元化，个人独立性相对扩大，个人权利日益受到国家的尊重。在政府行政组织之外开始了民间社会的组织化进程，经济、社会、文化领域的非营利性团体和非行政化的营利性经济组织日益成为国家不能忽视的社会主体，使个人利益、公共利益逐渐从整体的国家利益中分化出来，成为影响和推动整个社会发展的新动力，也成为引发社会矛盾冲突的新根源，公共利益从国家利益中分化出来，和国家利益、团体利益、个人利益一同形成了新的人民利益。公共利益的形成，使检察机关成为公共利益的代表，维护公共利益成为检察权的新内容。检察机关在现代社会当中不单单是一个刑事诉讼机关，它还在民事和其他诉讼当中，也就是在公共诉讼领域当中发挥着重要作用，检察机关代表和维护公共利益，不仅是世界多数国家的惯例，也成为我国社会发展对检察职能提出的新要求。检察机关之所以是公诉机关，背后的原因在于：一是在现代社会，检察机关是公共利益的代表机关；二是犯罪不仅是对被害人个人合法权益的侵害，而且也是对公共利益的侵害。所以，检察机关才把被害人的刑事追诉权利拿到了自己手里，作为一个公共利益代表，检察机关行使公诉权一方面要防止被害人滥用诉权，另一方面又要有效地对被告人涉嫌的犯罪行为进行追诉，维护公共利益。

社会主义市场经济的发展和我国社会结构的变化，对人权保障和公共利益的保护提出了新的更高的要求。检察监督与公诉职能的内容要适应和满足这些新要求，作出相应的调整。

二、社会主义民主政治的发展对检察监督与公诉职能关系的影响

党的十七大报告指出："人民民主是社会主义的生命。发展社会主义民主政治是我们党始终不渝的奋斗目标……要坚持中国特色社会主义政治发展道路，坚持党的领导、人民当家作主、依法治国有机统一，坚持和完善人民代表大会制度、中国共产党领导的多党合作和政治协商制度、民族区域自治制度以及基层群众自治制度，不断推进社会主义政治制度自我完善和发展。"有学者认为："当代中国的宪政之路就是民主政治，当代的'中国式宪政'就应当解释成'民主政治'。通过民主政治，能够实现对于宪政的重建。民主政治就是指'多数人统治'的政治或'人民主权'的政治。在我们看来，民主政治的要义可以归纳为三项：第一，少数服从多数；第二，多数尊重少数；第三，对权力的制约与监督。民主政治的最终目标就是要实现人民主权，它以民众为本，强调对人权的保障和尊重，它的主要内容包括人民代表大会制度、选举制度、民族区域自治制度、村（居）民自治制度、中央与地方关系制度，等等，当代中国的民主政治，就体现在这一系列的制度中。可见，民主政治是一个实证性、建设性的概念，可以作为当代的'中国式宪政'的核心内容。"①

---

① 参见俞中著：《权力制约的中国语境》，山东人民出版社 2007 年 7 月版，第 53 ~ 55 页。

西方学者关于宪政理念的理解，在不同时期，不同的经济、历史、文化背景中有所差异。笔者认为，把民主政治理解为“中国式的宪政”符合宪政的基本理念和中国的实际。我国从1999年把“依法治国”写入宪法开始，经过一系列的宪法修改，不仅已经把建设社会主义民主，保障人权列入宪法，而且这些宪法规定已经逐步具体化为国家的政治、经济、文化制度，开始影响社会生活的各个层面，特别是党的十七大所提出的“扩大社会主义民主，更好保障人民权益和社会公平正义，公民政治参与有序扩大。依法治国基本方略深入落实，全社会法制观念进一步增强，法治政府建设取得新成效”等国家的建设目标表明，我国已经开始了中国特色的社会主义宪政建设。

我国基于人民代表大会制的政治体制与西方国家建立在“三权分立”基础上的政治体制不同。首先，我国的各级人民代表大会及其常务委员会是国家的权力机关，而“一府两院”只是它的执行机关。在我国人民代表大会的政治制度下，国家执行机关之间的关系虽然具有分权制衡的属性，但更多的属性是分工合作，在宏观上，政府、法院、检察院基本上是分工合作的关系，分权制衡在刑事诉讼中公安机关、检察机关和审判机关三者之间体现的更明显一些，而在三权分立的西方资本主义国家，议会一般情况下只是立法机关，并不是国家的最高权力机关，他与政府和法院是相互制约的关系。西方资本主义国家在三权分立的基础上，立法、行政和司法三者之间是通过制约达到平衡的。其次，我国的人民代表大会制度是建立在人民主权和民主集中基础之上的，这一制度的逻辑思路是，国家的权力来源于人民，并且集中在权力机关——即人民代表大会及其常务委员会手里，再由人民代表大会通过选举产生执行机关——行政机关、检察机关、审判机关和军事机关，由这些执行机关执行通过的法律、决议和决定并受权力机关的监督。西方国家在三权分立的基础上又形成了总统制和内阁制等不同的体制，但不论哪种体制，立法机关都不具有同我国权力机关一样的最高权力——单向的决定、监督等权力。西方国家的立法、行政和司法机关相互之间是双向制约的制衡关系。再次，为了确保国家权力不被滥用，使国家权力的行使符合统治阶级（人民）利益的要求，无论是资本主义国家，还是社会主义国家，在进行国家制度设计的时候，都非常注重对国家权力的监督和制约，资本主义国家对于权力控制的思路是在立法、行政和司法三种权力的制约平衡中，通过相互制约，从横向上对权力的使用进行控制，纵向上公民拥有广泛的监督权利和有效的监督方式，自下而上地对国家权力进行监督。我国人民代表大会体制对于权力的控制是从三个方面进行的，一是广大人民群众自下而上的监督，包括对最高及各级权力机关的监督。二是国家权力机关对执行机关自上而下的监督。三是以检察机关，纪检监察等部门为主的国家专门监督机关进行的横向监督和制约。

从宏观上讲，我国的政权结构体系是“一元多立”的模式，是在民主集中制基础上的分工合作。恩格斯曾说过：“分权不过是为了简化和监督国家机构而实行的日常事务分工罢了。”① 分权是国家为处理社会事务而实行的分工，分工的目的既是为了适应社会生产和生活的日益分化，提高权力运用的效率，又是为了使国家权力之间形成相互制约，保证权力合法准确行使。笔者认为，分工合作的前提是相互制约，只有保证权力行使的合法准确，合作才有意义，否则就谈不上什么合作。因此，在我国社会主义民主政治的发展中，应该正确认识分工制约的作用，以确保权力的合法正确使用，促进社会发展，维护人民利益。为完善制约和监督机制，保证人民赋予的权力始终用来为人民谋利益，党的“十七大”报告提出“要坚持用制度管权、管事、管人，建立健全决策权、执行权、监督权既相互制约又相互协调的权力结构和运行机制。”这说明，建立权力间相互制约制度，已经成为我国社会主义民主政治发展的一项重要任务。

在我国的权力结构中，处于最高地位的是国家的权力机关——人民代表大会及其常务委员会；处于次一级地位的是政府、法院、检察院和军事机构。国家的各级权力机关和执行机关的权力来自人民，各种国家机关在人民的支持和配合下，在不同的领域和层面行使管理国家和社会的权力，其最终目的是实现人民的整体意志和利益。政府、法院和检察院均是具有独立宪法地位，经国家权力机关授权的国家权力执行机关，他们的分设主要体现的是一种管理上的分工，他们之间更需要的是互相合作共同完成最高国家权力机关确定的各种目标和任务。同时，最高国家权力机关具有至高无上的地位，政府等任何机关都不可能与其相抗衡，也不存在对其进行制约的问题。政府、法院和检察院这些国家机关之间尽管存在一定程度上的相互制约，但这种相互制约关系与西方国家的那种制衡关系依然存在着重要的不同。一是在我国，政府、法院和检察院不代表不同政治集团或利益集团的利益，他们之间的利益是一致的，都必须代表和维护人民的利益，共同接受中国共产党的领导。他们之间的相互制约，主要是由于在工作中依据法律各自作出独立判断之间的认识不同而产生的，这种制约的功能主要在于保证权力行使的合法、准确。二是政府、法院和检察院之间如果存在冲突和争议，可以也必须报请最高国家权力机关进行裁决和处理。在我国，最高国家权力机关按照管理国家的需

① 《马克思恩格斯全集》第22卷，人民出版社1965年版，第274页。

要，把权力委托给政府、法院、检察院和军事机关，这些机关是责任明确的，各司其职，主动地、独立地、创造性地工作。它们既不能互代，也不可或缺，都有各自的工作职责，但在贯彻执行党的路线、方针、政策和国家权力机关的法律、决议和决定方面，应当是一致的，即既有分工，又有合作，其核心是促进和发展最广大人民的根本利益。

因此，从我国政权结构设置上看，我国国家机关之间的横向关系主要是分工合作。但是我国的各级政府、法院和检察院按照宪法的规定都是分设的，各自独立行使职权，这种分设和独立无论在理论上还是在实践中都会产生一种相互制约的关系。从静态上看，当三机关或其中的两个机关的职权同时指向同一对象或事物时，因其各自的立场和职能不同，就会产生分歧和差异，从而导致对职权行使的合理性及合法性进行再评估，这必然客观地限制了权力的擅断和滥用。从动态上看，国家权力的这种设计正是要通过权力执行过程中的相互制约，而达到一种动态的平衡。因此，除去国家的权力机关以外，作为权力执行机关的政府、法院和检察院之间在横向的相互关系上也具有一种有限的制衡关系。

在司法领域，特别是在刑事诉讼领域，按照我国刑事诉讼法及相关法律的规定，在刑事诉讼过程中，三机关是“分工负责，互相制约，互相配合”的关系，实际上是一种分权制衡的关系。刑事诉讼是由一系列的规则和程序构成的，其功能是查明犯罪事实，实现刑罚，同时正是通过这些程序和规则实现权利制约权力和权力制约权力以及保障人权，维护司法公正的效能。在这一过程中，三机关均可以根据自己的职权依法对案件作出独立的判断，并依据法律程序改变或推翻另一机关的判断，这正是一种相互的制约，公、检、法三机关就是通过依据法律和程序处理案件过程中相互制约，实现平衡的，减少和排除某一机关的权力擅断和滥用，达到准确打击犯罪，保护人民和国家利益的目的。

对比这两种体制，我们会发现，我国的政体以民主集中制为核心，无论从逻辑上或理论上，都是很好的民主制度。这一制度体现了人民至上、主权在民的思想，符合我国的传统政治文化，是具有中国特色的民主政体。一是在权力控制机制方面，西方资本主义国家的权力控制机制主要是下对上的监督和横向之间的监督和制衡，而我国的权力控制机制不仅有下对上的监督和横向的相互制约，还有纵向的上对下的监督，我国的权力控制结构更为完整、体系更为完善。二是在国家权力之间的关系上，我们不仅强调相互之间的制约，更注重分工合作基础上的相互之间的配合，既能避免权力腐败、滥用的消极影响，又能充分发挥权力促进社会发展、造福人民的积极作用。社会主义民主政治的核心是民主集中的原则，对于这一原则，我们要有一个正确的认识。民主是集中的基础和前提，没有民主就没有集中，集中是实现民主的方式、途径和保障，没有集中也无法使民主得到落实。社会主义民主政治的发展，要求在坚持民主集中原则的基础上，扩大社会主义民主，即在国家政治生活的各个方面增加人民民主参与的机会和渠道，在国家管理和社会的管理中建立各种实现社会主义民主的制度和机制进一步把人民民主的权力落到实处。具体到国家权力的控制方面，一是要进一步增强权力控制的公开性和透明性，使以权力控制权力的国家权力在阳光下运行，保障权力控制得到人民的参与和支持，实现权力控制的有效性。二是加强权力控制的机制建设，既要充分认识权力制衡在权力控制中所蕴涵的民主价值和公正价值，发挥权力制衡这种权力控制机制的积极作用，又要注重发挥权力监督这种权力控制机制所具有的高效率和适用广泛的优势，保障国家权力的行使处于有效的监督和制约之中。

从我国社会主义民主政治建设所面临的形势和任务来看，加强权力控制是需要我们在当前和今后一段时期内不断解决的一个基本问题。纵观改革开放30多年来，我国政治社会建设方面存在的主要问题，已经不是无法可依或者基本的目标、政策和路线的错误问题，而是有法不依，执法不严，所以再好的目标，再好的决策和制度都有可能在实际中得不到落实。之所以出现这样的问题，一个很重要的原因就是我们对法律、制度、政策和目标的执行过程缺乏有效的监督与制约。

从检察机关的角度来看，检察权是国家权力控制机制体系中的重要组成部分，检察机关行使权力控制权的目的是履行“法律守护人”的职责，维护法制的统一。社会主义民主政治的发展，民主集中基础上的分工制约成为我国权力控制机制发展的新趋势，这就要求我们在确立检察监督与公诉职能关系时，充分考虑社会主义民主政治发展提出的维护法制统一、控制权力不当行使的要求。发展和完善检察机关在权力控制机制中发挥作用的方式，既要正确认识权力制约在权力控制中的积极作用，更要发展和完善中国检察制度的监督特色。

三、社会主义法律文化的发展对检察监督与公诉职能关系的影响

“法律文化是由法律认知、法律情感和法律评价三种要素所组成的，当他们仅仅存在于人们意识中时，就是所谓的观念模式，当他们表现于群体的

现实活动时，就是所谓的行为模式。”① 法律文化的核心是支配社会法律实践活动的法律价值观。法律价值观，是指法律与主体需要之间的关系在人们意识中的反映，是人们对法律价值的主观判断、情感体验和理想需要。“文化是制度的精神意蕴，它决定着制度的价值取向和实际效果。文化之于制度，就好比灵魂之于肉体。制度应当与文化相互协调。没有一定的文化与之协调，制度或者徒有其表，或者在实践中变形走样，必定不能达到制度设计者的目的……文化对于制度的制约作用，其原因不仅在于文化决定了人们观察、理解制度的方式，而且在于它明显或潜在地影响着人们对待制度的情感和态度。文化影响作用的实质是群体的观念和习惯对于个体的制约。文化不仅是个体赖以成长的环境，而且作为一种深藏的习惯力量，支配着人们在一定制度下的行为模式。”② 因此，我国检察制度的发展完善必然要受社会主义法律文化的制约和影响，社会主义法律文化也必然在人们认识和确定检察监督与公诉职能的关系中起着重要的制约和指导作用。

法律文化是一个含义非常广泛的概念，广义的法律文化不仅表现为法律心理、法律意识、法律价值观念等观念形态，还表现为人类在法律文明进步过程中所创造的法律、法律制度、法律组织机构等制度化形态。狭义的法律文化一般仅指观念形态的法律文化，本文所使用的法律文化，主要是指观念形态的法律文化，其核心是法律价值观，法律文化作为人们的价值观念支配着社会法律的实践活动。社会主义法律文化是社会主义核心价值体系的重要组成部分，具有丰富、多样、博大、包容等特点，在理解和认识社会主义法律文化的内涵中，要处理好两个关系：首先，是法律文化中的古今关系。不可否认，中国传统法律文化含有人治、义务本位、以言代法、等级观念等糟粕，但也应当充分注意到传统法律文化中的精华，并加以创新，古为今用。我国传统法律文化中的下列思想需要我们继承和发扬。一是以民为本的思想。西周时期周公反复强调统治者一定要“敬德保民”。春秋战国时期出现了一股重民思潮，《管子·牧民》说：“政之所兴，在顺民心；政之所废，在逆民心”。孔子说：“君者，舟也；庶人者，水也。水则载舟，水则覆舟”。孟子明确提出：“民为贵，社稷次之，君为轻”。荀子说：“天之生民，非为君也；天之立君，以为民也”。上述思想都主张在国与民的关系中，作为统治者要重视民心向背，关心民间疾苦；二是法律面前人人平等的观念。法家主张“一断于法”，而不论亲疏、贵贱、上下、尊卑。韩非子说：“法不阿贵，刑

---

① 张文显主编：《马克思主义法理学——理论与方法论》，吉林大学出版社 1993 年 1 月版，第 287 页。

② 参见董茂云等著：《宪政视野下的司法公正》，吉林人民出版社 2003 年版，第 98 ~ 99 页。

过不避大臣，赏善不遗匹夫。”《商君书·赏刑》说道：“所谓壹刑者，刑无等级，自卿、相、将军，以至大夫、庶人，有不从王令、犯国禁、乱上制者，罪死不赦。有功于前，有败于后，不为损刑。有善于前，有败于后，不为亏法。”唐太宗有“法者非朕一人之法，乃天下之法”的思想，才有了功臣屈法而下诏治罪之举；三是从严治吏的思想。古代很早就有“国家之败，由官邪也”的记载。中国古代许多政治家和思想家都深深地认识到治吏对推行“法治”的重要意义。法家提出“名主治吏不治民”的论断，强调了吏治的重要性。孔子的“为政在人”、荀子的“有治人，无治法”等观点，都明确地阐述了“法”与“人”的关系。正是深刻认识到“徒法不足以自行”，所以中国古代建立了法律监督制度——御史监察制度；四是和合思想。在我国传统文化中，始终贯穿着深厚的“和合”思想这一主线。和谐、和合是中华人文精神的精髓和首要价值，也是传统文化思想的精粹和生命智慧；五是重视道德教化、慎用刑罚的思想。西周时期，周公提出“明德慎罚”，后演变为“德主刑辅”，成为封建社会的法制原则。其次，是法律文化中的中外关系。不仅要从文化多样性的角度来看文化“越是民族的，越是世界的”，更要从文化国际竞争力的角度来看文化“越是超越民族的，就越是世界的”，即文化的世界性与民族性的关系、世界眼光与民族精神的关系，在坚持自身法律文化特点的同时，要合理吸纳国外的优秀法律文化成果，求同存异，取长补短。

有学者认为“法的价值目标是非常丰富的，它包括秩序、民主、法治、自由、平等、人权、权力、理性、正义、人的全面发展等，它们都是法的价值的方向、终点与归宿。”①

检察制度既是一种政治制度，也是一种法律制度。在我国，检察机关的职能是在诉讼中或以诉讼的方式进行的，而且所涉及的领域主要是刑事诉讼。人们对法律价值的理解是丰富和多元的，在不同的社会环境和历史时期，以及不同法律调整范围内，人们追求的法的价值的重点不同。从刑事诉讼的角度来看，笔者认为，现代刑事诉讼的价值主要体现为公正，公正是自由与秩序、效率与公平的和谐与统一。

公正，是一个非常笼统和抽象的概念，不同的人对它的含义有不同的理解，“什么是正义，通常又可称公平、公正、正直、合理等……总的来说，仅从字面上看，正义一词泛指具有公正性、合理性的观点、行为以至事业、关系、制度等。从实质上看，正义是一种观念形态，是一定经济基础之上的

---

① 卓泽渊著：《法的价值总论》，人民出版社2001年9月版，第162页。

上层建筑。”① “正义，作为一种社会观念和社会准则，在社会意识中十分广泛而深刻，一直引导着法律的发展……每一时代的一定正义观念都在社会观念的角度引导着法律的发展，制约着法律的发展，体现在法律制度之中。成为法律发展变化的灵魂和精神……在法律调整人们行为的过程中，人们对各种特定行为的调整方式都必然地受制于人们的正义观念。人们对调整行为的正义评价，直接影响着法律对它的肯定或否定，保护或制裁。一定正义观念是一定时代法律的基本的思想基础和精神内核，在一定程度上决定并主导着法律的状况。”② 公正是社会主义法律文化发展的价值目标，也是确定和调整检察监督与公诉职能关系的价值基础和目标。

公正意味着自由和秩序、效率和平等的均衡、平衡。“追求自由与秩序的平衡协调发展，构建体现自由的法治秩序，是当代中国社会变革时代的必然要求……一方面，自由是法治追求的核心价值基础，这一时代特点表现为社会主体的自由和权利在法律视线中的比重不断增长，法律调整的重要课题之一乃是运用授权性规范来调动社会主体的积极性，确认社会主体的广泛社会自由赋予他们广泛的法律权利，允许主体在具体社会经济过程中拥有广泛的行动方案的选择自由。另一方面，为了有效地实现秩序，当代中国法律调整的迫切任务，就在于确认和保持社会主体在机会和手段选择过程中的平等权利，设计一套理性化的程序规范，强化法律的调控功能，促进社会的平衡发展。”③ “一方面，法律提高效率的过程就是促进公平的过程；另一方面，法律促进公平的努力也极大地提高了效率。因为有公平才有竞争，有竞争才有效率。只有在同样的权利、机会、规则下展开的竞争，才能带来效率的提高，而促进分配公平，有利于人际关系和社会的和谐，也能增进效率。”④ 从人类社会发展的历史来看，个体的自由是人的本性和人类发展进步的动力，只有人的潜能和创造力得到尊重和发挥，人类社会才能不断地向前发展。但人是生活在社会关系中的，自由只能在社会的实践中实现，而人类社会的存在和发展离不开一定的秩序，秩序是人类实现自由的手段和条件。同样，效率是社会发展所必需的，效率基于人的自由，公平是社会稳定所必需的，公平是社会秩序的基础。没有效率社会就不会向前发展，没有公平社会就会陷于无序而无法存在和发展。罗尔斯的正义理论正是从自由与平等之间的关系

---

① 沈宗灵主编：《法理学》，北京大学出版社 1994 年 7 月版，第 47 页。

② 卓泽渊著：《法律价值》，重庆大学出版社 1994 年 9 月版，第 361 ~ 362 页。

③ 李宏：《自由与秩序的辩证关系以及法治的价值取向》，载公丕祥主编：《法制现代化研究》，南京师范大学出版社 2007 年版，第 352 页。

④ 缪文升：《法制现代化的基本价值目标——以公平与效率的辩证关系为视角》，载公丕祥主编：《法制现代化研究》，南京师范大学出版社 2007 年 4 月版，第 318 ~ 319 页。

出发，阐述了正义的含义的，提出了正义的两个原则：第一个正义原则是平等自由原则，即“每个人对于所有人所拥有的最广泛平等的基本自由体系相容的类似自由体系都应有一种平等的权利”；第二个正义原则是差别原则和机会的公正平等原则，即“社会的和经济的不平等应该这样安排，使它们：(1) 在与正义的储存原则一致的情况下，适合于最少受惠者的最大利益；(2) 依系于机会公平平等的条件下职务和地位向所有人开放。”[①] 罗尔斯指出了在自由优先的基础上，自由与平等之间的平衡关系。因此，刑事诉讼价值的核心内容是公平正义，即自由和秩序、效率和平等的协调、平衡。

诉讼是一种解决社会冲突的法律机制，刑事诉讼是国家司法机关在当事人及其他诉讼参与人的参加下，依照法定程序追求犯罪人刑事责任的法律机制。在刑事诉讼领域中，公平正义作为刑事诉讼的价值目标主要体现为程序公正，公正的程序不仅是实现自由和秩序、效率和平等协调均衡的方法，而且程序本身就具有满足人们对公正价值的理解和需要。“林德和泰勒的‘源于程序’的理论揭示了：如果程序是公正的，那么即便是那些由此程序而得到不利结果的人也会乐意于接受这一结果；以及如果程序不公正，那么即使因此程序而得到有利判决的人有时也会感到不满的原因。”[②] 现代刑事诉讼的基本要求就是程序公正，也有学者把程序公正称为正当程序，其核心价值在于防止专权和滥权。正当程序既是一个程序原则，也是一种法治体制和社会正义观的体现。

社会主义法律文化的发展，不仅使公正成为当代的法律价值目标，也使公正成为检察官的义务和社会对检察官的期待。客观公正义务，是检察官执行职务时候的最高准则。检察官从它诞生的那一天起就决定了它的身份不是一方当事人，而是国家的代言人和法律的守护人。所谓法律守护人，是指检察官在执行职务的时候，应严格遵守合法性和客观性的义务，贯彻毋枉毋纵，追求实体真实与程序正义。检察官一方面要实现国家意志，就不应沦为统治者的传声筒，另一方面检察官也要同时保护被告人的合法利益，既不懈怠被告的请求，也不受被告意志的约束。检察官的客观公正义务所要求的对公正价值的追求，也决定了实现公正是正确确定检察监督与公诉职能关系需要考虑的因素。

社会主义法律文化的发展，使程序正义和促进司法及社会公正成为确立检察监督与公诉职能关系应当追求的价值目标。为了实现这一价值目标，我们需要在确立检察监督与公诉职能关系时，考虑如何发挥检察监督与公诉职

---

① [美] 约翰·罗尔斯著：《正义论》，何怀宏等译，中国社会科学出版社 1988 年版，第 7 页。

② 樊崇义等著：《正当法律程序研究》，中国人民公安大学出版社 2005 年版，第 128～129 页。

能促进和实现程序公正价值的问题，更好地实现社会主义检察制度控制权力，保障人权的功能。检察权是权力控制与诉讼的结合，是权力控制法治化的体现。法律诉讼不仅对检察权的行使具有规范功能，还是检察权实现和促进程序公正价值的基础和保障。在检察监督的各种具体方式中，完整诉讼方式的检察监督与不完整诉讼方式的检察监督相比，因其与裁判机制相连，更有利于实现程序公正价值。因此，为了适应社会主义法律文化发展提出的追求程序公正价值的要求，我们要充分认识诉讼对权力控制的规范和保障功能，实现检察监督从不完整的诉讼方式向完整的诉讼方式的转变。

综上所述，保障人权、维护公共利益是社会主义市场经济发展对检察监督与公诉职能提出的新要求；发挥检察机关在国家权力控制机制中的作用，加强监督和制约，是社会主义民主政治发展对检察监督与公诉职能的功能提出的新要求；追求程序公正价值，是社会主义法律文化发展对检察监督与公诉职能提出的新要求。这些要求，需要我们在完善和发展社会主义特色的检察制度中，调整检察监督与公诉职能的内容，使检察监督与公诉职能有助于实现保障人权、维护公共利益，控制权力，促进社会公正的需要。这些要求体现在检察监督与公诉职能的关系上，就是要在社会主义特色检察制度的发展完善中，正确认识和处理检察监督与公诉职能的关系，既不能片面强调法律监督功能在检察权中的重要性，忽视诉讼规律对检察权的支配作用，也不能片面强调检察权的诉讼职能，忽视检察权在整个国家权力控制体系中的控权作用。同时，要适应我国社会政治、经济和文化发展的需要，把检察监督与公诉职能结合起来，注重发挥权力监督和权力制约在检察权实现权力控制中的各自优势，实现监督和制约的互补；充分认识诉讼对权力控制的规范和保障功能，实现检察监督从不完整诉讼方式向完整诉讼方式的转变。使检察监督与公诉职能互补协调，更好地实现检察权作为一项独立的国家基本权力的功能和作用。

第二节 公诉职能的发展与完善

1996 年修改后的《刑事诉讼法》，使我国的庭审方式由职权式转向了抗辩式，抗辩式庭审方式的基本要求是法官中立、平等武装控辩双方，但我国检察机关现行的公诉职能与这些基本要求存在一些不相协调和适应之处，需要进一步完善公诉职能。建设社会主义和谐社会，也需要在公诉职能中引入恢复性司法理念，化解当事人之间的矛盾，兼顾被害人与犯罪嫌疑人的合法权利。

一、建立起诉书一本诉状主义

1979年《刑事诉讼法》规定，检察机关的公诉方式是向法院移送全案卷宗材料，并且法院在庭审前对案件进行实体性审查，这种起诉方式明显违背诉讼规律，所存在的弊端显而易见，使法官“先入为主”、“先判后审”，丧失了中立地位，过早地形成了内心确认，带有强烈的靠近控方观点的倾向。1996年修改后的《刑事诉讼法》第150条规定，人民法院对提起公诉的案件进行审查后，对于起诉书中有明确的指控犯罪事实并且附有证据目录、证人名单和主要证据复印件或者照片的，应当决定开庭审判。理论界有人将这种起诉方式称之为“复印件主义”或“半个一本诉状主义”，从“全案移送”到“复印件主义”，改革的初衷无疑是要克服全案移送的种种弊端，保持法官的中立地位，以配合庭审方式从强职权主义模式向抗辩式转变。但复印件主义的起诉方式在司法实践中是否真正发挥了预期目的，却遭到了广泛的质疑。有学者提出，“刑事诉讼法第150条所规定的内容，仍然是实体性审查，因为涉及实体的主要证据的复印件及照片与原件相比，对法官预断的影响并无二致。”① 复印件主义的起诉方式在实践中暴露出的问题主要有：一是检、法两家对主要证据的理解不一致。最高人民法院《关于执行〈中华人民共和国刑事诉讼法〉若干问题的解释》第116条和《人民检察院刑事诉讼规则》第283条都对主要证据的范围作出了界定，两者相比较，法院对主要证据的范围作出的是宽泛的解释，目的是在庭审前获取更多的案件信息，以提高庭审的效率和判决案件的准确性；而检察机关对主要证据的范围作出的是限制性解释，目的是防止辩方在庭审前获悉更多的证据信息，避免把自己的底牌过多地亮给辩方，以保持在庭审中的信息独占优势。检、法两家在主要证据范围理解上的冲突，直接反映出复印件主义的起诉方式是不适应抗辩式的庭审模式的，检察机关的做法更容易滑向“伏击审判”（或称之为“证据突袭”），而法院的做法是不能防止“法官预断”的。“现代刑事诉讼特别是抗辩式庭审模式，要求庭审法官应当以白纸般的心证进行审判，而绝对禁止法官事先抱有有罪的预断或偏见；而作为刑事诉讼核心机制的控辩平等原则，则必然要求控辩双方在庭审之前平等分享有关证据材料等方面的信息。”② 二是一些检察实务界人士认为，庭审结束后总是要把案卷移送给法院，而在庭审前又向法院移送主要证据复印件，是一种对诉讼资源的浪费，不如在庭审前就把案件移送给法院，从复印件主义又退回到全案移送。

---

① 陈卫东著：《程序正义之路》（第二卷），法律出版社2005年版，第117页。

② 陈卫东著：《程序正义之路》（第二卷），法律出版社2005年版，第120页。

在起诉方式的选择上，我们需要考虑的问题是，怎样在庭审前对法官形成信息阻断，使法官完全通过庭审，在控辩双方的对质和争斗中发现案件真相，法官在庭审前必须尽可能地避免受当事人一方特别是控方的不正当影响，即本着有效排除法官预断和偏见的原则。英美法系国家所实行的起诉书一本诉状主义，无疑是解决法官预断问题的有效制度设计，所谓起诉书一本诉状主义，是指检察机关在提起公诉时，只能向法院提交起诉书，而不能移送有可能使法官对案件产生预断的其他文书和控诉证据。

二、建立证据开示制度

证据开示制度亦称证据展示制度，英文（“Discovery”或“Disclose”），又译为证据再现、证据先悉，《布莱克法律辞典》是这么定义的：“了解原先所不知道的，揭露和开示原先隐藏起来的东西。”现在一般是指刑事诉讼的控辩双方，在开庭审理前，将各自掌握的一定范围的证据材料向对方开示的制度。一般认为，证据开示制度源于16世纪下半期英国衡平法司法的实践，经长期发展而形成的。由于证据开示制度有助于真实客观地反映案件的事实，保证案件审判质量，同时有利于提高诉讼效率，节约司法资源，它现在已经成为西方大多数国家刑事诉讼制度的重要组成部分。在我国，虽然也有一些类似证据开示的规定，如《刑事诉讼法》第121条规定，侦查机关应当将作证据使用的鉴定结论告知犯罪嫌疑人；第36条规定，辩护律师自案件审查起诉之日起可以查阅、摘抄、复制案件的诉讼文书、技术性鉴定材料。在实践中也有的实务部门进行了有益的尝试。但是，并没有建立类似于英美国家的证据开示制度。目前学界要求在我国建立证据开示制度的呼声极高，特别是在刑事诉讼法再修改之前，修改后的律师法赋予了辩护律师在审查起诉、审判阶段完全的阅卷权，表明在我国刑事诉讼中设立证据开示制度已是势在必行。

制度本身不是目的，其建立都是为了实现某种目的。证据开示制度亦是如此，它具有以下保障程序公正与提高诉讼效率的功能。一是有效辩护。这是对于被告人而言的，也是证据开示制度的直接功能和初始目的。从介入时间来看，最先介入诉讼的是控诉方，尤其是对犯罪现场，最先到场的是控诉方的侦查人员，而辩护律师一般是在控诉方对被告人提出指控后才介入，由于时间的优势，控诉方掌握的证据材料明显优于辩护方。从调查取证手段来看，控诉方是以国家作为保障的，拥有多种多样的调查手段、技术与能力，再加上公民憎恨犯罪的心理，控诉方发现证据的可能性明显强于辩护律师。在这种“武装”不平等的情况下，如果不经过证据开示制度，完全凭自己的能力在法庭上进行对抗，辩护律师不可能进行有效辩护，被告人的辩护权就会成为一种虚置的权利。而且经过证据开示制度，控诉方在进入法庭审理之前必须将所收集的证据材料展示给辩护律师，就可以在一定程度上弥补双方天生武装不平等的状况。“正因为如此，在英美学者看来，证据开示制度的目的就是在于实现代表国家提起公诉的检察官与被告人之间的资源平衡，确保控辩双方尽可能做到‘平等武装’。”① 二是有效公诉。这是对于控诉方而言的。一般人认为，证据开示制度的得益者是被告人，其实不然，实现证据开示制度，也有利于控诉方有效进行公诉。这主要是通过辩护方的证据展示责任与辩护方针对控诉方证据提出的异议来实现的。从以上论述可以看出，让辩护方承担一定的证据展示责任，这是证据开示制度的发展趋势。“通过这种双向的证据开示制度，公诉也可以了解到辩护方将要在法庭中提出的相反证据，这样有利于控诉方在庭前做好公诉准备。”② 而且，辩护方针对控诉方提出的证据，往往会提出一些异议。通过这些异议，公诉方可以在庭前了解到控诉证据可能存在的问题，这样也有利于控诉方对于法庭可能出现的情况做好准备。三是提高法庭审判效率，节约司法资源。这是对于法院而言的，这主要通过这些渠道得以实现：首先，伴随证据开示制度的往往会有一个争点整理功能，通过争点整理，就可以使法庭审判主要集中于诉讼双方有争议的证据问题，避免就没有争议的证据问题进行质证，从而提高庭审效率；其次，通过证据开示，可以避免诉讼双方在法庭上进行证据突袭，从而可以避免频繁的中止法庭审理，保证庭审的连续集中进行，这也可以提高庭审的效率；再次，证据开示，对于被告人而言，也就相当于对控诉方进行的一次“火力”侦查。经过证据开示，被告方可以对控诉方掌握的有罪证据的分量进行衡量，然后决定是否认罪而避免正式法庭审理而采用辩诉交易程序或其他的简易程序来解决纠纷。这样，如果被告人经过证据开示后，认为控诉方掌握的证据足以使他被定罪判刑而与控诉方进行辩诉交易的或采用简易程序的，以换取较轻的定罪或刑罚，这就无形中提高了纠纷解决的效率。比如美国，被告方辩护交易的决定一般是在有关证据开示程序后作出的。

我国的证据开示制度的价值取向应当定位于：使控辩双方全面熟悉案件的证据情况，充分保障被告人的辩护权，增强庭审中的抗辩性，以使法律事实更接近于客观真实，提高司法效率，实现司法公正。当然参与证据开示的各方会有所侧重，控方想通过证据开示促成被告人认罪；辩方想获得更多的

---

① 陈瑞华著：《刑事诉讼的前沿问题》，中国人民大学出版社 2000 年版，第 507 页。

② 汪建成著：《理想与现实——刑事证据理论的新探索》，北京大学出版社 2006 年版，第 154 页。

有关被告人无罪、罪轻的有价值的信息；法官则想明确控辩双方争议的焦点问题，以提高驾驭庭审的能力。构建我国证据开示制度应当从以下几个方面入手：（1）证据开示的主体。负有证据开示义务的人是证据开示的主体，控辩双方是证据开示的当然主体，法官不是证据开示的主体，目前在学术界已达成共识。有较大争议的问题有两个：一是法官是否应参与证据开示；二是辩方主体中是否包括被告人。笔者认为，法官不仅要参与证据开示，而且要作为中立的主持者，具体职权包括确定证据开示的时间、地点、督促控辩双方履行开示义务等。为防止法官形成庭前预断，以确保其中立地位，要明确规定证据开示应由立案庭的法官来主持，不能由合议庭成员来主持，并且法官在证据开示中不得向控辩双方提出涉及实体内容的问题。辩方主体中应包括辩护律师、非律师身份的辩护人、被告人，被告人是案件的当事人，应该得知控方的证据情况，以充分行使自我辩护的权利，被告人对案件的证据最敏感，其在证据开示中的某些意见可能对定案有至关重要的影响，并且其手中很有可能掌握案件的一些证据并且没有交给其辩护人，庭审中法官也需要问被告人是否有证据向法庭提供，既然可能持有证据，那就具有开示的义务。（2）证据开示的案件范围和开示时间。对检察机关建议适用简易程序，并且人民法院同意适用的案件，不必再进行庭前证据开示。理由是：适用简易程序的案件的证据情况比较简单，检察机关提起公诉后，已将案件材料移送人民法院，根据修改后的律师法，辩护律师在审查起诉、提起公诉后两个阶段均可以查阅相关的证据材料，若再进行证据开示，无疑是增加了各方的工作量，不能实现对案件进行繁简分流、提高诉讼效率的目的。除了适用简易程序的案件以外，其他的案件均应当进行证据开示，开示应在检察机关向法院提起公诉7日后至开庭审理10日前的时间内进行，根据最高人民法院关于执行刑事诉讼法若干问题的解释的规定，人民法院对于按照普通程序审理的公诉案件，应当在7日内决定是否受理，在法院决定是否受案之前进行证据开示，没有实际意义。开示应在庭审前的10日之前进行，理由有二，一是要给控辩双方留出必要的时间去熟悉对方的证据，为庭审中的辩护和答辩做好充分的准备，二是在证据开示后，控辩双方很可能要针对对方的证据情况，补充自身的证据体系，这也需要一定的时间，当然这还涉及第二次证据开示的问题，第二次证据开示应在庭审前进行，证据开示应以两次为限。至于在庭审中新发现的证据或者在首次开庭后新取得的证据，则可以采取暂时休庭或再次开庭前进行开示。（3）证据开示的范围。控辩双方在证据开示范围上应体现出非对等性，控方是全面的证据开示，对于控方而言，凡是在侦查、起诉过程中收集到的与案件指控事实有关的证据材料，都属于证据开示范围，既包括拟在庭审中举证的能够证明被告人有罪、罪重、罪轻的证据，也包括不准备在庭审中举证的能够证明被告人无罪的证据，这种开示方法有法律上的依据，根据刑诉法规定检察机关、公安机关在侦查中也应注意收集无罪证据，无罪证据只是控方在审查过程中，通过与其他证据相对比单方面否认了其真实性而没有作为定案的依据，理应接受辩方的审视，因此控方不能隐瞒有利于被告人的材料，新修订的律师法关于与案件有关的所有材料的阅卷权，也为这种证据开示方式提供了法律依据，辩方对无罪证据的态度，无疑也是在提示控方要重视对无罪证据的审查，有利于提高案件质量，加强人权保障。例外情况是，根据“公共利益豁免原则”，对诉讼中某些涉及国家机密以及对其他案件的侦查可能造成明显损害的证据材料（主要是指一些技术侦查、秘密侦查手段的细节和一些不宜公开的举报线索内容，当然这要严格界定其范围，其范围就是控方不准备在庭审举证的证据），检察机关不予以开示。而辩方则是单方面有选择的开示，只开示能证明被告人无罪、罪轻的证据，控方不能要求辩方开示能证明被告人有罪或罪重的证据，因为证明责任在控方，辩方无须自证其罪，也就是说控方证据开示的范围要大于辩方。(4) 证据开示的方式。证据开示的方式，各国有不同的做法，如美国在预审法庭，由法官主持进行开示。日本是辩护律师在检察官提起公诉后，到检察厅阅览证据并作己方的证据开示。借鉴国外的经验并结合我国的实际情况，笔者认为我国的证据开示应由立案法庭法官主持进行，首先应由控方向辩方全面开示证据，然后由辩方向控方开示准备在法庭出示的有利于被告人的证据。证据开示完毕，控辩双方应对开示的证据进行简要总结，确定案件事实部分争议焦点所在，然后由法院制作证据开示笔录，内容包括控辩双方开示证据的种类、名称、所要证明的主要事实、对方的意见等，立案法庭法官、控辩双方及书记员均要在笔录上签名。控方在证据开示后将采取的法律行为有：坚持自己的证据体系的全面性和正确性；补充侦查进一步完善证据；变更、追加或撤回起诉；对辩方提出的非法证据予以排除。辩方则在证据开示后，要在无罪辩护、有罪辩护、罪轻辩护中作出选择，以明确庭审中的辩护方向。证据开示后，法院、控辩双方需要共同明确的重要问题是：被告人是否认罪，案件是否符合最高人民法院、最高人民检察院、司法部关于适用普通程序审理“被告人认罪案件”的若干意见的情形。(5) 证据开示后的庭审。证据开示后的庭审一般实行简化审理，对经过庭前开示并取得被告人及其辩护人认可的证据无须在庭审中进行举证、质证，只需要综合说明即可，法庭在征询被告人意见后可以直接予以确认。(6) 刑事证据开示的保障机制。建立证据开示的保障机制，对违反证据开示程序的行为作出纠正和制裁是十分必要的。

根据我国刑事诉讼的具体情况，可以考虑对违反证据开示程序的行为采取以下措施予以制裁：一是负有开示义务的一方不履行开示义务时，对方可以向法官申请作出裁定，在此可设计复议、复核程序，先由主管部门或上级机关作出决定，强制其履行开示义务，并给对方一定的准备时间后，已开示的证据才能提交庭审；二是批准延期审理，待证据被开示并做一定的诉讼准备后再恢复庭审；三是排除证据的证明力，即对于诉讼一方应当开示而故意不开示的证据，应当使其失去证明力。这样，也就通过证据开示制度确立了刑事证据的举证期限，促使控辩双方积极履行庭前证据开示义务。对于难以核实或反驳的，法庭有权依职权或对方的申请，裁定对违反开示义务的一方出示的证据不予采纳。同时对违反义务的律师或公诉人，根据《律师法》和《检察官法》的规定，建议由其主管部门进行处罚。

证据开示相关配套制度的建立。任何制度的充分发挥都需要其他相关制度的配合，证据开示制度功能的充分发挥也需要有相关制度来支撑与保障。根据前面的论述，我国当前需要建立或健全的相关配套制度主要有以下几个方面：（1）健全我国的法律援助制度，扩大法律援助范围。（2）完善现有非法证据排除规则。（3）建立具有可预期性的被告人认罪审判程序。

三、建立公诉环节的刑事和解制度

刑事和解代表着一种全新的司法理念，它所体现的恢复性司法理念是西方新兴的一种刑事处理方式，目的是恢复犯罪人所破坏的社会关系，弥补被害人所受到的伤害，使犯罪人改过自新、回归社会，它对犯罪人不是简单地视为异类，而是在司法工作者的主持下，在犯罪人与被害人之间进行沟通和交流，求得被害人谅解，从而确定犯罪发生后的解决方案。在全球法律文化交流加速和国内和谐社会建设的背景下，刑事和解制度也开始进入我国刑事法学者和立法者、司法者的视野，刑事和解这一全新的纠纷解决模式已经悄然形成，在刑事诉讼法再修改之际，刑事和解制度呼之欲出，建立刑事和解制度是历史发展的必然选择。党的“十六大”以来，我们党对社会和谐的认识不断深化，明确了构建社会主义和谐社会在中国特色社会主义事业总体布局中的地位，十六届六中全会作出了关于构建社会主义和谐社会若干重大问题的决定，标志着党在意识形态领域的主导思想，完全摆脱了“阶级斗争为纲”的桎梏，从以斗争哲学政治观为主转变到以和谐哲学政治观为主，这一转变必将对刑事的立法、司法行为产生重大而深远的影响。为确保在刑事司法领域做到司法公正，真正实现社会公平正义，加强社会和谐的司法保障，党中央在新的历史时期，提出了社会主义法治理念、宽严相济刑事政策，完善诉讼、检察监督、刑罚执行、教育矫正、刑事赔偿等一系列的战略构想。在处理人民内部矛盾范畴内的犯罪时，刑事和解制度无疑是一个重要的选择，适用刑事和解制度契合了“盛世用轻刑”的法律文化传统思想，刑事和解制度蕴涵了诸多的法律价值。刑事和解理论基础由恢复正义理论、价值平衡理论、叙说理论等组成，与恢复正义相对应的是传统刑罚制度中的报复正义，报复正义坚守的是有罪必罚，强调国家权力在打击犯罪行为中的擅断，排斥当事人个人意志对国家权力的干扰和影响，突出在宏观上对犯罪行为所破坏社会关系的保护，较少注意到在个案上的价值平衡，现行刑事法律中没有将加害人对被害人的赔偿情况作为法定情节，而只是作为酌定情节，从一个侧面揭示出报复正义的理论内涵。恢复正义理论认为，犯罪破坏了加害人、被害人和社会之间的正常利益关系，恢复正义的任务就是在三者之间重建这种平衡，旨在重塑一个和谐社会，体现了“个人解决冲突”与国家权力之间的价值平衡，提升了被害人的诉讼地位，刑罚不再是实现正义的唯一途径，强调在实现正义过程中社会关系的良性互动，正义的评价标准不是有罪必罚，而是被加害人所破坏的社会关系是否得到及时修复。刑事和解制度在司法实践中充分彰显了刑事法律的正义、自由、秩序、效率价值。刑事和解制度是落实宽严相济刑事政策的重要手段和措施，契合了构建和谐社会的时代主题。构建社会主义和谐社会是一个不断化解社会矛盾的持续过程，在刑事司法领域的要求是最大限度地增加和谐因素，最大限度地减少不和谐因素，不断促进社会和谐。正是为了加强和谐社会的司法保障，党中央在新的历史时期提出了宽严相济刑事政策，刑事追诉的目的在于预防和控制犯罪，在司法实践中，对于某些犯罪，如行为人主观恶性不深、人身危险性不大的未成年人犯罪、过失犯罪、初犯、偶犯等，予以追诉并处以刑罚并不一定能够收到预期的效果，反而可能导致罪犯之间的交叉感染，使被追诉者被贴上犯罪标签而难以回归社会，各地实行刑事和解的司法实践表明，刑事和解对于预防犯罪有着积极意义。刑事和解是和谐社会的内在要求，刑事和解将刑法和刑事诉讼法中的“合意”、“共识”、“可接受性”这些理念和精神结合起来，使得刑事案件的当事人双方都能接受处理，可以尽量减少双方在刑事诉讼中的对立，减少上诉、申诉和其他后遗症，使判决或案件的处理更加符合社会和谐的需要。

关于刑事和解的适用阶段，在理论界和实践中争议较大，有人主张在刑事诉讼的每一个阶段都可以适用；有人主张在侦查阶段和审查起诉阶段适用；有人主张在审查起诉阶段和审判阶段适用，上述几种观点都有偏颇之处。笔者认为刑事和解应在审查起诉中适用，理由是刑事和解，在程序上的功能是对加害人不予追诉，但如果在案件侦查阶段适用刑事和解，可能由于当事人的相互妥协，特别是被害人出于获得经济赔偿考虑，不愿说出事实真相，使侦查机关无法查明案件事实，也可能导致侦查机关怠于实施侦查行为，按照当事人的和解协议，作出撤案决定，使一些重大刑事案件降格为轻微刑事案件，这明显违背刑事和解所要求的案件事实清楚。

现行刑事诉讼法中，存在一些符合和谐政治哲学观要求的具体制度设计，例如第142条第2款规定的相对不起诉制度，第173条规定的自诉和解制度等，但从构建社会主义和谐社会的角度看，刑事诉讼法仍然需要加强制度创新。在构建公诉案件刑事和解制度上，一是要明确刑事和解的适用范围。对要做出不起诉、暂缓起诉的案件，应严格限定为依法可能判处3年以下有期徒刑、拘役、管制、单处罚金的轻微刑事案件或依法可能判处5年以下有期徒刑但具有自首、立功等法定从轻、减轻、免除处罚量刑情节的刑事案件。对未成年人适用刑事和解是各国通例，其目的在于加大对未成年人的特殊保护，对此可以适当放宽和解条件。二是要明确刑事和解的实质要件。案件事实清楚，犯罪嫌疑人、被告人的行为已构成犯罪，犯罪嫌疑人、被告人能如实供述犯罪事实，当事人在真实意思表示的情况下达成和解协议并明示放弃相应的上诉、申诉权利，是刑事和解的实质要件。三是要赋予当事人刑事和解的申请权和司法机关的决定权。四是要增设暂缓起诉制度。有些案件当事人之间达成刑事和解协议后，履行协议需要一定的时间，客观上要求在“起诉”与“不起诉”之间采取一种缓冲措施，即暂缓起诉制度。检察机关应针对个案的具体情况，设置不同的暂缓期间，视加害人在暂缓期间的悔罪表现、履行义务情况，而作出是否提起公诉的决定。五是修改相对不起诉的法定条件并要在司法实践中大量运用。建议将相对不起诉范围扩大到依法可能判处3年以下有期徒刑、拘役、管制、单处罚金的轻微刑事案件或依法可能判处5年以下有期徒刑但具有自首、立功等法定从轻、减轻、免除处罚量刑情节的刑事案件，以适应宽严相济刑事政策和刑事和解制度。司法实践中，检察机关对相对不起诉的适用，出于对自由裁量权的敏感性，往往是慎之又慎，许多地方采取了人为限制适用比例的做法，导致相对不起诉率过低的现象，这种做法显然不利于和谐社会建设。在和谐哲学观指导下，对符合法定条件的，应大量适用相对不起诉，以最大限度地化解社会矛盾，增进社会和谐。六是建立刑事和解诚意调查制度、经济赔偿转移支付制度和被害人国家补偿制度。实行刑事和解制度，在理论界和司法实践中都有人担心，是否会因为加害人经济实力的差异，出现“花钱买刑”、同责不同罚的问题，以致侵犯到罪刑相适应原则，特别是法律面前人人平等的宪法原则。司法实践中不可避免会有这样的现象：当事人都有进行刑事和解的意向，但因为加害人经济能力有限，客观上难以对被害人予以经济赔偿，导致无法进行刑事和解。对这种现象，笔者建议，应对加害人的经济能力、当事人之间的刑事和解诚意实行调查制度，如果加害人属经济暂时困难，短期内无法支付较大数额的赔偿金，但有劳动能力保障其有一定的经济来源，应启动经济赔偿转移支付制度，由国家指定的金融机构代加害人支付赔偿金，使被害人尽快获得赔偿，在指定的金融机构和加害人之间形成债务关系；如果加害人丧失劳动能力并没有经济来源，应实行被害人国家补偿制度，以确保刑事和解制度的有效实施。七是要进一步完善非刑罚化的各种措施。《刑法》第37条所规定的训诫、责令具结悔过、赔礼道歉、赔偿损失，由主管部门予以行政处罚或行政处分等非刑罚化措施，在司法实践中没有得到充分的运用，没有发挥应有的作用，不能完全适应社会发展的需要，要进一步加以改进和完善，以期在充分实现被害人利益的同时兼顾加害人回归社会的实际需要，真正实现构建和谐社会的目标。亟待建立和完善的措施有：社区矫正、社区服务、管束制度等。特别是管束制度，对刑事和解后的加害人，司法机关不能放任自流，而要与社区、学校、单位等紧密配合对其实施跟踪帮教，准确把握其工作、学习、生活状况和思想动态，矫正其违法行为和一些恶习，强化其法律意识，打消其自暴自弃心理，增强其自信心，促其改过自新。八是要完善对违背当事人真实意思表示而达成刑事和解协议的法律救济手段。对当事人因受胁迫、欺诈、诱骗等非法方式达成刑事和解协议的，要建立相应的法律程序，以纠正错误的实体处理决定。九是要规定刑事和解的例外情形。对于累犯、因同类犯罪曾进行过刑事和解的加害人，不得运用刑事和解，以避免刑事和解无节制的滥用，导致对轻微刑事犯罪起不到应有的震慑作用。

第三节　检察监督的发展与完善

检察监督在司法实践中，“软监督”的现状向来为人所诟病。如何使检察监督由“软”变硬，增强其权威性和确定的执行力，是检察改革中的重要问题。在检察监督的发展与完善中，要遵循权力监督规律和诉讼规律。

一、关于刑事立案监督

立案是刑事诉讼的第一个环节，直接关系到刑事诉讼程序的启动与否。在刑事立案监督中存在的主要问题：一是刑事立案监督的对象不全面。1996年修改后的《刑事诉讼法》把刑事立案监督的对象局限于公安机关，《人民检察院刑事诉讼规则》将立案监督的对象扩展到检察机关自侦部门，但依据有关法律规定，除了公安机关、检察机关以外，国家安全机关、监狱、海关等也拥有刑事立案权，这些机关在刑事立案活动中，也可能发生有案不立、不应立案而立案、以罚代刑等问题，法律却没有赋予检察机关相应的立案监督权。对此，应当在立法上赋予检察机关对上述侦查机关的立案监督权。二是刑事立案监督的客体单一。1996 年修改后的《刑事诉讼法》第 87 条规定，检察机关对公安机关"应当立案而不立案"的行为实施监督，即只规定了对消极立案行为的监督，对"不应当立案而立案"的积极立案行为的监督却未作规定，使积极立案行为中的违法现象得不到及时纠正。当然，有人指出，对公安机关不应当立案而立案的行为，检察机关可以在履行批捕、公诉职能中以不批准逮捕、不起诉的方式予以纠正，不可否认，对公安机关不应当立案而立案的行为，检察机关通过履行诉讼职能予以纠正。但是，应当看到，现实中侦查机关存在的插手经济纠纷、违规立案的现象，立案后长期不报捕、不移送起诉，久拖不决，规避检察机关的监督，立案后对当事人违法采取强制措施、长期扣押当事人的财产等问题，严重侵犯了当事人的合法权益，在某种程度上而言，"不应当立案而立案"的危害程度并不亚于"应当立案而不立案"，理所当然应纳入检察机关的监督视野。同时，法律对侦查机关"不应撤案而撤案"、"应撤案而不撤案"的行为，也没有赋予检察机关监督权，实际上"不应撤案而撤案"等同于"应当立案而不立案"，"应撤案而不撤案"等同于"不应当立案而立案"，检察机关对侦查机关"不应撤案而撤案"的行为，应当通知侦查机关恢复立案，对"应撤案而不撤案"的行为，应监督侦查机关予以撤案。三是立案监督线索来源渠道窄。检察机关要履行立案监督职责，前提条件是要知情，全面掌握所辖地区的刑事发案、侦查机关的立案、破案、结案、撤案情况，但根据现行法律规定，侦查机关没有就上述情况建立向检察机关通报制度，致使检察机关难以获知相关的信息。检察机关的立案监督线索来源仅限于办案中发现、当事人的申诉、控告和知情人的举报，缺乏监督的主动性。对此，应当在刑事诉讼法中规定，在侦查机关和检察机关之间建立信息通报制度，侦查机关应将所辖地区的刑事发案情况，侦查机关的立案、破案、结案、撤案等情况及时向检察机关通报，以扩大检察机关的知情权。

二、审判监督手段的诉讼化

检察机关对侦查活动、审判活动的监督方式存在明显不同，对侦查活动的监督方式是纠正违法通知书、通知立案等强力纠正型的监督，被监督主体负有确定执行的义务，而对审判活动的监督方式却是提出纠正意见、抗诉等非强力纠正型的监督，意见是否被采纳、抗诉是否能成功都存在着一定的或然性，被监督主体不负有确定执行的义务。上述监督方式之所以不同，最根本的原因是诉讼规律决定了监督方式的选择。强化对侦查权的控制，是刑事诉讼规律的内在要求，无论是实行检警一体化的法国、德国、日本，还是检警分立的中国，都明显体现了这一特征，但对审判权却不能使用强力纠正型的监督方式。试想，如果检察官一提出纠正意见，无论纠正意见是否正确，法官就予以改正，会出现什么后果呢？毫无疑问，这会导致法官完全听命于检察官，不仅难以确保法官的中立地位，而且还会使司法分权不复存在，这不仅不符合现代刑事诉讼的基本要求，而且是一种历史的倒退；相应的被告人对违法的审判活动，仅有提出申诉、控告的权利，却不具有让法官直接纠正的效力，打破了控辩平衡，不符合现代刑事诉讼规律的要求。在我国，尽管检察制度的设计考虑到了诉讼规律对监督方式的选择的影响，但我国检察机关对审判活动行使监督权的方式依然存在许多问题，主要表现在：一是“纠正意见”具有明显的行政色彩，诉讼性不足。由于是意见，既没有确定的执行力，又没有相应的程序保障，实践中法院往往对纠正意见置之不理，而检察院也无计可施，使检察监督失去了应有的权威性和严肃性。二是对纠正意见的正确与否的认定上，有失公正性。纠正意见代表了检察官与法官就某个具体审判行为的合法性上的争议，但这种争议由作出具体审判行为的法官来裁决，很显然违背了“任何人不得做自己案件的法官”的古老法律格言。争议的解决要显示出公正性，最好的方法就是由中立的第三方来裁决，也就是采用完整的诉讼方式来解决。我国《刑事诉讼法》第 14 条规定，诉讼参与人对于审判人员、检察人员和侦查人员侵犯公民诉讼权利和人身侮辱的行为，有权提出控告，被告人在审判程序中，对法官违法行使审判权的行为有权提出控告，控方的提出纠正意见权与被告方的控告权虽然在效果上可能没有差别，但在形式上依然存在不同，因为控告可以是对原审法院提出，也可以向上级法院提出，但纠正意见只能向原审法院提出，这种形式上的不平等，也会打破控辩平衡。

世界上的其他国家在刑事诉讼中，都赋予控辩双方针对法官在审判中的违法行为，提出异议的权利（力），但都注意到了形式平等的问题。德国、日本等国家所采取的抗告形式，对我们有着重要的借鉴意义。在日本，“抗告是指不服裁定和命令而提出的申请，包括一般抗告和特别抗告。一般抗告又分为即时抗告和通常抗告。即时抗告是指针对关于公审法院的选定及组成、拒绝强制处分、诉讼费用、终局裁判、简易程序、独立程序等需要迅速确定的问题的抗告。通常抗告指针对羁押、保释、扣押、返还扣押财物、鉴定留置、不受理交付审判的裁定的抗告。一般抗告的受理法院是高等法院，但是必须通过原审法院提起。”[①] “特别抗告，是对于在法律上不能提出不服申请的决定或者命令，只能以《刑事诉讼法》第405条规定的事由为理由，向最高法院提出抗告。此外，还有准抗告，它可以分为对法官的命令提出的不服申请和对检察官、检察事务官、司法警察职员做出处分提出的不服申请。”[②] 准抗告受理的法院是地方法院或家庭法院，应当由合议庭作出裁定。在德国，“抗告是指抗告权人不服法院裁定、审判长处分、侦查程序中法官的处分而就事实和法律问题提出的变更请求。有权提出抗告者依法包括，被告人、检察机关、裁定与处分所涉及之人。抗告应当向原审法院提出，可以书面提起，也可以口头提起而记载于书记员的笔录之中。根据《德国刑事诉讼法》第307条规定，提起抗告时，不停止原裁判、决定的执行。但是做出原裁判、决定的法庭、审判长或者法官以及接受抗告的法院，可以命令对原裁定、决定延期执行。”[③] 对比德国、日本的抗告制度，虽然整体上相似，但仍有一些差别，如德国的抗告制度中还有再抗告，是指对抗告法院所作出的裁判不服时，再提起法律救济的程序。抗告制度的价值在于，使控辩双方对于审判活动提出异议的权利，上升为一种诉讼职能，并通过中立的第三方予以裁决，这正是我国引入抗告制度的动因。当然，我们在引入抗告制度时，要结合具体国情，不能简单地照搬照抄。抗告的对象应设定为法院在审判活动过程中的决定、行为，不包括法院最终的判决和裁定，因为对最终的判决和裁定，适用的是抗诉或上诉制度，抗告权人包括检察官、被告人及与法院决定、裁定有利害关系的人，抗告应通过原审法院向上级法院提出，在抗告期间，不停止原决定、裁定的执行，但原审法院可以停止或暂缓原决定、裁定的执行。通过把“纠正意见”转换成抗告职能，使公诉职能与审判监督职能关系发生了改变，使审判监督职能包含于公诉职能之内，克服了现行检察制度中“审判监督”职能游离于公诉职能之外的弊端。由上级法院对抗告作出裁决，增强了审判监督的公正性和确定执行力。检察机关对“审判监督”采取抗告的监督方式与对“刑事判决、裁定监督”采取抗诉的监督方式，使得监督方式相互协调。

---

① 参见宋远升、闵银龙著：《最新国外刑事司法制度研究》，东南大学出版社2007年版，第400页。

② 汪建成、甄贞主编：《外国刑事诉讼第一审程序比较研究》，法律出版社2007年7月版，第249～250页。

③ 参见宋远升、闵银龙著：《最新国外刑事司法制度研究》，东南大学出版社2007年版，第411页。

三、执行监督手段的诉讼化

《人民检察院刑事诉讼规则》第429条规定，人民检察院认为人民法院减刑、假释的裁定不当，应当在收到裁定书副本后二十日内，向作出减刑、假释裁定的人民法院提出书面纠正意见。人民法院减刑、假释的裁定，是对原刑事判决的修改，而检察机关对刑事判决、裁定的监督手段是抗诉，但对减刑、假释的裁定使用的监督手段却是提出纠正意见，显然监督手段不协调。同时，根据《刑事诉讼法》第222条的规定，人民法院应当在收到纠正意见后1个月内重新组成合议庭进行审理，作出最终裁定，以合议庭的方式作出裁定，是一种诉讼手段，但以纠正意见的形式启动诉讼程序，却不符合诉讼的形式要求。在刑事诉讼法修改中，应把检察机关对人民法院减刑、假释的监督，规定在抗诉范畴内，对不当的减刑、假释裁定，检察机关应通过作出裁定的法院向其上级法院提出抗诉，以确保抗诉的公正性和准确性。执行监督应视为公诉职能的自然延伸，通过执行监督方式的诉讼化，以抗诉进行执行监督，抗诉应包含于公诉职能之内。

四、强化对侦查权的控制

各国、各地区在对侦查权进行配置时，坚持两个原则，一是要确保侦查权及时、有效，二是要注重对侦查权的控制，以防止侦查权的滥用。侦查权必须及时、有效，是侦查机关履行维护社会秩序、打击犯罪职能的必然要求。及时性原则要求侦查机关在犯罪发生后迅速启动程序以追究犯罪，依法及时采取各种强制措施，控制局面，防止事态的进一步恶化，反对拖延，否则，可能造成罪犯脱逃、证据灭失等更严重的社会后果。有效原则，是指侦查权必须能够保证有效地控制社会态势以及保证刑事追诉活动的有效进行，即侦查权的强制力要达到一定的程度，以确保能够抓捕到犯罪嫌疑人和收集各种证据，没有强力、有效的侦查权，犯罪不可能得到有效、彻底的追究和惩罚。为了确保侦查权及时、有效，侦查机关应当有权对犯罪嫌疑人采取拘传、拘留、逮捕等强制措施，有权实施查询、扣押、鉴定、勘验、检查、搜查等侦查行为。

侦查权是典型的行政权，它享有限制、剥夺公民人身、财产权利与自由的多项权力，本身具有很大的强制性。而且，出于维护治安和打击犯罪的需要，它比任何其他行政权力更具有膨胀性、扩张性和攻击性、侵犯性。关于防止警察权滥用的意义，有学者作了精辟的分析："没有足够的权力和稳定的秩序，正义是不存在的。然而，过多的权力也会腐蚀社会机制，导致社会秩序的混乱。建立在权力基础上的警察组织，必须保证政府各种权力理性地实施，这样才能维持社会秩序的稳定，在这样的社会里才能有真正的正义。但是，政府也不能滥施警察权，让政府的权力完全被在大庭广众面前的着制服警察表现出来，否则，就会增加人们潜在的攻击因素，使社会秩序更加难以控制，甚至会发生大规模的动乱。为了保护整个社会的利益，警察必须在道义允许的范围内实施法律，并要设法赢得公众的支持。”① 世界上许多国家，是通过司法权对侦查权实施控制的。英美国家是实行司法令状的典型国家。在美国，逮捕令需要由治安法官签发，根据联邦刑事诉讼规则授权而进行的搜查，搜查令由联邦治安法官或者在联邦管辖区内的州记录法院签发。②在英国，除了法定紧急情况下的无证搜查、无证逮捕外，警察进行搜查或者逮捕时，必须向治安法官提出书面申请以获取治安法官签发的授权令状。③在德国，警察扣押信件、邮件、电报，对电信往来监视、录制以及搜查等，只允许由法官作出决定。逮捕令须由法官签发。④ 在法国，搜查、扣押物品和文件、截留电信及签发传唤通知书、拘传通知书、拘留证、逮捕证由预审法官决定。⑤ 日本和我国澳门等国家和地区也都有类似的规定。

基于对侦查权性质的上述分析，任何国家和地区侦查权的配置都必须一方面保证侦查权的及时、高效和有效性，另一方面又必须对侦查权进行科学有效地控制和约束，保证侦查权行使的合理与合法性。与世界上其他国家不同，我国对侦查权进行控制的职责是由检察机关来完成的，并且主要是以权力监督的方式进行的，但如前所述在实践中却没有取得较好的控权效果，主要原因是由权力监督本身的局限性所造成的。在加强检察权对侦查权的控制中，不仅是要加强权力监督，更重要的是要引入权力制约，我国侦查权的强职权主义色彩在世界上是独一无二的，不仅拥有各项强制性侦查行为的执行权，而且具有决定权（逮捕除外），引入权力制约，就是要把强制性侦查行为的决定权和执行权予以分解，把决定权赋予检察机关。从目前看，宜把逮捕、拘留、扣押、搜查的决定权交由检察机关审查决定，上述四项权力对被追诉人的人身自由、财产权利具有重大的影响，涉及基本人权保障。之所以不能把所有的强制性侦查行为的决定权都交由检察机关审查决定，是因为侦

① 参见［美］哈罗德 K·贝克尔、唐娜 L·贝克尔：《世界警察概览》，刘植荣译，山西人民出版社 1991 年版，第 5 页。

② 美国联邦刑事诉讼规则第 4 条、第 5 条、第 41 条。

③ 参见英国《1994 年警察与刑事证据法》第 8 条、第 17 条、第 18 条、第 19 条、第 24 条，《1980 年英国治安法院法》第 43 章第 1 条。

④ 参见《德国刑事诉讼法》第 98 条、第 99 条、第 100 条、第 105 条、第 112 条、第 114 条、第 117 条、第 125 条。

⑤ 参见《法国刑事诉讼法》第 92 条、第 97 条、第 100 条、第 122 条、第 137 条、第 147 条。

查权的及时、有效行使与权力制约之间存在着冲突，也反映了公正与效率之间的矛盾，需要结合社会的发展现状，在二者之间寻求一种平衡，不能把所有的侦查权力都予以分解制约，而使侦查权丧失效率价值，违背侦查规律。基于价值平衡的要求，在紧急情况下，还应当赋予侦查机关采取强制侦查行为的先行决定权（逮捕应当除外），事后提请检察机关予以核准。在实行强制性侦查措施司法审查的国家，在情况紧急的情形下，即在延误就有危险的情况下，立法上往往允许检察机关、侦查机关先为紧急处分，然后才向法官申请追认核准，如《德国刑事诉讼法》第100条规定，对于扣押，在延误就有危险时检察院也有权命令，检察院的扣押令如果在3日内未得到法官确认的，即使还未产生扣押邮件的结果，也失去效力。这就在确认法官拥有最终审查权的基础上赋予了检察官紧急处分权，有利于保障侦查目的的实现。同时，在法律明文规定的情形下，警察机关也可以行使紧急处分权，这主要是指一些情况更为紧急的情形，如现行犯的逮捕、通缉犯的逮捕等，在这种情形下，警察机关往往来不及向法官甚至检察官申请，而必须立即实施，但事后仍然必须向法官申请，如《日本刑事诉讼法》第210条规定，检察官、检察事务官或者司法警察职员，在有充分理由足以怀疑被疑人已犯有相当于死刑、无期惩役或无期监禁以及最高刑期为3年以上的惩役或监禁之罪的场合，由于情况紧急而来不及请求法官签发逮捕证时，可以在告知理由后逮捕被疑人。在此场合，应当立即办理请求法官签发逮捕证的手续；在不能签发逮捕证时，应当立即释放被疑人。

在我国，也有许多学者提出，“对侦查机关强制性侦查行为的控制，应借鉴西方各国的司法令状制度，建立预审法官或侦查法官制度。”[①] 笔者认为，在中国建立司法令状制度带有极强的理想化色彩，而在现实中却是不可行的。主要理由是：我国宪法和法律强调的是法院独立行使职权，而不是法官独立，西方国家强调的是法官独立，即使我国在法院内部设立一个专门行使司法令状权的预审法官机构，但该机构与行使审判权的法官具有共同的领导者——法院院长、审判委员会，法院院长、审判委员会在讨论重大疑难复杂案件时，必然使司法令状权与审判权紧密联系在一起，使司法令状的决定最终影响对案件的判决。这与西方国家司法令状权与审判权分设的法理恰恰是相反的。在我国由法院颁发司法令状，必然会使法院在庭审前介入侦查程序，对案件进行实体审查，使法院先入为主，影响其中立地位，而现代刑事诉讼的发展方向却是要排除法院在庭审前了解案情。当然，更为理想化的制

---

① 万毅著：《程序如何正义》，中国人民公安大学出版社2004年版，第87页。

度设计是建立专门的预审法院，但这很显然需要考虑成本投入的问题。在我们的司法制度框架内，强制性侦查措施的审查决定权由检察机关行使，具有合理性：在我国实行检警分立，强制性侦查措施的审查决定权由检察机关行使，不会形成自我制约，有利于实现权力制约的客观性和公正性；同时，检察机关的审查决定权，仍然是一种程序性权力，没有最终决定犯罪嫌疑人有罪的权力，其审查决定权必然会受到审判权的制约，有利于纠正强制性侦查措施审查决定权的滥用。

在检察权对侦查权的控制中，要加强权力制约，不意味着排斥权力监督，因为不可能对所有的侦查权都实现制约，只能对重要的侦查权实现制约，这无疑表明权力制约不能解决权力控制中的所有问题，即使对某些强制性侦查行为的决定权实现了制约，但却无法确保在执行中不出现国家权力被不正确行使的现象，这时就需要权力监督予以纠正，只有事前控制与事后监督纠正的配合运用，换言之，只有权力制约与权力监督的综合运用，方能有效实现权力控制之目的。以逮捕权为例，检察机关批准逮捕，表明侦查机关的提请逮捕是符合法律规定的条件，但在执行逮捕中，侦查机关依然可能出现违法行为，比如，超期羁押，这时需要检察机关行使监督权，对超期羁押行为予以纠正。

五、对职务犯罪侦查权的调整

在查办职务犯罪案件中，采取强制性侦查行为、提起公诉等均由检察机关自行决定，使得权力过分集中，有违国家权力分解和配置规律，也是众多学者提出要将职务犯罪侦查权从检察权中予以剥离的重要原因。为了加强上级人民检察院对下级人民检察院直接受理案件侦查工作的制约，最高人民检察院于 2009 年 9 月 4 日下发了《关于省级以下人民检察院立案侦查的案件由上一级人民检察院审查决定逮捕的规定》（试行），明确省级以下（不含省级）人民检察院立案侦查的案件，需要逮捕犯罪嫌疑人的，应当报请上一级人民检察院审查决定，这是检察机关内部对职务犯罪侦查权进行分权制约的重要举措，① 但需要从内部的文件规定上升为立法。对职务犯罪侦查权进行分解，加强权力制约的同时，应赋予检察机关必要的技术（秘密）侦查手段。“对任何犯罪的侦查，法律都应当做到两条：一是授权要充分，即侦查措施要满足侦查犯罪的需要；二是监督要有力，即要以制度切实防止侦查权的滥用。对职务犯罪侦查亦然。”② 我国现行法律关于职务犯罪侦查措施的规

---

① 笔者在 2008 年 12 月论文答辩时曾提出：下级人民检察院立案侦查的职务犯罪案件应由上级人民检察院行使审查决定逮捕权。

② 朱孝清：《诉讼法修改中若干问题的意见》，载《人民检察》2005 年第 11 期。

定，与职务犯罪侦查工作面临的形势与任务相比，还存在诸多不完善和滞后的地方，为此，必须进一步明确和落实职务犯罪侦查权权力行使保障性原则。其中，完善侦查措施是落实这一原则的重要内容，《联合国反腐败公约》第50条中也规定："为有效地打击腐败，各缔约国均应当在其本国法律制度基本原则许可的范围内并根据本国法律规定的条件在其力所能及的情况下采取必要措施，允许其主管机关在其领域内酌情使用控制下交付和在其认为适当时使用诸如电子或者其他监视形式和特工行动等其他特殊侦查手段，并允许法庭采信由这些手段产生的证据。"赋予检察机关技术（秘密）侦查权，主要基于以下几点：(1) 由职务犯罪的特殊性所决定。普通刑事案件的侦破过程大多是以事找人，而职务犯罪案件则是以人找事。职务犯罪大多比较隐蔽，犯罪分子反侦查能力较强，为解决取证难问题，必须强化检察机关的侦查手段，赋予技术（秘密）侦查权，以提高侦破案件和追诉犯罪的能力。追诉能力的提高也有助于侦查人员侦查观念的转变、由证到供的侦查模式的转变，减少拘留、逮捕等强制措施的适用。此外，还可以使侦查活动达到秘密侦查的要求，避免和减少外界的阻力和干扰。"就秘密监听而言，由于是在被追诉者及一般社会公众均未知晓的情况下进行，能避免来自犯罪嫌疑人的反侦查措施，所获取的证据也通常比较真实可靠，同时还能比较有效地防止给最终被证明无罪的犯罪嫌疑人的名誉带来不必要的负面影响，避免给其本职工作带来不必要的损失。"① (2) 与国外通行做法相一致。英、美等国普遍认识到，贿赂犯罪是一种高隐蔽性的犯罪，很难取得令法庭满意的证据，因此只能依靠技术侦查和"秘密渗透"的手段。美国《综合犯罪控制与街道安全法》明确规定，秘密监听适用于贿赂政府官员罪等12种犯罪的调查。"在大陆法系国家，法律也赋予了检察机关或检察官以技侦权，并且规定了更多的技侦手段和措施。"② 德国、意大利、法国刑事诉讼法中有关"监视电信通讯"、"通讯窃听"、"秘密监听"的规定。正是因为职务犯罪案件的侦破与普通刑事案件的侦破具有不同的规律，检察机关特殊规定了初查程序，根据《人民检察院刑事诉讼规则》第128条的规定，在举报线索的初查过程中，可以进行询问、查询、勘验、鉴定、调取证据材料等不限制被查对象人身、财产权利的措施。不得对被查对象采取强制措施，不得查封、扣押、冻结被查对象的财产。初查的目的是为了明确是否有犯罪事实需要追究刑事责任，以作出是否立案的决定。初查一般应秘密进行。初查现在还没有成为刑事诉讼中的一个程序，亟待法律上的确认，并且要明确检察机关在初查程序中可

---

① 樊崇义：《论侦查模式的转换和改革》，载 http://www.police.com.cn。

② 邓思清：《检察机关应拥有技术侦查手段》，载《法制日报》2004年6月24日。

以使用技术（秘密）侦查手段。

第四节　民事审判、行政诉讼法律监督的完善

随着市场经济体制的建立，经济活动也呈现出广泛性和复杂性的特点，导致民事行政诉讼案件的大量增长，特别是民事案件的数量远远多于刑事案件，据统计，“民商事案件的总数是刑事案件总数的8倍以上。”[①] 民事行政诉讼已成为我国社会矛盾集中的领域，也是审判机关司法不公和司法腐败的高发领域，导致大量上访案件的发生。究其原因，主要是对民事行政诉讼缺乏有效的体制外的监督与制约，强化对民事行政诉讼的检察监督已迫在眉睫。我国《民事诉讼法》第14条规定：“人民检察院有权对民事审判活动实行法律监督。”《行政诉讼法》第10条规定：“人民检察院有权对行政诉讼实行法律监督。”《民事诉讼法》和《行政诉讼法》分别规定，人民检察院对人民法院已经发生法律效力的判决、裁定，发现违反法律、法规规定的，有权按照审判监督程序提出抗诉。上述规定是人民检察院对民事审判活动和行政诉讼活动进行法律监督的主要法律依据，这些规定过于原则和笼统，缺乏可操作性，监督手段单一，仅赋予了检察机关的审判监督程序的抗诉权。同时，在现实生活中，大量侵犯国家利益和社会利益的民事行政案件，由于无人起诉，而没有进入诉讼程序，造成社会矛盾的累积，凸现出法律的滞后。强化检察机关对民事行政诉讼的法律监督权，需要在立法层面上，赋予检察机关的诉讼参与权，完善监督的手段、方法和内容，特别是要赋予检察机关在涉及公益案件中的起诉权。公益，即公共利益，是国家利益、社会利益和公民权利的集合。从历史起源看，检察机关和检察官就被称为“公共利益的代表”，公益原则是检察机关和检察官行使检察权的基本准则。

一、增强检察机关在行政诉讼中的作用

在现代社会中，行政权被认为最具膨胀力，时刻存在着侵犯公民权利的危险，强化对行政权的监督与制约是法治国家的内在要求。

首先，要赋予检察机关行政案件的公诉权，即针对行政机关的具体违法的行政行为，在其他适格主体没有提起诉讼的情况下，检察机关以公共利益代表人的身份，向法院提起诉讼。检察机关拥有行政案件公诉权的理论依据在于：一是检察权的控权属性要求检察机关监督违法行政行为。检察机关在

---

① 俞静尧著：《检察权的利益分析》，中国人民公安大学出版社2007年版，第239页。

宪法中的定位是专门的法律监督机关，它有权对行政权进行监督。1989年公布的《行政诉讼法》，使法院对具体的行政行为拥有了裁判权，这实质上是对行政权的制约，由于受不告不理原则的约束，这种制约有一定的被动性。同时，行政诉讼法规定仅仅是具体行政行为的相对人才有提起诉讼的权利，这使得大量的行政行为被排除在司法审查之外，包括有利于相对人的违法行政行为、没有具体的行政相对人但却侵犯公共利益的违法行政行为等。因此，建立检察机关提起行政诉讼制度，是完善对行政权监督的重要途径。检察监督和审判制约的相互衔接，有利于更好地对行政权形成控制。二是维护公共利益需要检察机关拥有行政公诉权。检察机关作为公共利益的代表，在行政行为侵犯国家和社会公共利益却无人起诉的情况下，检察机关负有责任和义务，提起诉讼，使违法的行政行为得到及时排除和制止。三是检察机关基于公法关系应该具有行政公诉权。行政诉讼与民事诉讼不同，民事诉讼是基于私法关系，诉权属于权利受到侵害的当事人，受“意思自治”原则的影响，诉权的行使存在一定的或然性，但行政诉讼是基于公法关系，检察机关的行政公诉权既是权力也是义务，存在必为性。“行政诉讼之目的不仅为起诉的当事人提供权利的救济，更为重要的是审查行政行为的合法性，监督行政机关依法行政。”① 英国行政法规定，检察长有责任代表公共利益监督行政机关的行为并提起诉讼。英国学者认为，检察官提起行政公诉这种“特别救济不仅是为了私人利益，而且是为了公共利益而存在，它是公法制度的核心。检察总长也能按照公共利益的需要行动。”②

其次，要赋予检察机关行政诉讼参与权。检察机关不仅要参与自身提起诉讼程序的行政案件，而且应该有权参与其他诉讼主体提起诉讼程序的行政案件，检察机关参与行政诉讼，重要的职责在于监督法院的审判活动，关注法律利益能否得以实现。世界上许多国家都规定检察机关有权参与行政诉讼，并赋予了检察机关对审判活动的监督权，允许检察机关对法院行政判决提出上诉。德国《行政法院法》第35条第1款规定：“在联邦行政法院中设有一名检察官，为维护公益，该检察官可以参与在联邦行政法院中的任何诉讼。”该法还规定，检察机关对于行政法院违背公益的判决，不论原、被告是否同意，参与诉讼的检察官有权径自提起上诉，要求变更。③ 而在我国，检察机关只能通过提起行政再审的方式参与行政诉讼，这种保护公共利益的方式难以适应实际的需要，不利于充分发挥检察机关的法律监督职能。

---

① 孙谦著：《检察：理念、制度与改革》，法律出版社2004年版，第148页。

② ［英］威廉·韦德著：《行政法》，中国大百科全书出版社1997年版，第367页。

③ 参见胡建森著：《十国行政法比较研究》，中国政法大学出版社1993年版，第223页。

二、增强检察机关在民事公益诉讼中的作用

在我国经济社会生活中，诸如环境污染、大气污染、国有资产流失、垄断企业侵犯消费者权益等侵犯国家利益和社会公共利益的案件时有发生，但由于这类案件，因为被侵权人是不特定的多数人，大都处于弱势地位，出现了无人提起诉讼和不愿、无力提起诉讼的局面，使侵权现象处于持续状态。这种诉权虚置的问题，从根本原因上说，是因为法律没有赋予检察机关民事公益起诉权所致。“检察机关的民事起诉权是指对于特定范围内的某些涉及国家重大利益、社会公共利益及有关公民重要权利的民事案件，在无人起诉或当事人不敢诉、不能诉的情况下，检察机关向法院提起民事诉讼，主动追究违法者的民事责任，以保护国家、社会和公民的合法权益。”① 检察机关获得民事诉讼原告主体资格地位，需要在理论上解决以下问题：一是国家权力对某些情形下私诉的干预是社会发展的需要，也是法律的明确规定。民事诉讼属于私诉的范畴，诉权属于与案件有利害关系的当事人，当事人有权自由处分其诉讼权利和实体权利。但随着诉权理论的发展，人们认识到：民事主体对自己权利的自由处分并不完全是私人的事情，特别是法人、公民和其他组织放弃或不能、怠于行使诉权，可能损及公益时，国家权力要给予必要的干涉，使当事人对诉权的自由处分符合既定的法律规范。我国法律也规定公民在行使自由和权利的时候，要遵守法律。我国《民法通则》第7条和《民事诉讼法》第13条分别规定：“民事活动应当尊重社会公德，不得损害社会公共利益，破坏国家经济计划，扰乱社会秩序”，“当事人有权在法律规定的范围内处分自己的民事权利和诉讼权利。”上述规定无疑表明，在当事人诉权的行使不在法律规定的范围内时，国家要进行必要的干预。我国《民事诉讼法》第15条规定：“机关、社会团体、企业事业单位对损害国家、集体或者个人民事权益的行为，可以支持受损害的单位或者个人向人民法院起诉。”这是国家权力干预民事诉权的重要法律依据之一，当然支持起诉与直接起诉两者还存在重要的区别。二是民事实体权利和民事诉权的可分离性，“有利益才有诉权”是民事诉讼中的古老法谚，表明只有与案件有利害关系，也就是享有实体权利的人才能拥有诉权，但如前所述，在公共利益受到侵害时，仅依靠利害关系人来解决社会利益保护问题是不充分的，客观上需要实体权利的承受者与民事诉权的享有者有一定程度的分离。公共利益的实体权利承受者应当属于全体公民，全体公民是一个抽象的概念，无法具体行使诉权，

---

① 孙谦著：《检察：理念、制度与改革》，法律出版社2004年版，第149页。

需要指定代表者来行使诉权。检察机关提起民事诉讼时，它与案件没有直接的利害关系，而是作为公共利益的代表，基于全体公民的委托来行使诉权。对此，有学者提出了诉讼信托理论，“诉讼信托指通过诉讼上的信托，使本无诉权的人能起诉或被诉，使本不合格的当事人成为合格的当事人。通过诉讼信托可使一些无人起诉而又需要解决的纠纷得到司法救济，从而弥补某些权利保护的缺失。公益诉讼主体不同于传统诉讼主体，它不限于与本纠纷有直接利害关系的人，还包括与本案无直接利害关系但适合提起诉讼的其他主体，如国家、公益性团体。”三是检察机关是提起民事公益诉讼的最适格的代表。诉讼活动是有限的司法资源，是有成本的活动，允许任何人随时提起公益诉讼，只是在理论层面上有意义，在实践中会造成司法资源的浪费和“诉讼爆炸”。出于诉讼经济和防止滥用诉权的考虑，应将民事公益诉讼的提起权交由一个统一机关来行使。在国家机关中相比较而言，检察机关是提起民事公益诉讼的最适格的代表。原因是，人大行使了立法权，决定了它不能同时享有起诉权；行政机关在一些民事公益案件中，如环境污染、垄断企业侵犯消费者权益等案件中，常常存在着不作为的问题，没有正确履行职权去处理这些纠纷，通常是作为了行政诉讼的被告进入了行政诉讼程序，现有的行政程序不能有效解决纠纷，引发的才是民事诉讼，行政机关怠于行使权力而使法律目的不能实现，因此无论如何是不可能再赋予行政机关对解决同一问题以民事诉权的，即使有了诉权，可预想的结果是，它也将怠于行使诉权，而无助于纠纷的解决；审判机关受不告不理原则的拘束，不可能具有任何诉权，而检察制度诞生之日起，检察机关和检察官就是公共利益的代言人。检察机关拥有一支长期从事法律工作的专业化队伍，凭借自身的司法资源，有能力在公益诉讼中单独启动诉讼程序。并且，检察机关与案件无直接利害关系，在诉讼中有“超脱性”，有利于实现司法公正，它着眼的是法律是否得到了正确实施，而不至于沦为专为受害方牟利的“代理人”，不至于因追求个人的利益而与侵害方同流合污。我国《刑事诉讼法》第77条第2款规定：“如果是国家财产、集体财产遭受损失的，人民检察院在提起公诉的时候，可以提起附带民事诉讼。”这是我国检察机关对某些特定民事公益案件具有诉权的主要法律依据，但要指出的是，在民事公益案件诉权主体的承担上，除了检察机关以外，不排除其他主体的可能性，如某些行业协会、公益团体等。世界上许多国家也都将民事公益案件的公诉权赋予了检察机关，并且检察机关在民事诉讼中不仅有起诉权，还有广泛的参与权，需要我国检察制度在发展完善的过程中，加以吸收和借鉴。法国《民事诉讼法典》规定，检察官可以“主当事人（即原告）”的身份提起民事诉讼，而且可以“从当事人”

的身份参与民事诉讼，对检察官提起诉讼和参与诉讼的民事案件，如果检察官认为法院的判决确有错误，则有权提出上诉。而我国检察机关仅可以通过行使民事再审抗诉权来保护公共利益，方式单一，难以有效保护公共利益。

公益诉讼源于古罗马法，相对于私益诉讼而言。现代社会的公益诉讼一词始于20世纪60年代，在我国理论界，一些学者，将检察机关的行政公诉权与民事公益案件起诉权，统称为公益诉讼，对两者不作严格的区分。实际上，两者有重要的区别，检察机关的行政公诉权的理论依据，最重要的是源于检察权对行政权的监督和检察机关作为公共利益的代表，而民事公益案件起诉权的理论依据主要是检察机关作为公共利益的代表性。并且，前者所指的公益，应作广义的理解，即包括国家、社会和公民利益，但后者所指的公益，应作狭义的理解，即包括国家、社会利益，但不包括特定公民的权益。区分的目的，在于界定诉权的行使范围。有学者认为检察机关的行政公诉权的范围是："（1）行政决定违法，并侵害国家、社会公共利益，没有具体相对人的；（2）行政决定有利于相对人，侵害国家和社会公共利益，相对人不起诉的；（3）行政机关不作为，损害公共利益的；（4）人民检察院认为应当提起公诉的其他案件。"① 在笔者看来，从对行政权予以监督的角度出发，检察机关应当对所有的具体违法行政行为，在经过行政复议等必要的行政前置程序仍未得到纠正后的所有案件，拥有公诉权，而不能仅仅考虑具体违法行政行为侵犯的是公益，还是特定公民的权益，亦或是有利于行政相对人的违法行政行为，而对检察机关的民事公诉权，要考虑的是狭义的公益，对于有具体特定的被侵权人的案件并且不涉及狭义的公益时，应当遵循自由处分原则，检察机关不应具有公诉权，在被侵权人不便于或无力行使诉权时，可采取支持起诉的方式，对当事人的诉权进行公力救济。

通过对检察监督与公诉职能的调整，使得一些检察监督并入了公诉职能，如对审判活动的监督；使一些监督性检察权转换成了制约性检察权，如对强制性侦查行为的控制。检察监督与公诉职能关系的发展变化，使得检察权中制约性权力有所增加，增强了检察权的制约性，如果再用法律监督来概括检察权的属性，显然是不准确的。检察机关在法律上的定位就应是行使检察权的机关，检察权是复合性的权力，是多种权力的复合体，不能用一种权力来涵盖检察权，如检察权就是公诉权，因为民事、行政审判监督权并不能归入公诉权之内；检察权就是法律监督权，因为制约性权力并不能称为法律监督权。

---

① 孙谦著：《检察：理念、制度与改革》，法律出版社2004年版，第149页。

结　论

研究检察监督与公诉职能关系的目的是为了解决我国检察监督与公诉职能内容及关系方面所存在的问题，以期在即将到来的司法体制改革中，科学合理地配置检察权。通过研究检察监督与公诉职能关系的发展规律与影响检察监督与公诉职能关系的中国国情，针对我国现阶段检察监督与公诉职能关系中存在的强调权力监督忽视权力制约和检察监督的行政化色彩较浓、诉讼性不足的突出问题，提出了体现检察权的控权性与诉讼性要求的检察监督与公诉职能发展与完善的基本原则，即检察监督与公诉职能的配置和运行不仅要符合权力控制规律，而且要符合诉讼规律，在检察监督与公诉职能的发展与完善中，一是要重视检察权的权力制约功能和价值；二是要增强检察监督的诉讼性。

1. 正确认识公诉职能的权力制约属性，充分发挥检察权的权力制约功能和价值。在公诉职能的发展与完善中，一是要建立起诉书一本诉状主义。因为1996年修改后的《刑事诉讼法》所确定的“复印件主义”起诉方式，并不能有效防止“法官预断”，不利于控审之间形成有效的相互制约；二是要建立证据开示制度。证据开示制度有利于实现控辩双方的“平等武装”，有利于有效辩护和有效公诉，有利于提高法庭审判效率，节约司法资源。证据开示制度功能的充分发挥也需要有相关制度来支撑与保障，我国当前需要建立或健全的相关配套制度主要有以下几个方面：健全我国的法律援助制度，扩大法律援助范围；完善现有非法证据排除规则；建立具有可预期性的被告人认罪审判程序；三是要建立公诉环节的刑事和解制度。建立刑事和解制度是历史发展的必然选择。刑事和解制度在司法实践中充分彰显了刑事法律的正义、自由、秩序、效率价值。刑事和解制度是落实宽严相济刑事政策的重要手段和措施，契合了构建和谐社会的时代主题，为有效落实刑事和解制度，需要建立相应的配套制度，主要有：要增设暂缓起诉制度；修改相对不起诉的法定条件并要在司法实践中大量运用；建立刑事和解诚意调查制度、经济赔偿转移支付制度和被害人国家补偿制度；要进一步完善非刑罚化的各种措施；要完善对违背当事人真实意思表示而达成刑事和解协议的法律救济手段等。

2. 正确认识检察监督的诉讼属性所具有的规范和保障功能，实现监督方式由不完整的诉讼方式向完整的诉讼方式的转变。在检察监督的发展与完善中，一是发展和完善刑事立案监督。要扩大刑事立案监督的对象和客体，将所有的侦查机关的“应当立案而不立案”、“不应当立案而立案”、“不应撤案而撤案”、“应撤案而不撤案”等行为都纳入立案监督范围；二是审判监督手段的诉讼化。在对审判活动监督中引入抗告制度。通过把“纠正意见”转换成抗告的方式，使审判监督职能包含于公诉职能之内，克服现行检察制度中“审判监督”职能游离于公诉职能之外的弊端，由上级法院对抗告作出裁决，既规范了检察机关的审判监督活动，又增强了审判监督的公正性和确定执行力。检察机关对“审判监督”采取抗告的监督方式与对“刑事判决、裁定监督”采取抗诉的监督方式，使得监督方式相互协调；三是执行监督手段的诉讼化。应把检察机关对人民法院减刑、假释的监督，规定在抗诉范畴内，对不当的减刑、假释裁定，检察机关应通过作出裁定的法院向其上级法院提出抗诉，以确保抗诉的公正性和准确性。执行监督应视为公诉职能的自然延伸，通过执行监督方式的诉讼化，以抗诉进行执行监督；四是要加强检察权对侦查权的制约，把强制性侦查行为的决定权和执行权予以分解，把决定权赋予检察机关。从目前看，宜把逮捕、拘留、扣押、搜查的决定权交由检察机关审查决定，在检察权对侦查权的控制中，要加强权力制约，不意味着排斥权力监督，因为不可能对所有的侦查权都实现制约，只能对重要的侦查权实现制约。检察权对侦查权的监督与制约，是在诉讼的过程中进行的，无疑要符合诉讼规律，也就是说控权方式要实现诉讼化。

参考文献

1. ［德］奥托·迈耶著：《德国行政法》，刘飞译，商务印书馆 2002 年版。

2. ［德］保罗·蒂里希著：《政治期望》中译本，四川人民出版社 1989 年版。

3. ［德］拉德布鲁赫著：《法学导论》，米健、朱林译，中国大百科全书出版社 1997 年版。

4. ［俄］拉扎列夫著：《法与国家的一般理论》，王哲等译，法律出版社 1999 年版。

5. ［法］贡斯当著：《古代人的自由现代人的自由》，阎克文、刘满贵译，商务印书馆 1999 年版。

6. ［法］卡斯东·斯特法尼等著：《法国刑事诉讼法精义》，罗结珍译，中国政法大学出版社 1999 年版。

7. ［法］孟德斯鸠著：《论法的精神》，张雁深译，商务印书馆 2005 年版。

8. ［法］皮埃尔·尚邦著：《法国诉讼制度的理论与实践》，陈春龙、王海燕译，中国检察出版社 1991 年版。

9. ［法］托克维尔著：《论美国的民主》，董国良译，商务印书馆 1997 年版。

10. ［美］阿瑟·奥肯著：《平等与效率》，王忠民、黄清译，四川人民出版社 1988 年版。

11. ［美］爱伦·豪切斯泰勒·斯黛丽等著：《美国刑事法院诉讼程序》，陈卫东等译，中国人民大学出版社 2002 年版。

12. ［美］汉利、舒密特著：《刑事证据的法律问题》，加利福尼亚州伯克莱英文版 1997 年版。

13. ［美］约翰·罗尔斯著：《正义论》，何怀宏等译，中国社会科学出版社 1988 年版。

14. ［日］冈田朝太郎口授，郑言笔述，蒋士宜编纂：《检察制度》，中国政法大学出版社 2003 年版。

15. ［日］松尾浩也著：《日本刑事诉讼法》（上卷），丁相顺译，金光旭校，中国人民大学出版社 2005 年版。

16. [意] 贝卡里亚著：《论犯罪与刑罚》，黄风译，中国大百科全书出版社 1993 年版。

17. [英] 卡尔·波普尔著：《猜想与反驳》中译本，上海译文出版社 1986 年版。

18. [英] 罗素著：《西方哲学史》，何兆武等译，商务印书馆 1963 年版。

19. [英] 洛克著：《政府论》，叶启芳、瞿菊农译，商务印书馆 2007 年版。

20. [英] 麦考密克、[奥] 魏因贝格尔著：《制度法论》，周叶谦译，中国政法大学出版社 1994 年版。

21. 《邓小平文选》第 2 卷，人民出版社 1993 年版。

22. 《邓小平文选》第 3 卷，人民出版社 1993 年版。

23. 《列宁全集》第 26 卷，人民出版社 1988 年版。

24. 《列宁全集》第 33 卷，人民出版社 1972 年版。

25. 《列宁全集》第 38 卷，人民出版社 1959 年版。

26. 《列宁全集》第 43 卷，人民出版社 1987 年版。

27. 《列宁全集》第 55 卷，人民出版社 1990 年版。

28. 《马克思恩格斯全集》第 1 卷，人民出版社 1975 年版。

29. 《马克思恩格斯全集》第 2 卷，人民出版社 1995 年版。

30. 《马克思恩格斯全集》第 3 卷，人民出版社 1995 年版。

31. 《马克思恩格斯全集》第 19 卷，人民出版社 1963 年版。

32. 《马克思恩格斯全集》第 21 卷，人民出版社 1965 年版。

33. 《马克思恩格斯全集》第 22 卷，人民出版社 1965 年版。

34. 《马克思恩格斯全集》第 23 卷，人民出版社 1956 年版。

35. 《马克思恩格斯全集》第 26 卷，人民出版社 1974 年版。

36. 《马克思恩格斯全集》第 41 卷，人民出版社 1982 年版。

37. 《马克思恩格斯全集》第 42 卷，人民出版社 1956 年版。

38. 《马克思恩格斯全集》第 46 卷，人民出版社 1956 年版。

39. 《马克思恩格斯选集》第 1 卷，人民出版社 1972 年版。

40. 《马克思恩格斯选集》第 2 卷，人民出版社 1995 年版。

41. 《毛泽东选集》第 1 卷，人民出版社 1991 年版。

42. 《吴家麟自选集》，宁夏人民出版社 1996 年版。

43. 《英国刑事诉讼法（选编）》，中国政法大学出版社 2001 年版。

44. [英] 彼得·斯坦等著:《西方社会的法律价值》,中国人民公安大学出版社 1990 年版。

45. 卞建林著:《刑事诉讼的现代化》,中国法制出版社 2003 年版。

46. 陈光中、江伟主编:《诉讼法论丛》(第 2 卷),法律出版社 1999 年版。

47. 陈光中、徐静村主编:《刑事诉讼法学》,中国政法大学出版社 1999 年版。

48. 陈光中:《坚持惩治犯罪与保障人权相结合立足国情与借鉴外国相结合——参与刑事诉讼法修改的几点体会》,载《政法论坛》1996 年第 6 期。

49. 陈光中:《刑事诉讼中检察权的合理配置》,载《人民检察》2005 年第 13 期。

50. 陈光中主编:《刑事诉讼法学》(新编),中国政法大学出版社 1996 年版。

51. 陈金钊主编:《法理学》,北京大学出版社 2002 年版。

52. 陈力铭:《法治国家与权力制约》,载刘瀚、马长山主编:《社会转型与法治发展》,黑龙江人民出版社 2003 年版。

53. 陈朴生著:《刑事诉讼法实务》,台湾海天印刷厂有限公司 1981 年版。

54. 陈瑞华著:《刑事诉讼的前沿问题》,中国人民大学出版社 2000 年版。

55. 陈瑞华:《司法权的性质》,载《法学研究》2000 年第 5 期。

56. 陈瑞华著:《刑事审判原理论》(第 2 版),北京大学出版社 2003 年版。

57. 陈卫东、郝银钟:《侦、检一体化模式研究》,载《法学研究》1999 年第 1 期。

58. 陈卫东:《我国检察权的反思与重构》,载《法学研究》2002 第 2 期。

59. 陈卫东著:《程序正义之路》(第二卷),法律出版社 2005 年版。

60. 陈卫东著:《刑事审判监督程序研究》,法律出版社 2001 年版。

61. 陈兴良:《从法官之上的法官到法官之前的法官》,载《中外法学》2000 年第 6 期。

62. 陈一云、严端主编:《证据学》,中国人民大学出版社 1999 年版。

63. 程荣斌主编:《中国刑事诉讼法教程》,中国人民大学出版社 1997 年版。

64. 程味秋主编：《外国刑事诉讼法概论》，中国政法大学出版社 2006 年版。

65. 邓传明：《论法治国家的权力制约》，载《法学评论》1997 年第 2 期。

66. 邓思清：《检察机关应拥有技术侦查手段》，载《法制日报》2004 年 6 月 24 日。

67. 邓思清著：《检察权研究》，北京大学出版社 2007 年版。

68. 邓云著：《刑事诉讼行为基础理论研究》，中国人民公安大学出版社 2004 年 1 月版。

69. 董嗥：《改革我国司法机关多重职能体制之思考》，载《人民司法》1997 年第 10 期。

70. 董茂云等著：《宪政视野下的司法公正》，吉林人民出版社 2003 年版。

71. 杜力夫著：《权力监督与制约研究》，吉林人民出版社 2004 年版。

72. 樊崇义等著：《正当法律程序研究——以刑事诉讼程序为视角》，中国人民公安大学出版社 2005 年版。

73. 樊崇义、王戬：《权力结构模式原理与中国特色检察制度》，载《检察日报》2008 年 5 月 19 日。

74. 樊崇义主编：《刑事诉讼法学》（2002 年修订版），中国政法大学出版社 2002 年版。

75. 范进学著：《权利政治论：——一种宪政民主的阐释》，山东人民出版社 2003 年版。

76. 方世荣、戚建刚著：《权力制约机制及其法制化研究》，中国财政出版社 2001 年版。

77. 傅宽芝：《人民检察院的检察与法律监督》，载最高人民检察院理论研究所编印：《检察制度和检察理论创新发展论坛》。

78. 高克强：《大韩民国检察制度概况》，载《国外法制信息》1997 年第 5 期。

79. 高一飞著：《检察改革措施研究》，中国检察出版社 2007 年版。

80. 公丕祥著：《中国的法制现代化》，中国政法大学出版社 2004 年版。

81. 龚祥瑞著：《比较宪法与行政法》，法律出版社 1985 年版。

82. 顾培东：《论诉权》，载西南政法大学《硕士论文集》1985 年版。

83. 郭道晖著：《法的时代呼唤》，中国法制出版社 1998 年 6 月版。

84. ［美］汉密尔顿等著：《联邦党人文集》，商务印书馆 1982 年版。

85. 郝银钟、付良英:《论公诉权的制度诱因与价值基础》，载《中国人民大学学报》2001 年第 1 期。

86. 郝银钟:《检察权质疑》，载《中国人民大学学报》1999 年第 3 期。

87. 郝银钟著:《刑事公诉权原理》，人民法院出版社 2004 年版。

88. 何勤华著:《英美法律发达史》，法律出版社 1990 年版。

89. 贺卫方:《异哉所谓检察官起立问题者》，载《法学》1997 年第 5 期。

90. 侯少文:《监督的含义及其与制约的区别》，载《天津日报》2003 年 11 月 3 日专副刊前沿第 14 版。

91. 胡开诚著:《刑事诉讼法论》，台湾三民书局 1983 年版。

92. 胡玉鸿著:《法学方法论导论》，山东人民出版社 2002 年版。

93. 黄东熊著:《中外检察制度之比较》，中央文物供应社 1986 年版。

94. 江平:《完善市场经济法制的思考》，载《中国法学》1993 年第 1 期。

95. 蒋德海:《监督、制约两概念不应混同》，载《检察日报》2008 年 4 月 4 日第 3 版。

96. 蒋德海:《论我国法律监督对当代检察制度的贡献》，载最高人民检察院检察理论研究所编印:《检察制度和检察理论创新发展论坛——纪念检察机关恢复重建 30 周年》(2008 年 7 月)。

97. 金明焕主编:《比较检察制度概论》，中国检察出版社 1991 年版。

98. 孔令望等著:《国家监督论》，浙江人民出版社 1991 年版。

99. 李昌珂译:《德国刑事诉讼法典》，中国政法大学出版社 1994 年版。

100. 李道揆著:《美国政府和美国政治》，中国社会科学出版社 1990 年版。

101. 李德海:《论司法独立》，载《法律科学》2001 年第 1 期。

102. 李宏:《自由与秩序的辩证关系以及法治的价值取向》，载公丕祥主编:《法制现代化研究》，南京师范大学出版社 2007 年版。

103. 李景鹏著:《权力政治学》，北京大学出版社 2008 年版。

104. 李楠明编著:《马克思主义哲学的理论意蕴及其现实意义》，哈尔滨工业大学出版社 2004 年版。

105. 李其瑞著:《法学研究与方法论》，山东人民出版社 2005 年版。

106. 梁慧星著:《民法总论》，法律出版社 1996 年版。

107. 廖文升:《法治现代化的基本价值目标——以公平与效率的辩证关系为视角》，载公丕祥主编:《法制现代化研究》，南京师范大学出版社 2007

年版。
108. 林丽莹:《检察一体与检察官独立性之分析》，载《复旦法学杂志》2005 年第 9 期。
109. 林钰雄著:《检察官论》，台湾学林文化事业有限公司 1999 年版。
110. 刘方著:《检察制度史纲要》，法律出版社 2007 年版。
111. 刘金国:《权力腐败的法律制约》，载《中国法学》2000 年第 1 期。
112. 刘军宁著:《共和·民主·宪政》，上海三联出版社 1998 年版。
113. 刘树选、王雄飞:《法律监督理论与检察监督权》，载《人民检察》1999 年第 9 期。
114. 刘兆兴:《两大法系国家检察机关在刑事诉讼中的职权比较》，载《外国法译评》1995 年第 3 期。
115. 龙宗智著:《检察制度教程》，中国检察出版社 2006 年版。
116. 龙宗智译:《英国检察机关》，载《世界法学》1987 年第 4 期。
117. 龙宗智:《刑事诉讼的双重结构辨析》，载《现代法学》1991 年第 3 期。
118. 吕世伦、文正邦主编:《法哲学论》，中国人民大学出版社 1999 年版。
119. 罗昌平著:《检察改革理论与实务》，上海科学出版社 2002 年版。
120. 马贵翔、胡铭著:《正当程序与刑事诉讼的现代化》，中国检察出版社 2007 年版。
121. 莫纪宏:《论检察权的宪法地位》，载张智辉、谢鹏程主编:《中国检察》(第三卷)，中国检察出版社 2003 年版。
122. 齐树洁主编:《英国司法制度》，厦门大学出版社 2007 年版。
123. 齐树洁著:《程序正义与司法改革》，厦门大学出版社 2004 年版。
124. 日本法务省刑事局编:《日本检察讲义》，中国检察出版社 1990 年版。
125. 荣仕星、钟敏著:《政坛永恒的话题——民主监督》，法律出版社 1998 年版。
126. 沈宗灵、张文显主编:《法理学》，高等教育出版社 2004 年版。
127. 沈宗灵主编:《法理学》，北京大学出版社 1994 年版。
128. 沈宗灵著:《比较宪法——对八国宪法的比较研究》，北京大学出版社 2002 年版。
129. 石少侠著:《检察权要论》，中国检察出版社 2006 年版。
130. 宋冰编:《读本:美国与德国司法制度及司法程序》，中国政法大学出版社 1998 年版。

131. 宋世杰、王志华：《公诉权理论新探》，载《检察论丛》第 5 卷，法律出版社 2002 年版。

132. 宋世杰等著：《论刑事公诉制度及其强化》，载《检察理论研究》总第 25 期。

133. 宋世杰等著：《外国刑事诉讼法比较研究》，中国法制出版社 2006 年版。

134. 宋世杰著：《刑事诉讼理论问题研究》，湖南人民出版社 2000 年版。

135. 宋英辉、吴宏耀著：《刑事审判前程序研究》，中国政法大学出版社 2002 年版。

136. 宋英辉著：《刑事诉讼法原理导读》，法律出版社 2003 年版。

137. 宋英辉主编：《刑事诉讼原理》，法律出版社 2004 年版。

138. 宋远升、闵银龙著：《最新国外刑事司法制度研究》，东南大学出版社 2007 年版。

139. 孙长永著：《英国的刑事上诉制度研究》，载《湘潭大学社会科学学报》2002 年第 5 期。

140. 孙谦著：《检察：理念、制度与改革》，法律出版社 2004 年版。

141. 孙笑侠：《法治、合理性及其代价》，载《法制与社会发展》1997 年第 1 期。

142. 汤唯、孙季萍著：《法律监督论纲》，北京大学出版社 2001 年版。

143. 汤维建著：《美国民事司法制度与民事诉讼程序》，中国法制出版社 2005 年版。

144. 童之伟著：《法权与宪法》，山东人民出版社 2001 年版。

145. 万毅著：《程序如何正义》，中国人民公安大学出版社 2004 年版。

146. 汪建成著：《理想与现实——刑事证据理论的新探索》，北京大学出版社 2006 年版。

147. 王桂五主编：《中华人民共和国检察制度研究》，法律出版社 1991 年版。

148. 王惠岩著：《政治学原理》，吉林大学出版社 1985 年出版。

149. 王名湖：《检察机关的宪法定位问题研究》，载孙谦、张智辉主编：《检察论丛》第 4 卷，法律出版社 2002 年版。

150. 王新环著：《公诉权原论》，中国人民公安大学出版社 2006 年版。

151. 王以真主编：《外国刑事诉讼法学》，北京大学出版社 1990 年版。

152. 武树臣等著:《中国传统法律文化》，北京大学出版社 1994 年版。

153. 谢鹏程:《也谈监督、制约和制衡》，载《检察日报》2008 年 5 月 29 日。

154. 徐静村主编:《刑事诉讼法学》，法律出版社 1997 年 7 月版。

155. 徐显明:《司法改革二十题》，载《法学》1999 年第 9 期。

156. 徐益初:《实践中探索中国特色的检察制度》，载《国家检察官学院学报》2005 年第 1 期。

157. 严存生、王荔:《法的基本属性的辩证思考》，载公丕祥主编:《法制现代化研究》，南京师范大学出版社 2007 年版。

158. 晏向华著:《检察职能研究》，中国人民公安大学出版社 2007 年版。

159. 杨磊等译:《日本检察讲义》，中国检察出版社 1990 年版。

160. 尹伊君:《检法冲突与司法体制改革》，载《刑事法评论》（第 1 卷），中国政法大学出版社 1997 年版。

161. 俞静尧著:《检察权的利益分析》，中国人民公安大学出版社 2007 年版。

162. 俞中著:《权力制约的中国语境》，山东人民出版社 2007 年版。

163. 曾龙跃:《制衡学说与检察机关的法律监督职能》，载《检察理论研究》1991 年第 1 期。

164. 詹复亮:《职务犯罪侦查法治化问题》，载《检察论丛》(第 7 卷)，法律出版社 2004 年版。

165. 张彩凤主编:《比较司法制度》，中国人民公安大学出版社 2007 年版。

166. 张光博著:《比较宪法纲要》，辽宁大学出版社 1990 年版。

167. 张光博主编:《民主与法制论集》，辽宁人民出版社 1990 年版。

168. 张建伟著:《刑事司法体制原理》，中国人民公安大学出版社 2002 年版。

169. 张培田著:《中国检察制度考验》，中国检察出版社 1997 年版。

170. 张穹主编:《公诉问题研究》，中国人民公安大学出版社 2000 年版。

171. 张文显主编:《马克思主义法理学——理论与方法论》，吉林大学出版社 1993 年版。

172. 张文显著:《二十世纪西方法哲学思潮研究》，法律出版社 1996 年版。

173. 张智辉、黄维智：《控辩平等与法律监督》，载《法学》2006 年第 8 期。

174. 张智辉：《法律监督机关的设置与改革》，载信春鹰等主编：《依法治国与司法改革》，中国民主与法制出版社 1999 年版。

175. 张智辉著：《检察权研究》，中国检察出版社 2007 年版。

176. 张智辉：《论检察权的性质》，载《检察日报》2000 年 3 月 9 日第 3 版。

177. 赵虎吉：《论政治制度安排的逻辑起点》，载《教学与研究》2005 年第 7 期。

178. 甄贞等著：《法律监督原论》，法律出版社 2007 年版。

179. 郑戈：《韦伯论西方法律的独特性》，载李猛编：《韦伯：法律与价值》（《思想与社会》第一辑），上海人民出版社 2001 年版。

180. 中国人民大学刑法、民法教研室编：《中华人民共和国法院组织、诉讼程序参考资料》（第 3 辑），中国人民大学出版社 1953 年版。

181. 中国政法大学刑事法律研究中心组织编译：《英国刑事诉讼法》（选编），中国政法大学出版社 2001 年版。

182. 周炳亮、黄楚元：《我国警检关系调整初探》，载《广西政法管理干部学院学报》2005 年第 4 期。

183. 周士敏著：《论我国检察制度的法律定位》，载《人民检察》1999 年第 1 期。

184. 周叶中主编：《宪法》，高等教育出版社、北京大学出版社 2000 年版。

185. 朱光磊著：《以权力制约权力》，四川人民出版社 1987 年版。

186. 朱孝清：《诉讼法修改中若干问题的意见》，载《人民检察》2005 年第 11 期。

187. 朱孝清：《中国检察制度的几个问题》，载《检察论坛》2008 年第 2 期。

188. 卓泽渊著：《法的价值总论》，人民出版社 2001 年版。

189. 卓泽渊著：《法律价值》，重庆大学出版社 1994 年版。

190. 卓泽渊主编：《法学导论》，法律出版社 1988 年版。

后　　记

本书是我的博士论文。文稿就要付梓之际，心中颇多感慨，思绪万千，有历尽艰辛如释重负的喜悦，有即将面世褒贬损益的压力，但更多的是心存感激。

学成之时念吾师。在中国政法大学攻读博士学位的三年时间，紧张而又充实，我的导师樊崇义教授，给予我的不仅是学术上的指点迷津，而且还有生活中无微不至的关照，恩师温良恭俭、诲人不倦、严谨治学的学者风范，对我而言是刻骨铭心的。老师为我量身定做了论文的选题，在论文的谋篇布局、学术观点的提炼和修改过程中，更是字斟句酌，反复推敲，倾注了大量心血。在学习期间，我也得到了中国政法大学其他老师和同学的真诚关心和无私帮助，能结识众多的良师益友，是上天对我的恩赐，让我倍感荣幸。毕业了，人各一方，难诉心中留恋，离别的伤感久久不能释怀。聆听老师的教诲、与学友共同学习研讨、欢聚的场景，历历在目，永远定格在脑海之中，是最美好的回忆。师恩没齿难忘，同学友情难以割舍，不辱师名，不负学友殷切的祝福，是促使我永不懈怠、孜孜以求的动力源泉。

在论文的写作、答辩和修改过程中，孙谦教授、陈卫东教授、宋英辉教授、顾永忠教授、郝宏奎教授、王进喜教授、陈国庆博士、徐鹤喃教授、吴光升副教授、张密老师等，给我提出了许多宝贵的意见和建议，丰富了本书的内容，使我受益匪浅。在此，向他们表示衷心的谢意。

伴随着检察机关恢复重建，我的检察工作生涯已有三十年，作为中国检察制度发展与完善的实践者和见证者，从感性走向理性，为已经开始的检察改革尽自己的绵薄之力，一直是我内心长久的冲动。检察理论博大精深，囿于学识水平和能力所限，尚不能全面系统地予以阐述，只是撷取其中自认为比较重要的一点，表达一家之言，也难免贻笑大方，恳请各位读者不吝赐教。

诉讼法学文库书目

诉讼法学文库 2006

1 刑事正当程序原理
2 自白制度研究
3 警察作证制度研究
4 司法公正的理念与制度研究
5 人本精神与刑事程序
6 刑事诉讼平衡论
7 刑事诉讼关系的社会学分析
8 刑事证明责任分配研究
9 刑事司法权力的配置与运行研究
10 行政诉讼原告论

诉讼法学文库 2007

1 刑事诉讼交叉询问之研究
2 检警关系论
3 鉴定结论论
4 检察职能研究
5 美国死刑程序研究
6 行政诉讼问题研究与制度改革
7 刑事司法民主论
8 被追诉人的宪法权利
9 刑事裁判权研究

诉讼法学文库 2008

1 论证据与事实
2 法院调解制度研究
3 弱势群体的法律救助
4 刑事赔偿制度研究
5 秘密侦查比较研究
6 非法证据排除规则：话语解魅与制度构筑
7 民事当事人证明权保障
8 现代社会中的诉讼功能
9 诉讼认识、证明与真实
10 中国刑事审前程序制度构建

诉讼法学文库 2009

1 检察官证明责任研究
2 刑事诉讼生态化研究
3 对质权制度研究
4 无效刑事诉讼行为研究
5 刑事诉讼中的财产权保障
6 论对抗式刑事审判
7 案件事实认定方法
8 中国区际刑事司法协助研究

诉讼法学文库 2010

1 侦查程序诉讼化研究
2 媒体与司法关系研究
3 刑事诉讼中的公正审判权
4 证明标准研究
5 刑事诉讼客体论
6 审查判断证据
7 民事判决既判力主观范围研究
8 刑事诉讼程序的人性分析
9 检察监督与公诉职能关系论
10 中国检察制度改革与探索
11 证明力判定论
12 侦查学基础理论研究